Racionalidade, Ética e Economia

Racionalidade, Ética e Economia

2017

Carlos Pimenta

ALMEDINA

RACIONALIDADE, ÉTICA E ECONOMIA

AUTOR
Carlos Pimenta

EDITOR
EDIÇÕES ALMEDINA, S.A.
Rua Fernandes Tomás, nºs 76, 78 e 80
3000-167 Coimbra
Tel.: 239 851 904 · Fax: 239 851 901
www.almedina.net · editora@almedina.net

DESIGN DE CAPA
FBA.

EDITOR
EDIÇÕES ALMEDINA, S.A.

IMPRESSÃO E ACABAMENTO
Vasp - DPS

Março, 2017

DEPÓSITO LEGAL
422456/17

Os dados e as opiniões inseridos na presente publicação são da exclusiva responsabilidade do(s) seu(s) autor(es).

Toda a reprodução desta obra, por fotocópia ou outro qualquer processo, sem prévia autorização escrita do Editor, é ilícita e passível de procedimento judicial contra o infrator.

BIBLIOTECA NACIONAL DE PORTUGAL – CATALOGAÇÃO NA PUBLICAÇÃO

PIMENTA, Carlos, 1948-

Racionalidade, Ética e Economia
ISBN 978-972-40-6889-3

CDU 330

"... na ânsia de transformarem o mundo para o adaptarem aos seus anseios (...) os homens confundiram com muita frequência aquilo que deve ser com aquilo que é (...) e perderam, tantas vez, essa possibilidade de ver as coisas (...) tais como elas são, implacavelmente. Situamo-nos nas teias das relações sociais, e (...) supomos que ela nos é inteiramente transparente (...). No entanto nenhuma ilusão é mais perigosa: o que nos é familiar é realmente oculto".

(GODINHO 1965 5/6)[1]

"só se poderá descrever bem o simples depois de um estudo aprofundado do complexo".

(BACHELARD 1999, 157)

"na vida uma migalha de certeza e tudo se perde um suspiro de incerteza e tudo faz sentido".

(EULÁLIA 2016, 37)

"E que as coisas te corram de feição, Que as coisas possam correr-te de acordo com os desígnios de todos os que têm um propósito na vida, seja grande ou pequeno, isso não interessa, desde que estejam determinados a não prejudicar os outros".

(LAXNESS 2010, 347/8)

---

[1] Excepcionalmente, aqui ou além pode haver uma transcrição em língua estrangeira, mas nas citações optamos pelas seguintes regras: a) Traduzir para português, sendo a tradução da nossa responsabilidade; b) Nos textos em português (europeu ou brasileiro) respeitar integralmente a grafia original; c) quando se salta alguma parte do texto colocar (...); d) os [ ] significam que o contido entre os parêntesis não é do texto reproduzido, mas um comentário nosso. A identificação do texto donde se retiraram ideias é explicitado pelo apelido do autor, data da edição consultada (por vezes com a data da primeira edição entre [ ]) e página. A informação mais completa da obra encontra-se no fim do volume. Qualquer erro na aplicação destes princípios é da nossa inteira responsabilidade.

Prefácio

É a vários títulos invulgar no nosso pequeno mundo cultural a publicação de uma obra como esta que o Prof. Carlos Pimenta agora nos propõe.

Invulgar pelos temas que aborda, pela profundidade com que a análise é prosseguida, pela bem conseguida ultrapassagem das barreiras artificiais entre ramos do conhecimento, pela coragem de confrontar posições diversas num mundo que continua dominado pelo pensamento único.

Quem se dá ao trabalho de comparar o que era a Ciência Económica há umas quatro ou cinco décadas atrás com o que é hoje, não pode deixar de ficar impressionado pelo empobrecimento das análises que se foi verificando, pelo afunilamento dogmático, pela subordinação a interesses que nada têm a ver com a Ciência. O debate académico perdeu espessura e atascou-se na irrelevância. A Economia decaiu e aviltou-se.

O livro que temos entre mãos rema contra a maré. E encontrou a melhor forma de o fazer: avança corajosamente pelo questionamento das questões mais essenciais que hoje condicionam o pensamento económico.

A Economia enquanto ramo de conhecimento tem várias dimensões: uma dimensão ética, ou seja de avaliação das instituições económicas e do seu funcionamento do ponto de vista de certos princípios éticos, uma dimensão política que tem a ver as relações de poder que envolvem toda a actividade económica e uma dimensão positiva que tenta explicar e prever ou, no mínimo, cenarizar futuros possíveis para os factos económicos.

Só que o que chamamos os factos são já o resultado duma construção mental, ainda que assente, melhor ou pior, na realidade. É essa construção que torna a Economia uma presa fácil de visões ideológicas ou de interesses dirigidos, em dimensões que vão muito para além do que sucede nos outros ramos do conhecimento. Com efeito, as análises económicas envolvem-se inevitavelmente com ganhos e perdas de grupos de interesse que não abdicam de fazer valer esses seus interesses, tentando impor conceitos e dogmas que, muitas vezes sem qualquer aderência à realidade (o que quer que seja que tal signifique), condicionam fortemente a Ciência Económica na sua positividade. Muito ajudados, naturalmente, pelo circo mediático que nos dias de hoje rodeia toda a comunicação nos domínios da Economia.

Basta olhar para o que foi (e continua a ser) o papel do chamado "pensamento único" no brutal aumento das desigualdades e do reforço do poder do pequeno grupo dos 1% mais ricos a nível mundial para lembrar como é rentável para tal grupo a prevalência desse pensamento único e dos critérios com que estabelece os factos e os interpreta bem como do conceito de racionalidade que se esforça por impor.

Não admira, pois que, recorrentemente, economistas e não economistas se interroguem sobre se a Economia é efectivamente uma ciência.

O livro do Prof. Carlos Pimenta não foge a este tema, e se bem o interpreto, pode até dizer-se que a Economia enquanto ciência é verdadeiramente o fio condutor de todo o livro, bem visível quando se trata de racionalidade, de objectividade, de complexidade, quando se abordam as questões éticas e políticas e, muito claramente quando se discute a interessantíssima questão da Economia enquanto criação da "tribo europeia".

É um livro de crítica no melhor sentido do termo, não faltando sequer uma crítica da crítica, assim explicitamente introduzida, onde é tematizado o que é ou devia ser a crítica da Economia.

Não posso terminar sem chamar a atenção para a forma que o Prof. Carlos Pimenta deu ao seu livro. É, também ela, feliz: um diálogo multiforme, realizado a vários níveis e em diversos planos, que é, afinal um diálogo do autor consigo mesmo, mas que fornece uma preciosa ajuda para lidar com a complexidade que está sempre presente em todos e cada um dos temas que aborda. A forma em diálogo é, com efeito, em muitos casos, um instrumento poderoso para analisar com segurança temas especialmente complexos onde, em cada passo no avanço do conhecimento se escondem alçapões inesperados.

PREFÁCIO

Tendo embora a forma de diálogo, não julgue, porém, o Leitor que vai abrir um livro de leitura superficial. Bem pelo contrário. O livro que o Prof. Carlos Pimenta agora publica exige abertura de espírito e muita atenção na leitura. Mas essas são as características de todos os livros que, verdadeiramente, vale a pena ler.

João Ferreira do Amaral

Prelúdio

1. O nevoeiro baço, rasgado por uma luminosidade pastosa, retardava o despontar da alvorada. Esta ronceirice climatérica perturbava o seu despertar racionalista. Consultado o correio electrónico, apreciado o café embriagador e a torrada com queijo fresco, dedilhado o livro consultado na véspera, o imaginário nocturno ia-se desvanecendo sem um claro despontar de novo dia de trabalho.

Talvez a rotina, o aconchego da sua secretária, o sorriso dos filhos, a carícia da companheira aconselhassem uma manhã sem pressas, ao ritmo dos tempos pré-industriais e pré-cibernéticos, um desfolhar cuidadoso e atento das últimas peças filatélicas, uma releitura de repassadas poesias, um sonolento auscultar de um nocturno de Chopin.

Não seria o dia ideal para receber um jornalista e muito menos para conversar sobre o livro recentemente publicado. Provavelmente focar-se-ia sobre o exotérico e a anormalidade informal, sem captar o empolgante da mensagem. Compreendia e aceitava a sua actividade, mas não lhe apetecia construir a desconstrução. Falar da sua obra muito menos. Estas são feitas para serem lidas e pensadas pelos outros, para gerarem perturbações, que se adivinham e que provavelmente nunca acontecem. As obras não são para ser analisadas pelo autor que monocordicamente não deixa esvoaçar as águias da originalidade, se acaso estão no ninho.

Entre duas cachimbadas procurava encontrar justificação mais acolhedora para a conversa programada. A racionalidade da divulgação da obra, num mercado de assimetria de informação e enviesamento cultural causava-lhe incómodo. Recordava desalentado o texto elaborado meticulosamente. Talvez a simpatia do contacto do jornalista fosse uma boa justificação, plausível na cordialidade social. A ruptura com o silêncio castrador da liberdade que tomba sobre o discrepante também se lhe luzia como uma desculpa aceitável.

Não está dia para grandes lucubrações e o corpo pede-lhe para raciocinar lentamente. A campainha da porta quebrou estridentemente esta rotina branda. Depois dos habituais cumprimentos e trocas de impressões sobre o processo a desenvolver, entre espirais de fumo com o cheiro doce brotado do cachimbo sentaram-se à secretária.

Não podia escapar. Já ali estavam e o melhor era acordar do torpor intelectual e aceitar o desafio.

P: Como resumiria o conteúdo do livro?

R: Seria incapaz de fazê-lo. Seria injusto reproduzir algumas das conclusões quando o mais valioso podem ser as pistas de reflexão que borbulham ao longo de todo o livro, sem nunca gerarem uma conclusão inevitável. Se admitimos que o livro vale pelo que diz, também se impõe pelo que não diz. É sempre assim, quando analisamos um livro, devemos tanto interpretar o relato feito como os discursos alternativos que poderiam ter sido ditos e foram silenciados. Admitimos, pela forma como este trabalho está estruturado, que o ausente também está presente. Não estou a fugir à pergunta mas tão-somente a evitar o enviesamento das leituras que qualquer resposta iria gerar.

P: Essa problematização é o resultado do livro estar escrito em forma de diálogos, frequentemente desencontrados?

R: Embora só o meu nome figure como autor, é um trabalho colectivo. Talvez pudéssemos afirmar que todos os livros o são porque o escritor, por muita autonomia e criatividade que tenha, é sempre um caldo de ideias, de hábitos, de influências, de continuidades ou rupturas, forjado na sociedade. Mas neste caso podemos dizer mais vincadamente que estamos perante um trabalho de vários autores, a transcrição adaptada dos debates realizados, pelo que se disse e não se disse. Só o meu nome figura porque foi o que acordámos entre nós. Admitimos que procedendo assim se obteria maior liberdade de debate, que todos estariam disponíveis para lançar as perguntas pertinentes, e impertinentes, confrontar-se com o erro, esperado ou inopinado. Utilizou na sua observação a palavra "desencontrado". Está bem aplicada. Se o simples facto de termos aceite o desafio com entusiasmo

PRELÚDIO

demonstra que partilhamos em comum um conjunto de preocupações científicas e filosóficas, os pressupostos e verdades admitidas por cada um, sobretudo as dúvidas, são muito diferentes entre nós. Mais, acordámos que cada um estava obrigado a desafiar as "verdades" dos outros, a interrogar as conclusões, sobretudo quando estas parecessem irrevogáveis. Muitos desencontros são espontâneos, outros são a ousadia de defrontar os erros criadores, outros ainda construídos como desafios de reflexão.

P: Como vos surgiu a proposta de um livro em diálogo?

R: Tenho que assumir inteiramente a responsabilidade. Tudo nasceu com as minhas provas de agregação[2]. Perante a obrigatoriedade de dar uma aula resolvi três coisas. Em primeiro lugar partir de conceitos muito habituais, aparentemente conhecidos por todos, para mostrar quão limitado é o entendimento corrente que temos deles. Assim tomámos como conceitos para análise algo que todos julgam saber o que é; "mercado", "procura". De seguida tentei, como agora se diz, desconstruir esses conceitos, mostrando que o que parece ou não, ou é apenas uma parte do que está envolvido nessas categorias económicas. Finalmente admiti que a melhor matriz de desconstrução seria através de um diálogo inventado. Talvez por uma reminiscência inconsciente da grande influência que vários textos de Platão sobre o conceito de verdade exerceram em mim. Este livro surge na continuidade desse meu trabalho, nunca publicado para além das provas realizadas.

P: Continuidade na forma...

R: Continuidade sobretudo no conteúdo. O exercício então realizado, essencialmente pedagógico, partia de conceitos vulgarmente utilizados para mostrar como eles eram enganadores, incompletos e dúbios. Partíamos deliberadamente do visível para o oculto. Mas deixava intactos outros conceitos que lhe serviam de suporte. Retirávamos uma camada de informação mas por baixo dela encontrávamos outra camada, que também carecia de análise. Assumimos, quase sem justificação que a "racionalidade económica" era um razoável início para a análise subsequente, mas quase nada dissemos sobre esse conceito que tem uma enorme centralidade na Economia[3], estou a falar na ciência, contemporânea. Sentia que era

---

[2] Ver Pimenta (1995c).

[3] Duas observações a partir desta terminologia. Utiliza-se a palavra "economia" para designar o estudo científico de uma certa parte, ou angulo de observação, da realidade, mas também se

necessário descobrir caminhando. Que era imperioso e urgente prolongar a reflexão crítica sobre a racionalidade...

P: Ao sobrevoar as suas publicações encontrei várias reflexões sobre a "racionalidade"...

R: É verdade, mas se durante anos trabalhei sobre esse conceito, e admito que fui reconstruindo um conceito mais estruturado e complexo, também tenho que reconhecer que a frustração tomava frequentemente conta de mim. Sentia que para além do terreno explorado havia um olhar sobre um horizonte que não conseguia alcançar. O convite a vários colegas para debaterem as temáticas tratadas neste livro resulta da prévia frustração de não agarrar a totalidade, de dissecar adequadamente o conceito de "racionalidade". Por isso esse é o conceito central deste trabalho, alcançado, insisto, pela colaboração de todos.

P: Considera que já alcançou o nirvana da "racionalidade"?

R: Em ciência não há nirvana. A verdade é sempre provisória, sendo completada ou negada ao longo da evolução científica. A tranquilidade é o instante da descoberta mas de imediato brota a inquietude perante o que não sabemos. Mas, é verdade, considero que demos passos seguros na problematização desse conceito que silenciosamente está a montante das hipóteses subjacentes à formulação de modelos e teorias. Uma "desconstrução" que ultrapassa os muros da academia e da investigação porque ela, ou a sua má leitura, faz parte do quadro social e político do quotidiano. Dito isto ainda não respondi ao seu provocatório desafio. O conceito de racionalidade remete para o homem, para o comportamento individual, mesmo que se admita que este tem um enquadramento social. Depois da camada do "mercado" e da "procura" utilizámos os instrumentos científicos

utiliza para englobar essa parte da realidade social. O primeiro sentido deveria ser escrito com maiúscula (Economia) e o segundo com minúscula (economia) mas tal nem sempre acontece, ou por descuido, ou porque há uma tendência quase espontânea de confundir em muitas situações os dois significados. Este é um problema que remete para a importante problemática do objecto científico, aflorado nesta conversa, mas tratado mais sistematicamente num outro trabalho (Pimenta 2013a). Segunda observação, utilizaremos no debate "Economia", "Economia Política" e "Ciência Económica" como sinónimos. Os diversos participantes do debate têm hábitos de terminologia diferente e é abusivo pretender hoje diferenciar o sentido dessas diversas designações, atribuindo a cada uma um determinado paradigma. O mais que se poderá dizer é que "Economia Política" parece ter implícito que esta ciência é social e que "Ciência Económica" é uma designação que revela alguma desconfiança na cientificidade deste pensamento crítico.

PRELÚDIO

para dissecar a "racionalidade". Descobrimos uma outra camada: o da relação dialéctica entre homem e sociedade e da diversidade de paradigmas conflituantes. Trazemos à superfície uma velha problemática da Economia: a teoria do valor, embora não o analisemos. Espero sinceramente que tenhamos oportunidade de promover uma investigação do mesmo estilo sobre ela. Ainda sobre a racionalidade percebemos que não analisámos, apenas lançámos fogachos, sobre as dimensões ética e simbólica da racionalidade.

P: Estamos perante um livro de economia?

R: De qual delas? Da realidade social ou da teorização dessa realidade? Da conceptualização disciplinar da dinâmica social ou da sua projecção na capacidade de leitura do homem e da sociedade que somos? De facto a "racionalidade" é um assunto presente na disciplina que designamos por Economia, mas tem sido importada por outras disciplinas. Nessa medida é essencialmente um livro que trata de Economia, como lhe chamou, mas que ultrapassa essa disciplina. Robinson dizia que se devia estudar Economia para não ser enganado pelos economistas[4]. Se tivesse conhecido a importância assumida pela política económica no mundo contemporâneo acrescentaria certamente "para não se ser enganado pelos políticos". Ultrapassa, pois, o universo dos artesãos da Economia. Trata de Economia, como disse, mas não é de Economia, é mais de metaanálise económica.

P: Sendo um livro colectivo porque aparece como sendo apenas de um autor?

R: Que é um livro colectivo ressalta da reprodução dos diálogos havidos. Apenas os ajustámos quando simplificávamos passagens secundárias ou fizemos, colectivamente, a revisão da reprodução das gravações. Há diferenças entre o discurso oral e o texto escrito. Um livro é sempre obra colectiva, como a expressam as referências bibliográficas. Voltando à razão da sua pergunta apenas há que dizer que acordámos assim. Considerou-se preferível atribuir a autoria desta reflexão a um único autor. Talvez a hipótese mais aceitável tivesse sido criar um pseudónimo para o grupo, como defendi, mas a maioria decidiu que fosse eu a assinar. É certo que fui eu que lancei a ideia deste debate, mas todos nós contribuímos de igual modo para o resultado final.

---

[4] Robinson (1978). Esta é a última frase do 7º capítulo, em que analisa as posições de Marx, Marshall e Keynes sobre o capitalismo.

P: Obrigado por nos ter recebido.

R: Estamos sempre disponíveis para todas as interrupções do silêncio que abafa a cultura em Portugal. Aproveito para lhe pedir que não se esqueça de frisar a importância dos meus anónimos amigos que permitiram este livro.

Agradecimentos

As minhas primeiras palavras, como único subscritor deste livro, são de profundo agradecimento a quantos participaram no debate de ideias que aqui fica expresso.

Também é um imperativo categórico e afectivo manifestar a minha profunda gratidão à minha esposa pelo intenso trabalho de leitura, correcção e interrogação do texto inicial. Um empenhamento que se manifestou em relação a este livro, desde os seus prolegómenos, continuação de uma ajuda sempre presente de há muitos anos. Também lhe estou muito grato pela disponibilidade que me permite ter para o labor intelectual isolado.

Quando "acabo" de escrever um livro envio-o a um vasto conjunto de amigos, com formações e formas de pensar variadas. Apesar da escassa frequência de respostas que me chegam, elas são particularmente importantes pelos erros que detectam, pelas correcções que sugerem, pelas dificuldades que expressam, pelas hipóteses bibliográficas que apresentam, por tudo aquilo que transmitem. Agradeço a António Maia, a Avelino Gonçalves, a Carlos Garrido, a Elvira Silva, a Guilherme Fonseca-Statter, a Manuel Castelo Branco e a Rui Magalhães o empenhado trabalho e as críticas pormenorizadas com que me granjearam. Tal permitiram-me várias alterações e acréscimos de grande utilidade, continuando a assumir os erros que perduram após o último intenso mês de revisão. Agradeço complementarmente as sugestões de António Brandão e Manuel Branco e o apoio de José Reis.

É também necessário recordar que a ideia deste livro, e uma parte do seu conteúdo, é o resultado de longos anos de docência, investigação e acção na Faculdade de Economia da Universidade do Porto, das trocas de ideias com os meus colegas, do fervilhar de problemáticas que os estudantes, directa ou indirectamente, nos transmitem. A todos os meus agradecimentos.

A primeira versão deste livro foi escrito em Paris, no usofruto de uma bolsa da FCT associada ao ano sabático.

Finalmente uma palavra de profundo agradecimento ao meu antigo professor Francisco Pereira de Moura, a quem muito devo intelectualmente e que foi um dos pilares da minha carreira universitária.

Abreviaturas

Evitamos as abreviaturas.
Utilizamos

- **O1, O2** e **O3** para designar os três diferentes objectos científicos da Economia ("A produção, repartição e troca", "gestão da escassez" e "escolha racional", respectivamente). Como a diferentes objectos científicos correspondem diferentes paradigmas da Ciência Económica

  - paradigma Oi = paradigma da Economia cujo objecto científico é i = Economia[Oi]

- **SO1, SO2** e **SO3** para designar que a referência primeira da realidade--em-si na construção do objecto científico é a sociedade, as instituições ou o indivíduo, respectivamente.

  - Esta classificação é referida algumas vezes, mas assume uma posição secundária e, por isso, é pouco tratada.

Estes conceitos são tratados em *Paradigmas Científicos da Economia.*

Introdução

RESUMO:
Apresentação mútua. Explicitação das regras do debate. Fazer investigação científica. Sequência de apresentação das ideias. Seus impactos sobre o ensino. Temáticas a abordar e seu encadeamento. As ideias e o nosso quotidiano. O erro no avanço das ideias. Dificuldades de fazer ciência. Importância da imaginação.

SAUDAÇÃO

– Começo por vos saudar com muito carinho e entusiasmo pois somos uns privilegiados no ambiente de "caminho único" que se vive actualmente. Permitam-me que fale em nome de todos os presentes. Vamos ter a possibilidade de conversarmos livremente sobre temáticas que consideramos vitais para uma alteração na maneira de encarar o mundo em que vivemos e, dessa mudança de enfoque, deduzir novas políticas.

– Podemos dizer que toda a organização destas nossas conversas (agora em torno desta mesa bem refastelados em cómodas cadeiras, mas antecedidas de um árduo trabalho de leitura, reflexão e luta contra muitas das nossas próprias ideias feitas) foram essencialmente uma iniciativa tua. Claro que considerámos óptimo e, por isso aqui estamos, com algum atraso em relação ao acordado, mas totalmente aderentes ao desafio. Que tal se nos contasses o que te fez avançar com a iniciativa?

– Terei alguma dificuldade em responder cabalmente à tua pergunta, mas vou tentar. É difícil porque muitas vezes a iniciativa é prévia a uma reflexão completa sobre as razões que a determinaram. Entusiasmamo-nos e agimos. Como temos o mau hábito de admitir que tudo tem um início, talvez remonte à minha juventude, ao tempo em que me defrontei com a história da antiga Grécia...

– Todos nós fomos lá parar em alguma circunstância, ignorando os espartanos e olhando com admiração para os atenienses, porque ainda hoje somos um produto da civilização greco-romana e porque ignoramos as outras culturas, por vezes bem mais antigas e também gloriosas e ilustres.

– É verdade. Ao estudar Filosofia desemboquei em Platão e em Aristóteles. Apaixonado pela dramaturgia grega, numa primeira fase, aventurei-me a ler um pouco daqueles dois filósofos. Apaixonei-me por Platão e talvez por seu intermédio por Sócrates. Algumas das suas teses pareciam-me com pouca capacidade explicativa, mas a leitura dos diálogos fervilhavam no meu pensamento de uma forma intensa. A capacidade de argumentação, o reconhecimento do não-conhecimento, que é mais ser insabedor que ignorante, o prazer que aquela escrita me despertava, acompanharam-me até hoje. Mesmo quando não pensava em tais assuntos essa estrutura argumentativa incitou-me toda a vida. Talvez sem consciência disso moldava as minhas imagens do mundo e da sua leitura abstracta.

– Por onde começaste a leitura de Platão?

– Não admitas a possibilidade de eu ter lido Platão. Li alguma coisa desse autor. Para além dos textos dispersos e curtos, foi com *Fedón*, o *Sofista* e o *Político* que encerrei os meus estudos platónicos. Espera um pouco, vou buscar à estante esse volume de iniciação filosófica. Seguindo os sublinhados e a referência às páginas de textos mais importantes ainda hoje posso ver o que então me impressionou... Talvez esta frase que ainda hoje admiro e me deleita: "não pretendo convencer os outros de que é verdadeiro tudo o que eu disser – embora o desejasse secundariamente – mas em primeiro lugar desejo persuadir-me, eu mesmo, disso" (Platão 1961, 127). Bom, de uma forma abreviada, depois deste encontro julgava que o tinha esquecido, apesar da minha actividade docente alimentar esta faceta. Quando fiz as provas de agregação resolvi trabalhar sobre a disciplina de Introdução à Economia. Havia que demonstrar que conceitos simples que todos citam e julgam saber, como por exemplo "mercado", apresenta grande complexidade intrínseca, e eram susceptíveis de serem tratados de uma forma bem mais completa e esclarecedora com os estudantes e que seria enriquecedor para eles. Resolvi fazer o trabalho em diálogo. Fui eu que pensei, fui eu que escrevi, as figuras do debate eram inventadas, mas a forma do texto ajudou-me. A manipulação permitiu concretizar alguns dos meus objectivos e conseguiu surpreender-me. Já tinha ouvido escritores dizerem que as personagens do seu livro se auto-recriavam e conduziam o escritor para rumos que não tinham sido imaginados, mas julgava que era daquelas "frases feitas" sem grande significado. Constatei que não, e percebi que a conversa criativa tinha essa potencialidade exaltante.

– Nessa experiência ganhaste gosto pela experiência e aqui estamos nós para responder da melhor forma.

– A partir daí senti o desafio de organizar uma conversa como a que hoje iniciamos. Com uma grande diferença: as personagens não são fictícias, nós os quatro estamos aqui presentes prontos para contribuirmos com os nossos conhecimentos. Certamente que a conversa crítica enveredará por caminhos que neste momento não são expectáveis. Mas há outra diferença em relação às lucubrações então inventadas. Todos somos razoavelmente conhecedores da Economia Política, enquanto então imaginei investigadores e estudantes atrevidos a despertar as sinapses neuronais.

ORGANIZAÇÃO DO TRABALHO

– Como vamos organizar o trabalho?

– Quanto à temática poderemos analisar já de seguida, desde que respeitemos o compromisso que assumimos e para o qual nos preparámos: dissecarmos, desconstruirmos como hoje se diz, os conceitos que sustentam a Economia de hoje, que estão nos alicerces do castelo...

– ... de fantasia!

– Talvez, mas não nos precipitemos. Até porque essa obra que designas de fantasia também ela é burilada numa metodologia coerente e obedecendo a princípios indispensáveis à cientificidade. Não coloquemos o carro à frente dos bois, como diz o adágio popular.

– Temos de ter cuidado com os adjectivos e com as afirmações não fundamentadas numa argumentação sólida.

– Lá chegaremos. Antes de mais devemos combinar algumas questões logísticas desta reflexão colectiva. Tenho uma proposta, de que ainda não vos falei: o resultado deste debate deve ser a produção de um livro. Um livro com um único autor que é a fusão de todos nós, não identificados individualmente.

– Nunca tinha posto essa hipótese. Estaremos preparados para um tal desafio?

– Excelente ideia. A corporização em texto do que se passar aqui nos próximos meses ainda nos estimula mais a desatar os nós da Economia Política, a sermos mais audazes. Passamos a ter uma responsabilidade acrescida, um estímulo.

– Porque não? Vamos a isso.

– Primeiro ponto de concordância, que exige desde já considerarmos um outro aspecto: como é que a preparação desse documento é feita e como se processa a redacção principal?

– Deixa-me pensar alto. O ideal seria termos alguém que fosse tirando apontamentos, redigindo conclusões. Assim teríamos o material de base para a redacção do livro.

– Um género de escritor sombra que escreve o livro que outro assina.

– Vamos admitir que seguíamos esse caminho. Qual seria o produto final? Um conjunto de certezas, apresentadas de uma forma mais ou menos pomposa. Quem lesse não teria a possibilidade de perceber como chegámos a essa conclusão. Se fôssemos por aí perder-se-ia o meu platonismo! Mais, na sequência dos temas a tratar, ainda nos falta especificar esse importante aspecto: deveríamos privilegiar a sequência de investigação em detrimento da sequência de exposição.

– Explica-me o que pretendes dizer com isso.

– Se o livro fosse escrito da forma que sugeres, na redacção, muito provavelmente partiríamos das nossas conclusões para ordenar as matérias. O que é que aconteceria? Primeiro fazíamos uma investigação sobre uma determinada matéria...

– Penso que sei o que é "fazer uma investigação": é observar a realidade, é recolher informações qualitativas e quantitativas sobre ela, é articular informações sobre diversas parcelas da realidade, é encontrar relações lógicas ou quantitativas válidas cientificamente que permitam transformar as partes num todo coerente...

– Sim é isso, acrescentando-lhe que, antes de tudo, é necessário conhecer o que já foi investigado sobre o assunto, isto é, procurar, seleccionar e estudar bibliografia. É necessário definir o projecto de investigação.

– E não se esqueçam que durante a investigação se relaciona as partes estudadas, mas também se deita fora tudo o que se revelou inoperacional.

– Retomando a resposta à pergunta formulada. Nesse trabalho de investigação caminha-se a partir do particular: acontecimentos, dados, factos, leituras disso mesmo. Seguimos rumo ao geral: conceitos abstractos, relações entre variáveis que apresentam estabilidade, entre muito mais instrumentos que nos permitem passar de uma leitura primeira para a apresentação estruturada, de descrição ou de interpretação do observado, conforme o nosso entendimento do que é ciência. Se fizeres um relatório da investigação, isto é uma sua descrição dos passos dados, partimos do particular para o geral. É a sequência de investigação.

– E a sequência de exposição não é a mesma coisa? Esse relatório não é uma exposição da investigação?

– Esse jogo de palavras faz sentido, mas estamos a falar de fases diferentes do trabalho. Acabada a investigação conhece-se tudo o que havia a conhecer sobre um dado assunto...

– Tudo?

– Podemos considerar: tudo o que é possível naquele momento, naquele espaço, com a vivência e a capacidade da equipe de investigadores, que neste caso somos nós. Claro que o saber da ciência é sempre relativo, mas deixemos esse assunto. Retomando, tendo atingido esse conhecimento, os investigadores estão em condições de redigir um documento cujos destinatários são os outros. Nesse documento não se deve começar pela descrição do que se fez. O ponto de partida são as conclusões a que se chegaram.

– Embora possa fazer referência a partes do seu trabalho de investigação...

– Sem dúvida, o que os autores fazem é apresentar a sua investigação, mantendo-se no essencial, no que é mais importante, no que é aproveitável. Frequentemente partem do geral (dos conceitos mais gerais e das leis que lhe estão associadas) para o particular.

– A utilização da sequência de exposição não é apenas uma questão de arrumação das ideias. É também a verificação da coerência lógica do discurso e a experiência, sempre desafiante, da constatação, ou não, que o edifício abstracto construído é operacional, suporta robustamente o embate com a realidade.

– Em síntese, o método de investigação parte do particular para o geral e o método de exposição vai do geral para o particular. Estas são as sequências conceptuais puras. Alguns grandes pensadores sociais, hoje chamados de economistas, seguiram a sequência de exposição (como Ricardo ou Marx). Outros não são tão puristas e começam por fazer uma mescla de ambas as sequências. Atrever-me-ia a dizer que Adam Smith provavelmente aproxima-se mais da sequência de investigação[5].

– Saiamos do nosso quotidiano presente para ilustrar estes aspectos. Uma grande figura da intelectualidade portuguesa dizia-me que os seus longos anos de investigação sobre a Idade Média em Portugal, percorrendo arquivos, compilando documentos e informações, lendo e criticando outros autores tinham-lhe mostrado que a categoria principal, o ponto de partida, para a explicação da Idade Média nas suas relações de produção era a renda fundiária. Logo o ponto de partida conceptual nos seus vários volumes sobre a História da Idade Média tinha que ser exactamente a "renda". "Assim como para explicar o capitalismo o ponto de partida é a mercadoria, para explicar a Idade Média é a renda"[6].

---

[5] Houve debates complementares sobre esta matéria que considerámos por bem não englobar. Contudo faz sentido aqui levantar o problema. Afirmámos que conhecer o que os autores anteriores disseram sobre o assunto é um ponto de partida indispensável. Podemos aceitar ou rejeitar o que foi apresentado sobre a interpretação de um problema, mas seria ignóbil desconhecer esse debate prévio. A bibliografia é um ponto de partida de toda a investigação e aquando dessa preparação prévia estamos a partir do geral (referido pelos diversos autores consultados) para o particular (a realidade que queremos estudar). Pode até acontecer que nunca desçamos à realidade, fiquemos pela tentativa de resolução de uma ambiguidade ou erro constante desses documentos anteriores, de um problema anteriormente lançado mas ainda não trabalhado. De facto, na investigação podemos ter duas posturas: ou olhar para a realidade e tentarmos encontrar as explicações da sua natureza, ou mantermo-nos nos terrenos abertos, mas não resolvidos, pelos autores anteriores e abdicarmos de qualquer confronto com a realidade social. A nossa realidade é a própria teoria. Os dois caminhos são epistemologicamente aceitáveis, mas, partindo da postura teórico-pragmática de que a ciência tem de passar pelo confronto com a realidade e de que a Economia para além de um entretenimento de pesquisa é um instrumento para um melhor conhecimento da realidade em que vivemos, consideramos que o confronto com a realidade é sempre um momento importante, seja em que fase for do percurso.

[6] Esta afirmação de Armando Castro, é o resultado do labor realizado em A Evolução Económica de Portugal dos Séculos XII a XV, um vasto trabalho que se espalha por muitos volumes, nem todos editados na fase inicial. As preocupações do autor pelo método ressalta na Introdução: "Em primeiro lugar importa estabelecer os factos históricos concretos (...) bem como as relações de produção que se estabeleceram (...). Depois de estabelecidos tais factos, surge a

INTRODUÇÃO

– Qual é a nossa sequência?

– Parece-me que é de optarmos pelo método de investigação[7], ou aproximarmo-nos dele, quer porque provavelmente será mais útil no processo de comunicação com os nossos futuros leitores (apesar de os assuntos aparecerem menos arrumados, menos sistematizados), quer por razões pragmáticas. Será muito mais fácil gravarmos as nossas conversas,

> definição das categorias económicas e a formulação das leis gerais, utilizando-se o método lógico de investigação (...). Uma última parte do estudo, partindo das categorias e leis económicas estabelecidas permitir-nos-á compreender os factores causais, os efeitos e algumas das inter-relações que determinaram as transformações operadas ao longo dos séculos, pelo menos nas suas linhas gerais." (Castro 1964/70, Vol. 1, 31/33)

Depois da descrição da realidade económica do período em estudo, arruma esses factos explicitando "as principais categorias da economia feudal portuguesa (Castro 1964/70, Vol 2, 17 e seg.), e concentra a sua atenção em "a renda feudal" (Castro 1964/70, Vol 2, 244 e seg.). A renda é o núcleo duro de tudo o que foi apresentado anteriormente e é o suporte para as análises subsequentes:

> "De facto, na renda cristalizam-se as relações entre os dois pólos (*sic*) da sociedade da Idade Média; não traduz um fenómeno isolado e em si desligado das relações estabelecidas entre os homens e, pelo contrário, ressuma em todas as suas facetas essas relações, bem como as suas flutuações particularizadas com as suas transformações." (Castro 1964/70, Vol. 2, 249)

Daqui se deduz primeiramente que o método de exposição não exige que o trabalho seja apresentado aos outros sem antes sensibilizá-los para os conceitos abstractos fundamentais – o próprio processo de apresentação já tem implícito a percepção desses conceitos. Mas também levanta uma outra constatação: a importância do método de exposição é permitir uma coerente passagem da descrição para a interpretação. Logo entronca no debate mais amplo da aceitação, ou não, do positivismo e do papel do racionalismo.

[7] Uma imprecisão terminológica nos registos do debate aconselham um esclarecimento adicional. Muitas vezes fala-se em sequência de investigação ou exposição e, noutros em método de investigação ou exposição. Não estamos perante o mesmo tipo de opção. Quando se fala em *método* estamos a designar dois momentos diferentes do processo de aquisição de conhecimentos, que se completam: primeiro investiga-se o novo e a partir dele constroem-se conceitos e formulam-se leis; depois testam-se os modelos elaborados num novo processo de aproximação à realidade-em-si. Como se diz em Lenormand e Manicki (2007):

> "método seguindo um duplo movimento de análise e de reconstrução. Análise do conceito e determinação das categorias que lhe dão sentido" (60),

ou, como diz Marx, segundo o mesmo autor a propósito do método de exposição

> "o método de subir do abstracto ao concreto não é senão a maneira do pensamento apropriar o concreto, de o reproduzir enquanto concreto pensado." (60).

Quando se fala em *sequência* estamos a analisar a forma assumida pelo processo "pós-investigação", de apresentação dos resultados. Contudo há uma ponte importante. A sequência de exposição é parte integrante do método de exposição.

fazermos a sua conversão para o papel e teremos a primeira versão de livro. Depois basta que cada um faça uma leitura integral do texto e a respectiva correcção.

– Correcção que deve ser mais de forma que de conteúdo. Um texto em diálogo, com discursos preparados no estudo mas fluindo com a liberdade do momento, pode ser sempre inacabado, há sempre alguma coisa a alterar.

– Cada um corrige a sua parte e tem de ter a noção de que a alteração de qualquer coisa numa fala arrasta a alteração das alocuções seguintes.

– Mais uma sugestão em relação ao livro: este não deve identificar as diversas falas, os diversos interlocutores porque todos estamos envolvidos no mesmo projecto. Mais, se admitimos que a análise crítica e colectiva das ideias contribui para melhores conhecimentos, se é um facto assente que todos nós estamos aqui dialogantes com abertura para aprendermos com os outros, é natural que as posições de cada um mudem, ao sabor das ideias, não dos ventos.

– Está assente. Gravação, transcrição, correcção e livro, aparecendo cada um de nós como uma parte indissociável do todo.

AS SEQUÊNCIAS E O ENSINO

– Disseste bem. Porque é a conversar que vamos retirar dos conceitos tudo o que eles podem dar porque este nosso próprio exercício é uma investigação, a nossa conversa tem a sequência de investigação.

– Creio que tens razão. Preferiria a sequência inversa mas neste caso não faz sentido.

– Quer uma quer outra sequência tem vantagens. A que seguiremos permitir-nos-á que todos nós acompanhemos o raciocínio e, concordando ou não com ele, todos percebamos a sua razão de ser, a sua origem.

– Nem sempre o aparente dogmatismo do método de exposição ajuda à compreensão da realidade pelos outros.

– Eu sei que não é isso que agora estamos a analisar, provavelmente até nunca o faremos, mas as vantagens e desvantagens de cada uma das sequências devia ser tido em conta no ensino da Economia. Fazer ciência passa inevitavelmente pela capacidade de observar a realidade tal como ela é, isto é, como se nos revela. Claro, a dedução lógica, o encadeamento conceptual, a utilização da dedução, o confronto das posições dos diversos autores, o choque entre paradigmas diferentes, também permitem fazer

INTRODUÇÃO

novas descobertas, mas se assumirmos que a Economia é uma das ciências sociais, antes de mais há que saber ler a realidade. Esta é, pela sua própria experiência de vida, esmagadoramente desconhecida dos que ingressam nessa formação. Deveria ser por aí que se começava, contudo não é isso que acontece. O que lhes é dado a ler são modelos interpretativos dessa realidade. A partir daí os economistas formatados deixam de observar a realidade, porque ao fazê-lo aplicam logo o filtro do modelo estudado, o qual é apresentado na sequência de exposição, como verdade feita, resultado de um labor intelectual aparentemente secular e alicerçado em certezas há muito construídas[8].

– Agravado por esse ensino ser monoparadigmático. É a leitura única, a ciência única, a verdade única.

– Exactamente. Não ia agora falar disso mas tens toda a razão. Espero que nesta conversa mostremos o absurdo desse monolitismo, quer porque é fundamental no processo de crítica racional ao saber feito, quer porque há interpretações diferentes entre nós. Voltando à sequência de exposição e de investigação. Esta só é utilizada esporadicamente por uma ou outra disciplina estruturada por tal ou tal professor inteiramente consciente do seu papel. Tudo o mais é a sequência de exposição, muito útil ao transmitir uma metodologia de análise, uma coerência lógica...

– Muitas vezes encoberta por hipóteses de partida que não são explicitadas...

---

[8] A experiência profissional dos participantes neste debate não permitia extrapolar o problema geral do ensino da Economia. Tal exigia ter uma leitura do que se passa a nível mundial e certamente que as experiências são muito diferentes. Contudo, podemos aqui resumir algumas ideias complementares, não reproduzidas por se afastarem do caminho principal das nossas preocupações. Em síntese: (1) aprender ciência exige começar por perceber quais são as problemáticas estudadas por uma determinada disciplina, mesmo que ao longo do processo de aprendizagem muitas fiquem, como não podia deixar de ser, por explorar; (2) essa percepção das problemáticas passa pela concomitante observação da realidade subjacente às problemáticas, de preferência encarando-a como "fenómeno social total", mesmo que essa totalidade fique por explorar; (3) tal exige que, ou antes do ensino superior ou durante este, haja, como ponto de partida, a capacidade de olhar para a realidade-em-si, para o concreto pensado; se se prescindir desta fase, nunca a realidade-em-si é susceptível de uma leitura crítica; o que se aprende são modelos interpretativos e a realidade nunca é pensada, pois fica refém de uma realidade-para-si construída à luz dos modelos transmitidos. A passagem da licenciatura de Economia de cinco para três anos ("processo de Bolonha") fez com que se esquecesse ainda mais essa aproximação prévia à realidade.

– Tem todas essas vantagens mas que tem alguns grandes defeitos: impede, ou pelo menos dificulta imenso, uma observação da realidade existente, cria um conjunto de filtros de gestação do pensamento único, faz com que o decorar tenda a substituir o raciocinar.

– Já para não falarmos das (des)articulações entre disciplinas, de que a relação entre a macroeconomia e a microeconomia é uma questão central.

– Desculpem interromper mas se vamos por aí fazemos uma outra discussão.

– Concordo, mas, antes de deixarmos estas referências marginais, uma observação, que se associa à nossa própria discussão: a sequência de exposição não obriga necessariamente a começar do geral para o particular, a não ajudar o leitor a encaminhar-se para o essencial. O próprio essencial pode ser construído por uma descrição prévia que a ele conduz. Mais que na sequência de apresentação o problema situa-se na capacidade de ler ou não a realidade. É preciso partir-se de factos extraídos da realidade-em-si[9]

---

[9] Os conceitos de realidade, realidade-em-si *versus* realidade-para-si, realidade ontológica *versus* realidade epistemológica, concreto real *versus* concreto pensado são decisivos para a leitura seguinte do livro. Sendo a primeira vez que este termo surge transcrevemos algumas ideias úteis para a sua interpretação (Pimenta 2013a, 27/9).

O que podemos entender por *realidade*? É um conceito polissémico.

"Em seu significado próprio e específico, esse termo indica o modo de ser das coisas existentes fora da mente humana ou fora dela." (Abbagnano 1998, 831)

Realidade e idealidade seria a totalidade. É o resquício de um dualismo (corpo *versus* alma) que a ciência ultrapassou. A ciência tem demonstrado a impossibilidade dessa dicotomia. Já Heidegger (1889 – 1976) tinha alertado para ausência de fundamento para essa leitura:

"O problema da existência do mundo exterior ou das coisas desaparece por si mesmo uma vez que se elimine o pressuposto falaz do «sujeito sem mundo», ou seja, pressuposto de que o homem não é já e sempre sobretudo um ser no mundo" (Abbagnano 1998, 832).

"Parece mais oportuno e consentâneo com a totalidade que a ciência tem pretendido abarcar, optar por uma definição mais ampla: "a realidade inclui tudo que é e tem sido, seja ou não observável ou compreensível. Numa definição ainda mais ampla é tudo o que existiu, existe ou existirá." (Wikipédia: "Reality")

Adoptando esta posição existem no processo de conhecimento diferentes "formas" de realidade. Há a realidade exterior ao conhecimento que dela temos (mesmo que essa realidade seja interior à mente) e há a realidade conhecida, a leitura que fazemos dessa realidade. Essa leitura é sempre parcial e limitada (parcial pela impossibilidade de pensar o concreto na infinitude dos seus atributos; parcial pelas limitações da nossa actividade perceptiva e cognitiva).

Exemplo. Da árvore que encontrei no caminho, com uma altura de 12,78467 metros, com 17831 folhas, das quais 3 amarelas, com 657 flores e 1.829.467 grãos de pólen, retive que é "uma

INTRODUÇÃO

e não de aparentes factos construídos a partir dos modelos previamente aceites.

– Como dizia, é uma temática que também dá para escrever um livro. Agora estamos a tratar do nosso método de trabalho e, em relação a isso, creio que estamos todos de acordo. Só nos falta decidirmos qual a sequência conceptual da nossa abordagem.

MATÉRIAS A TRATAR

– Sequência conceptual ou observação da realidade?

– Creio que não é nossa preocupação, pelo menos assim o entendi quando combinámos conversar, construir uma Economia Política. O trabalho é fazer uma reflexão crítica sobre alguns conceitos. Por outras palavras, tomando o conceito de "racionalidade" como exemplo, porque certamente o analisaremos, ele pode ser construído por duas vias distintas: observando

árvore". Qualquer especificação passa por chamar –lhe "choupo" ou dizer que era "de grande porte" ou "bonita". A abstracção está sempre presente.

"Uma coisa é a realidade (*em si*), outra coisa é a realidade como nós a observamos (*para si*). «coisa em si» e «coisa para nós» –Termos filosóficos que designam, respectivamente: as coisas tal como existem por si mesmas, independentemente de nós e da nossa consciência e as coisas tal como se revelam ao homem no processo do conhecimento. Estes termos adquiriram especial significado no século XVIII ao ser negada a possibilidade de conhecer as «coisas em si» Esta tese, já formulada por Locke, foi circunstanciadamente fundamentada por Kant, que afirmava que o homem apenas se relaciona com fenómenos completamente separados da «coisa em si» Em Kant, a «coisa em si» designa também as essências sobrenaturais, incognoscíveis, inacessíveis à experiência: Deus, a liberdade, etc. O materialismo dialéctico que parte da possibilidade de chegar ao conhecimento completo das coisas, vê o conhecimento como um processo pelo qual a «coisa em si» se transforma em «coisa para nós» na base da prática." (Rosental *et al.* 1972, C – 150/2).

Aproveitando o facto da Ontologia ou a Metafísica ser "o estudo sistemático da natureza última da Realidade" (Vilhena 1956, 601) podemos designar a realidade-em-si como *realidade ontológica*. Porque a Gnosiologia e a Epistemologia são o estudo do conhecimento humano, corrente e científico, respectivamente, podemos designar a realidade para si como *realidade gnosiológica* ou *realidade epistemológica*. Para nós, porque tratamos de ciência, esta é fundamental.

Embora não signifiquem exactamente a mesma coisa, podemos considerar, por um lado, a "realidade em si", a "realidade ontológica", o "concreto real" e, por outro, a "realidade para si", a "realidade epistemológica", o "concreto pensado".

Realidade-em-si e realidade-para-si porque no processo de conhecimento há um *objecto* (percepcionado) e um *sujeito* (percepcionador).

a realidade do comportamento social ou[10] humano ou fazendo a crítica interna e externa às teorias já elaboradas sobre esse conceito. Embora os dois percursos sejam possíveis, sempre entendi o nosso papel aqui como humildes reconstrutores do segundo caminho.

– Creio que estamos todos de acordo.

– Comecemos por explicitar qual a categoria económica que merecerá em pleno a nossa atenção.

– Creio que todos estaremos de acordo que o nosso centro da atenção não pode ser nenhuma manifestação específica da Economia, como a "lei da oferta e da procura", o "óptimo de Pareto", a "lei das vantagens comparativas", a noção de "moeda", um dos conceitos que me apaixonou em certa fase do meu trabalho, a "perequação", ou qualquer coisa semelhante. Todas estas "leis" e "categorias" são o resultado de uma dedução lógica a partir de outras "categorias" ou "hipóteses de partida", explicitadas ou não.

– Se vamos por esse caminho só vislumbro duas possibilidades. Ou pegamos no que é essencial na Economia dominante ou começamos por partir pedra a partir do que está subjacente em todas as correntes do pensamento a partir de Ricardo, reconhecendo-o, ou não. Estou a pensar na categoria "racionalidade", na primeira hipótese, ou em "valor" ou "valor e preço", na segunda.

– Também poderíamos pegar num conceito mais visível, mais falado, mais mediático, mais capaz de atrair a atenção do leitor, como é o conceito de "mercado", o Deus do capitalismo.

– Não concordo contigo. É muito provável termos que traçar alguns esboços em relação ao mercado (enquanto realidade-em-si, enquanto construção a partir dela, enquanto símbolo e enquanto ferramenta ideológica), mas é um conceito que envolve preço, oferta e procura, custo de produção e custo de oportunidade, utilidade e capacidade de lidar com a racionalidade.

---

[10] Na Lógica (bivalente), "x ou y" (disjunção lógica) designa que ou se verifica x, ou se verifica y ou se verificam ambos ao mesmo tempo. Se pretendermos considerar apenas as duas primeiras possibilidades utilizamos um "ou" exclusivo (disjunção exclusiva). Por outro lado "x e y" designa que se tem de verificar as duas situações: verifica-se x e também y. Assim, na linguagem corrente o "ou" tem alguma ambiguidade. No texto adoptamos "ou" no duplo sentido lógico, "e" no seu sentido único.

– Ao longo de muitos anos tenho admitido que a crítica da Economia Política contemporânea passa sobretudo pela análise do conceito de racionalidade. Ou vamos pelo mais importante cientificamente ou pelo mais utilizado politicamente. Apesar da tendência para o imediatismo e a intervenção social, no interesse dos eventuais leitores, sugiro que assumamos aquela, a racionalidade, como o nosso objecto de estudo.

– Assim seja. Mas ser esse o alvo não significa que não tenhamos que realizar uma caminhada até lá chegar, até podermos atingi-lo com as flechas, mais ou menos certeiras, do nosso conhecimento, incluindo a descoberta. Como poderemos analisar a racionalidade sem antes espreitarmos os diversos paradigmas da Economia? Como podemos esticar o arco da flecha sem antes conhecermos a técnica, e a sua validade, da utilização do arco?

– Conseguiste-me baralhar. Não acompanhei o teu raciocínio.

– Vamos analisar a racionalidade. No fim desse processo chegamos a um resultado, invislumbrável nesta fase. Que concluir do impacto das nossas conclusões sobre a Economia? Coloco esta questão porque esse conceito é central em algumas correntes do pensamento económico mas é irrelevante ou pouco importante noutras. O mais que podemos concluir é o impacto do nosso novo saber sobre alguns dos paradigmas da Economia. Não podemos incorrer em dois erros: ou admitir que só há um paradigma cientificamente válido ou aceitar que o dominante politicamente é uma consequência da supremacia epistemológica.

– Estás a propor que comecemos por assentar ideias sobre a Economia e a economia!?

– Exactamente e foste mais longe do que eu estava a pensar: assentar ideias. É isso mesmo. É apenas constatar que ideias existem sobre a Economia. Nem mais nem menos. Construirmos uma grelha de organização do já afirmado que nos permita posteriormente enquadrar o que dissermos e o que concluirmos sobre a racionalidade.

– E que pretendias dizer há pouco com "a técnica do arco da flecha"?

– Quando enveredamos por um caminho de análise deve haver, se possível, uma preocupação de constatação da validade desse caminho. Claro que nem sempre podemos fazer isso, seja pelo nível de conhecimentos que temos (só podemos concluir da validade do caminho depois de o percorrermos) seja por razões pragmáticas (tenderíamos a ficar sempre no início). Mas vamos exercer a crítica da Economia Política. Muitos já a fizeram anteriormente, o que nos permitirá trocarmos ideias sobre como se faz e qual a validade. Alguns de nós já a pensaram, outros abordaram aqui ou ali, mas conviria tornarmo-la nosso património comum, para que o debate corra melhor.

– Concordam?

– Porque não? É um prazer encontrarmo-nos para trocar ideias, aprendermos uns com os outros, convivermos para assuntos mais mundanos. Todos temos "falta de tempo" mas nunca há falta: há outras prioridades definidas.

– Está assente. Começamos por um sobrevoo sobre o significado de Economia e por algumas lucubrações sobre a crítica da Economia Política, para depois disso nos focarmos sobre a Racionalidade[11].

– Quando se estiver a transcrever a gravação há que ter cuidado com as minúsculas e as maiúsculas.

– Não é a mesma coisa, não podes estabelecer um paralelismo entre as duas situações!

– Sei bem, tens razão, mas uma coisa é a racionalidade enquanto realidade, admitindo que ela existe, característica do Homem ou da Sociedade, outra coisa é a Racionalidade enquanto conceito económico interpretativo dessa eventual realidade.

– E assim terminamos? Racionalidade e ponto final?

– Claro que terminaremos com uma articulação de tudo o que abordámos. Também é muito provável que concluamos que há outros assuntos a trabalhar, que agora nem suspeitamos. É essa a função da Conclusão.

---

[11] Quando da passagem dos debates a texto retomou-se um assunto referido ao longo da troca de ideias: devemos escrever "racionalidade", pura e simplesmente, ou há que distinguir "racionalidade" e "Racionalidade", utilizando a letra minúscula inicial para se designar a realidade-em-si e a maiúscula para designar a realidade-para-si. Por outras palavras, assim como adoptamos a diferença "economia" *versus* "Economia", também devemos fazer o mesmo em relação a esta temática central dos nossos debates? A posição inicialmente assumida foi de concordância com essa distinção: rigorosamente podemos ter racionalidade (procedimento humano na sua práxis) e Racionalidade (interpretação desses procedimentos humanos). Quando da revisão do texto foi dominante uma leitura alternativa: Não podemos transpor da dicotomia Economia *versus* economia a de Racionalidade *versus* racionalidade porque não são uma relação do mesmo tipo; Economia é uma ciência que constrói filtros de selecção da realidade-em-si, o que não acontece com a Racionalidade; estamos sempre ao nível dos conceitos, cujo autor principal é a Filosofia, eventualmente a Filosofia de raiz grega.

Por esta razão, e dada a grande quantidade de situações ambíguas, optámos por não fazer aquela distinção.

INTRODUÇÃO

LIGAÇÃO AO QUOTIDIANO

– Temos que encontrar o equilíbrio entre tratarmos extensamente as temáticas que definimos e não prolongarmos indefinidamente as nossas reuniões de trabalhos, cada uma exigindo muitas horas de estudo prévio e de meditação posterior, mas também sabermos das dificuldades em encontrarmo-nos. Há muito que esta conversa estava pensada mas só agora tivemos a oportunidade de a fazer. Admito, mesmo, que as condições envolventes também influenciaram a presente disponibilidade.

– Como assim?

– A disponibilidade para nos encontramos para discutir ideias sobre este núcleo vital da sociedade contemporânea, que é a Economia, foi acelerada pela crise económica que vivemos há já alguns anos e que está a agravar as desigualdades sociais, que todos nós sentimos como desastrosa para as gerações futuras se não houver uma mudança de rumo.

– Crescente incómodo social que também torna os nossos concidadãos e os obreiros e utilizadores da Economia mais receptivos às leituras alternativas, à reflexão crítica sobre o que vai acontecendo.

– Sem dúvida, caros amigos. O que há ainda pouco tempo era posto de lado por "não fazer sentido", por ser um discurso "politicamente incorrecto"...

– "Politicamente incorrecto" porque fora das tendências dominantes, porque contrárias à consciência social construída pelos meios de informação, porque inaceitável pela ideologia então vigente! Não porque fosse efectivamente politicamente incorrecta. Se elas tivessem sido ouvidas, se elas tivessem permitido uma política económica diferente, provavelmente não teríamos vivido situações tão dramáticas, talvez não estivesse tanta gente sofrendo fome...

– Também não haveria tanta concentração do rendimento e da riqueza em alguns. Claro que o problema não está em que alguns fiquem mais ricos (que usufruam com bom grado dessa situação!) mas que outros fiquem mais pobres para aqueles ficarem mais ricos. O rendimento criado é único e estamos perante uma partilha, ainda por cima em período de decrescimento do produto nacional ou do seu ritmo de crescimento, e de apropriação para além da produção.

– A situação actual exige mais urgentemente este tipo de debates, por muito pequeno que possa ser o seu contributo para a mudança das formas de pensar o presente e o futuro. Também é a necessidade de estarmos a bem com as nossas consciências.

– A Teoria do Caos ensina-nos que pequenos acontecimentos podem ter, em algumas circunstâncias particulares, um grande impacto.

– Vivemos há décadas numa época de pensamento único oficial na explicação do capitalismo, o que foi agravado pelo fim dos países socialistas na Europa. E o "único" tem sempre o odor da ditadura. Poder-se-ia esperar que da crise resultasse uma crítica do caminho percorrido, o aparecimento de alternativas, um descrédito dos mais directos responsáveis pela situação vivida, mas não foi nada disso que se verificou. O poder económico já tinha colonizado suficientemente o poder político, o que lhe permitiu manter a hegemonia durante a crise e depois dela.

– E voltando à minha afirmação anterior, para tal tem contribuído a reprodução das ideias feitas, a perda do sentido crítico. Riemen (2012) chama frequentemente a atenção para a relevância desta condescendência.

– Esta conversa, que se poderia prolongar, não estava prevista, mas teve uma grande vantagem. Percebermos, e creio que estamos todos conscientes disso, que a crítica da Economia Política não é um voo intelectual desligado da realidade. Antes pelo contrário. A sua premência aumenta em certos contextos sociais e das conclusões a que nós chegarmos podem-se deduzir aplicações práticas, capazes de influenciar as condições de vida de todos nós.

O ERRO OU A AMBIGUIDADE

– Nestas considerações introdutórias, em que estamos a assentar sobre os nossos comportamentos, fundamentais para a prossecução de um resultado satisfatório, parece-me relevante falarmos um pouco sobre o erro. Apesar de Popper ter mostrado de forma sólida que no trabalho científico a falseabilidade é uma característica mais importante que a verificabilidade, apesar de Bachelard ter chamado a atenção para o poder criador do erro no difícil trabalho da razão romper as evidências do passado e do conhecimento corrente, há frequentemente medo de errar.

– Mais concretamente, qual é a tua ideia?

– Fundamentalmente pedir a todos, incluindo a mim próprio, que não tenhamos receio de colocar as questões que acharmos por bem, em formular hipóteses, em sugerir pistas de trabalho, em construir modelos, em propor, mesmo o que à primeira vista possa parecer um devaneio sem sentido.

INTRODUÇÃO

–Já nos conheces bem para saberes que não abdicaríamos desses procedimentos, por receio do erro.

– O que dizes é verdade. Mas sabemos que as pessoas ao serem fotografadas têm uma postura diferente do habitual. É a tentativa de "ficar bem na fotografia". Ora nós estamos a ser fotografados. A partir do momento que aceitámos que a nossa conversa seria gravada, que dela resultaria um livro que respeitaria as posições originais que assumirmos, este encontro com música de fundo, uma cerveja fresca à frente e a amizade mútua entrelaçando-nos, deixou de ser uma realidade só nossa. Por isso faz sentido que tomemos consciência da situação, que façamos psicanálise das nossas práticas e das nossas defesas pessoais mais espontâneas.

– Conheço-vos, assim como me julgo conhecer a mim próprio, apesar de há muito estar demonstrado que a introspecção não é um método científico de conhecimento, mas também conheço quanto o meio social, as instituições de ensino e, sobretudo o falso pragmatismo reinante ("tem que ser assim", "é a única possibilidade"), criam um "medo de existir"[12], castram o diálogo, corroem a imaginação de todos nós. Além disso há sempre o peso do conhecimento corrente, a que estamos espontaneamente habituados, e há uma tendência instintiva para prolongar esse tipo de conhecimento nas novas problemáticas. Tendência forjada por falsas evidências, pela inércia do raciocínio, pela forma das ideologias que o inundam.

– Compreendo. Voltemos ao erro.

– É uma frase feita que uma pergunta bem formulada é meia resposta dada. Também poderíamos dizer que uma pergunta erroneamente concebida pode conduzir a becos sem sentido ou a respostas que são banais, sem qualquer acréscimo de informação.

– Não devemos evitar as questões mal formuladas?

– Claro que sim, se soubermos que elas estão mal formuladas. Mas quantas vezes procuramos resposta para questões que não fazem sentido cientificamente? Provavelmente mais do que as vezes em que nos apercebemos disso. Resulta da influência do conhecimento corrente e das "ideia feitas", umas vezes, das preocupações ideológicas sempre presentes, noutras situações. Para já não falarmos das que resultam das ambiguidades e incertezas científicas, da grande dificuldade de abarcar em cada afirmação o muito que ficou por dizer.

---

[12] Referência à obra de Gil (2005).

– Certamente muitas. Mas é quando nos defrontamos com o erro ou com a ambiguidade que provavelmente estamos em condições de fazer uma mudança na investigação susceptível de conduzir a bons resultados. E não se pense que aquela é sempre promovida de imediato. Há erros que só são resolvidos muitos anos depois.

EXEMPLOS DE ERROS

– Podes dar um exemplo?

– Vem-me à memória dois exemplos. O primeiro tem a ver com o que foi designado o problema da perequação. Por outras palavras, o processo de concorrência entre diferentes sectores de actividade económica, e a correspondente mobilidade de capitais, capazes de levar à existência de uma taxa de lucro igual em todos os sectores de actividade. Enfim os impactos deste processo sobre o funcionamento da economia. Formulado pela primeira vez por Ricardo, retomado por Marx, criticado por muitos, não se chegou a uma resolução incontestável do problema. Foi preciso esperar cerca de um século para um economista italiano, keynesiano de formação, amigo de diversos marxistas e conhecedor de Ricardo encontrar uma eventual solução.

– Não podes ser mais pormenorizado? Tu falas admitindo que nós já estamos dentro da problemática.

– Aqui vão, então, alguns apontamentos sobre o problema da perequação.

Ricardo é um dos primeiros autores a assumir a Economia como uma disciplina própria, como se pode deduzir da própria estrutura do seu livro fundamental (1983 [1817]). O seu trabalho é um sistemático desdobrar dos conceitos numa sucessiva aproximação ao concreto. Parte do conceito de valor (valor de uso e valor de troca), sendo o valor de troca a base das quantidades procuradas. Este valor de troca dá lugar ao preço natural, quando todos os capitalistas usufruem a mesma taxa de lucro (pressupondo perfeita mobilidade do capital, e uma "concorrência intersectorial"). Por sua vez o preço de mercado oscila em torno do preço natural, em resultado dos mecanismos de oferta e procura, diríamos nós hoje.

Marx tem o mesmo ponto de partida, reformulado conceptualmente. Parte do valor e chega ao de preço mercado, passando pelo conceito de preço de produção, aquele que garantiria uma igual taxa de lucro em todos os sectores[13]. Uma mesma realidade analisada a níveis de abstracção diferentes, com conceitos diferentes, mas que não pode negar algumas igualdades fundamentais: total do valor é igual ao total dos preços de produção; total da mais-valia é igual ao total do lucro (*latus sensus*).

Contra esta posição surgiram dois tipos de críticas:

- Uma, cujo autor frequentemente referido é Bohm-Bawerk[14], salientando a impossibilidade de estabelecer uma relação entre os conceitos expressos em valor e os expressos em preços.
- Outra, mais formal, protagonizada por exemplo, por Tugan-Baranowsky e Morishima[15], da impossibilidade matemática de expressar a relação entre valores e preços num sistema de equações resolúvel.

Se o primeiro tipo de críticas é facilmente contestável (o crítico mostra não dominar a obra de Marx e, sobretudo, revela grande dificuldade em entender a dialéctica da relação abstracto *versus* concreto), as segundas são de apreciação qualitativamente diferente.

O problema é bem colocado por Sweezy (1967, Cap. VII):

"A origem do erro de Marx não é difícil de descobrir. Em seu esquema de preços os investimentos capitalistas em capital constante e variável permanecem exactamente como estavam no esquema de valor; em outras palavras, o capital constante e o variável usados na produção são ainda expressos em termos de valores. A produção, por um lado, é expressa em termos de preços. É evidente que num sistema em que o cálculo do preço é universal, tanto o capital usado na produção como o produto em si devem ser expressos em termos de preço. O problema é que Marx só foi até a metade do caminho, na transformação dos valores em preços. Não é de causar surpresa que esse procedimento tenha levado a resultados contraditórios." (143/4)

---

[13] Essa é a leitura habitual do problema, e a que tomaremos aqui. Em nossa tese de doutoramento (1985, ponto 4.2.2.2.2.) considerámos "valor", "valor de troca", "preço de produção" e "preço de mercado", resultado da acção de uma dupla concorrência (concorrência entre produtores do mesmo valor de uso e concorrência entre produtores de diferentes valores de uso).

[14] Este autor é dos marginalistas que assume uma posição de combate político contra o marxismo. Sobre estas problemáticas, ver (Bohm-Bawerk 1988).

[15] Nunca consultamos nenhum trabalho do primeiro autor. Quanto ao segundo, ver (Morishima 1977).

Marx, que parte de uma série de hipóteses simplificadoras que não explicita, mas são explicitáveis, trabalha com os conceitos de Capital, Capital Constante, Capital Variável, Mais-valia, Composição Orgânica do Capital, Taxa de Mais-valia e Taxa de Lucro. Considera três sectores produtores de diferentes valores de uso: I – produz meios de produção; II – produz bens de consumo do trabalhador; III – produz bens de consumo do capitalista. E para cada um desses sectores as relações entre oferta e procura podem ser expressas em valor ou em preços de produção. Ao pretender-se resolver o problema em preços de produção, sem o recurso ao valor, temos quatro incógnitas e três equações, pelo que o sistema é irresolúvel.

O problema da perequação coloca-se exactamente no mecanismo a adoptar para que o sistema seja resolúvel. Para uns a solução é teoricamente válida mas matematicamente pouco satisfatória, para outros uma melhor solução matemática pode pôr em causa alguns dos aspectos fundamentais da teoria.

– Parece-me ver pela tua observação final que não concordas que o problema tenha sido completamente resolvido!

– Assim é. No seu trabalho Sraffa (1977) pode ter resolvido o problema que temos estado a referir, mas cria outro: a moeda, relação social objectivamente existente, desaparece ao ser substituída por "Mercadoria Composta Padrão" (36). E recorde-se a importância daquela categoria: o preço é a expressão monetária do valor. Mas não é oportuno aqui tratarmos do assunto, como creio que percebem.

– E o outro exemplo?

– É a ambiguidade existente em vários textos de Marx sobre o conceito trabalho.

– Pela experiência do caso anterior sugiro que, antes de especificar o problema expliques um pouco mais o conceito. Como sabes o Marx não é igualmente familiar para todos nós.

– Está bem. Tem a ver com a relação entre os conceitos de força de trabalho e trabalho.

Qualquer constatação atenta percebe que uma coisa é o homem, na sua multidimensionalidade, outra coisa é a sua capacidade de trabalho (conjunto de características biopsicológicas que lhe permitem realizar uma actividade com certas características) e, ainda outra, a utilização das suas capacidades. Contudo se hoje se ler atentamente, muitos escritos sobre o assunto facilmente se constata uma série de equívocos:

- "força de trabalho" = "trabalho": "a força de trabalho... é oferecida aos empregadores que a procuram... tende a fazer do trabalho uma mercadoria";
- "operário" = "trabalho": "quando se fala em salários... referimo-nos a remuneração do operário ou assalariado.., de uma maneira geral à remuneração do trabalho";
- "homem" = "seu serviço": o homem é considerado uma mercadoria..., mas são os seus serviços que são vendidos[16].

Quando estamos a tratar de assuntos correntes da vida estes equívocos são pouco sentidos. Se o que está sobre a mesa são assuntos económicos, eles assumem uma grande relevância. Se estas questões estão a ser trabalhadas pelo paradigma do valor-trabalho qualquer equívoco pode ser desastroso.

Adam Smith inicia a sua obra fundadora em torno da divisão de trabalho e coloca no cerne da sua análise a importância do trabalho no funcionamento da sociedade. Depois de esclarecer a ambiguidade do conceito de valor, enquanto valor de uso e valor de troca, afirma, por exemplo:

> "O trabalho foi o primeiro preço, a moeda original, com que se pagaram todas as coisas. Não foi com ouro ou com prata, mas com trabalho, que toda a riqueza do mundo foi originalmente adquirida; e o seu valor, para aqueles que a possuem e desejam trocá-la por novos produtos, é exactamente igual à quantidade de trabalho que ela lhes permitir comprar ou dominar." (Smith 1981b, 120)

Com afirmações como estas estava lançada uma das maiores descobertas da Economia: todo o rendimento tem na sua génese o trabalho.

Contudo ainda era necessário refinar bastante a análise. Ricardo começa a fazê-lo ao iniciar a sua obra fundamental pelo esclarecimento do conceito de valor:

> "Portanto, a utilidade não serve de medida de valor de troca, embora lhe seja absolutamente essencial. Se um bem fosse destituído de utilidade – por outras palavras, se não pudesse, de modo algum, contribuir para o nosso bem-estar – não possuiria valor de troca independentemente da sua escassez ou da quantidade de trabalho necessária para o produzir." (Ricardo 1983 [1817], 31/2)

---

[16] Neste ponto e em diversos outros, seguimos de perto Pimenta (1979).

O trabalho é integrado nos factores produtivos – "dois são os requisitos para a produção: o trabalho e objectos naturais apropriados" (Mill 1988b, 41), mas há que distinguir a importância do trabalho em relação aos restantes factores produtivos ou a outros aspectos, como a raridade, referida por Ricardo.

Cabe a Marx construir o edifício completo do paradigma do valor-trabalho. Contudo, para o fazer necessitava de distinguir muito rigorosamente, na sociedade capitalista

- "trabalho", primeira categoria nas análises económicas mas a última na sequência lógico-social da trilogia aqui referida;
- "força de trabalho", características do homem, génese do trabalho na sociedade capitalista;
- "trabalhador", homem que vende, e usa sob comando do seu adquirente, a sua força de trabalho.

Só assim se percebe que o trabalhador venda a força de trabalho sem se vender a si, que a força de trabalho tenha uma quantidade de valor, como qualquer mercadoria, e que o trabalho crie um valor, consubstanciado numa mercadoria diferente, em quantidade totalmente autónoma do valor da própria força de trabalho.

Contudo foi penoso o caminho.

Quando em 1849 escreve *Trabalho Assalariado e Capital* (Marx e Engels 1982, 151/177) ainda não era clara essa diferença. Se ela aparece correctamente nos textos actuais é graças à modificação de Engels na edição de 1891:

> "As minhas modificações giram todas em torno de um ponto. No texto original o operário vende ao capitalista, em troca do salário, o seu *trabalho*; no texto actual vende a sua *força de trabalho*." (Introdução de Federico Engels, in Marx 1968, 9)

Já em 1865, essa distinção está no cerne do seu trabalho *Salário, Preço e Lucro* (Marx e Engels 1983, 29/78) Em *O Capital* o problema está quase totalmente resolvido.

No entanto mesmo aí não é inequívoco que não existam algumas ambiguidades. É corrente na literatura marxista afirmar que a quantificação do valor exige uma tripla redução: redução do trabalho concreto ao trabalho abstracto, redução do trabalho complexo ao trabalho simples e, finalmente, redução às condições médias de produção. Consideremos a segunda "redução". Um livro que formou diversas gerações afirma:

"Trabalho complexo cria numa unidade de tempo um valor de maior grandeza que o trabalho simples. O trabalho complexo representa uma multiplicação do trabalho simples: uma hora do primeiro equivale a várias horas do segundo." (Academia de Ciências da URSS 1969, 63)

Este fala em multiplicação, outros livros falam em soma.

Na nossa opinião há aqui uma confusão entre os dois conceitos, associados a alguma penetração do conhecimento espontâneo. Com efeito podemos distinguir *forças de trabalho simples* e *forças de trabalho complexas*, a que correspondem quantidades de trabalho incorporadas na sua produção, e portanto *quantidades de valor da força de trabalho*, diferentes (...) se as categorias de força de trabalho simples e complexo são relevantes para a quantificação do valor da força de trabalho e, portanto, para uma teoria do salário, as de trabalho simples e complexo são derivadas e irrelevantes para a quantidade de valor das mercadorias produzidas pelo consumo das referidas forças de trabalho. O trabalho cria valor, não transfere valor. (Pimenta 2013b)

– Agora já podes colocar o problema.

– Contando a história do fim para o início, e de forma sintética Marx, na sequência de Ricardo, utilizava a palavra "trabalho" para designar duas realidades diferentes de que parecia ter plena consciência: "trabalho" e "força de trabalho". A força de trabalho é o conjunto das capacidades biopsicossociais para realizar uma actividade; trabalho é essa actividade, é a utilização da força de trabalho. A força de trabalho é a mercadoria que é comprada e vendida, enquanto o trabalho é o consumo produtivo da força de trabalho. Quando se aplicava o conceito de valor, e quantidade de valor, ao trabalho e não à força de trabalho, caía-se numa tautologia: "qual é a quantidade de valor do trabalho? É o tempo de trabalho necessário para o produzir? E qual é ele? O próprio tempo de trabalho". Esta tautologia punha em causa toda a leitura marxista do capitalismo, pois só havia duas alternativas: ou o "trabalho" não era uma mercadoria (o que negaria os factos e uma das especificidades do capitalismo em relação aos modos de produção anteriores, ou não existiria "mais-valia", variável fundamental da dinâmica do capital.

– Para entendermos completamente os problemas que levantas teríamos que fazer um debate sobre isso, mas já sei que não é esta a ocasião.

– Os dois exemplos são do paradigma marxista. Não creio que os erros persistentes ou as ambiguidades na investigação lhe sejam exclusivos!

– Certamente que não. Peguemos numa dificuldade que durante algum tempo atingiu o paradigma marginalista: a utilidade dos bens de 2ª ordem ou ordem superior.

– Antes de avançares conta a história em pormenor.

– Segundo Menger "para que uma coisa se transforme em um bem (...) adquira a qualidade de bens" (Menger 1988 [1871], 34) tem que poder verificar-se quatro condições:

> "1.º A existência de uma necessidade humana
>
> 2.º Que a coisa possua qualidades tais que a tornem apta a ser colocada em nexo causal com a satisfação da referida necessidade.
>
> 3.º O reconhecimento, por parte do homem, desse nexo causal entre a referida coisa e a satisfação da respectiva necessidade.
>
> 4.º O homem poder dispor dessa coisa, de modo a poder utilizá-la efectivamente para satisfazer a referida necessidade." (Idem)

Não há bem sem essa relação subjectiva com o consumidor final. Alguns estabelecem directamente essa relação. São os bens de primeira ordem. Mas

> "Além desses bens, (...) deparamos na Economia com grande número de outras coisas que não podemos colocar em nexo causal directo e imediato com a satisfação das nossas necessidades, apesar de sua qualidade de bem ser tão incontestável como a dos bens de primeira ordem (...) apesar de não serem capazes de satisfazer directamente às necessidades humanas, servem para produzir bens de primeira ordem, podendo dessa forma ser colocados em nexo causal directo com a satisfação de necessidades humanas (...) ao passo que os de segunda ordem têm nexo causal apenas indirecto com a satisfação de tais necessidades." (Menger 1988 [1871], 37)

Temos bens de segunda ordem, de terceira ordem e assim sucessivamente. No seu conjunto são bens de ordem superior e a sua qualidade de bens (o seu valor e a possibilidade de ter preço) depende, em todos os casos, de uma situação futura.

INTRODUÇÃO

Assim, analisa-se hoje, nas suas transacções, em função de uma realidade que é futura.

É certo que o princípio da utilidade marginal foi descoberto quase simultaneamente por Jevons, Menger e Walras; também é certo que esse problema só surge detalhadamente no segundo (por exemplo, Jevons fala em utilidade marginal e produtividade marginal para superar a referida dificuldade), mas aquela questão vai ocupar, durante bastantes anos, diversos autores, mesmo que não tirem dela as mesmas consequências.

Veja-se, por exemplo, a seguinte obra, posterior a 1927[17]:

> *"Bens úteis por si próprios* – São geralmente chamados de *consumo* e há também quem os denomine bens *directos*, ou bens de *primeira ordem*. A esses bens opõem-se os que não são úteis de *per si*, mas que servem para adquirir bens da categoria precedente. Esta segunda categoria de bens tem o nome de *bens de produção*, ou *bens indirectos* ou *bens instrumentais*.
>
> Procede-se com mais precisão, quando se faz referência a *bens de segunda ordem, bens de terceira ordem*, e assim por diante, chamando *bens de segunda ordem* àqueles de que imediatamente se tirem bens de primeira ordem, ou *directos* e bens de *terceira* os que se tiram bens de *segunda ordem*, etc. Nem sempre é possível, porém, estabelecer rigorosamente a distinção de bens instrumentais em bens de *segunda ordem*, de *terceira*, etc." (Carqueja 1927, 128)

Um mero exemplo, porque outros autores, mesmo discordando da análise de Menger sentiram a necessidade de analisar e debater o problema.

– Agora sintetiza, por favor.

– Para aquele paradigma os preços são explicados pelo valor e este é determinado pela utilidade subjectiva que os consumidores finais usufruem. Ora todos os bens têm preços, pelo que todos têm de ter utilidade, mesmo os bens que (ainda) não foram objecto de uma avaliação pelos consumidores. Esta situação gerou, durante muito tempo, mecanismos artificiais de interpretação teórica, e de desajustamento profundo entre os tempos de manifestação dos preços e os de determinação da sua utilidade, posteriores.

---

[17] Apesar de na transcrição se indicar 1927, essa data não é totalmente verdadeira. É posterior pois trata-se de uma segunda edição (a primeira é que foi na referida data). Na publicação não há qualquer referência à data da reedição.

RACIONALIDADE, ÉTICA E ECONOMIA

– Já percebemos que pode haver questões mal formuladas e isso é um obstaculizador da investigação e do debate de ideias. Tentemos evitar.

– Avancemos...

OUTRAS DIFICULDADES

– Sabemos que a investigação científica tem sempre, pelo menos três limitações:

- A ruptura com o conhecimento corrente;
- A fronteira por vezes difusa com a ideologia;
- As carências do desenvolvimento tecnológico e das restantes disciplinas científicas.

– Para exemplificar vou pegar essencialmente na última dificuldade que referiste: da tecnologia, às concepções da própria ciência. A este propósito creio que é interessante o caso de Marshall. Como sabem é dos economistas mais lúcidos da sua época e da história do pensamento económico. Reparem o que é o seu livro principal e o que ele gostaria que tivesse sido. Se não podemos dizer haver uma diferença abissal podemos constatar dificuldades, quase certamente inerentes ao desenvolvimento tecnológico-científico.

– Pelo que li dele posso deduzir isso, mas podes ser mais preciso?

– Analisem os objectivos de *Principles of Economics*.

No prefácio à primeira edição o autor manifesta a intenção de teorizar a realidade observada, não recorrendo a estereótipos ou reduções abusivas, apesar de utilizar na sua terminologia "normal action", "action (...) regular" (Marshall 1990, vi):

> "Na presente obra considera-se acção normal aquela que se espera, sob certas condições, dos membros de um grupo industrial, e não se tenta excluir a influência de quaisquer motivos, cuja ação seja regular, somente por que sejam altruísticos[18]. Se este livro tem alguma peculiaridade é, talvez, a de dar preeminência a estas e outras aplicações do princípio de continuidade." (Marshall 1988b, 4)

---

[18] Recorde-se que o essencial do pensamento clássico e neoclássico anterior a Marshall a sistemática referência era o "egoísmo".

INTRODUÇÃO

De seguida salienta algumas das manifestações desse *princípio de continuidade*:

1. "Qualidade ética dos motivos pelos quais um homem pode ser influenciado".
2. "Sagacidade, à energia e à disposição" com que procura os seus fins.
3. Condutas normais e anormais do mercado: "Do mesmo modo que não existe uma linha nítida de divisão entre uma conduta que é normal e a que deve ser provisoriamente desprezada como anormal, assim também não há nenhuma entre os valores normais de um lado e, de outro, os valores «correntes», «do mercado» ou «ocasionais»".
4. Entre o curto e o longo prazo: "a Natureza não conhece uma divisão absoluta entre períodos longos de tempo e períodos curtos, mas passamos de uns a outros por gradações imperceptíveis, e o que é um período curto para um problema é um longo para outro".
5. Entre o trabalho e as coisas: "As teorias do valor do trabalho e das coisas por ele feitas não podem ser separadas: são partes de um grande todo; e as diferenças que entre elas existam mesmo em matéria de detalhe, revelam-se, pela análise, na maior parte, diferenças de grau antes do que de natureza".
6. Entre os diversos bens e a terminologia que tem sido utilizada (capital e não capital; trabalho produtivo e improdutivo, por exemplo): "Quanto mais simples e absoluta for uma doutrina económica, maior será a confusão que ela provoca quando tentada a sua aplicação à prática se as linhas divisórias a que ela se refere não puderem ser encontradas na vida real".
7. Entre as diversas escolas do pensamento económico, optando pela posição de Cournot[19]: "Ele ensinou que é necessário encontrar a dificuldade de considerar os vários elementos de um problema económico – não como determinantes uns dos outros numa cadeia de causas, A determinando B, B determinando C, e assim por diante – mas todos se determinando uns aos outros. A acção da Natureza é

---

[19] Neste ponto Marshall refere-se expressamente a (Cournot 1838). Nesta obra o autor manifesta logo no prefácio várias preocupações, nomeadamente: (a) não se situar nas descrições mas na teoria que a todas engloba; (b) utilizar a linguagem matemática como forma de aumentar o rigor da análise; (c) centrar-se na teoria económica subestimando a política económica.

complexa; e nada se ganhará, afinal, pretendendo que ela seja simples e tentando descrevê-la numa série de proposições elementares" (Marshall 1988b, 4/7)[20].

No prefácio à oitava edição, depois de trinta anos da edição original, Marshall reconhece que o seu plano era demasiado ambicioso, que a sua obra deve ser apenas de "Fundamentos da Economia". E embora continuasse preocupado pela dinâmica e, diríamos hoje, pela complexidade[21], reconhece a necessidade de trabalhar com o *cæteris paribus*:

> "Todavia, as forças a serem encaradas são tão numerosas que o melhor é tomar poucas de cada vez e elaborar um certo número de soluções parciais como auxiliares de nosso estudo principal. Começamos assim por isolar as relações primárias de oferta, procura e preço em relação a uma mercadoria particular. Reduzimos as outras forças à inércia com a frase "todos os outros fatores sendo iguais": não supomos que sejam inertes, mas por enquanto ignoramos sua atividade. Esse expediente científico é bem mais velho do que a ciência: é o método pelo qual, conscientemente ou não, homens sensatos trataram desde tempos imemoriais cada problema difícil da vida ordinária." (Marshall 1988b, 10)

– A obra a que te referes é o resultado de cerca de duas décadas de ensino da Economia. Se a Universidade de Cambridge tivesse então seguido os actuais indicadores de muitas universidades, teria sido despedido muito antes de a publicar, por ausência de trabalho científico...

– E há situações consideradas num momento como "erro" ou "ambiguidade", que podem vir a ser validadas posteriormente.

– Creio que já retivemos o essencial: o erro e a ambiguidade são partes integrantes da investigação científica. Não os devemos recear mas antes, como dizia Caraça[22], ter a preocupação de reflectir criticamente sobre o

---

[20] A estes elementos da teoria da continuidade expressamente salientada pelo autor poderíamos acrescentar a quantidade absoluta e a marginal; o estático e o dinâmico; o ex ante e o ex post.

[21] "A Meca do economista está antes na Biologia económica do que na Dinâmica económica. Contudo as concepções biológicas são mais complexas que as da Mecânica" (Marshall 1988b, 10)

[22] Bento Jesus Caraça (1901-1948) é uma figura cimeira da cultura portuguesa e da luta pela liberdade em Portugal. Uma sua afirmação célebre, que figura na entrada de um dos edifícios actuais da escola em que ele foi professor, chegando a catedrático e de onde foi expulso em

nosso conhecimento crítico, não termos medo do erro e revelarmos disponibilidade, inteligência e vontade para o corrigir.

IMAGINAÇÃO E ERRO

– Já que citas Caraça creio que ele num dos seus trabalhos dizia qualquer coisa como:

"...as ilusões nunca são perdidas. Elas significam o que há de melhor na vida dos homens e dos povos (...) Benditas as ilusões, a adesão firme e total a qualquer coisa de grande, que nos ultrapassa e nos requer. Sem ilusão, nada de sublime teria sido realizado, nem a catedral de Estrasburgo, nem as sinfonias de Beethoven. Nem a obra imortal de Galileu." (Caraça, 1970, 31/2)

Creio que "ilusão" é aqui aplicada no sentido de imaginação ou de utopia. Esta recordação e voltando um pouco atrás ao que temos estado a dizer, faz-me colocar uma questão. Devemos ser imaginativos? Não poderá a imaginação ser um delírio intelectual perigoso, uma ameaça para a planificação do trabalho, conduzindo a falsos percursos?

– É uma questão a que não sei responder completamente. Permitam-me que fale da minha experiência de há longos anos a orientar trabalhos de investigação a diversos níveis académicos. Quando o investigador tem imaginação acima da mediana estão criadas as condições para se definirem objectivos arrojados, para se percorrerem caminhos menos explorados. Mas em algumas situações arriscamo-nos a entrar no devaneio...

– A imaginação explora novos rumos mas é a lógica que suporta essas novas descobertas.

– ... noutras situações temos de estar preparados para a meio do caminho percebermos que não chegaremos a lado nenhum ou que não chegaremos ao tipo de resultado que normalmente se deseja ("não há razões para não se admitir que a teoria não seja verdadeira"). Temos de ter sempre preparado um plano B que seja realizável no tempo disponível ou aceitarmos como

---

resultado de um processo disciplinar de natureza política, afirma "Se não receio o erro, é porque estou sempre disposto a corrigi-lo".

resultado o que, segundo Popper[23], é o caminho científico mais normal ("A hipótese X ou o modelo Y é falso"). Mas quase todos os investigadores fogem de apresentar este tipo de conclusão como resultado. Há muito bons trabalhos científicos tanto de imaginativos medianos como de muito imaginativos, mas diria que há mais probabilidade de um imaginativo trilhar caminhos novos, fazer novas sínteses.

– Não será que há uma correlação positiva entre imaginação e cultura? Um investigador mais culto não será mais imaginativo? Não será que a dúvida que expressaste resulta da necessidade de interligar a imaginação à cultura? A imaginação acrítica e sem cultura pode ser contraproducente!

– Ainda um apontamento sobre a imaginação. Se desfolharem uma revista científica de Economia facilmente constatarão que poucas ideias novas apresentam. São mais viradas para a especialização, para o pormenor, do que para as grandes ideias, o rasgar de novos caminhos. Provavelmente esse é o resultado tanto da timidez do investigador, como das barreiras criadas pelos colégios invisíveis das próprias revistas, mas isso vem ao encontro de uma afirmação referida num livro de metodologia de investigação (Mingat, 1985), que me deixou profundamente preocupado: 95% dos economistas não fariam qualquer investigação ou não escreveriam os seus resultados se não pudessem partir de um paradigma previamente aceite.

– Se falas em revistas científicas e em aceitação prévia de um paradigma estamos essencialmente a falar do paradigma dominante. Este auto-reproduz espontaneamente o seu poder!

– E, provavelmente, a sua força não está tanto na sua auto-reprodução e na sua qualidade epistemológica como no domínio social de quem é "protegido" por esse paradigma.

– Apesar dos eventuais perigos e limitações considero que a imaginação pode ser uma importante alavanca para a descoberta do insuspeitado, do novo. Um investigador com imaginação, *cæteris paribus*, é melhor, que outro que a nunca a cultivou, ou que dela foi despojado pelo sistema de ensino desde a infância. Se a imaginação estiver associada a uma capacidade de se libertar dos modelos e olhar para a realidade-em-si, é bom. Se corresponder à criação de uma boa e diversificada cultura geral, é muito bom.

---

[23] Para, de uma forma muito sintética, analisar o problema ver (Pimenta 2013a, nota 9, pág. 42 e ponderação 11, pág. 65/6).

Se, além de tudo isso, souber articular harmoniosamente a imaginação e a inteligência, é excelente.

– Temos que acabar esta conversa antes de fazermos um intervalo. Por isso vamos à conclusão: não se deve ter medo de errar, estando-se sempre disponível para o corrigir quando ele é detectado. Não se deve recear a ambiguidade que pode, ou não, desembocar em falsos caminhos ou resultados. Tudo isso é permitido, e até benéfico, se soubermos ser suficientemente modestos para analisarmos com uma crítica severa o nosso próprio caminho, os nossos próprios resultados. E formulo votos de que sejamos muito imaginativos, no debate e fora dele.

– Não é preciso juramento de fidelidade a tais desaforos, pois não?

Sobrevoo sobre o significado de "Economia"

QUESTÕES TERMINOLÓGICAS

RESUMO:
Dificuldades na comunicação e sua superação. Fixar alguma terminologia. Entendimento de "economia". A realidade e sua leitura. A Economia *versus* a economia: explicitação; suas diferenças e articulação; primado quando das divergências. Uma ciência e várias designações. Um pouco de história. A Política Económica não é Economia.

Sua importância

– Retomemos a nossa reflexão colectiva. Que haja entusiasmo para o longo labor que temos pela frente. Que haja raciocínio para sabermos quais são os labirintos em que devemos entrar e capacidade para os ultrapassarmos. Que haja, como referimos, imaginação suficiente para potenciar a descoberta.

– Provavelmente todos gostaríamos de entrar directamente no assunto que nos ocupa neste conjunto de reuniões: o que devemos entender por racionalidade? Contudo se o fizéssemos correríamos o perigo de perdermos mais tempo ou lançarmo-nos num conjunto de equívocos. É com surpresa que constato amiudadamente que a repetição frequente de palavras ou frases e que a adopção de determinadas hipóteses assentam em suportes muito frágeis. As palavras deixam de ser a expressão de ideias e tornam-se nuvens de significância onde se entrecruzam concepções e imprecisões.

– Estou de acordo contigo. Porque a racionalidade é um dos nossos temas centrais, e talvez por isso mesmo seja há muito uma preocupação minha, fico frequentemente espantado como um estudante passa anos a falar em racionalidade e não sabe o que isso quer dizer, que professores transmitam noções, suas ou de alguém, sem nunca se terem questionado sobre se estariam certos...

– ... ou pelo menos, o que é mais preocupante, se é a única possibilidade de conceptualização, definição ou caracterização.

– Não sou muito amante da Fenomenologia[24], mas tenho que reconhecer que a sua preocupação de repensar tudo, de tudo pôr em causa, agrada-me.

– É uma preocupação comum a muitos outros pensadores: da dúvida metódica de Descartes[25] ao corte epistemológico de Bachelard[26], da crítica

---

[24] "Porquê *Fenomenologia*? O termo significa estudo dos *fenómenos*, isto é, *daquilo* que aparece à consciência, *daquilo* que é *dado*. Trata-se de explorar este dado, *a própria coisa* que se percebe, em que se pensa, de que se fala, evitando forjar hipóteses, tanto sobre o laço que une com o Eu *para quem* é fenómeno, como sobre o laço que o une com o Eu *para quem* é fenómeno" (Lyotard 1986, 10).

"O real tema da Fenomenologia é a forma pela qual o conhecimento do mundo se revela. Na redução fenomenológica, suspendemos nossas crenças na tradição e nas ciências, com tudo o que possam ter de importante ou desafiador: são colocados entre parênteses, juntamente com quaisquer opiniões, e também todas as crenças acerca da existência externa dos objectos da consciência." (Moreira 2002, 88)

Como diz o próprio Husserl "Ao encetar a crítica do conhecimento, importa, pois, adjudicar o índice de *questionabilidade* a todo mundo, à natureza física e psíquica e, por fim, também ao próprio eu humano, juntamente com todas as ciências que se referem a estas objectividades. A sua existência, a sua validade ficam por decidir" (1986, 53).

[25] "assim, em vez desse grande número de preceitos que constituem a Lógica, julguei que me bastariam os (...) seguintes, contando que tomasse a firme e constante resolução de não deixar uma só vez de os observar. O primeiro, consistia em nunca aceitar como verdadeira qualquer coisa, sem a conhecer evidentemente como tal; isto é, evitar cuidadosamente a precipitação e a prevenção; não incluir nos meus juízos nada que se não apresentasse tão clara e tão distintamente ao meu espírito, que não tivesse nenhuma ocasião para o pôr em dúvida" (Descartes 1961, 22).

[26] São bem conhecidas as teses de ruptura com o conhecimento corrente, de destruição das primeiras evidências, de realização do corte epistemológico. Preocupações que perpassam todas as suas obras: "Ora o espírito científico é essencialmente uma rectificação do saber, um alargamento dos quadros do conhecimento. Julgo o seu significado histórico, condenando-o (...) A verdadeira essência da reflexão é compreender o que não se tenha compreendido " (Bachelard 1999, 177/8).

de Kant[27] a cientistas apaixonados pela descoberta, e a artistas reconstruindo o mundo. Um poema pode ser um desafio à releitura do que nos rodeia: o sonho que reconstrói a racionalidade.

– Antes do mais assentemos algumas questões terminológicas. A uniformização da linguagem entre nós ajudar-nos-á a entendermo-nos.

– A que se deve juntar alguma capacidade de cada um de nós para adaptarmo-nos a essa terminologia comum. Não é um processo espontâneo pois as palavras estão associadas a redes de imagens que se formam espontaneamente, com sentimentos imbuídos, alguns deles muito fortes. Uniformização da terminologia entre nós e um processo de adaptação gerido por cada um, eis o que se exige.

– O que referiste da associação dos sentimentos à terminologia é interessante. Quando era estudante do liceu e decidi ir fazer o curso de Economia, com aquela fluidez de certezas de imaturidade intelectual para uma tal decisão, o meu pai ofereceu-me um livro de Francisco Pereira de Moura[28], então um dos grandes autores sobre essas temáticas. Desde então li milhares de livros e artigos da especialidade e nenhum me causou tanto impacto como aquele. Quando hoje trabalho sobre alguns temas ainda me recordo da alegria imensa que senti quando li e percebi que a Economia era uma ciência. Ainda me recordo da aula em que esse professor, alguns anos mais tarde, chamava a atenção da cientificidade dessas matérias, e da necessidade de ruptura com as apreciações do público em geral.

– Para além da necessidade de nos entendermos, procedendo de forma que a ideia do emissor corresponda com grande proximidade à ideia do receptor, mesmo admitindo que nunca possa ser igual, há a questão prática do livro que resultará da junção das nossas intervenções.

– Desde que se evitem ambiguidades, tudo bem. Certamente que, pelo menos, as reduziremos.

– Muitas vezes também é necessário ter cuidados adicionais resultantes dos seguintes dois factos, que não creio que cheguemos a abordar ao longo do nosso trabalho. Cada ciência tem uma terminologia específica,

---

[27] "Só a crítica pode cortar pela raiz o *materialismo*, o *fatalismo*, o *ateísmo*, a *incredulidade* dos espíritos fortes, o *fanatismo* e a *superstição*, que se podem tornar nocivos a todos e, por último, também o *idealismo* e *cepticismo*, que são sobretudo perigosos para as escolas e dificilmente se propagam no público" (Kant 1985, 30 [Prefácio da segunda edição]).

[28] Referência ao livro de Moura (1962).

assim como cada paradigma também tem uma linguagem própria. Daqui resultam duas coisas. Por um lado a dificuldade terminológica associada a qualquer processo de confronto de leituras de diversas ciências sobre a mesma realidade. Por outro, a diversidade terminológica entre defensores, conscientes ou não, de paradigmas diversos. Estas duas situações podem ser atenuadas pela utilização de um glossário, mas a elaboração deste é difícil e a sua qualidade dúbia. Creio que entre nós esse problema não se colocará, mas é uma observação genérica.

– Enganas-te. Certamente que entre nós há diferenças de aceitação dos paradigmas ou suas variantes. Por outro lado, tenho esperança que a nossa abordagem dos assuntos seja suficientemente rica para termos que integrar um problema económico num problema social e a síntese interparadigmática tenha de ser realizada, se possível. Mas não procuremos resolver todas as questões de uma única vez. As preocupações fenomenológicas que há pouco manifestaste são importantes, mas temos de ter o cuidado de não querer ignorar tudo o anteriormente aprendido ou rever todos os enfoques do concreto pensado. Correríamos o risco de não sairmos dos prolegómenos.

– Um exemplo do que estavas a dizer sobre as linguagens associadas aos paradigmas, mesmo que não sejam sua propriedade exclusiva. Se eu falar em "valor acrescentado menos salários" pretendo dizer, em termos quantitativos, o mesmo que "mais-valia". Contudo este último termo é associado ao marxismo e desperta logo numa parte dos economistas uma reacção adversa...

– Concordo e discordo com o que disseram. Concordo nos cuidados que defendem na utilização terminológica e nas relações entre conceitos e disciplinas ou paradigmas. Mas discordo que se possa fazer uma ponte directa entre a terminologia de um paradigma para a de outro. Em cada um dos paradigmas cada conceito é parte de um todo. Pode quantitativamente ser semelhante, mas qualitativamente é muito diferente. Voltando ao teu exemplo, o primeiro conceito pode ter implícito que o rendimento atribuído ao empresário e ao trabalhador tem a mesma natureza, enquanto que no segundo diferencia claramente; o segundo conceito passa pela noção de tempo de trabalho socialmente necessário e este "socialmente necessário" implica que o específico de uma empresa é o resultado do funcionamento de toda a economia, enquanto no primeiro o conjunto economia é a soma de todas as empresas.

– Utilizando uma terminologia inadequada, porque parte da fragmentação entre macroeconomia e microeconomia actualmente em moda, num caso tem-se uma fundamentação microeconómica da macroeconomia (do individual para o social), enquanto no outro temos uma fundamentação macroeconómica da microeconomia (do social para o individual).

– Avancemos. Sendo pragmático: todo o processo de reflexão científica deveria começar pela explicitação clara da terminologia utilizada, mesmo que numa primeira fase se faça apenas em relação a algumas categorias principais e não se explicite porque se utiliza aquela e não outra.

– Explicitar a terminologia e as hipóteses de partida dos modelos que utilizam essa terminologia. Indispensável para que haja um debate racional.

– Voltemos à problemática da terminologia. Sugiro, como já referimos, que sempre que falemos da ciência que interpreta determinado tipo de fenómenos utilizemos a maiúscula (Economia) e quando nos referimos a esse conjunto de fenómenos utilizemos a minúscula (economia)[29].

– É uma diferença essencial. A utilização da palavra "economia" sem esse cuidado faz com que muitos estudantes, deles falo porque a minha experiência de professor permitiu constatar tal numa vasta amostra, durante todo o seu curso não tenha consciência da diferença entre a observação e o observado, levando frequentemente a aceitar como observado o que é criado pela própria observação.

– Terás que concordar que essa diferença entre minúscula e maiúscula não é possível de ser feita quando estamos a dialogar...

– Parece impossível, mas não tinha pensado nisso... Retomaremos a questão mais adiante, para ver como contornamos essa dificuldade. Pode ser?

– Está bem. Já agora acrescentemos que ainda há o economista, que é quem utiliza conscientemente a Economia para estudar a economia. O que se entende por economista?

– Creio que podemos deixar o economista fora destas considerações, porque isso levanta abordagens adicionais que estão fora das nossas preocupações imediatas.

---

[29] Este assunto foi logo referido no início do texto em nota de fim de página (3) mas, dada a importância do assunto (e a raridade deste cuidado) fez com que mantivéssemos a repetição.

– Não me parece que seja assim tão fácil. Não te esqueças que uma definição clássica de Economia, lançada por um geógrafo ridicularizando aquela disciplina, é a de que *"a Economia é aquilo que fazem os economistas"* (Moura 1964, 6). E alguns livros chamam a atenção para a grande diversidade de posturas, não estou a falar de assuntos tratados, mas da maneira de se comportarem perante um mesmo assunto, que os economistas podem assumir. Num leque que vai da procura da verdade à de simples paladino de uma causa em que a preocupação pela verdade desaparece e é substituída pela exclusiva intenção de convencer o opositor[30].

– Tens razão no que dizes, mas continuo a defender que fiquemos pela dicotomia "Economia" e "economia". Aliás, nem todos nós somos economistas de formação académica e profissão e, no entanto, estamos aqui de corpo inteiro, à volta destes petiscos e cervejas, e imbuídos na discussão.

Economia *versus* economia

– Concluímos que temos um binómio de termos que são os nossos pontos de partida terminológicos que resultam, também, de se tender hoje a abandonar a terminologia de Economia Política (ou Ciência Económica) para designar a ciência.

– Não apenas isso, porque algumas línguas permitem essa diferença. Agarrando-me ao que sei: *economics* e *economy*, em inglês. Podemos dizer que a primeira palavra está mais associada ao saber de, enquanto a segunda é a realidade de.

– Fugindo, por ignorância, a esse tipo de debate, parece-me que tens alguma razão, mas o problema epistemológico da confusão, continua, de alguma forma, a existir. Tens razão porque nos meios científicos essa diferença parece clara. Por exemplo, na página da American Economic Association é dito expressamente que "Economia (Economics) é o estudo de como as pessoas escolhem utilizar os recursos"[31], exemplificando depois com extractos de Alfred Marshall e Lionel Robbins. Podemos dizer que em

---

[30] Sobre este assunto ver, por exemplo, (Mingat, Salmon, e Wolfelsperger 1985).

[31] Consultado http://www.aeaweb.org/students/WhatIsEconomics.php em 5/03/2014.

praticamente toda a literatura se expressa esta diferença. Para a Wikipédia[32] "Economia (Economics) é a ciência social que estuda ..."[33] e "Uma economia (economy) ou sistema económico consiste da produção, ..."[34]. Utilizando esta mesma fonte vemos as opções de diversas línguas: nuns casos utilizam-se palavras diferentes, noutras recorre-se a artifícios de tradução para distinguir o que normalmente não o é (por exemplo, em português traduziu-se "economy" por "actividade económica" e em francês "economics" é designado por "science économique"), noutras utilizam termos iguais. Por vezes optaram por só preencher uma das entradas, ao mesmo tempo que aparecem frequentemente termos ou designações com que se pode confundir o que o leitor procura.

– Podemos simplificadamente colocar a seguinte questão. Há com bastante frequência uma tendência para confundir o que é o objecto de estudo com o que é o conhecimento crítico que resulta da análise do referido objecto: "A Política (= Ciência Política, Politicologia, Politologia) estuda a política (= estrutura e práticas políticas)", "A História (ciência) estuda a história (acontecimentos organizados temporalmente)", etc. Estas confusões são, provavelmente, particularmente sensíveis nas ciências sociais. Este é um facto que podemos perceber da psicanálise dos conhecimentos sobre estas matérias e na forma dos estudiosos destes assuntos se exprimirem. É esta a confusão que temos que esclarecer: uma coisa é a realidade, outra a leitura dessa realidade. A terminologia não é a fonte desta falha epistemológica mas, pela sua utilização frequente e pela carga simbólica que transporta, pode reforçar os equívocos entre o ontológico e o epistemológico.

– Sim, não é um problema terminológico, é conceptual.

---

[32] Esta é, por vezes, uma fonte "maldita" nos meios académicos, porque não é assinada, porque "não é fidedigna". Nós utilizamo-la com o mesmo espírito crítico que observamos para qualquer fonte. Escusamo-nos aqui de fazer referência à validade de muitos artigos das revistas científicas, validadas pelos pares. Preferimos referir que um texto aberto (como a Wikipédia), embora com possível identificação dos relatores, tem algumas vantagens em relação a muitos livros: a sistemática actualização; os processos de validação, a possibilidade de estar aberto a diversos paradigmas e ao confronto de diferentes pontos de vista. Pela nossa parte frequentemente contemplamos as versões em diversas línguas para um mesmo termo, adoptando a que nos parece mais ajustada.

[33] Em http://en.Wikipédia.org/wiki/Economics, em 5/03/2014.

[34] Em http://en.Wikipédia.org/wiki/Economy, na mesma data.

– Percorramos alguns livros introdutórios de Economia, que podem condicionar o futuro do aprendiz de Economia, sobre economia *versus* Economia[35]:

"Os significados correntemente atribuídos à expressão *economia* e termos derivados não se afastam dos conceitos científicos que correspondem à *Economia Política*. Assim, quando se diz que determinada pessoa «vive com economia» atribui-se-lhe um emprego racional e moderado dos bens económicos disponíveis. (...) A Economia, ou Economia Política, estuda essa actividade, tem por objecto essa actividade." (Martínez 1995 [1971], 2/3)

"Embora a actividade econômica e os problemas dela decorrentes tenham sempre despertado a atenção dos povos, o estudo sistemático da Economia é relativamente recente. Certamente em todas as épocas da História universal as pequenas comunidades e as grandes nações procuraram resolver eficientemente os seus problemas de natureza econômica. (...) A Grande Depressão da década de 30 (...) desafiaram os estudiosos da Economia a encontrarem os caminhos da estabilização. (...) A depressão de 30 reduziu drasticamente o Produto Nacional das economias atingidas." (Rossetti 1985, 28/9)

"Este livro constitui uma introdução à economia, escrito para um curso semestral ou anual. (...) o nosso objectivo é fornecer uma introdução clara, actual e interessante acerca dos princípios económicos e dos principais aspectos da economia americana e do sistema económico mundial. (...) A economia é, por inerência, uma ciência evolucionista, que se transforma para reflectir novas tendências na sociedade e nas economias." (Samuelson e Nordhaus 1988 [1985], vii/viii)[36]

---

[35] Esta entrada pretende apenas ilustrar como é que essa confusão terminológica pode surgir e, para o efeito, pegamos em alguns trabalhos disponíveis no mercado português, recorrendo a manuais introdutórios de Economia, quiçá onde estes defeitos são mais perniciosos. Acrescentem-se dois apontamentos: (a) a utilização das frases de um autor não permite tirar a conclusão de que ele não sabe distinguir entre realidade estudada e estudo dessa realidade; (b) em muitos outros livros de introdução à Economia há um cuidado expresso de evitar as ambiguidades aqui referidas. Veja-se, por exemplo, Louçã e Caldas (2009, 16).

[36] Na versão original "introdução à economia" => economics; "princípios económicos" => principles of economics; "sistema económico mundial" => world economic system; "A economia é..." => economics; "e nas economias" => economy.

"A Economia ocupa-se das questões que se relacionam com a satisfação das *necessidades* dos indivíduos e da sociedade. (...) A ciência económica mede e descreve o aspecto material da vida, pois seu principal objectivo é compreender como funcionam as economias dos distintos países." (Mochón 1989, 3 & 7)

– Convém agora falarmos um pouco, por muito pouco que seja em relação ao muito que haveria a dizer, da relação entre estes dois conceitos, isto é, da sua hierarquização conceptual.

Ontologia da economia

– Como assim?

– Sabemos que a economia está na sociedade (ou no homem, para agora pouco importa) mas qualquer observação desta não a encontra. Quando olhamos para a realidade sociedade o que encontramos são homens, relações entre os homens, agrupamentos de homens de amplitude e complexidade diferentes. Podemos também encontrar relações dos homens, ou dos seus agrupamentos com a realidade que lhe é exterior. Homens que têm corpo, que têm consciência, que têm sentimentos, que vivem e sonham, que reproduzem o passado ou constroem projectos, que promovem e se integram em diferentes grupos (família, local de trabalho, religião, clube, partido, etc.). Quando observamos esta realidade ontológica não encontramos a economia.

– Discordo, basta que observemos a actividade produtiva ou a forma como as pessoas utilizam o dinheiro para encontrarmos a economia!

– A tua afirmação permite uma dupla análise. Uma primeira tem a ver com as palavras "actividade produtiva" ou "dinheiro". Uma relação sexual, um acto piedoso, um deslumbramento perante um Rembrand, um Rodin ou um Wagner produzem orgasmo, satisfação do dever cumprido, uma sensibilidade diferente, fazem com que contribuamos para a nossa felicidade e o nosso aperfeiçoamento humano. São actividades produtivas? Um ente querido teve um acto de amabilidade e tu dás-lhe um beijo e agradeces. É uma forma singela de retribuir, de pagar, o prazer que recebeste dela. É dinheiro?

– Tu sabes tão bem como eu a resposta a essa pergunta. Não entendo é porque estás a abordar esse problema.

– Para chegar a uma coisa tão evidente que frequentemente já nem nos apercebemos dela. Quando falas em "actividade produtiva" ou em "dinheiro" provavelmente já estás a utilizar conceitos construídos pela Economia. É certo que para muitas pessoas que utilizam correntemente essas designações a sua proveniência é do conhecimento corrente, mas tal não invalida essa ligação indirecta.

– A Economia exige a economia e esta só é construída pela Economia. Por isso conforme o paradigma da Economia adoptado por alguém...

– Adoptado depois de uma reflexão crítica, esperemos.

– ... conforme o paradigma assim aquilo para que se olha no mundo que nos rodeia. Utilizando uma linguagem técnica, conforme o paradigma assim as variáveis seleccionadas para permitirem a leitura da realidade observada.

– Exactamente, e isso remete-nos para o segundo aspecto do problema: onde está a economia?

– Se fizer sentido localizá-la, o que temos algumas dúvidas, porque ela própria é uma construção racional, como acabámos de ver, creio que podemos dizer "está na sociedade".

– Retomando as tuas referências porque é que entre as infinitas relações sociais e actividades humanas vais escolher a forma como as pessoas utilizam o dinheiro? Porquê concentrar a atenção nesse aspecto e não na forma como as pessoas se apaixonam ou encaram a morte? Porquê observar a actividade produtiva e não observar a actividade religiosa?

– E porque não? Nós observamos o que nos rodeia com um conjunto de preocupações. Se sinto angústia posso tentar entender porque tal acontece. Se constato que umas famílias têm mais filhos que outras, posso pretender encontrar uma justificação. Se as religiões assumem tantas formas eu posso tentar entender o que é a religião e a razão do seu aparecimento. Se o homem tem necessidade de alimentar-se, abrigar-se, proteger-se, etc. eu posso considerar importante saber como isso se processa.

– E em todos esses casos que referes pode haver, à partida, uma dupla preocupação: perceber ou actuar, o que provavelmente faz com que o ser desperto para entender algo não seja apenas o resultado de uma curiosidade intelectual, não digo que também não o seja, mas de um problema que se nos coloca.

– Fica ainda por analisar uma questão complementar. Porquê e como dissecar o que é uno. Peguemos em dois exemplos. Falámos na religião, um referencial fundamental em todas as comunidades humanas. Aí temos o resultado do homem estar no mundo e de a natureza impor-nos vivências, temos o temor ou a alegria que a concepção de deuses nos trazem, as descrições que nos permitem de uma forma mais fácil entender o que nos rodeia, etc. Um acto religioso, apesar desta diversidade, também comporta o económico, que pode ser analisado por exemplo na propriedade das instituições religiosas. Tomemos agora, como referência um almoço entre amigos. Aí encontramos a amizade, a comunicação, a alimentação, a proximidade espacial, os usos e costumes, a cultura, a dinâmica das comunidades. Mas também aí podemos destacar apenas um conjunto de aspectos (os recursos para se deslocarem e alimentarem, as opções por uns bens ou outros, a forma de pagamento que vão utilizar, a relação entre esse lazer e a sua actividade profissional, etc.) que podem constituir o económico, fazer parte da economia.

– A questão que colocas exigiria antes perceber porque é que o homem. na sua milenar evolução, nunca foi capaz de captar a totalidade do que o rodeia, apesar de, muito provavelmente, esse ter sido sempre o seu anseio, quiçá encontrado transitoriamente na religião, na estética ou no conhecimento.

– Não compliquemos. Centremo-nos na relação sociedade-economia.

– Sabemos que o que constitui a economia são determinados aspectos da realidade humana, que resultam de encarar os homens e as relações sociais de uma determinada forma, sob uma determinada perspectiva.

– Estás a dizer que a economia estava encoberta para o conhecimento corrente, mas nós, cientistas, somos capazes de a encontrar porque sabemos previamente como observar a sociedade, o que filtrar para a nossa análise (bem pouco da totalidade!), como procedermos para, a partir dessas parcelas da realidade que podemos designar por factos económicos, construir relações, regras, princípios e leis?

– Antes de responderes convém dizer que as pessoas, com o seu conhecimento corrente e a sua prática, lidam amiudadamente com o que estás a designar por factos económicos. Conhecimento exige abstracção porque o concreto real é inalcançável, mas a prática é a sistemática relação homem-objecto, o nosso condicionamento, por um lado, e a nossa transformação, pelo outro, do objecto na sua concreticidade total.

– De facto, concordo com o que dizes sobre o surgimento dos "factos económicos" embora nunca tivesse colocado o problema dessa forma!

– Creio que é por essa via que todos nós observamos a economia! Frequentemente nos livros introdutórios da Economia nos é dito "O objecto da Economia é (...) toda a realidade, mas vista por dado aspecto" (Moura 1964, 5).

– Já avançámos alguma coisa nestes prolegómenos dos nossos debates substanciais, mas permitam-me que antes de terminar estas considerações terminológicas e conceptuais, faça ainda uma derivação, pegando num dos pilares da nossa civilização greco-latina: que pensava Aristóteles da economia?

– Porquê Aristóteles?

– Porque a nossa civilização tem raízes greco-latinas e os pensadores gregos são sempre uma referência para a nossa cultura, para a nossa maneira de pensar e agir. Se a minha tradição fosse outra, apesar da forte influência do pensamento europeu sobre o mundo (às vezes por más razões, como a colonização) também seriam diferentes os meus referenciais. Se integrasse a cultura banto pensaria no Egipto dos faraós[37], se fosse parte da cultura chinesa recorreria provavelmente a Confúcio[38].

– Voltemos a Aristóteles. Em primeiro lugar as palavras "política" e "economia" designam o mesmo tipo de actividade humana, apenas diferenciados pela escala: a política trata da cidade e a economia da casa. São conhecimentos e gestões a escalas diferentes. Para tratar da produção, da repartição de rendimentos, repegando nos teus exemplos, utiliza o termo "crematística", o qual poderia ser traduzido hoje por corretagem. O económico dilui-se nessa dupla acepção e nunca é analisado em si, faz parte da sua filosofia ética.[39] Porque pensam que acontece isso a um filósofo da envergadura de Aristóteles?

– No tempo de Aristóteles ainda a Economia não se tinha constituído como ciência. Nem sequer tinha começado a agregar-se em pensamentos autónomos com alguma coerência interna.

---

[37] Veja-se, por exemplo, Cheikh Anta Diop.

[38] Para uma apreciação sintética do pensamento económico chinês ver, por exemplo, Jichuang (2009).

[39] Há uma vastíssima literatura sobre o assunto, a começar pela própria obra de Aristóteles, a continuar em múltiplas Histórias do Pensamento Económico e terminando num debate específico desta dimensão da actividade do autor. Retomaremos o assunto a propósito da Ética.

– Até porque tal possibilidade exigiria a dessacralização da sociedade e o reconhecimento de que esta tem dinâmicas próprias, geradas em si.

– Para passarmos de referências esporádicas às temáticas hoje designadas de económicas, como é o caso do Aristóteles, às análises económicas parciais com alguma sistematicidade temos que esperar (na Europa que considerámos o centro da construção da ciência, nova forma de conhecimento) pelos mercantilistas, isto é pelo século XV. Depois começa a haver uma análise sistemática de temas económicos, adquirindo essas problemáticas alguma autonomia. Os fisiocratas acrescentam consistência a esse tipo de análises.

– É nesse período, por exemplo, que aparece David Hume, embora ainda integrado na Filosofia.

– E só em 1758, com a edição do Quadro Económico do Quesnay podemos considerar que existe a Economia.

– Reparem! Começamos por procurar encontrar a economia e só o conseguimos fazer com referência à Economia. É assim porque a economia está na sociedade, ou no indivíduo, mas só lá está porque a Economia nos forneceu um conjunto de metodologias e filtros para a encontrar. A economia não é mais que o objecto científico da Economia, uma construção conceptual que pretende reflectir alguns aspectos da sociedade.

– Mas por essa razão não deixa de existir!

– Existe, é uma realidade. Resulta da realidade existente em si, molda essa mesma realidade ontológica, mas é uma realidade de outro tipo. É uma realidade construída pela especialização científica. Não podemos falar em economia sem previamente falar em Economia, embora pareça que é esta que vive da existência daquela. É uma realidade epistemológica.

– Deixa-me ver se percebi. A Economia não tem como objecto de estudo a sociedade, ou o homem, mas apenas alguns dos seus aspectos. A selecção do que vamos analisar depende da ciência com que estamos a trabalhar. A Sociologia seleccionará alguns, a Antropologia outros, a Geografia outros e assim sucessivamente. É a ciência que nos fornece os filtros de selecção, a cujos resultados designamos por factos sociológicos, antropológicos, geográficos, e assim sucessivamente.

– É isso, mas não podemos admitir que é o pensamento que gera a realidade. É exactamente o contrário. A realidade-em-si, com a qual lidamos em todos os aspectos da nossa vida, na nossa práxis, impõe-se ao Homem, enquanto realidade e enquanto problema. As limitações para conhecermos de uma só vez a totalidade dessa realidade levam à especialização, ao que disseste.

– A realidade epistemológica é construída a partir da realidade ontológica. A realidade-para-si, para o cientista, neste caso, é determinada directa ou indirectamente pela realidade-em-si. Esta está, pela prática, na génese daquela. O concreto pensado é um resultado do concreto real. As duas realidades interagem, determinam-se ou influenciam-se, mas são realidades diferentes. Uma existe "em si", objectivamente, independentemente do nosso conhecimento, enquanto a outra existe "para si", para o possuidor dos conhecimentos de Economia. É uma construção humana.

– Exactamente. Quase exactamente!

– Mau, voltamos ao quase?

– É um quase que não é uma certeza de existir algo a acrescentar, mas uma oportunidade de abertura para posteriores contributos que sejam relevantes para o nosso trabalho. Para já ficamos por aqui, porque é quanto nos interessa nesta fase do debate. Talvez futuramente tenhamos a oportunidade de constatar que a relação entre essas duas realidades, ontológica e epistemológica, pode ter cambiantes muito diversas.

– Fiquemos, então, por aqui. Gostava, contudo, de pôr uma pergunta. Se de um ponto de vista científico esta separação que acabamos de fazer tem sentido, qual é a utilidade dessa distinção, em que medida nos pode ajudar para o estudo que faremos?

– Em termos pragmáticos para que serve?

– Esta diferença entre a realidade ontológica e a realidade epistemológica ajuda-nos a perceber qual é a natureza e o significado dos conceitos e dos modelos económicos. Quando não se tem consciência dessa diferença corre-se o risco, aliás muito frequente, de se considerar como uma realidade ontológica o que foi construído intelectualmente, de se considerar como "realidade concreta" o que é um "conceito abstracto", de se ler a realidade-em-si exclusivamente a partir de uma certa leitura, inevitavelmente limitada e parcial, conceptual.

– Por outras palavras, não é possível fazer a crítica da Economia sem se ter este aspecto presente.

– E sem crítica da Economia não há Economia científica...

– Talvez...

– Deixa-me dar dois exemplos para ver se percebi bem. Um bem visível para todos nós nos dias de hoje. Quando a política se reduz à política económica assente numa certa concepção de Economia nunca se está a fazer "política" no sentido atribuído por Aristóteles: gestão da polis com referência à ética vigente então.

– A política económica limita a política, mas a política financeira ainda limita mais ao restringir a própria política económica.

– O segundo exemplo resulta da constatação de como os estudantes de Economia, frequentemente encaram certas questões. A "utilidade", presente em toda a Economia actual, é das noções mais abstractas que foram construídas. Aplica-se a todas as situações e tende mesmo a nada explicar porque tudo explica[40]. Contudo tendem frequentemente a encarar a "utilidade" como uma realidade concreta, a partir da observação de exemplos abstractos que também consideram concretos. Assumindo a "utilidade" como uma referência, projectamo-la em nós via introspecção e, por essa via, assumimos que a utilidade é uma realidade ontológica.

– O objecto científico é sempre o ponto de encontro (frequentemente enviesado) da realidade-em-si e da realidade-para-si. Para entendermos essa construção, por vezes harmónica, muitas outras contraditória, temos que perceber bem o que temos estado a analisar.

Algumas conclusões

– Para encerrarmos este ponto, duas ou três considerações complementares. A primeira é sinteticamente dizer que, segundo as nossas conclusões, temos qualquer coisa como

Realidade Ontológica	Relação	Realidade Epistemológica
Sociedade	=> <=	Economia – economia

em que a relação pode ser de diversos tipos, como teremos oportunidade de referir ligeiramente.

– Até aí já concluímos.

– A segunda constatação é que a Economia – economia é uma realidade epistemológica, não uma realidade gnosiológica.

– Não é a mesma coisa? Não é algo construído pelo pensamento?

---

[40] Voltaremos detalhadamente a esta problemática.

– Depende dos autores, mas para os nossos propósitos é bom fazer a distinção que muitos fazem: realidade gnosiológica enquanto objecto do conhecimento em geral; realidade epistemológica enquanto objecto do conhecimento científico. Quando falamos em Economia estamos ao nível do conhecimento científico e não do conhecimento corrente.

– Nem me atrevo a colocar nenhuma pergunta...

– Nem a acrescentar alguns aspectos...

– Fazem bem porque tal tema estaria fora do que acordámos[41].

– A terceira conclusão é que temos de ser cuidadosos com o significado da terminologia que utilizamos. Se analisamos a realidade a partir dos conceitos da Economia estamos sempre a referir-nos a realidades construídas, que não se podem confundir com as realidades objectivamente existentes. Por exemplo, quando pretendemos designar que um indivíduo, um grupo ou uma sociedade está a desempenhar uma actividade que é classificada pela Economia como sendo económica, nós falamos em agente económico. Ora ontologicamente não há agentes económicos, há grupos de indivíduos que desenvolvem um conjunto de relações sociais e estas envolvem alguns aspectos que permite-nos atribuir-lhes a designação de "agente", atribuída quando ignoramos ou desprezamos todas as outras componentes da sua relação social.

– É um corolário do que dissemos anteriormente.

– Que não deve ser esquecido, e que frequentemente esquecemos.

– Deixa-me retomar uma conclusão anterior e o problema que ficou em aberto. Para designarmos a ciência convencionámos utilizar a letra maiúscula e ao referirmo-nos ao objecto científico, parte da sociedade, optámos pela utilização da minúscula. De facto quando escrevemos é fácil fazer a distinção mas ao falarmos não há hipóteses de distinção. Poderíamos acrescentar a cada uma delas uma entoação própria, mas não me parece

---

[41] Tratamos desta problemática de uma forma mais detalhada em (Pimenta 2013a), particularmente nas partes II e III. Aí também se aborda uma outra questão que não trataremos neste trabalho: a diferença entre a ciência Economia e a disciplina Economia. Quando falamos em ciência estamos a abordar exclusivamente a construção mental de uma explicação do construído objecto de estudo. Quando tratamos da disciplina estamos a acrescentar a alguns segmentos da construção mental toda a imensa carga da institucionalização social, a qual acarreta a consideração de aspectos totalmente diferentes: o poder, a gestão, o simbólico, por exemplo. Muitas vezes essas forças sociais bloqueiam a racionalidade epistemológica.

eficiente. Creio que só há uma solução: quando da passagem da gravação para o papel termos muita atenção ao problema.

– Ainda há mais?

– Haveria muito mais, mas todos nós temos consciência que cada vez que abrimos a boca abrimos a possibilidade de escrever um tratado. De substancial não há mais. Gostava apenas de vos colocar uma adivinha!

– Entramos na parte lúdica...

– Ou tétrica, já vamos ver.

– Considerem a seguinte afirmação de Ludwing von Mises em *Problemas Epistemológicos da Economia*:

> "Se aparece uma contradição entre uma Teoria e a experiência, sempre podemos admitir que não se encontrava presente alguma condição admitida pela teoria ou que há algum erro nas observações. O desacordo entre a teoria e os factos da experiência obriga-nos frequentemente a reconsiderar completamente os problemas da teoria. No entanto, a não ser que nessa reanálise descubramos erros em nossos raciocínios, nada nos permite duvidar da sua verdade." (Mises 1978, 31)

Que comentários ela vos merece?

– Conheço a tua paixão por esta afirmação! Tenho encontrado essa mesma ideia em outros documentos!

– É verdade. Podemos encontrar a mesma ideia expressa noutros textos de economistas reputados[42], mas esta tem uma transparente ousadia, o que me encanta.

---

[42] Encontramos por exemplo em Pareto a ideia de que o confronto da teoria com a realidade nunca pode ser o caminho para validar uma teoria:

> "Nós não conhecemos, não podemos jamais conhecer um fenómeno concreto em todos os seus pormenores; há sempre um resíduo. (...) Já que não conhecemos inteiramente nenhum fenómeno concreto, nossas terorias sobre esses fenómenos são apenas aproximativas. Somente conhecemos fenómenos ideais que se aproximam mais ou menos dos fenómenos concretos. (...) Qualquer que seja a perfeição delas, sempre diferem de algum modo do próprio objecto. Portanto, não devemos nunca julgar sobre o valor de uma teoria pesquisando se ela se afasta de algum modo da realidade, já que nenhuma teoria resiste e jamais resistirá a essa prova" (Pareto 1988, I – 15).

Contudo a afirmação apresentada é mais abrangente, engloba as consequências do que aqui transcrevemos.

– Tens razão, mas podem ficar alguns apontamentos. Quanto às primeiras partes apraz-me dizer o seguinte. Sabendo que a Economia é uma ciência hipotético-dedutiva, que as suas hipóteses visam sempre uma simplificação do problema e a abstracção nunca comporta o concreto na sua totalidade, sabendo que há quase sempre presente a condição *cæteris paribus* (mantendo-se tudo o resto constante), que nunca corresponde à realidade, parece-me que a posição de Mises conduz à impossibilidade de se provar que um modelo é falso. Se esta minha interpretação é correcta, estamos à beira de retirar à Economia o estatuto de ciência.

– Pela minha parte concentro-me na afirmação que à primeira vista nos pareceria mais bizarra. Se a teoria e a realidade não concordam entre si mas a teoria tem coerência lógica, não há razões para a não considerar verdadeira. Levando ao absurdo, e admitindo que para o mesmo conjunto de factos só há uma verdade, se a teoria for coerente e estiver desajustada em relação à realidade há forte probabilidade que esta é que seja falsa.

– E no entanto essa afirmação não é mais do que uma consequência do que o autor diz anteriormente, da ausência de hierarquização conceptual entre a realidade-em-si e realidade-para-si. Formulando hipóteses e formulando deduções lógicas, de preferência com a utilização da Matemática (porque esta nos permite saltar muitas fases da dedução lógica) pode-se fazer Economia que nada tem a ver, nem pode ter, com a realidade.

– E a ti, que comentários é que o Mises te merece?

– Apenas pretendia confirmar o que já sabem: que a interpretação que temos estado hoje a fazer entre realidade ontológica e realidade epistemológica pode ter raízes materialistas. É possível dar o comando da análise à dinâmica da sociedade, apesar desse comando passar sempre pelo filtro epistemológico. Obviamente não é essa a postura em que o autor se coloca. Toda esta afirmação é fruto das suas posições idealistas, quiçá sob a capa da normatividade.

– É fundamental centrar a veracidade ou a falseabilidade no conteúdo, e não na forma, na adequação à realidade, e não na coerência lógica ou no formalismo matemático.

– Guarda bem essa posição porque te vai ser muito útil quando analisarmos detalhadamente, o que certamente acontecerá, as posições de Robbins (1945).

– Esta invocação de Mises foi uma provocação para assuntos que abordaremos posteriormente. A minha intenção foi deixar patente que as

considerações abstractas e filosóficas que temos estado a tratar tornar-se-
-ão vitais para a abordagem de questões centrais da Economia. No debate
futuro poderemos seguir muitos rumos, mas inevitavelmente retomaremos
estas considerações gerais.

– Proponho uma pausa. Também estou certo que a exploração mais
detalhada do que aqui abordamos, vai-nos ser muito útil nas nossas conversas futuras!

– Tens os votos de todos, apesar do tempo chuvoso não ser propício ao
exercício físico ao ar livre, e poluído, desta nossa cidade!

Economia Política, Economia, Ciência Económica

– Creio que já atribuímos a designação a esta ciência: Economia.

– Provavelmente será uma designação bem atribuída, até porque hoje é
muito generalizada, mas não fará mal reflectir um pouco sobre o assunto,
para que futuramente não se levantem dúvidas. Se vocês repararem nos
nomes de várias das obras que hoje são consideradas fundadoras, obviamente nem todas, da Economia constatamos que elas não têm nenhuma
designação da ciência que estão a construir: Quesnay com *Tableau économique*, Adam Smith com *An Inquiry into the Nature and Causes of the Wealth
of Nations*, Malthus com *An Essay on the Principle of Population*, Marx com
Das Kapital.

– Sei que posso ser um elemento perturbador mas antes de avançarmos
com o que estamos a tratar, gostaria de pegar numa frase que disseste e que
até anotei aqui "das obras que hoje são consideradas fundadoras". Porque
não disseste antes "das obras fundadoras" da Economia?

– Ainda bem que todos nós tanto sabemos ser colaborativos como perturbadores. É o que nos junta na nossa paixão pela descoberta.

– Hoje atribui-se a Adam Smith, falo dele porque é a figura mais emble-
mática do nascimento da Economia, o epíteto de economista porque
escreveu sobre Economia, mas essa é uma leitura do passado orientada
pelo presente. Adam Smith era um homem influenciado pelo mundo dos
negócios, pelas relações familiares e sociais[43], mas as suas preocupações

---

[43] "Na quarta década do século XVIII fundou-se em [Glasgow] um Clube de Economia Política, pelo que parece, o primeiro do mundo. Adam Smith, pessoa de ampla cultura e interesses
multifacetados, foi membro muito activo do dito clube e quase diariamente discutia com os seus

intelectuais eram bem mais vastas, podendo-se dizer que era um filósofo preocupado com a Lógica, com a Estética, com a Ética e com a organização social das Nações, entre outras áreas[44]. Mesmo alguns autores, de que íamos falar de seguida, como Stuart Mill, que aparece como o fundador da teoria utilitarista do pensamento económico, foi na sua época considerado como um filósofo, tratando dos assuntos económicos, mas também das temáticas sociais e políticas[45]. Marx também umas vezes foi considerado um filósofo, outras um político, outras ainda um economista. O que pretendia referir, com a salvaguarda a que fizeste alusão, é que não devemos espartilhar o pensamento desses homens de ciência e de cultura nas limitadas fronteiras em que a História do Pensamento Económico os colocou, para que possamos retirar deles todos os conhecimentos que estão em condições de nos fornecer.

– Já li apelos à desdisciplinarização desses vultos cimeiros do pensamento social[46].

– Voltemos ao que ias a referir.

– É dentro deste contexto que começa a aparecer a designação de "Economia Política" em algumas obras, nomeadamente com Ricardo (*Principles of Political Economy and Taxation*), que além de falar de assuntos económicos introduz uma metodologia que vai estar na base das análises subsequentes: partir do geral para o particular, criar conceitos abstractos que testam a sua veracidade no seu progressivo desdobramento de aproximação ao concreto, a formulação de hipóteses, o tentar ir para além do imediatamente observável para encontrar as relações fundamentais.

– Vamos encontrar a mesma designação em alguns trabalhos de Marx e, como se disse, Stuart Mill também adopta essa terminologia: *Principles of Political Economy*.

---

amigos problemas científicos e de actualidade. Foi então que lhe ocorreu a ideia de escrever uma grande obra de Economia, a que se dedicou com toda a energia" (Karataev *et al.* 1964, 154).

[44] Retomaremos este assunto quando abordarmos, no último capítulo, a problemática da Ética.

[45] Provavelmente o vulto que mais influenciou a Economia foi Jeremy Bentham, porque a ele se deve o moderno utilitarismo, assunto que nos ocupará bastante nestes debates. No entanto, ninguém se atreve a chamar-lhe economista. Ele é correntemente etiquetado como filósofo, jurista e reformador social. Mais, há uma relação estreita entre o "filósofo Bentham" e o "economista John Stuart Mill", quer porque ambos foram empenhados divulgadores do utilitarismo, quer porque o segundo é afilhado do primeiro.

[46] Ver Esteves (2004).

SOBREVOO SOBRE O SIGNIFICADO DE "ECONOMIA"

– Deduzo que isso significa que "Economia Política" foi uma designação que tendia a associar o tratamento dos factos económicos às questões políticas e sociais.

– Ainda hoje parece ter esse sentido na opinião de vários economistas. Aliás os marxistas tendem a privilegiar a designação de Economia Política, porque consideram que a Economia é inseparável da vida em sociedade, logo da política.

– Nessa lógica Economia Política designaria uma leitura do social para a compreensão das actividades económicas, sendo estas encaradas como a produção, a troca e a repartição de rendimentos, parte das relações entre os homens (Bessa 1978), enquanto Economia (Ciência Económica) remeteria para o comportamento humano, para o indivíduo. Parece que Dennis Robertson, sucessor de Marshall, insiste mesmo nessa ideia: As preocupações da Economia, Ciência Económica, são diferentes da de Economia Política.

– Há muita literatura sobre o assunto!

– Assim é, estou de acordo com o que dizem, mas nos tempos seguintes muitos outros autores que já não tinham essas leituras tão abrangentes, que eram especificamente economistas, sobretudo quando escreviam sobre esse tema, adoptaram essa mesma designação, acabando por retirar-lhe o significado inicial. Alguns casos: Pareto com *Cours d'économie politique*.

– Não sei se é um bom exemplo porque também escreveu um tratado de Sociologia e ocupou-se de algumas temáticas políticas...

– ... Menger com *Grunsätze der Volkswirtschaftslehre*; Jean-Baptiste Say com *Traité d'économie politique, Cours Complet d'Economie Politique. Pratique* e ainda *Catéchisme d'Économie Politique*; Jevons com *General Mathematical Theory of Political Economy* ou *The Theory of Political Economy*. Poderíamos encontrar outros exemplos.

– Em todas essas situações o estudo da actividade económica é o estudo do comportamento humano. Alguns dos autores referidos são mesmo os fundadores dessa leitura alternativa à configurada por Ricardo e Marx, entre outros.

– Quando surge a designação de Economia?

– Para respondermos a essa pergunta precisaríamos de dominar todas as línguas existentes e sairmos da nossa cultura, mas mesmo ficando pelo "nosso mundo" temos dificuldades. Um exemplo com que me já debati: Menger escreve *Grundsätze der Volkswirthschaftslehre*. Não sei alemão, pelo que o acesso a essa obra faz-se por traduções nas línguas que domino. Este

RACIONALIDADE, ÉTICA E ECONOMIA

livro é umas vezes traduzido como "Princípios de Economia Política", outras vezes "Princípios de Economia".

– Ele tem razão. Não posso ser categórico a esse respeito, mas creio podermos dizer, o que é reforçado por Robertson, que é depois de Marshall que a designação desta ciência passa a ser simplesmente "Economia".

– Marshall é um professor, e isso marca a diferença institucional. A ciência ensinada não é apenas uma análise crítica, uma ciência. Faz parte de uma instituição. Ela também o é. Creio que podemos estabelecer uma relação lógica entre autonomização da Economia, ciência, quando ela passa a ser também uma disciplina. Seu ensino na Universidade institucionaliza-a. Contudo estas considerações também não nos ajudam a esclarecer a questão...

– Já vimos, Say que era professor e que teve um grande impacto no ensino da Economia, como o prova a sua tradução para inglês e a sua utilização nas aulas universitárias em Inglaterra e nos EUA, não utilizou essa designação (Economia) nos seus livros.

– A nuvem é grande quanto às origens mas a hegemonia do termo Economia em detrimento de Economia Política muito provavelmente está associada a essa institucionalização universitária, à consolidação da autonomia dessa área do saber científico.

– Por vezes também se fala, como já referimos, em Ciência Económica. A utilização da palavra "Ciência" parece ser uma vacina contra a sua designação como "arte" ou, mesmo, "charlatanice".

– É verdade. Embora essa designação não tenha um peso na história do pensamento económico, é utilizado actualmente com alguma frequência.

– Creio que para evitar equívocos e para não associarmos o nosso debate com qualquer doutrina específica...

– Embora cada um de nós tenha as suas opções, quiçá modificadas ao longo deste debate!

– Não nego isso, mas o nosso debate deve estar aberto a todas as posições, desde que apresentadas com coerência e abertura às alternativas contrárias. Retomando o que ia a dizer, considero que é preferível utilizarmos cada uma das designações que foram apontadas – Economia Política, Economia, Ciência Económica – como sinónimos. Por outras palavras, as três designações referem-se à disciplina científica que estuda certos aspectos da actividade social, mesmo que centrados sobre o indivíduo.

SOBREVOO SOBRE O SIGNIFICADO DE "ECONOMIA"

– Totalmente de acordo. Podemos dizer que qualquer uma das designações tem as suas vantagens e desvantagens. Economia Política chama a atenção que o estudo da economia é inseparável do estudo da sociedade, mas pode gerar confusões com a Política Económica. Economia gera confusões, ora na linguagem ora na forma de pensar, com economia, mas é uma forma sintética de identificar o segmento que estuda. Ciência Económica parece um pleonasmo, ou a expressão da falta de confiança na cientificidade desta área do saber, mas desfaz as confusões terminológicas com economia, realidade social.

– Venha o diabo e escolha!

– É preferível utilizarmos indiferentemente qualquer uma das três designações. O que é importante é que nestas conversas percebamos a diversidade de sentidos que é dada à Economia enquanto ciência, fazendo a classificação pela diversidade de objectos de estudo, de objectos teóricos, e não pela designação adoptada.

– Agora que chegámos a uma conclusão deixa-me fazer referência a uma leitura alternativa ao que temos vindo a dizer, seguindo de perto Galves (1991). O primeiro autor a utilizar o nome de Economia foi Xenofonte (430 a.C.-355 a.C.) para designar a "gestão do património doméstico, ou particular, – no caso, a actividade agrária e a forma de obter os melhores resultados" (1). O primeiro autor a utilizar a designação de Economia Política foi Antoyne de Montchrétien (1575-1621)[47], tendo designado o seu livro por *Traicté de l'oeconomie politique*: "Dentro da concepção então reinante, a obra se ocupava com a arte de bem gerir o Estado" (2). Destes dois factos retira a ideia que Economia designaria a Microeconomia e a Economia Política a Macroeconomia. Contudo ao dizer o que é a Economia Política escreve "A Economia Política, ou Economia, é a ciência que ..." (6).

– Obrigado por esse apontamento mas parece-me que já demos suficientes referências para concluir que essa divisão é abusiva. Além disso essa referência remete para a actual divisão da Economia em Microeconomia e Macroeconomia. E explicar essa dicotomia seria um exercício longo e irrelevante para a fixação da terminologia.

– Avancemos, com respeito pelo acordo estabelecido!

---

[47] Ver Montchrétien (1615).

Economia Política *versus* Política Económica

– Para terminarmos estas questões de designação convém apenas que estejamos de acordo que a Política Económica não tem nada a ver com a Economia Política.

– Creio que essa constatação unânime não necessita de qualquer explicação adicional, embora a tua afirmação "não tem nada a ver" seja demasiado absoluta.

– Não pretendi dizer que não pudesse haver relações entre uma e outra, sobretudo indo da Economia Política para a Política Económica. Quis apenas deixar bem vincado que nada tem a ver com a Economia, área científica em que nos colocamos.

– Estamos a caminhar muito rapidamente. Explico-me. Como sabem há vários anos que oriento cursos em que os estudantes têm de fazer uma investigação sugerida, delineada e realizada por eles. O trabalho é de Economia. A tendência mais generalizada é haver um penúltimo ou último ponto em que arrolam um conjunto de propostas do que designam de Política Económica. Os estudantes de Economia têm sempre a tendência de salvar o mundo, apesar de este poder estar eventualmente melhor se não existissem tantos economistas a quererem fazê-lo, sobretudo nos espaços nacional e internacional. Se existe essa tendência não é porque haja alguma característica inata do estudante, é porque o curso os leva a isso!

– Podemos abordar um pouco mais o problema...

– Estou de acordo que entre Economia Política (= Economia, Ciência Económica) e Política Económica há mais ruptura que continuidade, mas nem sempre os materiais de estudo conduzem a isso. Aproveitei o intervalo que fizemos para folhear alguns livros introdutórios de Economia. Muitos deles nem colocam o problema, mas outros fazem-no e é interessante lê-los. Vejam esta ligação estreita feita por Mochón:

> "Teoria económica e política económica
> É frequente, sobretudo entre os que não estudaram em profundidade Economia. estabelecer uma falsa distinção entre teoria e política. Na realidade não existe tal divórcio, pois é precisamente a preocupação pela política que faz com que a teoria seja necessária e importante. Se não houvesse possibilidade de influir a actividade económica através da política económica, com

o objectivo de mudar certos acontecimentos que consideramos desfavoráveis, a Economia seria uma disciplina meramente descritiva e histórica." (1989, 8)

– Não sei se tens outro exemplo, mas sugeria que analisássemos este. Deixemos de lado uma discussão mais profunda sobre a diferença entre Política Económica e Gestão Económica (Brunhoff 1976)[48], para admitir que, quando começámos este ponto do debate, todos nós pretendemos significar por Política Económica um conjunto de acções decididas pelo Estado dirigidas às vertentes económicas da sociedade. Ora não me parece ser esse o significado atribuído por Mochón. Para concluirmos por alguma coerência do seu escrito temos que perceber que para ele Política Económica é toda e qualquer intervenção de todo e qualquer agente para alterar uma situação que é considerada nefasta para ele. Espontaneamente tomamos todos os dias na nossa vida quotidiana decisões que influenciam a nossa relação com a actividade económica. Provavelmente poderíamos sempre fazê-lo, mas se soubermos Economia estamos mais apetrechados a comprar acções, por exemplo. As empresas precisam de saber Economia para gerir melhor os seus negócios. Claro que o Estado também utiliza eventualmente esses saberes. E os exemplos multiplicar-se-iam. Todas as ciências têm aplicações, sem que aquelas e estas se confundam ou constituam um contínuo.

– Sim tinha outro exemplo, retirado do livro das ambiguidades que mais economistas formou, ou moldou, à escala mundial:

"Luz e fruto

A resolução de qualquer problema nacional requer bons conhecimentos de economia. Quem nunca tenha estudado sistematicamente esta disciplina estará, certamente, numa posição desfavorecida. É como um analfabeto que tente ler um poema.

Os responsáveis governamentais têm, constantemente de tomar decisões vitais relacionadas com a área económica. Mas, naturalmente, os dirigentes nacionais não necessitam de ter, eles próprios, preparação profissional em Economia: basta-lhes serem «consumidores» inteligentes dos conselhos económicos, muitas vezes contraditórios, que lhes são fornecidos. (...)

---

[48] Referimos um pouco mais sobre o assunto em *Apontamentos adicionais*.

RACIONALIDADE, ÉTICA E ECONOMIA

Em conclusão, aprendemos economia não apenas pela luz que ela projecta sobre a nossa complexa sociedade mas também para conseguir obter um funcionamento aperfeiçoado e um melhor controlo da nossa economia de mercado." (Samuelson e Nordhaus 1988 [1985], 7/8)[49]

– Há uma informação que é verdadeira: qualquer decisão política deve ter em conta a multiplicidade de impactos nas relações económicas. Também é verdade que para se ser estadista não se necessita ser economista. Também é verdade que o estadista tem que tomar posições com base em conselhos que frequentemente são contraditórios. Tem de optar por uma poesia que não sabe ler e que lhe foi apresentada com dois textos diferentes.

– Mas mais uma vez, entre Economia Política e Política Económica pode haver continuidade mas também há, ou pode haver, ruptura. Explico a minha posição. Há continuidade se, e só se, se aplicarem conhecimentos de Economia na Política Económica, o que muitas vezes não acontece. Há uma grande diferença entre a Política Económica associada à Planificação (nos países socialistas)[50], ao Planeamento (nos países capitalistas)[51], aos

---

[49] Não resistimos a colocar aqui uma pérola de retórica, entre o início e o fim do texto transcrito, que não cabe directamente no conteúdo do que estamos a analisar:

"C. P. Snow, cientista e romancista, condenou uma vez a separação das «duas culturas», as humanidades e as ciências. A economia pertence a essas duas culturas, é uma matéria que combina os rigores das ciências com a poesia das humanidades." (Samuelson e Nordhaus 1988 [1985], 8)

[50] Como diz Bettelheim,

"a conjuntura implica que a economia evolui segundo as suas próprias leis, resultado de um *determinismo* interno, de uma *necessidade*. A planificação, pelo contrário, implica que a economia deixe de ser dominada pelas leis económicas, implica que a economia seja doravante dominada pela *vontade dos homens*." (1966, 24)

O voluntarismo expresso nesta afirmação, provavelmente responsável por muitos erros e impossível hoje, quando a "independência" transformou-se em uma gestão das dependências, não nega que essa "vontade dos homens" tem múltiplas informações mas tem de conter uma enorme parcela de conhecimento de como as actividades económicas se realizam e se interligam.

[51] Segundo Tinbergen, um dos mais importantes teóricos do planeamento, a actuação económica dos governos actuais visa atender ao interesse geral, designável por φ, que é função de um conjunto de variáveis objectivas y e o planeamento é a forma de maximizar $\varphi(y)$. Para tal é necessário, entre outros aspectos

"I) a fixação de um indicador de preferência social;

II) a dedução, a partir deste indicador, dos objectivos da política económica geral;

modelos económico-econométricos[52] da sociedade e a política de ocasião, frequentemente assumida hoje (porque a realidade é considerada demasiado complexa para ser planeada). Algumas das políticas económicas recentes revelam um desconhecimento total de conceitos básicos como, por exemplo, o de elasticidade. Aliás os ciclos eleitorais podem ser mais importantes para a política económica que a realidade social, nesta fase histórica de total desvalorização do que vai para além do curto prazo.

– Essa continuidade possível e a possibilidade da sua inexistência são claras. A minha dúvida é se podemos mesmo falar em ruptura...

– A Política Económica nunca o é em exclusividade, porque as actividades económicas fazem parte do facto social total. A Política pode ter a designação de Económica pelas variáveis objectivo e variáveis instrumento que manipula, mas é sempre Política Social. E, reciprocamente, toda a Política tem repercussões Económicas e exige a consideração de todas essas variáveis. Em rigor a Política Económica faz apelo a uma forte interdisciplinaridade entre ciências sociais e é restritivo falar de uma ligação exclusiva à Economia. Esta a primeira ruptura. Depois, a primeira palavra

---

III) a escolha de instrumentos «adequados», qualitativos e quantitativos;
IV) a determinação dos valores quantitativos das variáveis instrumentais, na medida em que tais instrumentos sejam escolhidos, e
V) a formulação de ligações entre (a) a relação entre objectivos e valores quantitativos das variáveis instrumentais, por um lado, e (b), por outro, a estrutura da economia estudada."
(Tinbergen 1972, 3)
A política económica exige uma (Teoria da) Política Económica. Além disso esse planeamento assenta numa boa e fidedigna informação estatística, na construção de matrizes de input-output que permitem medir o impacto das alterações de um sector de actividade sobre todos os outros e sobre as variáveis macroeconómicas, o mesmo se podendo dizer para as regiões. Exige um conjunto de teorias e técnicas, a utilização de modelos de diversos tipo, articulando-se entre si:
"a) Modelos preditivos e modelos explicativos;
b) Modelos associados à experimentação e modelos associados à observação;
c) Modelos estruturais e modelos não estruturais." (Reigado 1983, 75)
[52] Tivemos a oportunidade de trabalhar na aplicação do modelo REGINA a Portugal, um modelo sobre a estrutura da economia e a sua análise por regiões, envolvendo mais de meia centena de equações e variáveis. Depois disso outros modelos foram aplicados a Portugal, permitindo conhecer muito melhor a realidade portuguesa e, sobretudo, saber quais os impactos em cadeia que qualquer medida pontual pode gerar.

é sempre política, isto é, uma afirmação do poder, a imposição coerciva de certos objectivos. O fundamental da Política Económica é definir um interesse geral, mas este tanto pode ser o combate à inflação (fundamental para os possuidores de capital-dinheiro) ou ao desemprego (mais importante para os possuidores de capital produtivo), tanto pode ser diminuir como aumentar a desigualdade na distribuição do rendimento. As técnicas trazidas da Economia são um parente pobre da Política Económica. Esta a segunda ruptura. Porque assim é, a contribuição da Economia é a de apenas alguns dos seus paradigmas, os que se ajustam ao que é considerado o "interesse geral" e à interpretação política do que deve ser feito. Há uma tendência para a ideologização da Economia aplicada à Política Económica.

– Está assente. Uma coisa é a Economia Política, outra é a Política Económica. E também aqui poderíamos distinguir a política económica (acção) e a Política Económica (teoria da acção).

– Antes de concluir esta nossa conversa, antes de fazermos mais uma pausa e aproveitarmos para ir almoçar, e porque não está nos nossos propósitos fazer qualquer incursão pela História do Pensamento Económico gostaria de retomar para o nosso tema uma ideia de Henri Poincaré...

– Não conheço esse economista!

– Não poderias conhecê-lo porque nunca foi economista mas sim um grande matemático. Não consigo reconstituir a afirmação exacta, lida por acaso no folhear de obras de uma biblioteca, mas a ideia era a seguinte: quando hoje fazemos qualquer investigação científica estamos a aproveitar de séculos de investigação que nos antecederam e não devemos ignorar nenhum desses investigadores, mesmo que estejam esquecidos.

– Tem roda a razão, mas teremos nós capacidade para tal? Sinceramente duvido.

– Descansemos, comamos e respiremos o quotidiano.

– Para que o nosso inconsciente fique a trabalhar, qual o tema para esta tarde?

– Sugiro que confirmemos se a Economia é mesmo uma ciência.

– Vamos então!

A ECONOMIA É UMA CIÊNCIA?

RESUMO:

Importância de saber fazer ciência. Diversidade do sentido de "verdade". Perigos do dogmatismo. Atributos de uma ciência. Algumas aplicações à Economia. Notas sobre a causalidade. Diferenças entre paradigmas da Economia. Conhecimento corrente e científico. Corte epistemológico: significado, processos e intensidade. Especificidades da Economia. Importância das hipóteses iniciais. Inevitabilidade das simplificações. Considerações em torno de Milton Friedman. Significado de *cæteris paribus* e pluralidade de entendimentos. Validade das leis *cæteris paribus*. Significado de lei científica. Fontes da evolução histórica da Economia.

– Até agora temos admitido que a Economia é uma ciência. É daquelas questões que nem nos atrevemos frequentemente a questionar, mais por defeito de profissão do que por falta de oportunidade de o fazer.

– Já tenho encontrado artigos em revistas de renome em que questionam a sua cientificidade, frequentemente associando-a à intervenção ou à diversidade de opiniões perante os mesmos factos.

– Há momentos que marcam, que se colam à memória. Por isso nunca me esqueci, passados tantos anos do acontecimento, que ao conversar com um amigo, matemático de profissão, quando disse que a Economia era uma ciência social arregalou os olhos de admiração, retorquindo-me que considerava a Economia como uma parte da Filosofia. Sei que ele estava errado, mas não deixo de me recordar do acontecimento, essencialmente porque ele me obrigou a uma reflexão sobre o assunto, mostrou-me a necessidade de se ir para além da prática de uma ciência, confirmou-me o imperativo de lucidez da reflexão epistemológica.

– Creio que esse episódio marca mais a falta de cultura do teu amigo do que a fraqueza da Economia, que há muito se construiu como ciência, assumindo que os factos da sociedade que estuda são resultado da vontade humana, que aquela sociedade funciona e reproduz-se por si mesmo, e não como resultado de uma vontade divina, e que, por isso, obedece a leis de funcionamento que espontaneamente se processam a partir do interior. Por outras palavras, tem leis próprias. A sociedade tem constâncias de comportamento nas relações entre os homens que permitem a formulação de leis rigorosas.

– Sugeria que também aqui não fôssemos às raízes, não enveredássemos pela história das ideias económicas, não fizéssemos uma incursão pela Filosofia da Ciência e pela Epistemologia, se aceitarmos que esta área do conhecimento também já assumiu o estatuto de ciência. Limitássemo-nos a começar por responder a uma questão tão simples como: porque consideramos que a Ciência Económica merece esta designação de ciência?

Cientificidade e verdade

– Se os problemas fossem tão simples provavelmente não teríamos a necessidade de os debater.

– Haveria sempre essa imperiosidade pois não o fazer corresponderia à aceitação espontânea do que consideramos evidente, por outras palavras, corresponderia a continuarmos no conhecimento corrente, do que assumimos espontaneamente como "evidente", resultado das nossas histórias de vida e sem qualquer dúvida metódica ou reflexão crítica.

– Tens razão, mas não era propriamente nisso que estava a pensar. Expressei-me mal. A minha preocupação é corrermos o risco de entrar num círculo vicioso, num labirinto sem saída. Deixa-me explicar através de dois exemplos. Se é uma ciência deve procurar atingir a verdade. Não a verdade absoluta, inalcançável ou inexistente, mas a verdade possível num determinado momento histórico, tendo em conta o desenvolvimento civilizacional, a relatividade das capacidades cognitivas do homem, o tipo de instrumentos utilizados, as hipóteses que formulámos, ou fomos obrigados a formular face às nossas limitações. Em síntese, o conceito de verdade é uma referência para ajuizarmos da cientificidade da Economia.

– Conclusão primeira do teu exemplo: temos de partir do conceito de verdade[53].

– Claro que eu tenho um certo entendimento do que é a verdade, mas os outros poderão tê-lo diferente. Quando olho para alguns dos grandes temas do debate entre economistas facilmente constato que o conceito de verdade é diferente entre eles. Para alguns a verdade mede-se pela capacidade do modelo (parte da teoria, por sua vez inserida num conjunto de princípios primeiros de hipóteses e assunções) interpretar adequadamente

---

[53] No debate seguinte vamos encontrar várias noções de "verdade". Diversidade que resulta das posturas diferentes de economistas pertencentes a diferentes correntes e que decorre também de uns assumirem um conceito epistemológico e outros um sentido sociológico. A constatação dos factos acima referidos levou a debatermos o que nós entendemos por verdade e houve unanimidade de interpretação: "verdade" é um conceito epistemológico que exprime a adequação da análise científica à realidade-em-si.

a realidade existente, mede-se, para utilizar a terminologia com que começamos as nossas conversas, pela adequação da realidade epistemológica, por esta reflectir, através do filtro da abstracção, a realidade ontológica. Para outros essa proximidade à realidade ontológica não passa pela capacidade de expressar a realidade ontológica, mas pela capacidade de prever o futuro. Todos sabemos que o modelo de concorrência perfeita dos mercados é profundamente irrealista, que seria muito mais adequado utilizar outros tipos de mercados como referência, que as suas hipóteses de partida são profundamente irrealistas, que é mais um modelo normativo (como os factos deveriam acontecer) do que um modelo positivo. Contudo continua a ser utilizado, associado a outros conceitos que teremos certamente a possibilidade de analisar, e a sua verdade é comprovada pela capacidade de previsão[54].

– Para uns uma teoria é verdadeira se reflecte a realidade, para outros se permite fazer previsões válidas.

– Mas também há um outro critério, sociológico se assim quisermos designar: uma teoria é verdadeira se é aceite pela "comunidade científica"[55].

---

[54] Curiosamente os que defendem que a adequação à realidade passa pela capacidade de previsão têm revelado ao longo da história da humanidade a total incapacidade de admitir que existem crises, de perceber a ligação entre esse acontecimento dramático e as suas posições em favor de uma plena liberdade de mercado.

[55] Se perguntarmos a um professor universitário se um determinado artigo é científico, é muito provável que a resposta parta do seguinte raciocínio: se foi publicado numa revista conhecida por publicar artigos científicos em que há uma apreciação prévia da sua validade, é científico, caso contrário não o é. Frequentemente não se lhe põe o problema de ler o artigo, de fazer uma apreciação crítica ao seu conteúdo, de confrontar com a realidade. Acrescente-se que frequentemente uma revista heterodoxa, contrária aos paradigmas socialmente dominantes, não é considerada científica. Esta posição admite que é científico o que foi aceite pela comunidade científica.

Sem dúvida que publicar numa revista científica após as críticas de outros economistas, neste caso, dá maior segurança à validade do artigo, mas não é, de forma nenhuma, suficiente. Contudo aquela posição tem-se reforçado para o qual contribuem vários factores: a generalização da língua inglesa, a facilidade que tal critério traz para as avaliações académicas, a imposição de *ratings* científicos – aos quais as instituições universitários, espaços de livre pensamento, se vergam mesmo conhecendo a natureza privada daqueles. Também a frequente ausência de pluralismo teórico contribui para essa situação. E, contudo, ninguém pode ignorar a dimensão das fraudes académicas, a importância das modas, a influência geográfica, os colégios invisíveis por detrás das revistas e a diversidade de paradigmas.

– Segunda conclusão ainda do mesmo exemplo, se eu bem percebi: para assumirmos a verdade como referência, sem ambiguidade conceptual temos que começar por precisar o que ela é. Parece-me que há implícita uma terceira hipótese, conclusão, a constatarmos no nosso debate futuro. Cada paradigma da Economia tem o seu conceito de verdade, ou, pelo menos, nem todos têm a mesma concepção de verdade.

– Exactamente. Logo, para discutirmos o carácter científico da Economia temos que previamente distinguir os diversos paradigmas existentes e fazer a análise para cada um deles, pois corremos o risco de termos certos paradigmas que se adequam às características da ciência e outros que não. Em síntese, vamos discutir a cientificidade para podermos avançar com mais segurança na explicitação da multiplicidade de objectos científicos da Economia, mas sem a explicitação dessa multiplicidade e a caracterização detalhada de cada um deles, não podemos estudar a cientificidade.

– Da forma que tu colocas, caímos efectivamente num círculo vicioso.

– Mais do que isso, caímos numa impossibilidade. Não podemos ter a pretensão de conhecer suficientemente bem, digo pormenorizadamente, cada um dos paradigmas, tanta é a história e a literatura sobre o assunto. O mais que podemos fazer é analisar grandes grupos de paradigmas, conhecer os seus aspectos gerais, a sua lógica fundamental, os seus princípios epistemológicos.

– É a transposição para o nosso debate da impossibilidade de uma definição absoluta, da incompletude dos sistemas[56].

– Falaste em dois exemplos. Apresentaste um. Qual é o outro?

– O outro conduziria às mesmas dificuldades, embora com um enfoque diferente. Vamos admitir, para simplificar, que todas as correntes do pensamento económico têm como objectivo interpretar a realidade. Estava resolvido o dilema anterior. Mas surgiria outro. Qual seria essa realidade: o homem? as instituições? a sociedade? as relações entre os homens ou as relações entre os homens e as coisas, ou mesmo as relações entre coisas? Ou tudo isso?

---

[56] Esta afirmação feita no debate é uma referência aos dois teoremas da incompletude de Gödel. Temos dúvidas de que possa ser feita uma transposição do âmbito de aplicação daqueles, teoria dos números, embora haja algumas semelhanças formais entre um modelo hipotético-dedutivo da Economia e um sistema axiomático que engloba os números inteiros.

SOBREVOO SOBRE O SIGNIFICADO DE "ECONOMIA"

– Cairíamos em algo semelhante. Deixaríamos de ter em confronto diversas noções de verdade, mas teríamos em conflito saber-se qual a realidade que serviria de referência para essa verdade.

– Tenho estado a ouvir-vos com a máxima atenção e partilho as vossas preocupações. O debate sobre a cientificidade de cada um dos paradigmas alternativos da Economia seria algo extremamente interessante de se fazer, mas muito provavelmente exigia condições que não possuímos. Em primeiro lugar seria necessário identificar os diversos paradigmas, estabelecer as suas fronteiras, fazer uma crítica interna (à coerência da teoria na base dos seus pressupostos e lógicas) e uma crítica externa (confrontando com a realidade ou com a leitura da realidade que esse paradigma faz). E tudo isso não nos dispensaria que fizéssemos o que é o objectivo nestas considerações: saber o que permite identificar um conhecimento como científico. Provavelmente a forma mais operacional seria reunir um conjunto de economistas que cobrissem, por opção consciente, esses diversos paradigmas.

–E que estivessem disponíveis para questionar a sua cientificidade, isto é, que não tivessem uma atitude dogmática. Que estivessem abertos a ouvir os outros e a reanalisar as suas próprias posições. Mas essa abertura é inevitavelmente limitada porque ao discutir Economia não se pode estar a debater tudo até aos fundamentos da Ontologia e da Epistemologia. Ultrapassar certas fronteiras abriria a porta da infinitude dos debates, da sua impossibilidade científica.

– Para além das divergências sobre a verdade, que pressupõe um denominador comum, a comparação entre a teoria e a realidade. Há outros autores que atendem mais às questões formais. Já o vimos, por exemplo, a propósito de Mises. Mais, para alguns a Economia só é científica se utiliza a Matemática. Se um modelo é apresentado matematicamente e se não contém erros lógicos é considerado científico, independentemente de corresponder a alguma coisa. Se não utiliza a Matemática é qualquer outra coisa – literatura, sociologia, a tal filosofia de que falava o teu amigo, mas certamente não é Economia, não é Economia com estatuto científico.

– Voltando um pouco atrás. De facto a disponibilidade de cada um de nós para aceitar as ideias dos outros é importante e continuo a acreditar que os dogmatismos são sempre um empecilho à investigação. Não podemos confundir ser convicto com ser dogmático.

– Frequentemente o dogmatismo é espontâneo, não reflexivo. "A Economia é ciência e, conforme nos ensinaram, a Economia é assim". A Economia é isto. O que não for isto não é ciência. Então o que é? Outra ciência, talvez, muito provavelmente uma análise política ou ideológica.

– Mas retomemos o essencial. Creio que há duas formas de contornarmos as dificuldades levantadas por vocês, e que são reais. Uma primeira seria partir de uma definição minimalista de conhecimento científico. A segunda é partir de um inventário exaustivo das características da ciência e sobre cada uma delas analisarmos a sua validade, pois há características que são gerais e outras específicas de alguns grupos de ciência. Depois de termos essa referência do que é ciência analisarmos em que medida é que se aplicam a todos ou alguns dos paradigmas.

– Seria muito interessante seguirmos a segunda via, até porque nos poderia dar uma leitura mais precisa do que é ciência, mas receio que nos faça perder muito tempo. Além disso estamos a fazer esta incursão sem antes termos classificado os paradigmas. Assim, opto pela primeira.

– Estou de acordo, mas previamente talvez fosse interessante pegar numa listagem de eventuais atributos da ciência e um de nós, fazer uma reflexão crítica sobre cada um deles. Sem discussão. Prévia e rigorosamente estabelecido que é sem debate. Limitamo-nos a ouvir o inventário e as observações que o apresentador faça.[57]

– Posso oferecer-me para esse trabalho, se estivermos de acordo em caminharmos por aí.

– Assente, cabendo-me posteriormente a obrigatoriedade de apresentar uma concepção minimalista do que é conhecimento científico. Combinemos a continuação para outro dia.

– Aproveitemos para ouvir com mais atenção o Wagner que nos tem acompanhado ao longo do debate, reflectirmos com a frescura de uns petiscos e a leveza de uma cachimbada.

---

[57] Este debate foi realizado antes de ter enveredado pela escrita do livro a propósito da Interdisciplinaridade. Quando escrevi esse livro (Pimenta 2013a) aproveitei algumas das preocupações deste debate. Por isso preocupações semelhantes e rumos orientados pelas mesmas preocupações. Ver ("Ser ciência", pág. 23/67).

Cientificidade, elementos constitutivos

– Retomemos o trabalho. O voluntário que se apresente.

– A minha preocupação foi encontrar atributos caracterizadores da ciência, mais do que qualquer teorização sobre o assunto. Há autores que despejam catadupas de características do tal método científico, muitas vezes repetidas utilizando termos diferentes, pretendendo uma exaustividade que só prejudica. Por isso farei referência apenas aos essenciais. Mas antes, duas observações: a primeira é da estranheza de nos confrontarmos frequentemente com afirmações circulares do tipo "ciência é o processo de aquisição de conhecimentos baseado no método científico"; a segunda, já implícita neste exemplo, é a de que o conceito ciência é muitas vezes entendido como processo, como aplicação de um método que tem determinadas características, outras vezes como estoque, como acumulação de conhecimentos que apresenta uma determinada estrutura. Não me parece que haja qualquer conflito entre essas duas leituras, antes pelo contrário, mas deixo aqui esse alerta para algum colega mais distraído. Também coloco de parte algumas afirmações apologéticas e suficientemente vagas do tipo "conhecimento perfeito de uma coisa" pois há conhecimentos "perfeitos" sem serem científicos e a perfeição só existe em cada momento, enquanto o modelo for aceite.

– Venham os elementos caracterizadores...

– Comecemos pela objectividade. Há uma grande unanimidade de que o labor científico deve concentrar-se nos factos, proceder à sua leitura com rigor, procurando alhear-se das ideias preconcebidas, das crenças, do desejo, explícito ou não, de obter determinados resultados que lhe seriam, por alguma razão, mais queridos. Contudo as opiniões são diversas quanto às relações entre objectividade e subjectividade. Se para alguns a objectividade é uma forma de eliminar a subjectividade para outros não é mais do que um seu condicionamento, pois ela existe sempre.

– Como assim?

– Desculpa mas não te respondo, pelo menos para já, pois não quero violar o que acordámos. A positividade é frequentemente a continuidade lógica da característica anterior, expressando a aderência aos factos. Se é um corolário do anteriormente referido, não deixa de apresentar alguns perigos. Um dos debates filosóficos com mais de um século de existência é entre o positivismo e outras leituras da filosofia da ciência. Umas vezes esse positivismo parece representar um avanço na natureza e função da ciência, outras vezes uma limitação e incapacidade de ir mais além.

– Entendo. O positivismo é um passo em frente na medida em que pretende reflectir a realidade existente, estar atento aos factos, mas pode ser um entrave se considerar que a função da ciência é meramente descrever e não interpretar.

– Não nos metamos por esse caminho, não tanto por razões de tempo ou filosóficas, mas porque a associação da positividade ao positivismo, admitindo que essa característica é retida por este como fundamental, significaria estarmos à partida a admitir que uns paradigmas da Economia seriam científicos e outros não. Tal seria um perigo para a nossa análise porque, no plano institucional, coexistem manifestações muito diversas da Economia.

– Avancemos, dando um significado muito amplo à positividade e desligando-o, na medida do possível, do positivismo.

– Se positividade é a continuidade lógica da objectividade é porque se está a considerar, implícita ou explicitamente, que essa objectividade só é alcançada com o positivismo, o que coloca os problemas que já referimos. Sugiro que mantenhamos apenas o conceito de objectividade, dando a este termo um significado a estudar, eventualmente a analisar posteriormente.

– Vou juntando: consideramos a objectividade, recusamos a positividade.

– A experimentação aparece frequentemente como caracterizadora do método científico. Contudo fica em aberto o seu significado preciso. Pelo peso que assume a experimentação em algumas ciências da Natureza que são bastiões institucionais da nossa civilização – caso da Física nos séculos XIX e XX e a Biologia nos séculos XX e XXI – somos quase espontaneamente levados a pensar num laboratório, no isolamento de uma situação da realidade em que se integra, a manipulação de uma variável pelo cientista e o registo inequívoco do resultado. Se este é o sentido de experimentação será, na minha opinião, abusivo engloba-la entre as condições imprescindíveis à existência de ciência.

– Mas hoje a Economia, embora limitadamente, faz experimentação!

– Mas a justificação da dúvida é mais ampla: há muitas ciências, totalmente reconhecidas como tal, que não usam a experimentação nesse sentido. Mais, essa transposição que espontaneamente tendemos a fazer acaba por não ser ingénua, tem implícita a uniformidade metodológica de todas as ciências, sejam da natureza ou da realidade humana.

– E há outras possibilidades de entendimento de experimentação menos restritivas. Recordo que, por exemplo, Say divide as ciências em descritivas e em experimentais, fazendo diversas comparações com a Física, e conclui que a Economia Política é uma ciência experimental porque "a observação sempre é necessária para confirmar o que a análise foi capaz de nos ensinar", considerando mesmo que a tradição que vem de Adam Smith é o "método experimental" (Say 1966, Discurso Preliminar). Para estas posições experimentação é observação.

– Exactamente, como eu ia dizer, é possível dar ao conceito de experimentação um significado muito mais amplo que o inicial. Experimentação é o isolamento de um elemento para se estudar os seus impactos sobre outros elementos. Assim sendo, desde um modelo econométrico a um programa computacional de simulação pode ser considerado experimentação.

– Perante essas ambiguidades vou manter a característica anteriormente considerada. Se tem um significado restrito não se aplica a muitas ciências, se tem um sentido amplo, não acrescenta nada à objectividade.

– O processo de aquisição de conhecimentos tem de ser racional. A racionalidade é frequentemente apresentada como uma das características da ciência. Embora não saibamos exactamente o que é a racionalidade, assunto que acordámos tratar, embora num contexto diferente, parece evidente – deixem-me utilizar esta expressão provocatória – que a ciência tem que ser racional (racionalidade epistémica). Contudo a racionalidade não é um elemento caracterizador da ciência porque para o ser tinha que ser exclusivo do conhecimento científico e não o é. O conhecimento corrente também é racional, o conhecimento filosófico também é racional, a criação da obra de arte também é racional.

– Tudo na mesma. Parece difícil irmos além da objectividade.

– Na medida em que a ciência envolve um processo de abstracção, de formulação de leis aplicáveis a um vasto conjunto de situações, a universalidade dos seus conhecimentos é também frequentemente referida como uma característica da ciência. É certo que essa universalidade também pode existir noutros tipos de conhecimento, mas é aceitável que esteja mais presente na ciência. Aqui o único cuidado a ter é relativizar espacial e temporalmente o conceito de universalidade. Ela não pode pôr em causa uma das características fundamentais da ciência, unanimemente reconhecida que é a revisibilidade. Em ciência não há resultados definitivos. Um resultado conduz a novas investigações e o que era verdade hoje poderá ser falsidade amanhã ou apenas uma parte da verdade. Podemos discutir como é que essa revisibilidade se processa mas ela é inelutável.

– Mais duas características: objectividade, universalidade, revisibilidade.

– A coerência lógica parece ser uma característica imprescindível do conhecimento científico. Não se admite que um modelo[58], uma lei, uma teoria não obedeça às regras lógicas, as suas diversas partes não se articulem entre si, não formem um todo com um sentido global que engloba as partes. É tão evidente que nem parece carecer de explicações adicionais. A ciência tem de ter coerência mas tal não permite separar o que é ciência do que não é, logo não é um elemento de identificação. Por exemplo a Filosofia também possui essa característica. Além disso há muito que desapareceu a universalidade incontestável da Lógica, de uma lógica única e universal. Kant considerou a Lógica como uma realidade perfeita e imutável (Kant 1985, 15/16) mas o século XX viu nascer um diferente conceito de Lógica, a existência de diversas Lógicas que ora se completam ora têm aplicações específicas, ora têm âmbitos diferentes.

– Apesar dessas limitações acrescentaria essa característica à lista: objectividade, universalidade, revisibilidade, coerência lógica.

– A ciência enquanto processo é repetível. Qualquer cientista seguindo o mesmo caminho e utilizando os mesmos instrumentos chega aos mesmos resultados. É uma consequência do que dissemos anteriormente, não carecendo de mais detalhes. Também é uma consequência da inaceitabilidade do argumento de autoridade – a que, há muito, Aristóteles já se opôs, mas que continua a imperar nas comunidades científicas.

– Objectividade, universalidade, revisibilidade, repetibilidade e coerência lógica.

– Também deixaria de lado a referência ao determinismo e à causalidade.

– Porquê?

– Se parece que etimologicamente determinismo significa causalidade, hoje esta tem um significado bem mais amplo porque foram construídas outras formas de relação entre um facto X, considerado como causa, e um Y, considerado como efeito. As relações probabilísticas, que começaram por ser formuladas nas ciências sociais, ...

---

[58] Quando se faz uma observação da realidade, utiliza-se uma dada explicação, que certamente envolve uma relação entre conceitos (variáveis). Também nesse caso estamos perante um modelo.

– Com algum complexo de inferioridade em relação ao "rigor da Física", diga-se de passagem...

– ... hoje estão presentes em quase todas as ciências. A separação entre determinismo e causalidade resulta também de que a versão tradicional desta, chamemos-lhe assim, pressupunha que conhecido X se conheceria Y, mas esta certeza tornou-se incerteza com o determinismo caótico.

– Mas ainda não disseste porque o(s) deixas de lado.

– Todos concordamos que na ciência há o estabelecimento de relações de causalidade, mas o que tal significa é muito diferente de umas ciências para as outras, de uns paradigmas para os outros e é tal a variedade de formas de manifestação dessa causalidade que dificilmente lhe podemos dar um significado rigoroso. O conceito de causalidade exigiria uma série de debates só dedicados a ele[59].

– Objectividade, revisibilidade, repetibilidade, coerência lógica (coerência interna) e relações causais[60]. Em que medida é que estes atributos estão presentes na Economia? Nos diversos paradigmas da Economia, sobre os quais ainda não falámos, logo não classificámos?

– Não tenho dúvidas de que a Economia preenche alguns desses requisitos. Fazer Economia passa por nos comportarmos como cientistas...

– O que sabemos não ser a única postura do economista, mas é a que interessa no momento presente.

---

[59] A este propósito convém recordar um "crime" intelectual que foi cometido. Armando de Castro foi um dos investigadores mais proeminentes do séc. XX em Portugal. De entre as suas obras atrevo-me a dizer que a Teoria do Conhecimento Científico é a sua segunda obra mais importante. É inovadora em Portugal (e mesmo internacionalmente) onde a sua notoriedade não foi maior por ter sempre escrito para o "seu povo". Quando morreu a escrita dessa obra ainda estava incompleta, mas já contava oito volumes, um dos quais tratando a temática da causalidade científica. Apesar de escritos oito, só cinco estavam publicados à data da sua morte. Teria sido inteiramente possível editar as três obras restantes, mas o sexto e sétimo volume nunca o foram. O oitavo, por caprichos do destino ainda foi editado, mas de forma totalmente descontextualizada.

[60] Poderíamos acrescentar outros elementos, muitas vezes referidos como caracterizadores da ciência, mas consideramo-los acessórios, sem a obrigatoriedade de estarem sempre presentes, particularmente quando nos referimos às Ciências Sociais. Mesmo a universalidade exige alguns cuidados, limitando-lhe o âmbito histórico e geográfico, e chamando a atenção para o que dizemos a propósito das leis *cæteris paribus*.

– ... e nessa medida o objectivo é encontrar a verdade, seja qual for o significado que ela tenha. A Economia constrói-se na base de factos, independentemente da sua natureza e da sua origem.

– Os factos podem ser a realidade ontológica ou as hipóteses formuladas ou ainda as relações matemáticas que foram estabelecidas.

– Sem dúvida que o debate em torno da objectividade, a que fiz alusão há pouco, coloca-se aqui com veemência porque as leituras da sociedade pela Economia, e também por outras ciências sociais, estão indissoluvelmente ligadas a interesses e aos poderes instalados, mesmo que o investigador não tenha consciência disso. Também a possibilidade das ideologias influenciarem o discurso científico são maiores que nas ciências da natureza, mas apesar dessas maiores dificuldades que, de alguma maneira, existirão em todas as ciências, creio que podemos afirmar que a Economia, enquanto processo de investigação e enquanto estoque de conhecimentos acumulados ao longo dos séculos, com continuidades e rupturas, respeita a objectividade.

– Objectividade porque se baseia em factos? Mesmo que esses factos sejam comportamentos pressupostos das pessoas? Pois é disso que falamos quando, por exemplo se admite que a lógica da existência humana é a pressuposta por Bentham[61].

– Respeito máximo pelos factos que constam do seu objecto científico, e não da realidade-em-si. Recordemos a Matemática, a ciência de maior rigor, também está na mesma situação. E ela é um conhecimento objectivo, dedutivo. A Economia é hipotético-dedutivo...

– Continuo a fazer o registo. Objectividade respeitada.

---

[61] Recordemos o primeiro parágrafo do Capítulo 1, respeitando o original:
"Nature has placed mankind under the governance of two sovereign masters, pain and pleasure. It is for them alone to point out what we ought to do, as well as to determine what we shall do. On the one hand the standard of right and wrong, on the other the chain of causes and effects, are fastened to their throne. They govern us in all we do, in all we say, in all we think: every effort we can make to throw off our subjection, will serve but to demonstrate and confirm it. In words a man may pretend to abjure their empire: but in reality he will remain subject to it all the while. The principle of utility recognizes this subjection, and assumes it for the foundation of that system, the object of which is to rear the fabric of felicity by the hands of reason and of law. Systems which attempt to question it, deal in sounds instead of sense, in caprice instead of reason, in darkness instead of light." (Bentham [1823])
Voltaremos a este assunto mais em detalhe, porque tem sido mais citado que compreendido.

– Apesar de não termos retido a "positividade" deixem-me complementarmente afirmar que ela também é respeitada. Podemos considerar que é outro nome para designar a objectividade, pondo mais a atenção nos objectos de trabalho, factos, que nos comportamentos do investigador.

– Objectividade e positividade respeitadas[62].

– Se são cumpridos esses dois requisitos como se justifica que nos debates entre economistas os intervenientes não estejam de acordo entre si, o que é muito frequente?

– Essa questão seria matéria para outro debate. Contudo, sem desenvolver detalhadamente o problema, creio que existem razões para essa divergência entre economistas.

A primeira, a mais frequente mas não a mais importante cientificamente, é que nessas trocas de ideias os economistas raramente têm uma postura de investigadores, de cientistas. Os economistas podem assumir diversas posturas. É mais frequente apresentarem-se enquanto "peritos" de um assunto ou como "paladinos" de uma causa que como investigadores ou pedagogos. Mas mesmo que todos se comportem como investigadores podem ter apreciações díspares porque têm divergências de leitura da mesma realidade. Essas divergências podem resultar da assunção de paradigmas diferentes, de hipóteses de partida, de metodologias, de variáveis e modelos diferentes. A realidade-em-si estudada (por exemplo, o país X no período Y, especialmente no que se refere às variáveis Z_i) pode ser comum, mas é diferente a realidade-para-si considerada.

– Mas para a Economia ser científica não seria possível qualquer pessoa percorrendo o mesmo caminho chegar aos mesmos resultados?

– Claro, mas o que estou a dizer não põe em causa essa característica da cientificidade, só que ela não pode ser aplicada à Economia em geral, mas a cada um dos seus paradigmas. O que diferencia neste caso os economistas é cada um ter as suas hipóteses de partida, as suas metodologias específicas, utilizarem modelos diferentes. Se um seguisse o mesmo caminho do outro chegaria aos mesmos resultados, mas nunca seguirá esse mesmo caminho porque dá mais importância a certos aspectos, porque considera irrelevante isto ou aquilo, porque as variáveis escolhidas e os indicadores adoptados para a sua quantificação são diferentes.

---

[62] Estas considerações genéricas devem ser revistas depois de termos classificado os paradigmas da Economia e, sobretudo, depois de termos escalpelizado cada um deles.

– Entendo.

– Finalmente dois economistas investigadores e defensores do mesmo paradigma tenderão a ter uma concordância muito maior entre si que nas situações referidas, mas mesmo assim podem existir divergências, ora porque não há paradigmas puros, ora porque os graus de abstracção, as referências espaciais, a linguagem e outros aspectos são diversos.

– Retomo a aplicabilidade das características da cientificidade!

– Creio que também não teremos grandes dúvidas de que a Economia apresenta coerência lógica: seguem-se as regras da Lógica, mesmo que não se faça referência a tal, as variáveis do modelo relacionam-se entre si, frequentemente explicitam-se quantificações que respeitam as leis da Matemática. Claro que uns utilizarão mais um certo tipo de linguagem, outros escolherão variáveis diferentes. Até a Lógica e a Matemática utilizada por uns pode não ser a utilizada por outros, mas esta coerência está sempre presente.

– Mas não podemos é assumir como Economia o que uma parte dos políticos dizem quando falam "economês".

– Deixa-te de bocas.

– Objectividade, positividade e coerência lógica respeitados.

– Essa objectividade, positividade e coerência lógica são componentes de um processo de explicação dos factos económicos, e esta envolve o estabelecimento de relações entre variáveis que amiudadamente são designadas de causais. Relações de simultaneidade são, para uns, de causalidade, para outros este epíteto exige características específicas. Para uns tem de haver um desfasamento temporal entre causa e efeito, para outros pode haver até simultaneidade e retroacção. Enfim há muitas diferenças conforme os paradigmas e os economistas sobre o que é uma relação causa-efeito, mas todos a procuram, mesmo que não dêem explicitamente essa designação.

– Para ver se percebi o que me dizes, um exemplo: "Não conheço nenhum caso em que um aumento de preços não seja acompanhado por um aumento de moeda" é o argumento de um autor para defender a teoria quantitativa da moeda na explicação da inflação, baseada na equação de Fisher. Nesta formulação causalidade é simultaneidade. Para outros autores a referida equação é uma igualdade por definição e é necessário entrar com critérios vários (desfasamentos temporais comprovados econometricamente, relação explicitada por outras ciências sociais, por exemplo) para estabelecer a causalidade.

SOBREVOO SOBRE O SIGNIFICADO DE "ECONOMIA"

– Sim, é isso.

– Falta referires-te à revisibilidade, ou à falseabilidade, um dos elementos referidos por nós e que mais fortemente distingue o conhecimento científico das outras formas de conhecimento.

– Essa questão tem a ver com a conversa agendada sobre o *cæteris paribus*, questão central para a conclusão da cientificidade da Economia. Diga-se de passagem que essa cláusula de salvaguarda que acompanha, explicita ou implicitamente, a formulação de todas as leis da Economia também pode pôr em causa o que dissemos agora mesmo sobre as relações de causalidade. Basta interrogarmo-nos sobre o significado da seguinte relação: se se verificar X verifica-se Y. Podemos dizer que há uma relação de causalidade? Creio que sim, se entendermos que "verificado X verifica-se também Y, quaisquer que sejam os elementos que perturbem essa relação". Ela verifica-se apesar das perturbações. Mas continuará a ser uma relação de causalidade se "verificado X também se verifica Y desde que tudo o resto se mantenha constante"?

– Em síntese, será o significado do *cæteris paribus*, o significado das leis *cæteris paribus*, que vai determinar, ou a cientificidade da Economia ou as especificidades da sua cientificidade. Como já tínhamos acordado abordar esse problema, creio que podemos guardar para um pouco mais tarde o aprofundamento da questão.

– É melhor. Avancemos então para a hipótese alternativa de analisar a cientificidade da Economia, fazendo uma leitura minimalista.

Cientificidade: conhecimento corrente

– Em cada época histórica há um dado conhecimento corrente, que é pertença de todos e que permite a organização da vida, viabiliza e dá sentido à existência. Claro que esse conhecimento varia segundo o estádio de evolução do mesmo, as culturas, os países, os grupos sociais e até os indivíduos, mas esse aspecto é irrelevante para os propósitos actuais. É um conhecimento condicionado pelas limitações sensoriais, perceptivas e cognitivas do homem, pelas suas características biológicas e pela divulgação e aceitação no passado de outras informações reveladas por outras formas de conhecimento. Está estreitamente associado à prática. É um conhecimento de certezas assente na leitura de fenómenos imediatamente acessíveis, os quais aparecem com, e como, evidência. É um conhecimento em evolução, mais que não seja porque o mundo exterior muda e porque pela educação há uma progressiva assimilação de descobertas feitas por formas mais dinâmicas de conhecimento, como é o científico. Contudo é uma evolução lenta.

– A este propósito pegava numa constatação estatística. Dauphiné, ao apreciar as inovações trazidas pelo séc. XXI recorda que "sondagens mostraram que 40% dos Franceses crêem que o Sol gira à volta da Terra" (2003, vi). É um número assustador, sobretudo num país com tantas tradições culturais e científicas.

– É possível ir além desse conhecimento corrente, utilizando instrumentos e métodos que permitam ultrapassar as limitações sensoriais e as capacidades cognitivas espontâneas de cada um de nós. É possível passar das certezas às dúvidas, da constatação à problematização, da fé nas evidências à crítica racional destas e à sua superação. É possível ir além dessa leitura imediata e descobrir o que está para além. A possibilidade de ir além é o desafio de outras formas de conhecimento, nomeadamente do conhecimento científico. Deixem-me ler a seguinte frase de Armando Castro:

> "Um enunciado científico constitui uma construção cognoscitiva que, ultrapassando as possibilidades decorrentes da organização biológico-psicológica e social existente numa dada época histórica, é susceptível de ser levada a cabo pela via duma relacionação que encontra os elementos que subjazem a uma série de fenómenos e cuja unidade relacional escapa precisamente ao conhecimento espontâneo, exigindo simultaneamente um certo tipo de diligências para ser possível levar a cabo essas elaborações cognoscitivas." (Castro 1982, 156)

Já sabemos, porque já fizemos alusão a tal, que não basta esse "irem além" para se ter uma ciência. Diz ainda o mesmo autor:

> "Não pode haver uma ciência sem enunciados científicos, como é evidente, mas podem existir enunciados científicos sem estarmos em face duma ciência. É que esta exige que um certo conjunto de enunciados desse tipo se apresente organizado e sistematizado, constituindo um corpo delimitável e delimitado." (Castro 1982, 157)

– Essa ruptura com o conhecimento corrente como condição primeira para um conhecimento mais completo é o que muitas vezes se designa por "corte epistemológico" ou "ruptura epistemológica" de que Bachelard foi um dos grandes teorizadores?

– Pode-se dizer que sim. Aliás esse autor tem, a esse propósito, afirmações de grande violência intelectual: "A razão não deve sobrevalorizar uma experiência imediata; deve pelo contrário pôr-se em equilíbrio com a experiência mais ricamente estruturada. Em todas as circunstâncias, o imediato deve ceder ao construído" (Bachelard 1984, 135); "As intuições são muito úteis: servem para ser destruídas" (131); "Toda a verdade nova nasce contra a evidência, toda a experiência nova nasce contra a experiência imediata" (Bachelard 1999, 11); "é a convicção de que se encontrará mais na realidade escondida que nos dados evidentes" (Bachelard 1999, 34); "Todo o conhecimento preciso conduz a destruir aparências, a hierarquizar os fenómenos, a atribuir-lhes, de algum modo, coeficientes de realidade ou, se se preferir, coeficientes de irrealidade" (Bachelard 2001, 17).

– Não me parece que este caminho de verificação da cientificidade da Economia seja mais simples que o anterior, tal é a complexidade das questões epistemológicas e filosóficas levantadas.

– Se aceitarmos este "corte epistemológico" como caracterizador da ciência – e estou de acordo que não o podemos debater aqui – basta olharmos para a Economia e constatarmos da existência ou não desses cortes, desse ir mais além do conhecimento corrente. Como já temos por adquirido que a Economia é um conjunto articulado e sistemático de enunciados económicos, que há séculos que passámos para essa fase de construção de um todo metódico, poderemos de imediato constatar se a Economia é, ou não, uma ciência.

– Veremos se as coisas são assim tão simples!

– A Economia no seu processo de evolução tem aceitado as limitações que a realidade psíquica, biológica e social impõem ao conhecimento ou tem utilizado metodologias para superar essas limitações?

– Se atendermos à fábula das abelhas de Mandeville (2011 [1732]) ou à obra dita económica de Adam Smith, isto é, logo nos primórdios da construção da Economia, constatamos que uma preocupação fundamental é mostrar que a dinâmica profícua de criação de mais riqueza passa pelo egoísmo e não pelo altruísmo, contrapondo-se assim ao que poderia ser espontaneamente considerado pelas pessoas. E se a fábula é uma história para alertar consciências e apontar metaforicamente rumos para a sociedade humana, no segundo caso estamos perante uma obra de grande rigor de análise, de construção de conceitos novos, de articulação desses conceitos, com uma grande coerência interna[63].

– Provavelmente a teorização do comportamento humano no referente a certos comportamentos designados de económicos foi a principal via de ruptura com o conhecimento corrente.

– A ele se juntando uma enorme panóplia de técnicas. Em primeiro lugar as técnicas conducentes à construção de teorias cada vez mais elaboradas: a construção de modelos hipotético-dedutivos, a utilização da estática comparada ou dos modelos dinâmicos, a explicitação de hipóteses e a exploração das suas consequências, a teoria dos jogos, a topologia, o aproveitamento das ciências da complexidade, a utilização de diferentes lógicas, algumas das quais não adoptáveis espontaneamente. Enfim os aproveitamentos da utilização da Matemática e dos modelos qualitativos, tendendo mais para uns ou para outros conforme os factos e os paradigmas. Em segundo lugar as técnicas de observação da realidade: da utilização da estatística à experimentação, embora rudimentar quando comparada com outras ciências, da econometria, cada vez mais sofisticada, aos modelos matemáticos formais, dos modelos de simulação computacional ao inquérito e ao trabalho de campo, para apenas citar algumas delas.

– Cada uma dessas técnicas exigiriam, por si só, um longo debate, mas o que é importante aqui concluir é que desde os primórdios do aparecimento da Ciência Económica, esta procurou romper com o conhecimento corrente ao nível dos conceitos, das explicações encontradas para as relações entre eles, das metodologias utilizadas e dos instrumentos de trabalho concebidos.

– Se estamos de acordo com estas considerações, poderemos então concluir que a Economia promoveu uma ruptura com o conhecimento corrente, o tal corte epistemológico.

– Mais, o próprio aparecimento da Economia, e de outras ciências sociais, resultou de se considerar que a sociedade tem leis naturais, que tem uma dinâmica própria, que não depende de Deus, do Rei ou do Senhor. E a tendência seria as pessoas considerarem que não era assim. Veja-se, ainda

---

[63] Retomaremos este assunto com algumas divergências em relação ao que aqui afirmamos. Só a abordagem de outras problemáticas nos permitiu posteriormente precisar estes aspectos.

hoje, que para uma significativa percentagem de pessoas a economia é o que o governo do país, ou da comunidade, quer que seja.

– E que eles, governantes, transformam numa máxima política: "o que é mau resulta do enquadramento internacional, o que é bom resulta de mim!"

– Os trabalhos de inventariação das representações sociais sobre a estrutura e o funcionamento da economia e os conceitos da Economia, demonstram essa diferença entre as percepções da população e o que a Economia analisa[64].

– Caminhando por essa análise minimalista podemos facilmente dizer que estamos perante uma ciência.

– Já ganhamos o dia, pois temos de admitir que se assim não acontecesse sentir-nos-íamos todos muito frustrados.

– Também estou de acordo com a conclusão, mas nem todos os paradigmas da Economia, nem todas as teorias dentro do mesmo paradigma têm o mesmo distanciamento em relação ao conhecimento corrente. Se em alguns casos se caminhou para a desantropomorfização do objecto de estudo, noutros momentos parece ter-se andado em sentido contrário. Se em alguns momentos se criaram conceitos e relações conceptuais de ruptura noutros casos parece ter-se adoptado o conhecimento corrente para a difusão ideológica de certos princípios económicos.

– Em quase todos os casos, houve, apesar de tudo, uma sofisticação das técnicas adoptadas.

– O que, por si, não significa nada...

– As questões que levantaste são reais, mas coloca-nos noutro plano. Quando se discute o grau de antropomorfismo de um conceito, modelo ou teoria, já não estamos a discutir se a Economia é ciência, mas sim a analisar como a Ciência Económica evoluiu, certamente com avanços e recuos. Depois é bom não confundir o que é Economia e o que é a divulgação desse conhecimento científico, que frequentemente se transforma em banalidades atentatórias da inteligência humana. Finalmente é preciso não confundir Economia com a ideologia a que ela está eventualmente associada.

---

[64] Estes modelos são utilizados na Didáctica do Ensino da Economia. Considera-se que ensinar Ciência Económica exige conhecer as percepções que os estudantes trazem sobre a realidade a estudar. Para tal elaboram-se recolhas das representações existentes antes de entrarem no estudo da disciplina. Para exemplificar veja-se Oliveira (2000).

– Associada a montante, da qual tem de se libertar para construir ciência, e a jusante na influência que gera sobre o conhecimento e a fé das pessoas, nas crenças e saberes feitos que constrói para manipulação dos outros.

– Crenças que constrói consciente ou inconscientemente. Provavelmente as duas ideologias de fundamentação económica que mais transformaram o mundo foram o marxismo e o liberalismo (talvez mais precisamente o neoliberalismo). As reflexões ideológicas têm socialmente sentido, podem apoiar-se em afirmações da Economia que lhes sejam vantajosas, mas então já estamos noutro plano. A Economia pode gerar essas análises exteriores à ciência, mas ela deve manter os seus cânones epistemológicos. Confundir os dois planos só acarreta equívocos.

– Um caso interessante é o de Pareto. Construiu a sua teoria da ofelimidade, e tudo que se lhe segue, convencido que estava a criar instrumentos teóricos para o seu ideal socialista e, no entanto, a sua teoria tem sido um dos suportes da defesa do capitalismo, do liberalismo.

– Um tema, que nos remeteria para conceitos altamente controversos como "consciência de classe", "consciência possível" *versus* "consciência real".

– Exactamente. Também na Economia Política Marxista encontramos dessas situações. Mais que não seja porque a luta política visando o convencimento das pessoas alheias a essas problemáticas exige que o discurso seja directa e imediatamente aceitável e, para o fazer, abandona-se um dos pilares daquela ciência: a dialéctica[65].

– Mas esses são temas que não estão na nossa agenda e que não deverão ser levantados quando chegámos a uma conclusão que parece válida e aceite por todos: a Economia é uma ciência. Uma conclusão alicerçada em três percursos, relacionados mas autónomos.

– É aceite por todos porque é válida ou é válida porque é aceite por todos?

– Carrega uma cachimbada. Assim estarás entretido e não mandarás provocações para cima da mesa, embora tenha de reconhecer que foi uma provocação útil, mas demorada a desembrulhar.

---

[65] Sobre este assunto foram apresentados muitos exemplos de obras e autores, que pretendendo ser divulgadores de Marx, acabam por o degradar, por romper com a sua análise. Normalmente a presença ou ausência da dialéctica é o elemento diferenciador. A este propósito compararam-se a adequação do discurso de Lenine e a inadequação do de Staline.

Especificidades da cientificidade da Economia

– Agora que já chegamos à conclusão, com interrogações e algumas coisas por esclarecer, de que a Economia é uma ciência, interroguemo-nos, muito brevemente sobre o que tem de comum com outras ciências e quais são as suas especificidades.

– Sugeria que fossemos muito breves neste ponto.

Em primeiro lugar não é essencial para o nosso debate futuro. Provavelmente o mais importante para prosseguirmos a nossa caminhada com confiança, já conseguimos: a Economia é uma ciência.

Em segundo lugar arriscamo-nos a cair em lugares comuns, porque o nosso conhecimento das outras ciências (da Física à Biologia, da Antropologia à História, da Matemática ao Direito, da Lógica à Psicologia, etc.) é muito reduzido, pelo que não temos informação suficiente para avançarmos.

Finalmente porque provavelmente vamos referir algumas das suas especificidades ao abordarmos a cláusula *cæteris paribus*.

– Estou de acordo. Pelas razões invocadas e por outras mais pragmáticas. Muito tem sido escrito sobre as especificidades da Economia ou das Ciências Sociais que certamente são susceptíveis de um longo debate. Por exemplo, quantos livros já foram escritos a propósito da "separação" sujeito-objecto nas ciências da natureza e a sua "sobreposição" nas ciências sociais? E quantos já foram elaborados para mostrar que esta é uma falsa questão? Quantos livros já foram redigidos sobre a intensidade da relação objectividade/subjectividade nas ciências da natureza e nas ciências sociais? Quanto já se discutiu – e provavelmente teremos de voltar a esse tema – o determinismo e o probabilismo nos diversos tipos de ciência? E o que dizer sobre a influência do observador sobre o observado que começou por ser considerado específico de algumas ciências sociais e hoje é assumido por ciências tão exactas como a Física?

– Por favor não continues a enunciar possíveis temas de debate, porque certamente muitos mais haveria e o resultado será ficarmos com a sensação de não termos sido capazes de escalar esta montanha.

– Não era essa a minha intenção. Concordo que somos suficientemente ignorantes para abordar este tema, mas conhecermos a extensão e o significado da nossa ignorância também é uma forma de conhecimento.

– Para além das dificuldades levantadas, há ainda uma outra, que já foi invocada em diversas fases da nossa conversa. As eventuais especificidades da Economia em relação às outras ciências teriam que ser analisadas para cada um dos paradigmas, assunto que ainda não tratámos.

– Há apenas uma questão, nada simples, que devemos ter consciência e, mesmo que não a queiramos discutir, assumamos uma posição axiomática. Se a Economia é uma ciência tem de ter princípios e metodologias comuns a todas as outras ciências? Será que só há uma maneira de o se ser?

– Se houver uma só maneira de se ser ciência as diferenças entre a Física e a Economia seriam exclusivamente de objecto e não de método. É isso?

– Exactamente. Há diversas correntes filosóficas, algumas delas na moda, que o defendem. Sugeria que, mais que não seja por razões metodológicas e para não limitarmos o âmbito da cientificidade, admitamos que esse não é um imperativo. Cada ciência tem a sua maneira própria de ser ciência, tendo semelhanças e diferenças em relação às restantes.

– Estás a colocar essa afirmação como uma hipótese, mas creio que podemos ir para além disso. Na nossa conversa anterior de explicitação das características a que obedece o ser ciência, já concluímos que há formas e processos diferentes conforme as ciências específicas apesar de, em todas as circunstâncias, haver um corte epistemológico. Recorde-se, por exemplo, o que se disse sobre a experimentação.

– Partindo dessa hipótese, ou dessa constatação, tanto admitimos a semelhança como a diferença. Todas as leituras são possíveis desde que respeitem algumas regras gerais a que fizemos alusão.

– Admitir que todas as ciências são-no da mesma forma é admitir que a ciência dominante numa determinada época (a Física ontem, a Biologia hoje) é o modelo único, quando elas próprias têm tido uma evolução na sua forma de ser ciência.

– Fiquemos então assim[66].

---

[66] A quantidade de problemáticas referidas neste ponto é muito grande e cada uma delas pode aplicar-se a tantos quantos os paradigmas da Economia a que nos estejamos a referir. Por exemplo, se existirem dez problemáticas (objectividade, matematização, etc.) e quatro paradigmas diferentes da Economia, teremos quarenta temas de análise. O anarquismo metodológico pode ser útil para nos fazer pensar sobre posições que muitas vezes são espontaneamente assumidas. Apresentamos um seu resumo para reflexão noutro trabalho recente (Pimenta 2013a, Ponderação 14) mas para uma leitura mais detalhada ver (Feyerabend 1988, 1991). Embora uma leitura descuidada das suas posições possa conduzir ao niilismo estamos de acordo com quantos o consideram um dos mais estimulantes autores do nosso tempo.

– Retomemos agora, um pouco mais aprofundadamente, as duas questões que ficaram em aberto na discussão que temos tido sobre a cientificidade, e que vocês bem se recordam, mas que volto a formular: é a cientificidade da Economia compatível com o irrealismo das hipóteses? É ela compatível com a utilização sistemática da condição *cæteris paribus*?

Realismo/irrealismo das hipóteses

– O que pretendemos significar com hipóteses?

– Sinteticamente podemos dizer que uma hipótese é uma proposição que serve de ponto de partida, de referência, considerada como verdadeira ou útil, para as nossas deduções, para as nossas investigações. Contudo há duas formas de encarar esse ponto de partida: (1) pode ser uma proposição aceite sem demonstração; (2) pode ser uma intuição dos resultados que se esperam obter, um projecto a explorar, e a investigação conduz ou à sua falsidade (pelo que deve, ou deveria, ser abandonada) ou à sua confirmação (pelo que não há razões para a abandonar).

– Às vezes um exemplo vale mais do que grandes definições...

– O economista está a estudar a formação dos preços num mercado. Comecemos por esse exemplo comezinho. O que ele pretende analisar é se se chega à determinação de um único preço, frequentemente designado de preço de equilíbrio, ou se, antes pelo contrário, o resultado é um atractor estranho, isto é, a possibilidade de vários preços dentro de um conjunto de possibilidades. Porque a formação desse preço pode ser influenciado por uma infinidade de factores actuando directamente ou através das pessoas, individuais ou colectivas, intervenientes no processo, o investigador sente a necessidade de fixar alguns aspectos do contexto, reduzir a influência de alguns factos. Já sabemos que a forma mais prática de o fazer é aplicando a já nossa famosa cláusula *cæteris paribus*, mas se tal é utilizável para as variáveis consideradas mais irrelevantes para o processo em análise, no que se refere às fundamentais ele fixa o seu conteúdo, o que é conseguido através da formulação de hipóteses. Por exemplo, H1: o mercado analisado é de concorrência imperfeita; H2: compradores e vendedores têm uma informação imperfeita e assimétrica; H3: todos actuam de forma a maximizar a sua utilidade. Neste caso estamos perante hipóteses do primeiro tipo referido. São proposições que funcionam como pontos de partida de uma investigação. Utilizando a terminologia matemática estas hipóteses são axiomas. Segundo a Wikipédia

> "Na lógica tradicional, um axioma ou postulado é uma sentença ou proposição que não é provada ou demonstrada e é considerada como óbvia ou como um consenso inicial necessário para a construção ou aceitação de uma teoria. Por essa razão, é aceite como verdade e serve como ponto inicial para dedução e inferência de outras verdades (dependentes de teoria)".

– Pegando nessa definição as hipóteses enquanto axiomas devem ser óbvias, isto é, facilmente admissíveis como verdadeiras, como por exemplo "Duas coisas iguais a uma terceira, são iguais entre si". Ora grande parte das hipóteses utilizadas pela Economia, como por exemplo no caso do "mercado de concorrência perfeita", essa evidência não existe.

– Sem dúvida, e é por isso que nos podemos interrogar sobre a validade científica de se formularem hipóteses irrealistas e trabalhar-se com elas...

– Deixa-me continuar a minha exemplificação. Estaríamos no caso de uma hipótese de trabalho se disséssemos qualquer coisa como "admitindo X1, X2, ..., Xn não se formará um único preço no mercado mas um conjunto de preços que constituem o que na teoria do caos se designa como um atractor estranho". Depois a investigação é feita, quiçá pela utilização de modelos Matemáticos, e chegaríamos à conclusão da falsidade dessa afirmação ou da validade de ela poder continuar a ser utilizada até prova em contrário.

– Embora se possam utilizar "hipóteses de trabalho", o que está em causa no assunto que nos ocupa é o enunciado de "axiomas" que muito raramente são evidentes e cuja validade da sua explicitação depende do que se entender por cientificidade: aderência à realidade ou coerência lógica ou elegância.

– Para percebermos melhor a importância desta questão devemos recordar algo que todos nós sabemos: as conclusões obtidas estão dependentes das hipóteses formuladas. Se as hipóteses resultam de uma constatação racional e empírica (por exemplo, a informação é sempre assimétrica, há sempre uma sobredeterminação política do económico) não aflige que os resultados dependam delas, mas se as hipóteses forem desligadas da realidade, chamemos-lhe assim, todos nós podemos, mesmo fundamentadamente, inventar hipóteses e, num passe de mágica, mesmo que inconsciente, chegar aos resultados que antecipadamente se pretendia. Construirmos antecipadamente os nossos resultados. Aqui está o perigo.

– Penso que esse problema não é só na Economia. Em várias ciências, segundo estudiosos da matéria, as diferenças entre paradigmas resultam essencialmente do conjunto de hipóteses de partida de cada um deles.

– Há ainda um outro aspecto a considerar. Raramente há o cuidado, no início da apresentação de um modelo, de explicitar todas as hipóteses de partida. Algumas delas são assumidas espontaneamente. Por exemplo, em certos paradigmas assume-se que "os agentes são racionais" o que significa que pretendem optimizar os seus resultados, isto é, maximizar a sua utilidade ou minimizar a sua desutilidade, admitindo-se que a utilidade marginal é decrescente". Todos estes aspectos ("optimizar", "maximizar", "utilidade marginal decrescente") são altamente questionáveis. Quando aparecem explicitamente enunciados, quando facilmente se percepciona a sua existência na análise subsequente, podemos interrogarmo-nos, fazer uma reflexão crítica, elaborar um juízo do valor dos pressupostos e dos resultados obtidos. Mas a sua repetição sistemática faz com que o "nada evidente" se torne "evidente" e tudo o que é "normal" deixa de precisar de ser enunciado. Continua a ser uma hipótese de partida, mas passa de explícita a implícita, diminuindo a capacidade de uma apreciação crítica sobre a sua utilização e sobre os resultados.

– Provavelmente o exercício mais inteligente que um estudante de Economia poderia fazer seria perguntar "porquê essa hipótese?", "o que significa exactamente?", "que estudos empíricos mostram a sua veracidade?", "a que resultados se chegaria se essa hipótese não tivesse sido formulada?

– Bom, já precisámos o que se entende por hipótese em Economia. Simultaneamente já começámos a perceber quais são os problemas da sua existência (associada ao impacto sobre as conclusões obtidas), tem para a cientificidade da Economia.

– O que está em jogo no que se refere ao realismo das hipóteses?

– O que está em jogo é a legitimidade de se utilizarem como hipóteses para a construção das explicações económicas proposições que em si mesmas são construções conceptuais que carecem de prova, que não são espontaneamente perceptíveis e que, ainda por cima, não representam qualquer aproximação à realidade-em-si, ao comportamento das pessoas ou à dinâmica da sociedade.

– Porque este é um tema que há muito é tratado por diversos autores[67], poderíamos começar por confrontar os argumentos a favor ou contra o irrealismo das hipóteses que habitualmente são apresentados.

– Parece-me uma boa metodologia.

– Começando por recordar que se deve a Friedman a defesa coerente do irrealismo das hipóteses: (1) Uma teoria científica deve ser apreciada fundamentalmente pela correcção das suas previsões; (2) Uma teoria não deve ser julgada pelo "realismo" das suas hipóteses; (3) Uma teoria afirma que tudo se passa como se as suas hipóteses fossem verdadeiras[68].

– Sem dúvida que ele é hoje um dos autores mais relevantes defendendo, em nome do pragmatismo, a irrelevância do irrealismo, a sua utilidade quando permite operacionalizar a actividade económica, via previsões. Ainda citando-o, num programa televisivo (Friedman 1979) a entrevistadora coloca-lhe o seguinte problema: "O problema dos economistas é insistirem na assunção de que as pessoas se comportam sempre de forma racional. Toda a gente sabe que isso é um disparate." ao que lhe responde

"Os economistas não insistem que todas as pessoas se comportam racionalmente. O que insistimos é que não é possível prever o comportamento irracional aleatório. Por conseguinte, o único tipo de comportamento que se pode tentar prever é o comportamento que tem alguma regularidade. Um individuo pode comportar-se de qualquer forma; os economistas não estão muito preocupados com o comportamento individual. Esse é o papel dos psicólogos [...]. Estamos preocupados com o comportamento colectivo. E se observarmos muitas pessoas, muitas delas talvez se comportem de forma louca. Mas o grupo como um todo, a tendência, o resultado que vai sair daí, é algo como se fosse racional."[69]

É uma resposta ambígua, entre o pseudo-realismo e o pragmatismo. E, obviamente, quando estamos a falar na hipótese da racionalidade estamos

[67] Para ilustrá-lo veja-se Zouboulakis (1995). Ainda hoje o debate iniciado pela Escola Historicista Alemã tem actualidade e está presente na argumentação entre diferentes paradigmas.

[68] Utilizamos Cozic, Mikael. 2010. Philosophie de l'économie. Paris: IHPST. Pág. 31.

[69] Este debate televisivo foi abordado num trabalho de Seminário de Economia (3º ano da Licenciatura em Economia da FEP), "Pensar A Racionalidade Económica: Uma Abordagem Interdisciplinar" da autoria de Diogo Silva, Diogo Tomé e Miguel Pinto. Este tema será tratado detalhadamente no futuro capítulo sobre a Racionalidade.

a tratar de um dos axiomas mais importantes em vários paradigmas da Economia.

– Temos que introduzir alguma ordem na nossa abordagem do problema. Em primeiro lugar porque não podemos, nem devemos, analisar cada uma das hipóteses e o seu grau de irrealismo. Não podemos porque seria tema exclusivo de vários outros livros. Não devemos, porque teremos oportunidade de analisar algumas dessas situações, como é o caso da racionalidade, que referiste. Devemos reflectir sobre a questão genérica da viabilidade de fazer ciência, de fazer Ciência Económica, recorrendo a hipóteses irrealistas.

– Mas será inevitável, e até vantajoso, referir algumas dessas hipóteses, para que percebamos melhor do que estamos a tratar.

– É verdade, mas apenas como exemplo de um problema mais geral.

– Espero que tenhamos engenho e arte para tratar de forma perceptível um tal assunto com um elevado nível de abstracção.

– Fazia ainda uma outra recomendação metodológica. Comecemos por ver as posições dos autores que não se opõem ao irrealismo das hipóteses, pois são eles os responsáveis deste debate, e de seguida façamos o inventário das possíveis críticas a essa organização epistemológica da Economia. Aliás era essa a metodologia que tínhamos acordado. Por isso começaste por referir os argumentos de Friedman.

– Estou de acordo, mas agora percebo que isso exige preparação prévia, antes da continuação da nossa conversa. Façamos uma interrupção de pelo menos dois dias para, depois, retomarmos, da forma organizada, o que sugeriste.

– Estamos de acordo. Para dividir trabalho alguns poderiam ficar encarregues de estudar as posições a favor e outros as apreciações contra.

– Discordo dessa sugestão. Se queremos chegar a conclusões, será bom que todos nós tomemos contacto com todos os argumentos.

– Parece uma boa sugestão. Fico à vossa espera daqui a dois dias no horário que acordámos. E bom trabalho para todos nós.

(...)

– Aqui estamos, espero que o trabalho de cada um de nós tenha sido produtivo.

– Tão produtivo que tivemos oportunidade de analisar novos assuntos. De tal maneira produtivo que nos aconselha a voltarmos um pouco atrás.

Creio que fomos demasiado ligeiros quando falamos na formulação de hipóteses.

– Como assim?

– Toda a teorização exige uma simplificação. Fazer ciência não é fazer uma observação da realidade, é simplificá-la, é passar do concreto ao abstracto, aumentando a generalização. É situarmo-nos numa escala entre o abstracto total (que pretendia ser atingido pela Metafísica) ao concreto absoluto (que só encontramos na acção). Fazer ciência é abstrair e isto exige formulação de hipóteses simplificadoras que são sempre irrealistas.

– A melhor forma, embora incompleta, de dar sentido às nossas lucubrações e ver se elas fazem sentido é encontrar um exemplo. E a propósito da formulação de hipóteses eu refugiei-me na Economia Política marxista, quer porque a domino mais completamente quer porque considero que, no que hoje designamos por "macroeconomia", é a teoria que nos permite uma compreensão mais completa da realidade. Retomemos um dos assuntos que já falámos: a taxa média de lucro[70]. *O Capital* de Marx segue a sequência de exposição, partindo do conceito mais geral e abstracto (mercadoria) e introduzindo sucessivamente aproximações ao concreto em si. Associado à mercadoria explicita o conceito geral de valor e nos capítulos seguintes vai-se aproximando sucessivamente do conceito com que nós lidamos quotidianamente, o preço. Esta sucessiva concretização...

– Seguindo nesse aspecto a metodologia de Ricardo.

– ... vai passar, já no livro terceiro[71], numa fase já avançada de desdobramento do geral e aproximação ao concreto, pela "transformação do lucro em lucro médio". Marx sabe perfeitamente que não há um lucro médio, tem sempre presente a existência de uma relação dialéctica de tendências e contratendências. No entanto estuda a "transformação do lucro em lucro médio" e tem implícita a concorrência intersectorial que, para funcionar efectivamente pressupõe ausência de barreiras de entrada e de saída ou iguais capacidades económico-financeiras de movimentação. Pressupõe que dentro de cada sector a concorrência já permitiu a existência de um lucro sectorial que não é meramente estatístico, a média. Ora isto não são hipóteses também elas irrealistas?

---

[70] Ver pág. 17.

[71] *O Capital* é constituído por três "livros".

– Já que falas em Marx, recordemos o Manifesto do Partido Comunista (Marx e Engels 1975). Nele a sociedade é constituída por capitalistas e proletários. Será que os autores ignoravam, como muitas vezes se diz nas críticas, que existem vários grupos intermédios entre esses dois extremos? Obviamente que não. Mas porque consideraram que a luta entre essas classes sociais seria o motor da transformação social ignoraram o que não lhes interessava, simplificaram, consideraram como hipótese que só existiam aquelas duas classes.

– Se bem percebo o que pretendes concluir é que não há modelo ou teoria económica sem simplificações e estas assumem sempre a forma de hipóteses, que são irrealistas.

– Não tencionava voltar atrás no debate, mas já que o fizemos deixa-me transcrever o que diz um autor, fazendo um apanhado de posições de outros. Ele considera que há várias categorias de hipóteses. E

"na primeira categoria estão o que designa por hipóteses «negligenciáveis» (...) Consistem em supor que os factores que poderiam ter uma incidência sobre o fenómeno considerado não o têm. Como existe uma infinidade de factores cuja incidência é concebível o número destas hipóteses é também infinito, mas só são formuladas as que envolvem factores cuja influência poderia não ser negligenciável." (Mingat, Salmon, e Wolfelsperger 1985, 386)

– Depois do que dizes, três observações:

(a) Já que falaste da primeiro de três categorias de hipóteses gostaríamos de conhecer as restantes;

(b) A propósito destas hipóteses simplificadoras falaste em hipóteses irrealistas; ora creio que este termo "irrealista" pode ter significados diferentes;

(c) Creio que esta categoria de hipóteses remete para um assunto que já está na nossa agenda, quiçá analisado numa outra perspectiva, que é o *cæteris paribus*, e que nós abordaremos logo de seguida.

– Por onde começar?

– Para não nos perdermos pedia que tu explicitasses quais são as outras categorias de hipóteses referidas por esse autor.

– A posição é atribuída a Musgrave (1981), mas as minhas referências não são directamente dele. "A categoria (...) é a das hipóteses que ele designa «de domínio» (entenda-se «de domínio de aplicação») e que se designa correntemente por condições. A teoria só é aplicável se as condições forem aplicadas" (Mingat, Salmon, e Wolfelsperger 1985, 387). Exemplifica com a formulação de um modelo em que se considera o orçamento do Estado equilibrado. Isso não significa que o orçamento seja sempre equilibrado, não significa que seja uma hipótese simplificadora para a apresentação do modelo: ao explicitar essa hipótese estou a dizer que o modelo elaborado só se aplica quando o orçamento é equilibrado.

– Deixa-me ver se entendi perfeitamente. Retomo a formação do lucro médio intersectorial. Se admito que a inexistência de barreiras de entrada e saída é uma hipótese do primeiro tipo a teoria faz sentido, é aplicável a todas as situações e, por isso mesmo, no passo seguinte, Marx continua a aproximação à realidade-em-si, estudando a evolução da taxa de lucro média e as tendências e contratendências existentes. Se admito que a referida ausência de barreiras é uma hipótese da categoria dois, uma condição, posso deitar a teoria ao lixo porque ela só se aplica se não existirem barreiras de entradas e saída e tal não acontece nunca.

– Exactamente...

– Deixa-me utilizar outro exemplo. Para chegarmos à noção de preço de equilíbrio num mercado fazemos a simplificação de admitir que a procura e a oferta são realidades independentes (o que poderia se negado porque tudo influencia tudo). Seria uma hipótese da primeira categoria e não põe em causa o modelo. Contudo, se eu formular como hipótese adicional, que é um mercado de concorrência perfeita, o resultado a que chego só é aplicável a um mercado que na realidade-em-si seja efectivamente similar ao pressuposto no mercado de concorrência perfeita.

– Exactamente. Aliás o exemplo referido pelo autor anda próximo do que disseste...

– Estou baralhado. Em primeiro lugar parece-me uma formulação muito inteligente, que faz inteiro sentido e que quase resolve automaticamente a questão que tinha levantado sobre os diferentes sentidos atribuídos ao adjectivo irrealista. Há o irrealismo que não corresponde à realidade e há o irrealismo que contraria a realidade. As hipóteses da primeira categoria seriam as que não correspondem à realidade, porque esta é sempre mais complexa. As hipóteses da segunda categoria permitiriam distinguir quando se aplica e quando não se aplica, e esta última situação acontece quando a sua aplicação contraria a realidade.

SOBREVOO SOBRE O SIGNIFICADO DE "ECONOMIA"

– Creio que estás a pensar bem. A crítica do autor a Friedman situa-se aproximadamente no problema que levantas: "Segundo o nosso autor, o erro de Friedman seria considerar que quanto mais as hipóteses de domínio forem irrealistas mais a teoria tem possibilidades de ser significativa ou testável" (Mingat, Salmon, e Wolfelsperger 1985, 388). Mas... em que estás baralhado?

– Na grande dificuldade de distinguir as hipóteses da primeira categoria (hipóteses de simplificação) das seguintes (hipóteses de definição do domínio). Quando pego numa teoria há que considerar as hipóteses que são explicitadas pelo autor, geralmente poucas, e as que estão implícitas e são importantes, mas que o próprio autor ignora ou não refere. É o caso que referiste de Marx. Este já é um trabalho árduo. Agora, além disso, tenho que definir, quer para umas quer para outras, a sua categoria e, se eu quero interpretar o pensamento do autor, tenho que saber que categoria é que ele considera, apesar de ele nunca ter pensado no próprio problema que estamos a analisar.

– Percebo, e creio que Musgrave também sentiu essa dificuldade:

"Aparentemente, a terceira categoria de hipóteses identificadas (...) que ele designa por «hipóteses heurísticas», permite resolver as dificuldades resultantes da sua distinção entre as duas primeiras." (Mingat, Salmon, e Wolfelsperger 1985, 391)

Creio que podemos fazer uma aproximação afirmando que a classificação entre as duas primeiras categorias depende do tipo de análise em que essas hipóteses se inserem. Mais, do tipo de análise e do paradigma em que se inserem. Por exemplo, se estiver a fazer uma análise estática comparada, isto é, se o meu estudo passa pela comparação entre duas situações em momentos diferentes, o significado das hipóteses é diferente de quando estou a fazer uma análise dinâmica. Uma hipótese que esteja associada aos efeitos de retroacção (*feedback*) pode ser uma simplificação no primeiro tipo de análise e uma delimitação no segundo.

– Estas considerações, nunca antes pensadas por mim, mostram a relevância da crítica da Economia, o debate científico das teorias que nos precedem – e porque não da nossa própria teoria. A crítica interna, a crítica externa e a relação entre ambas.

– Musgrave considera que os economistas deviam ser mais cuidadosos na explicitação e significado das hipóteses:

"O inglês tem recursos que tornam esta possível, e de diferentes formas. Por exemplo, «Assume-se que o orçamento é equilibrado» pode ser escrito «o orçamento ser ou não equilibrado não acarreta diferença significativa para o fenómeno a investigar» (*assunção[72] negligenciável*) ou pode ser escrito «Se o orçamento é equilibrado então ...» (*assunção de domínio*) ou pode ser escrito «Assumo para quando o orçamento é equilibrado (relaxaremos esta suposição em breve)» (*assunção heurística*). Mal entendidos, criticismo equivocado e controvérsias metodológicas poderiam ser evitados se esta recomendação bastante prosaica fosse seguida." (Musgrave 1981, 385/6)

– Creio que acrescentámos importantes achegas sobre a natureza das hipóteses, que tinham começado por referir de uma forma muito simplista. Podemos avançar.

– Provavelmente não teria havido tanto debate em torno deste assunto se Friedman não tivesse escrito um trabalho sobre o assunto, não só mostrando que o realismo ou irrealismo das hipóteses não é importante como admitindo até que mais irrealismo pode ser bom. Por isso sugeria que um de nós apresentasse sinteticamente o que ele diz e quais são os argumentos de apoio a tal. Só depois passaríamos à crítica dessas posições.

– Caros amigos, posso tentar realçar alguns aspectos do artigo de Friedman (1953) mas peço-vos veemente que, se pretendem conhecer o conteúdo do artigo, o leiam. O livro está disponível na Internet. Nada há pior que lermos os textos fundamentais através da consulta dos outros. Não há interpretações isentas, mesmo com um esforço deliberado nesse sentido, como eu fiz.

– Admito que não seja uma obra fundamental nas minhas leituras, embora também reconheça que é sempre melhor ler os originais que as suas interpretações. Mas isso gera-me a angústia de quantos livros clássicos estão em línguas que não conheço. Assim como não há leituras isentas também não há traduções que não sejam uma reescrita.

– Para além do mais estamos perante um trabalho que "é ao mesmo tempo maravilhosamente ambiguo e incoerente" (Blaug in Reiss 2010, 104) e um dos artigos de Economia mais citados.

---

[72] Traduzimos "assumption" por assunção, mas também poderia ser por "hipótese".

SOBREVOO SOBRE O SIGNIFICADO DE "ECONOMIA"

– Avancemos. A primeira ideia força é a de que uma teoria não é uma descrição da realidade. É sempre uma sua simplificação, pelo que exige a formulação de hipóteses simplificadoras. Assim como "qualquer teoria é necessariamente provisória e sujeita a mudanças com o avanço dos conhecimentos" (41) também as hipóteses estão sujeitas às mesmas regras, mas só há razões para substituir uma por outras se a alternativa for melhor que ela, sabendo-se que nunca conduzirá a um retrato da realidade. Atendendo a esta constatação o autor faz uma opção por aquela que é mais clara, mais simples e que, conduza à maior generalização. Desta forma "uma hipótese só pode ser testada pela conformidade das suas implicações ou predições, com o fenómeno observável" (40). Essas constatações tanto podem resultar da comparação com a realidade passada como das previsões que se fazem. Acrescento ainda que Friedman não distingue os diversos tipos de hipóteses, como o fizemos anteriormente, falando com grande proximidade entre hipóteses (que por vezes designa por axiomas) e 'suposições' (que ele também designa dessa forma). Aliás as fronteiras do que são hipóteses não são claras: "O objectivo final de uma ciência positiva é o desenvolvimento de uma "teoria" ou "hipóteses" que produzem previsões válidas e significativas (...) sobre fenómenos ainda não observados" (7).

– E qual a apreciação que fazes desta posição?

– Creio que esse trabalho tem de ser feito por todos nós. Ressalto o único aspecto que me parece positivo: não podemos rejeitar uma teoria porque assenta em hipóteses irrealistas, desde que se assuma que estas são a expressão do nível de abstracção a que estamos a trabalhar.

– Estou de acordo mas reforço a tua ideia. Nessa formulação deve-se entender que as hipóteses são uma expressão, e só isso, da abstracção que a ciência exige. O que não me parece ser sempre a posição do autor, para além de ele associar fazer ciência a detectar relações de simultaneidade, descrever (e não interpretar).

– Sem fazer ainda uma crítica negativa às suas posições (e a imprecisão sobre o significado de 'hipótese' e a sua noção de ciência não serem questões menores) gostaria de fazer referência a alguns aspectos adicionais que constam do artigo. O objectivo do autor era referir aspectos metodológicos da "ciência positiva". Podemos então perguntarmo-nos por que razão ele começa o artigo com a distinção, que ele atribui a Keynes, entre "economia normativa" e "economia positiva"? E digo "ele atribui" porque não creio que Keynes o faça, a não ser, na melhor das interpretações, que ele identifique "economia normativa" com política económica. Creio que ao fazer esta dicotomia e ao alicerçar a validade da "economia positiva" na operacionalidade das previsões acaba por implicitamente tombar algumas vezes do "ser" para o "dever ser".

– Associado ao que disseste, hoje sabemos que não é a verificação que prova a verdade da teoria... aliás isso remete-nos também para o tema da nossa próxima conversa, que não vou já abordar, até porque ainda não estudei adequadamente o problema.

– O artigo está recheado de exemplos. Isso é positivo, mas a utilização que ele faz não me parece adequada. Não posso fazer a crítica de outra posição integrando aquela na minha própria posição, porque isso passa previamente por "domesticar"[73] a teoria oposta...

– Foi exactamente em relação ao que hoje designamos por Síntese Neoclássica. Domesticou o Keynesianismo e, através de alterações do seu conteúdo, fingiu enriquecê-lo e formalizá-lo.

– ... e também não se pode comparar uma abstracção que resulta de uma dedução com uma outra que é uma hipótese formulada à partida, assumindo mesmo que "a construção de hipóteses é um acto criativo de inspiração, intuição e invenção" (Friedman 1953, 43). O exemplo que dá para justificar nas ciências sociais as hipóteses gerais e irrealistas, comparando a teoria da gravidade com o que pode acontecer com a queda de um corpo que encontra obstáculos, é enganoso. Atrevo-me mesmo a dizer que Friedman, sendo indubitavelmente inteligente, privilegia a retórica em relação ao rigor epistemológico.

– Na minha opinião, e digo desta forma porque a afirmação não foi devidamente ponderada, o problema não está no irrealismo das hipóteses, sobretudo quando estas são a outra face da abstracção, mas da aplicação que se lhe faz. Quando nos anos 70 fui professor de Política Monetária e Financeira, defrontei-me com um texto do Friedman em que ele dizia qualquer coisa como isto: há vários obstáculos à livre concorrência; um

---

[73] Utilizamos frequentemente esta terminologia, pelo que convém precisar o seu significado geral. Por "domesticação da teoria *A* pela *B*" pretendemos significar que a teoria *B* declara concordar com a teoria *A* e dá-lhe outra apresentação (ou salientando determinados aspectos, ou formalizando-a, ou englobando-a numa teoria considerada mais geral, ou ainda por outra via) mas ao fazê-lo esvazia parcialmente a teoria *A* das suas problemáticas específicas, das suas hipóteses essenciais, de pormenores vitais. A teoria *A* parece continuar a existir mas já está aprisionada pela lógica interna da teoria *B*, dominadora.

deles são as empresas dominantes no oligopólio, um outro, os sindicatos; quanto aos primeiros não há problema porque a própria concorrência fará desaparecer esse obstáculo; os segundos é que são um obstáculo economicamente intransponível, devendo o Estado limitar a sua acção. Passou demasiado tempo para encontrar a referência bibliográfica mas ficou-me marcado na memória. E assim, admitindo que a hipótese irrealista se transforma em realidade, apesar de toda a negação da história, o liberalismo transforma-se em repressão contra os sindicatos. E como tal é afirmado em nome do sacrossanto valor da "livre concorrência", a ditadura até é assimilada por muitos como a consagração da liberdade (livre, liberdade, económico, social).

– O que reforça a posição sobre a retórica, que, jogando com o simbólico das palavras, resvala entre a ciência e a ideologia.

– Embora a crítica de autor se faça essencialmente pegando no que ele nos legou, gostava de transcrever uma passagem do livro que estou a ler, porque dá um testemunho directo do diálogo com Friedman:

"Recordo-me de longas discussões com ele sobre as consequências da informação imperfeita e dos mercados de risco incompletos; o meu trabalho, e o de inúmeros colegas, demonstrou que, nestas condições, os mercados não costumam funcionar bem. Friedman simplesmente não conseguiu, ou não quis, compreender estes resultados. Não os conseguia refutar. Simplesmente *sabia* que tinham de estar errados. Friedman, entre noutras economistas [provavelmente deveriam estar outros economistas] do «mercado livre», tinham duas outras respostas: mesmo que os resultados teóricos fossem verdadeiros, eram «curiosidades», excepções que confirmam a regra; e mesmo que os problemas ganhassem uma dimensão generalizada, não se podia depender do Estado para os resolver." (Stiglitz 2013, 344)

– Chamava a atenção para dois aspectos.

Primeiro, esta posição de Friedman mostra que a fronteira entre ciência e ideologia esfumou-se nos seus escritos e na oratória, aspecto que devemos ter em atenção nas nossas análises.

A segunda observação é para o próprio texto de Stiglitz: "nestas condições, os mercados não costumam funcionar bem". Está implícito nesta afirmação duas coisas: a dificuldade, também dos economistas heterodoxos, em fugirem ao normativo (bem) e o peso que a teoria do mercado de concorrência perfeita tem nos referenciais científicos da Economia.

– Creio que o essencial está dito. Se vamos fazer um inventário dos debates sobre o artigo de Friedman e assuntos correlacionados arriscamo-nos a não sair deste ponto dentro dos próximos meses.

– Também não era esse o nosso propósito. Introduzimos este tema a propósito da cientificidade da Economia, e do afirmado podemos concluir que não é o "irrealismo das hipóteses" que põe em causa a validade científica de uma teoria, mas que temos de ter o máximo cuidado sobre o que entendemos por "hipótese" e por "irrealismo"[74].

– Mais uma vez desembocamos na validade científica das condições *cæteris paribus*. Nelas está o nó górdio da cientificidade da Economia, apesar de já anteriormente a termos admitido, com diferenças e especificidades em relação a outras ciências.

Condição *cæteris paribus* (I)[75]

– Esperemos que o debate que se segue seja a crónica de um renascimento anunciado, tantas foram as vezes em que nas conversas anteriores fomos remetidos para a reflexão em torno do *cæteris paribus*, por vezes também designado de *coeteris paribus*, expressão de origem latina.

– É sem dúvida central e, em contrapartida, é espantosa a olímpica indiferença com que os economistas utilizam essa declaração de "mantendo-se tudo o resto constante" sem uma aturada reflexão crítica dos assuntos.

– Talvez fosse bom, para nos centrarmos e não nos desviarmos, que colocasses o problema.

– Seria conveniente. Mas não se retire deste nosso pedido a ideia de que não nos preparámos para esta conversa, fazendo pesquisa bibliográfica,

---

[74] A literatura sobre este assunto é muito vasta e não faz qualquer sentido listarmos a bibliografia existente sobre o assunto. Limitamo-nos aqui a referir alguma que foi utilizada por nós para uma mais completa compreensão do problema, tendo-se começado pela releitura do próprio artigo do Friedman (1953). Mingat, Salmon e Wolfelsperger (1985, 375-410) foi o nosso ponto de partida, porque faz uma boa síntese dos trabalhos elaborados até então. Fazendo uma pesquisa actual serviu-nos de referência Bulle (2005), Busino (2003, 2005), Mayer (1993, 1997), Ménard (2005), Mongin (2003, 2004) e Rappaport (1986, 1996). São ainda referências obrigatórias Lawson (1997) e Maki (Ed.) (2009).

[75] Apesar deste assunto já ter aparecido anteriormente, exige-se, neste momento em que a vamos analisar com mais detalhadamente, uma precisão: *cæteris paribus* é uma clausila, uma expressão utilizada em variadas situações. Quando ela surge como suporte a uma lei económica, designamos frequentemente esta como uma lei *cæteris paribus*.

lendo diversos textos. Tenho, contudo, que confessar que tive sérias dificuldades em entrar em alguns documentos e, se em alguns aspectos fiquei esclarecido, noutros ainda me sinto baralhado.

– Provavelmente essa baralhação que sentimos, digo nós porque acontece o mesmo comigo, faz parte do corte epistemológico pessoal, para utilizar uma terminologia anterior. Antes de referirmos o assunto não tínhamos nem certezas nem dúvidas, utilizávamos, ou líamos, *"cæteris paribus"* e assumíamos como algo normal, tal é a frequência com que essa alocução é utilizada ou subentendida. Ouvimos, percebemos a sua lógica e aceitamos passivamente, espontaneamente, sem qualquer reflexão crítica. Quando o tema saltou para a nossa agenda de trabalhos tivemos que nos interrogar sobre o seu significado e a sua legitimidade. Dessa interrogação à problematização, quiçá incompleta, porque o será sempre antes de encontrarmos a "resposta final", resultou a necessidade de leituras novas e interrogações e respostas feitas por nós próprios. Temos um conjunto de problemas, várias noções e poucas respostas. É a essa incapacidade de ler o todo, de ter uma resposta definitiva...

– Definitiva enquanto resposta satisfatória ao teu questionamento, mas que nunca será definitiva na verdadeira acepção da verdade. Se o fosse a resposta não seria certamente científica.

– É essa incapacidade de ter uma resposta satisfatória ao meu questionamento que gera esse baralhamento de que falámos. É construído pelo próprio reconhecimento do saber e da ignorância. Estou baralhado mas sinto-me, claramente, mais preparado que anteriormente para esta nossa conversa.

– Tenho que confessar que também não me foi fácil tratar de forma suficiente esta problemática, apesar de há vários anos me defrontar com ela como economista, apesar de há muito conhecer posições da epistemologia e da filosofia sobre as leis *cæteris paribus*. Não foi simples porque a diversidade de posições sobre o assunto é muito grande, havendo autores conceituados que de forma rigorosa chegam a conclusões totalmente opostas. Não foi fácil porque os discursos de economistas, de filósofos e de lógicos sobre o mesmo problema utilizam linguagens bastante discrepantes. Não foi acessível porque parti da ideia de que as leis *cæteris paribus* eram específicas de algumas poucas ciências, com particular destaque para a Economia e comecei a aperceber-me que se trata de algo que é comum a quase todas as ciências, o que levanta a necessidade de penetrar em algumas delas.

A inteligibilidade foi difícil porque no caminho encontrámos muitas ambiguidades e derivações alternativas e nos perdemos frequentemente[76]. Mas se tudo isto é verdade também o foi a alegria sentida quando encontrei o que julgo ser uma solução do debate e, sobretudo, quando me apercebi que esse caminho já tinha sido tratado por nós e fazia parte do nosso debate anterior. Uma alegria por encontrar uma solução, mesmo que temporária, e por esta confirmar o que já tínhamos abordado, as conclusões a que tínhamos chegado.

– Como assim?

– Saberemos no fim do debate sobre este tema. Para já precisamos de deixarmo-nos de lamúrias e entrarmos no debate. Quem coloca as questões orientadoras do nosso diálogo?

– É uma afirmação comum dizer-se que a ciência formula leis e que estas são universais, isto é, aplicam-se a todas e quaisquer situações. Cientificamente não tem sentido uma afirmação que é muito comum dizermos nas conversas quotidianas: "toda a lei tem excepções". Ora as leis *cæteris paribus*, as leis que dizem "Y provoca X se tudo o resto se mantiver constante" $[(Y ==> X)$ cp$]$[77], ou dizem "Y é causa de X se se mantiver invariável K_i" $[(Y = c => X)$ cp$(K_i)]$, são sempre confrontadas com excepções, pois há a certeza absoluta que nem tudo se manterá constante, pois há uma probabilidade para que K_i se verifique, ou não.

Se de facto existe este conflito entre a natureza da lei científica e a natureza da quase totalidade das leis formuladas pela Economia, só há três possíveis conclusões. A primeira, é que as leis da Economia não são científicas, logo a Economia não é uma ciência. A segunda é que a universalidade (absoluta) das leis não é condição obrigatória para que elas sejam

---

[76] A bibliografia sobre este assunto perde-se nos milhares de documentos em que encontrámos referência ao *cæteris paribus* e nas muitas horas em que este tema foi estudado. Aliás alguns de nós tivemos a oportunidade de o referir em diversas conferências e em muitas aulas ao longo da vida. Numa relação mais directa com o texto deste documento podemos enunciar a seguinte bibliografia: (Andler, Fagot-Largeault, e Saint-Sernin 2002, Broussolle 2005, Cartwright 2002, Cozic 2010, Earman e Roberts 1999, Earman, Roberts, e Smith 2002, Earman, Glymour, e Mitchell 2002, Elgin e Sober 2002, Francesco e Andrea 2001, Glymour 2002, Hayek 1953, 2007, Kistler 2006, Lange 2002, Mitchell 2002, Schurz 2002, Spohn 2002, Woodward 2002, Alexander Reutlinger; Gerhard Schurz; Andreas Huttemann in Zalta (Ed.) 2011, «Ceteris Paribus»). Chamamos particularmente a atenção para o trabalho de Max Kistler.

[77] Y conduz a X *cæteris paribus* (*tudo* o resto se mantém constante).

consideradas científicas. A terceira, raramente referida, é que a questão sobre a semelhança e diferença das leis *cæteris paribus* em relação às leis que não formulam aquela restrição está mal colocada.

– O que nos exigirá começarmos por estudar o que são leis em Economia para depois constatarmos das suas semelhanças e diferenças em relação às das outras ciências, começando-se por admitir, porque já concluímos anteriormente, que a Economia é uma ciência.

– Mas o problema colocado anteriormente tem uma variante que reforça a primeira hipótese. Voltemos à formulação anterior $Y ==> X$. Y é o precedente, X é o consequente e a relação lógica entre ambas é dada pela teoria. Se admitirmos que a passagem da teoria à observação é correcta, a validade da teoria é dada pela lógica da implicação em que as quatro possibilidades de Y e X são as seguintes utilizando uma lógica bivalente:

Y	==>	X
F		F
F		V
V		F
V		V

Ora que podemos concluir sobre a validade da teoria (==>) em cada uma das situações referidas? A lógica dá-nos imediatamente a resposta[78]:

Y	==>	X
F	V	F
F	V	V
V	F	F
V	V	V

– Podemos passar a um exemplo, para ver se estamos em sintonia? Esqueçamos, para já, que estamos perante uma lei *cæteris paribus* e assumamos

---

[78] Ao tratarmos da interdisciplinaridade, em resposta às observações formulados por alguns comentadores, analisamos o problema numa Lógica trivalente, prelúdio para a consideração de uma Lógica polivalente. A resposta é inconclusiva pois depende das hipóteses assumidas pela Lógica. Neste caso só é aplicável uma lógica bivalente: o que se pretende é concluir se uma dada teoria, admitindo a correcta transposição da formulação teórica para a aplicação no terreno, é verdadeira ou falsa.

que Y é o aumento da procura e o X é o aumento do preço de equilíbrio num mercado de concorrência perfeita. Teríamos

Y	==>	X
Não há aumento da procura	V	Não há aumento do preço de equilíbrio
Não há aumento da procura	V	Há aumento do preço de equilíbrio
Há aumento da procura	F	Não há aumento do preço de equilíbrio
Há aumento da procura	V	Há aumento do preço de equilíbrio

– Se não há aumento da procura (quiçá causa) não faz sentido procurar a existência de uma relação de ligação ao aumento da procura, com o aumento do preço de equilíbrio. Contudo a segunda possibilidade também garante a verdade da teoria.

– Se há um aumento do preço de equilíbrio temos duas possibilidades: não houve ou houve aumento da procura e, nos dois casos, a teoria é verdadeira. Logo é legítimo afirmar, em geral, esquecendo agora o *cæteris paribus* que a não verificação permite constatar a falsidade da teoria, mas a verificação nada permite concluir.

– Não será que essa posição popperiana contem um conjunto de pressupostos que são discutíveis, nomeadamente a de que o avanço científico faz-se pela negação de teorias anteriores?

– Talvez, mas retomemos o fio da meada. O que interessa aqui deixar bem patente é que numa lei universal, que não o caso que tomaram como exemplo, se não se verificar o efeito eu posso concluir da falsidade da teoria. Contudo o mesmo não se passa se estivermos perante uma lei *cæteris paribus*. Peguemos no vosso exemplo. Não se ter verificado um aumento dos preços quando houve um aumento da procura significa que a lei é falsa? Não, porque a própria lei previne que tal só aconteceria se tudo o resto se mantivesse constante. Ora a não verificação pode ser o resultado de qualquer outro factor (hipótese, variável?) não se ter mantido constante: a quantidade oferecida, a qualidade da informação, a racionalidade dos agentes, a intervenção do Estado, o tipo de mercado. Aliás, já vimos isso a propósito de Mises em que diz, e com razão, que a não verificação do esperado não permite pôr em causa a teoria desde que esta seja lógica. Em síntese, as leis *cæteris paribus* nunca podem ser postas em causa no confronto com a realidade, pondo em causa uma das características da ciência, a superação do que é considerado verdade num determinado momento histórico. As leis *cæteris paribus* nunca podem ser refutadas.

– Se aceitamos que esses são argumentos lógicos, também temos de reconhecer que da parte dos economistas têm surgido argumentos poderosos, nomeadamente um que já abordámos aqui. A verdade da teoria não está no seu confronto com a realidade mas na sua capacidade de fazer previsões que se verificam, a verdade está na utilidade para prever o que acontecerá.

– Mas há outras hipóteses de análise do problema. Podemos utilizar o critério minimalista da caracterização do conhecimento científico e, nesse contexto, analisar se as leis da Economia são científicas. Pelo que anteriormente dissemos muito provavelmente concluiremos que todas, ou pelo menos muitas, das leis da Economia são-no. Uma posição destas exige, no entanto, que se admita, se reconheça, que pode haver diferentes tipos de leis científicas.

– Essa posição remete para uma das saídas possíveis que anteriormente referi: a universalidade das leis não é condição obrigatória para que elas sejam consideradas científicas.

– O que remete para um assunto que também já aflorámos: há uma ou várias maneiras de ser ciência?

– Essa posição pode ir ao encontro de outros argumentos que já têm sido utilizados, e que em grande medida se entroncam com a terceira hipótese de respostas que foi referida como possibilidades de superação da dificuldade (a questão estar mal colocada).

– Não faz sentido colocarmos a questão se uma lei *cæteris paribus* tem uma natureza, quiçá validade, diferente das outras leis, das leis que não são *cæteris paribus*?

– Eis alguns argumentos que têm lógica, sobretudo para quem já trabalhou com a Economia e para pessoas como nós que, na base de outras abordagens, já concluímos pela cientificidade da Economia, nossa "coroa de glória" de que não queremos abdicar. Uma primeira possibilidade. Em vez de falarmos em "leis *cæteris paribus*" falemos em "proposições *cæteris paribus*" dizendo-se, dessa forma, que concordamos com a aplicação do termo lei científica a proposições que têm outro tipo de características. Contudo esta possibilidade não impede, exige, que essas "proposições *cæteris paribus*" tenham coerência lógica, sejam demonstráveis através da dedução, resultem da utilização de metodologias e instrumentos de trabalho que estão para além do conhecimento corrente e até, com particulares cuidados e metodologias, possam ser confrontáveis com a realidade, independentemente de como entendemos esse confronto.

– Esse tipo de argumentação pode ser válido mas apresenta muitas fragilidades, que resultam essencialmente de ser uma argumentação de defesa da cientificidade da Economia, muito assente na experiência do economista, na emotividade de defesa do seu território. Só poderemos encontrar uma solução universal se nos guiarmos pela Filosofia das Ciências e da Lógica. O tipo de argumentação apresentado por ti pode estar correcto, não é isso que discuto, mas arrisca-se a um diálogo de surdos: os economistas baseados na sua experiência defendem certo tipo de posições, os não economistas, não tendo essa experiência, continuarão a recorrer a argumentos gerais da noção de ciência.

– Receio também que essa mudança de designação de "leis" para "proposições" seja um mero artifício linguístico. Essas proposições não devem funcionar como leis? As leis não são proposições?

– Não me parece concordar com essa argumentação, mas aceito que percorramos um caminho mais metódico.

– Colocadas as grandes questões que nos levam a termos que analisar com mais cuidado o princípio *cæteris paribus*, como é que essa análise mais cuidada pode e deve ser feita?

– Sem dúvida que as questões que o nosso colega colocou no início deste debate não conduzem a nenhum resultado. Ele próprio teve o cuidado de afirmar que a resposta a esse conflito entre ser (pelas razões que vimos anteriormente) e não ser (pelas características geralmente atribuídas às leis científicas) podem ser resolvidas de múltiplas formas, tendo deixado em aberto as três possibilidades. Do que dissemos até agora o que podemos concluir ao certo é que há um problema epistemológico, importante para a Economia resolver. Por onde começamos?

– Não voltámos ao ponto de partida?

– Não totalmente porque já sabemos que qualquer das três hipóteses de saída faz sentido, não deve ser descurada. E também sabemos que uma questão mal colocada ou leva a resultados triviais ou não encontra resposta válida.

– Sugeria que continuássemos esta análise, explicitando mais detalhadamente o que significa a introdução das cláusulas *cæteris paribus* nas proposições da Ciência Económica.

– Mas isso já sabemos: "tudo o mais é constante".

SOBREVOO SOBRE O SIGNIFICADO DE "ECONOMIA"

– O que é o "tudo o mais" que se pressupõe manter-se constante?

– A sociedade está em constante evolução, podendo em certos períodos assumir uma maior velocidade de transformação. Basta atendermos à importância da informação nas decisões humanas, nomeadamente naquelas que são designadas de económicas, para percebermos que o tempo é irreversível e quão necessário é o *cæteris paribus*. Como dizia Marshall, um fenómeno não se repete de forma idêntica. A função do *cæteris paribus* é fixar no tempo a relação estabelecida, é excluir da análise a dinâmica global, admitindo-se que esta pode influenciar, mas tem pouco efeito sobre a relação em análise.

– Já vimos que a Economia formula hipóteses e sobre elas constrói uma explicação lógica, cientificamente válida.

– E também já vimos que há diversos tipos de hipóteses...

– A utilização do *cæteris paribus* é uma forma de evitar uma listagem mais extensa de hipóteses de partida. Continuando com o nosso exemplo simples da relação entre variação da procura e preço de equilíbrio, para além da explicitação de hipóteses como racionalidade plena, mercado de tipo tal, etc. seria necessário uma lista adicional de outras hipóteses tais como "mantendo-se invariável a oferta", "não havendo alteração da fiscalidade", "existindo simetria de informação", "havendo um reduzidíssimo tempo entre um factor e o outro", etc.

– O *cæteris paribus* como fixação de hipóteses levanta duas questões, uma favorável ao posicionamento da Economia nas Ciências e a outra de sentido contrário.

– Começa pela primeira, porque isso pode animar-nos.

– Segundo alguns autores o *cæteris paribus*, com este significado, também é aplicável a quase todas as leis das ciências da natureza. Quando se diz, por exemplo, que dois corpos se atraem na relação directa das suas massas e na relação inversa do quadrado da distância dos seus centros está-se a admitir que não actua nenhum outro factor que possa impedir essa atracção, pois eles existem. Quando as leis são elaboradas por dedução ou partindo de experiências laboratoriais, em que se pressupõe que se isolou o factor influenciador do fenómeno de todos os restantes elementos susceptíveis de influenciar, há sempre uma condição *cæteris paribus* implícita: "admitindo que nenhum factor perturbador intervenha". Por outras palavras, segundo vários autores as relações entre fenómenos com a cláusula *cæteris paribus* tanto estão presentes nas ciências da natureza como nas ciências sociais.

A diferença entre ambas não está no significado da cláusula, nem na sua intensidade, mas na sua mais frequente enunciação por parte das ciências sociais. Frequência de referência que tanto pode ser encarada como menor utilização da experimentação como um maior rigor na formulação das leis.

– Podemos falar em experimentação em Economia, da mesma forma que falamos em Física ou em Biologia?

– A experimentação em Economia é um fenómeno relativamente recente, pelo que ainda não há uma experiência acumulada que permita tirar grandes ensinamentos, mas as preocupações são comuns às existentes nessas outras ciências. Isolar os fenómenos X e Y de todos os demais possíveis, promover alterações num dos fenómenos e ver quais os seus impactos no outro. Por vezes a experimentação em Economia aproveita-se da experiência maior que a Psicologia tem. A dúvida que se pode colocar é sobre a possibilidade de se separar os fenómenos que se pretende isolar. O que é analisado não é a célula, uma massa ou um produto químico mas os comportamentos humanos e, muito provavelmente, os comportamentos do objecto-homem não podem ser isolados da sua história de vida, da experiência acumulada na sociedade.

– Cuidado! A experimentação está estritamente confinada a análises micro. É impossível ou eticamente inaceitável fazer experimentação macroeconómica. Não podemos, por exemplo, fazer uma experimentação sobre os impactos da crise sobre a distribuição do rendimento[79].

– Além disso, se hoje se sabe que o observador influencia sempre o observado, muito provavelmente a intensidade dessa influência é maior na experimentação em ciências sociais, incluindo a Economia.

– Tenho estado a ouvir-vos com muito interesse e a recolher novas informações, mas não nos devíamos desviar do nosso tema. Foi dito que o *cæteris paribus*, enquanto substituto de hipóteses orientadoras dos trabalhos de investigação, poderia dar lugar a considerações favoráveis à cientificidade da Economia, mas também poderia orientar para argumentos negativos. O argumento favorável já foi apresentado: afinal as diferenças entre as leis *cæteris paribus* da Economia e as leis ditas exactas e gerais de outras ciências não são tão grandes quanto pareciam. Quais são os argumentos negativos?

---

[79] No debate foi aflorado, o que não se reproduz aqui, a possibilidade de intervenção do Estado (política económica) e das empresas (gestão) poder funcionar como experimentação.

– O perigo está no carácter generalista com que a cláusula *cæteris paribus* é aplicada. Dizer "verificado Y obtém-se X, se tudo o resto se mantiver constante" é uma coisa. Dizer "verificado Y obtém-se X, mantendo-se constante as condições K_i podendo i ir de 1 a infinito", ou "verificado Y obtém-se X se de mantiver constante K_1, K_2, ..., K_j", sendo j um número pequeno, é outra. São três afirmações cientificamente diferentes. Nesta última formulação há muito maior rigor, que nas formulações anteriores. Se utilizarmos uma terminologia menos adequada mas suficientemente expressiva, uma lei *cæteris paribus* do último tipo aproxima-se mais das leis universais que as restantes ciências apresentam e estará tanto mais próxima quanto os K_j são poucos e correspondem a factos que influenciam directa e significativamente a relação entre Y e X. Esta restrição de hipóteses aumenta a possibilidade da falseabilidade, desde que os K_j sejam enunciados antes da verificação.

– O que significa que a cláusula *cæteris paribus* não devia ser aplicada de uma forma indiscriminada e, sobretudo, sem que ela própria fosse objecto de uma apreciação crítica em cada caso.

– Para ficarmos mais cientes dos perigos de uma utilização indiscriminada do *cæteris paribus*, proponho-me levantar algumas questões sobre a grande diversidade de significados que ela pode conter. Faço-o esperando que me ajudem a superar as minhas próprias dúvidas.

– É também para isso que estamos aqui.

– A possibilidade de isolar a causa em relação a outros factores que poderiam influenciar, perturbar, essa relação causal, pode encobrir situações bastante mais perversas, culminando na exclusão da própria causa. Vamos admitir que um economista na sua manipulação dos dados constata que há uma relação estatística válida entre as variáveis X e Y. Há uma relação de simultaneidade do tipo "sempre que há um processo inflacionista há um aumento da quantidade de moeda em circulação", tão querida do Friedman, na sua formulação da teoria quantitativa da moeda. Representemo-la por $X=f(Y)$ ou $Y=g(X)$. Qual é a causalidade entre estas duas variáveis? Considerando uma relação directa há três possibilidades: $Y=c=>X$ (Y é causa de X), $X=c=>Y$ (X é causa de Y) ou ainda $Z=c=>X \wedge Z =c=>Y$ (Z é causa de X e de Y) e não há uma relação de causalidade entre X e Y. Contudo a partir da constatação empírica eu posso formular uma condição *cæteris paribus* estatisticamente comprovável, embora não considere adequadamente a relação de causalidade: ou *($Y=c=> X$)cp*, ou *($X=c=> Y$)*

cp, ou, *(Y =c=> X)cp(Z)*. Nesta última situação a verdadeira causa até seria isolada, porque efectivamente era "perturbadora".

– Nesta última situação é legítimo aplicar a cláusula?

– Não sei. Não estamos a fazer uma análise económica, estamos a falar no abstracto para melhor entendermos esta questão epistemológica.

– Se a partir do tratamento estatístico podemos optar por uma relação de causalidade errada, uma boa teoria serve exactamente para corrigir esses erros. Há que repegar no tratamento estatístico e enquadrá-lo num modelo que lhe dê sentido. Além do mais a própria constatação empírica deve ser antecipada de uma elaboração teórica que elucide o que observar e como observar.

– Essa é a resposta típica, mas será mesmo assim? A teoria orienta a observação e esta dá consistência à teoria. Se na observação, ou na teoria (quem nasceu primeiro, o ovo ou a galinha?), não se considera adequadamente uma relação de causalidade (até podemos admitir que a sua detecção não seria fácil, quer porque a relação era muito indirecta ou porque a metodologia adoptada não permitia detectá-la)...

– Por exemplo, o positivismo tem muita dificuldade, mesmo impossibilidade, de encontrar relações de causalidade que estão para além dos fenómenos, que estão no espaço metafenomenológico.

– ... como superar esse erro, magnificamente encoberto pela cláusula *cæteris paribus*?

– Podemos efectivamente ter aí uma dificuldade.

– Deixa-me continuar a tua análise numa outra perspectiva. Sabemos hoje que tudo está relacionado com tudo. Que esta não é uma afirmação filosófica ou valorativa, mas uma dedução de várias teorias científicas actualmente aceites. Para além dos homens se situarem no universo e, portanto, serem parte integrante desse processo de relacionamento, a crescente e intensa mundialização das relações sociais tende a reforçar essa relação da totalidade no que designamos por relações económicas. Quando utilizo a cláusula *cæteris paribus* estou certamente a retirar da explicação infinitos factos que influenciam a relação causal: *(Y =c=> X)* $cp(w_1, w_2, ..., w_i)$ com *i* infinito. Contudo entre esses factos há certamente graus diferentes de relacionamento com a relação causal em análise. Há factos que influenciam muito pouco e outros que influencia muito, há factos que influenciam macrossocialmente e outros microsocialmente, há factos que têm grande velocidade de influência e outros que são muito lentos a

SOBREVOO SOBRE O SIGNIFICADO DE "ECONOMIA"

reagirem e a terem impactos, há as situações mais diversas. Mais, há factos *P* que influenciam em todas as circunstâncias, em todos os espaços e em todos os momentos do tempo, e outros, *Q*, que apresentam intermitência, alternância conforme essas situações. Há factos *P* que também seriam susceptíveis de ser causa ou efeito e outros que influenciam sem poder assumir essa classificação. Há factos *P* que têm efeitos de retroacção com os elementos da relação causal e outros não.

– O que dizes é uma especificação do que há bocado afirmava e vem no mesmo sentido. O *cæteris paribus* pode ser uma cláusula facilitadora da teorização, mas também pode servir de obstáculo epistemológico à detecção de outras relações entre variáveis que poderiam ser importantes, ou até mais profícuas.

– Parece-me que o referido tem a ver com dois problemas diferentes. Um deles é epistemológico: Como distinguir entre factos que são importantes e factos que o não são? Como distinguir entre relações causais e relações de outro tipo, como as de simultaneidade? Como proceder para que eventuais factos importantes que estão encobertos emerjam e assumam o lugar que devem ocupar no conjunto da teoria? Como proceder para que a cláusula *cæteris paribus*, simplificadora da complexidade, não se torne um entrave à descoberta de novas relações? A este problema já respondemos parcialmente na análise da cientificidade da Economia, na importância da imaginação, na metodologia utilizada. Também voltaremos a encontrar esta problemática quando tratarmos da crítica da Economia Política. O pluralismo teórico, o confronto de paradigmas e a crítica tendem a revelar insuficiências e erros.

– Estamos sempre a remeter para problemas que havemos de tratar!

– Também antes remetemos para assuntos que já tratámos. Mas não acabámos de aceitar que tudo está relacionado com tudo? Não sabemos que não há sistemas completos?

– Há, pois, o problema epistemológico que referiste. E qual é o outro?

– O outro é de confronto da teoria com a realidade. É também um problema epistemológico mas na sua relação exterior com a realidade ontológica. As leis, incluindo as *cæteris paribus*, pertencem a sistemas isolados. "Como é possível que elas determinem a evolução de sistemas que não são isolados, de forma a nos permitir prever, explicar, raciocinar sobre eles?" é a questão que por vezes é colocada.

– Há a necessidade de simplificar a complexidade.

– Antes de falarmos sobre isso, sem nos alongarmos, talvez seja conveniente darmos a palavra a Hayek. Depois de reconhecer que o entendimento habitual, referido por grandes cientistas, é de que

"uma lei da ciência é a regra que permite dois fenómenos serem ligados um ao outro, segundo o princípio da causalidade"

chama a atenção da imperiosidade de ter um diferente percurso quando se está perante fenómenos complexos. Considerar-se "tudo o resto constante" é uma forma de evitar que na explicação dos fenómenos sociais se tenha uma infinidade de leis particulares, o que certamente não teria qualquer utilidade. E acrescenta:

"Pareceria, assim, que o esforço para descobrir as leis não são apanágio do método científico, mas apenas uma característica das teorias dos fenómenos simples (...) e que, no domínio dos fenómenos complexos o termo "lei", assim como outros conceitos de causa e efeito, não são aplicáveis sem modificações que os privariam do seu significado original".

Utilizando a nossa terminologia, as leis *cæteris paribus* seriam as leis científicas dos fenómenos complexos, formuladas sob o comando da teoria:

"No caso de fenómenos mais complexos ainda é mais evidente que devemos ter uma teoria em primeiro lugar, antes de podermos assegurar-nos que as coisas se reproduzem em conformidade com a teoria." (Hayek 2007, 83)

– Vem ao encontro do que eu pretendia designar por simplificar a complexidade. Temos, no entanto, que atender que o nível de conhecimento dos fenómenos complexos é hoje radicalmente distinto do que existia no tempo daquele autor (1899-1992). Há leis simples para explicar a complexidade.

– Não nos esqueçamos que todo o concreto é complexo.

– Em síntese, dispensando-nos de repetir o que significa uma lei *cæteris paribus*, creio estarmos em condições de reter as seguintes conclusões:

(1) Tal tipo de leis científicas não é específico da Economia, mas antes comuns a todas as ciências que confrontam uma teoria com a realidade, seja esta a natureza ou a sociedade.

(2) Se habitualmente se considera essas leis como particularmente típicas da Economia é porque esta ciência tem menos capacidade de isolar fenómenos pela via da experimentação, porque lida com fenómenos que são mais espontaneamente considerados complexos, porque a mutabilidade temporal dos factos é grande e ainda porque tem tido a preocupação de na formulação das leis afastar os factores que podem impedir a sua verificação.

(3) Lei *cæteris paribus* é uma designação genérica que pode exprimir uma grande diversidade de tipos de leis, quanto ao número e à importância das variáveis seleccionadas para causa e efeito, e quando à quantidade e características das variáveis que são consideradas invariáveis. Diversos autores criaram classificações para agrupar os diversos tipos de leis *cæteris paribus* mas, não as referimos porque há várias possibilidades de classificação e as fronteiras são frequentemente difusas.

(4) Se a formulação *cæteris paribus* é inevitável e tem vantagens, o que se deduz dos pontos anteriores, também pode funcionar como factor permissivo para a formulação de falsas relações de causalidade, para a não consideração de fenómenos importantes, permitindo a criação de círculos viciosos (teóricos e de confronto com a realidade) e, sobretudo, de autodefesa contra a explicitação e correcção do erro.

(5) Consequentemente pode impedir que os enunciados da Economia não possam ser apresentados como falsos.

(6) A reflexão epistemológica sobre a prática científica – incluindo a "prática teórica" –, a crítica da Economia, o pluralismo teórico, o confronto de diferentes paradigmas, as diferentes leituras do que é a verdade pode ser um contributo importante para superar os perigos anteriormente referidos.

– Parece-me uma síntese perfeita. Certamente incompleta, mas agarra o essencial do que foi abordado, nem sempre com a clareza que teria sido aconselhável.

– Sinceramente começava a sentir-me bastante baralhado, tal foi a catadupa de ideias que fomos lançando para cima da mesa, por vezes de forma desorganizada, mas esta síntese permitiu-me assentar ideias.

– Ainda bem. É para isso que todos estamos aqui.

Condição *cæteris paribus* (II)

– Se me permitem agarraria apenas um pequeno detalhe do que foi dito, mais como curiosidade do que como tema de debate. Pusemos de lado a separação radical entre leis universais e leis *cæteris paribus*, mas muitos são os autores que continuam a insistir nesta divisão. Alguns autores designam as leis universais por "leis de ferro". É curioso como vários economistas que nas suas teorias utilizaram leis *cæteris paribus* tinham a pretensão de estar a utilizar leis férreas, talvez por influência da Física sobre a Filosofia das Ciências. Mais, autores que construíram teorias muito diferentes, como Marx e Menger.

– Talvez fosse bom completar esta análise com os vários tipos de "leis" que a Economia formula, partindo daí para clarificarmos ainda mais o significado do *cæteris paribus*.

– Creio que já foi dito, e não merecerá retomar o assunto, que as leis formuladas pela Economia nunca são deterministas no sentido herdado da Física. Mesmo quando elas são formuladas dessa forma estão a salvaguardar implicitamente que não se manifestam os factores impeditivos da sua concretização. Aliás nota-se em diversos economistas do século XIX um certo sentimento de inferioridade intelectual em relação à mãe de todas as ciências de então: as leis da Economia não tinham o "rigor", melhor a "certeza", das leis da Física...

– Daí o seu sonho em formular leis férreas!

– Também, mas não só. ... As leis da Economia apenas eram capazes de expressar, mesmo que não fossem enunciadas dessa forma, que verificado Y era provável que acontecesse X. Foi preciso esperar vários anos para a própria Física acolher também as leis probabilísticas...

– Embora o significado de probabilidade numa e noutra ciência seja diferente. Por outras palavras a noção de lei probabilística e de probabilidade remeteria para o que se entende por acaso. Admitiria que o acaso numa lei económica e o acaso na teoria quântica tenham significados diferentes. Admitiria que o acaso numa lei *cæteris paribus* da Economia que tem como instrumento de trabalho a dedução, o acaso resultante de um ensaio econométrico e o acaso num modelo da Economia que tenha em conta os ensinamentos das Ciências da Complexidade...

– nomeadamente se incorporar o livre-arbítrio das pessoas...

– ... dizia, nessas três situações o conceito de acaso é bastante diferente. No primeiro caso é a expressão da impossibilidade, ou incapacidade, de

SOBREVOO SOBRE O SIGNIFICADO DE "ECONOMIA"

enunciar todos os fenómenos que influenciam o acontecimento descrito. Estamos plenamente no terreno do objecto científico. No segundo caso já estamos na relação do objecto teórico com a realidade a que ele se pretende aplicar e a probabilidade é a medida das condições de acesso a essa realidade-em-si e da pequena parcela analisada. No terceiro caso exprime o acaso existente na realidade-em-si e que a Economia pretende captar.

– Ao teceres essas considerações sobre o acaso recordo-me das minhas aulas de Filosofia no antigo sétimo ano do liceu, o actual décimo primeiro. O nosso professor, salvo erro Cruz e Silva, era completamente diferente dos outros. Não me recordo de alguma vez ele ter dado uma aula expositiva contendo afirmações há muito construídas. E se as deu nunca as retive como algo importante, como algo que marcasse a minha formação. O que me recordo bem são as aulas em que ele exigia que lêssemos em voz alta textos de filósofos e depois explicássemos aos nossos colegas o que tínhamos lido. Foi numa dessas sessões que eu li um texto de Augusto Compte sobre a introspecção e que ao explicar aos meus colegas disse exactamente o contrário do que o texto dizia. Não sei quais foram os comentários que ele fez, mas recordo-me que ele chamou a atenção para essa discrepância. Naquele momento aprendi, e nunca mais esqueci, algumas atitudes que foram decisivas para a minha futura formação: não devemos partir para a leitura dos outros com pressupostos e temos que ter disponibilidade para o diferente; não podemos manter-nos agarrados às nossas certezas porque elas são sempre provisórias. Aprendi também uma verdade elementar: é preciso saber ler!

– O que é que isso tem a ver com o acaso?

– Desculpem ter-me desviado do que eu ia dizer. Esse professor frequentemente também não tinha paciência para nos estar a dar aulas. Olhando para a composição da turma direi hoje que essa atitude não me espanta. Quando isso acontecia mandava-nos ler este ou aquele texto, e assim ficava com a certeza que eles eram lidos, puxava de um livro e passava a aula a ler, interrompendo o silêncio, aqui e ali, com alguns comentários que caiam sobre a nossa cabeça de forma abrupta, porque tinham a ver com o que ele estava a ler, e não com o que ocupava, ou deveria ocupar, a nossa atenção. Um dia estávamos a ler qualquer coisa que nos tinha sido imposto e ele na secretária, meio recostado para trás contra a parede, lia atentamente um livro grosso, muito manuseado, com aspecto de ter saído de algum alfarrabista. Em determinada altura parou, olhou para nós e afirmou "este autor ainda é um desconhecido mas há-de dar muito que falar, é o Bachelard". Voltou o silêncio e alguns minutos mais tarde acrescentou "os matemáticos dizem que o acaso é uma probabilidade mas o acaso é muito mais do que isso". Pouco depois acabou a aula. Não faço a mínima ideia do que então estive a ler mas Bachelard ir-me-ia acompanhar por toda a vida e aquele comentário sobre o acaso nunca foi esquecido. Recordo-o sempre quando trato de probabilidades ou do acaso. Recordei-o nas duas ou três situações na vida em que me aconteceu o que probabilisticamente era um zero "absoluto".

– Podemos dizer que as leis probabilísticas são leis *cæteris paribus*?

– Creio que não, mas podemos dizer que estas podem ser expressas de forma probabilística. A referência à probabilidade é uma forma simples de expressar a existência de outros fenómenos, para além da causa e efeito, influenciadores da relação, tanto mais precisa quanto os elementos perturbadores estão referenciados.

– Quando falamos em "leis tendenciais" estamos a falar de leis cæteris paribus? São designadas por tendenciais porque essas leis explicitam simultaneamente factores que influenciam em sentidos contrários. Y conduz tendencialmente a X significa que temos dinâmicas Y_j que aproximam o resultado de X e outras Y_k que afastam de X. O resultado final é o "equilíbrio" de forças que actuam em diferentes sentidos.

– Admito que sim.

– Muitas vezes assim será, mas há outro sentido atribuível a lei tendencial. Pelo menos parece-me, apesar de nunca ter visto explicitado o que vou dizer. Para nos situarmos melhor estou a pensar em algumas leis formuladas por Marx em *O Capital*, e, para pegar em algo já referido a propósito da existência de hipóteses, tomemos a "lei tendencial da queda da taxa de lucro", a qual ainda continua a ser objecto de debate. Quando se diz que "há uma tendência macrotemporal para a diminuição da taxa média de lucro em capitalismo" creio que o que mais ressalta é a possibilidade de haver fenómenos que perturbam aquela tendência. Uma lei é a afirmação, o tendencial é o reconhecimento da existência de forças conducentes à sua negação. Marx tem o cuidado de explicitar e estudar a existência de "tendências" e "contratendências". O resultado final não é consequência de *uma* queda da taxa de lucro que é perturbada por factores influenciadores em sentido contrário, mas uma possibilidade de resultado perante *duas* forças que conduzem a resultados diferentes. As duas forças têm existência própria, determinantes próprias. Nenhuma delas resolve o conflito, aplicando à outra a cláusula *cæteris paribus*. Dizer qualquer coisa como "a taxa média de lucro decresce, admitindo como constante os factores que poderiam conduzir ao resultado contrário", seria quebrar a lógica da análise de Marx. Mais, vários dos factos contabilizados nas tendências não são independentes dos contabilizados na contratendência e reciprocamente. Ambas são, como se costuma dizer, faces de uma mesma moeda.

– Se bem entendi, as leis de tendência e contratendência, chamemos-lhe assim, só podem ser reveladas porque na abordagem da realidade se supera a lógica bivalente do terceiro excluído e se adopta uma lógica paraconsistente, defendida por Marx como uma lógica dialéctica de raiz materialista.

– Isso mesmo, dito de outra forma.

– Enfim, esta incursão pelos tipos de leis científicas em Economia permite-nos chegar a algumas conclusões ou hipóteses de trabalho; (a) As leis *cæteris paribus* podem ser lidas, em várias circunstâncias, como leis probabilísticas, mas nem todas as leis probabilísticas são leis *cæteris paribus*. (b) Há leis económicas que não são *cæteris paribus*, pelo menos com o sentido que atribuímos a esta cláusula. (c) O tipo de leis consideradas, e a sua leitura epistemológica, está fortemente condicionado pelo paradigma adoptado.

– Essa última conclusão é da tua lavra!

– Aceito que sim. Quando estamos perante a utilização de Lógicas em estruturas diversas já estamos perante a utilização de formas de raciocinar, metodologias, princípios filosóficos, diferentes.

– Apesar da rejeição do chauvinismo epistemológico em relação às leis *cæteris paribus* continua a existir uma dificuldade de validação. Em rigor uma lei *cæteris paribus* nunca pode ser considerada falsa porque a relação de causa e efeito pode ser justificadamente mantida, mesmo quando a realidade parece mostrar a não verificação.

– Assim parece ser, mas esse impeditivo central para a cientificidade é um falso problema, e já possuímos, depois dos nossos debates iniciais, os elementos suficientes para o demonstrar.

– Quer dizer que estivemos a debater um falso problema?

– Não é assim. Não, porque se não tivéssemos debatido todos os assuntos que nos tem ocupado nesta laboriosa tarde não teríamos problematizado e esclarecido vários problemas, não nos teríamos confrontado com diversas ambiguidades e leituras, não teríamos detectado erros na leitura dos outros e na nossa, pelo que não estaríamos preparados para retomar o assunto e perceber porque é uma falsa questão. Sim, porque há uma tendência da nossa parte para não respeitar uma questão que é essencial e que já tratamos anteriormente: a diferença entre a realidade-em-si e a realidade-para-a--ciência, a diferença entre realidade ontológica e realidade epistemológica, entre o concreto real e o concreto pensado[80].

– Não entendo qual a relação entre as diferenças de realidade que anteriormente estabelecemos e a cientificidade das leis *cæteris paribus*.

– Tenho que começar por confessar que eu também estava alheio à existência dessa relação. Ao pensar explicitamente sobre estas questões, ao ler as posições altamente diversificadas que diferentes autores apresentavam, ao confrontar as diferenças do discurso científico, essencialmente de dentro da Economia, com o discurso filosófico, encontrava um conjunto de ambiguidades. Mais, ao pensar estas questões não o desejava fazer do ponto de vista deste ou daquele paradigma económico, pretendia fazê-lo de uma forma abrangente, englobar o que é comum entre eles. Por diversas vezes tive a sensação que tinha os elementos todos para resolver a charada, mas que não sabia como dispor as peças. Esse toque final para a compreensão do problema foi-me dado por Max Kistler[81], mesmo não tendo adoptado a sequência lógica que ele apresenta.

– Podes ser mais explícito?

– O que referimos sobre as hipóteses, e o debate do texto do Friedman sobre o realismo destas, mostram que o *cæteris paribus* gira em torno do "realismo", do confronto com a realidade. Contudo a Economia nunca se confronta directamente com a realidade (que designamos de realidade-em--si). O seu objecto de estudo (objecto científico, economia, económico, como queiram) não é esta mas uma certa leitura dessa realidade (realidade-para--si). Se não percebermos isto a afirmação o "confronto com a realidade" não corresponde à prática científica.

– A realidade-em-si é a sociedade. A realidade-para-si é uma certa leitura daquela realidade. Há sempre a aplicação de filtros, interpretações e metodologias à leitura da realidade-em-si. E se há uma relação entre esses dois "níveis" da realidade, nunca é directo, muitas vezes é difuso, tão

---

[80] Sobre esta questão remetemos para (Pimenta 2013a, III Parte)
[81] Ver a bibliografia utilizada para este ponto, no início do debate.

difuso que quase não existe. A realidade-para-si estrutura-se na relação Economia *versus* economia. A relação desta realidade e a realidade-em-si estrutura-se na aproximação ou no distanciamento entre a sociedade e o económico.

– Entendo. As leis científicas incidem sobre propriedades do objecto científico. Isto é, as leis da Economia incidem sobre a economia. Neste âmbito de aplicação, de funcionamento da economia, as leis *cæteris paribus* são leis com as mesmas características de qualquer outra. Com o mesmo rigor, com a mesma universalidade, com a mesma possibilidade de serem refutadas. A sua eventual falta de rigor, perda de universalidade e viabilidade de refutação tem a ver com a relação sociedade *versus* economia.

– É na relação entre estas duas realidades que se colocam muitos dos problemas que estivemos a analisar, mas isso já não é, insisto, um problema das leis da Economia.

– E aí podemos encontrar as opções mais diversas conforme a escola do pensamento económico. Para casos limites, enquanto a Economia Matemática pode ter um objecto científico que quase nada tem a ver com a sociedade, a Economia Ricardiana ou Marxista preocupa-se em aumentar a proximidade entre a realidade-em-si e para-si. Esta só existe em função daquela. "A reflexão sobre as excepções ensina-nos que a inferência da lei à aplicação da lei aos objectos concretos não é trivial " (Kistler 2006, 11).

– O que nos dizes faz sentido e está de acordo com o que já tínhamos considerado por adquirido, mas ainda tenho de pensar mais sobre o assunto.

– De qualquer forma resolvemos um problema, mas criamos um outro: perceber as diferenças entre as diversas correntes do pensamento económico, entre os diversos paradigmas na relação entre estas duas realidades.

Apontamentos adicionais

– De tudo o que agora disseste é legítimo deduzir uma "lei" sobre a Economia: a evolução da Ciência Económica depende dos problemas colocados pela sociedade, capazes de serem observados por aquela, e dos problemas colocados pela própria Economia. Por outras palavras, a dinâmica da Ciência Económica tem factores exógenos e endógenos, sendo aqueles tanto mais importantes quanto o materialismo subjacente a um dado paradigma da Economia e uma adequada metodologia para o concretizar.

– É uma boa conclusão, mas que nos levanta um problema dramático: o diálogo entre paradigmas diferentes é de surdos. Ninguém compreende ninguém, porque cada um está encerrado no seu mundo. Para que um economista confinado na sua ciência olhe para o mundo é necessário que este lhe espete uma faca no peito em local nevrálgico. Até lá nem sequer será capaz de compreender do que os outros falam.

– É arrepiante ver economistas que assistiram à profundíssima crise que temos vivido continuarem a olhar para a sociedade como se nada tivesse acontecido. Ainda é mais arrepiante assistir à forma como esboçam as políticas económicas profundamente desajustadas da realidade.

– Atenção, caro amigo, estamos a tratar de assuntos epistemológicos que ajudam a compreender a Economia e o comportamento dos economistas, mas é um instrumento de trabalho insuficiente para analisar as questões que estás a levantar. É preciso entrar em conta com muitos outros factores tais como: a quem serve uma certa leitura da economia? A que correlação de forças social está associado cada paradigma da economia? Qual é a consciência possível dos economistas? etc. etc.

– Para que não entremos noutro campo de análise bastante diferente do que estamos a tratar sugeria que déssemos por encerrado este assunto.

– Creio que há um problema que justifica a nossa análise. Não é um problema epistemológico, não é um problema económico, mas eventualmente tem grandes repercussões sobre a nossa vida quotidiana: o impacto da utilização da cláusula *cæteris paribus* sobre a ideologia económica e a política económica.

– Parece-me que vem no seguimento das temáticas para que estávamos a derivar, mas na medida em que retomas a referência ao *cæteris paribus* creio que podemos avançar, desde que seja uma referência lépida.

– Se já chegámos à conclusão que uma lei *cæteris paribus* não tem qualquer limitação do ponto de vista epistemológico, também devemos concluir que elas podem ser muito perniciosas na transposição para a Política Económica.

– Assim como a aplicação de muitas hipóteses irrealistas.

– Quando intervimos politicamente de forma a reproduzir mais eficazmente o que o mercado faria – o que alguns autores designam por Gestão Económica – ou para contrariar a tendência espontânea de funcionamento económico – situação em que é mais legítimo falar em Política Económica[82] – não estamos no terreno da realidade-em-si, de transformação do que é designado de economia e do que não é designado dessa forma. Estamos a actuar sobre a sociedade. O raciocínio económico condicionado pelo *cæteris paribus* pode prolongar-se na Política Económica. Continuam a só ver o que foi admitido que mereceria a pena ver, pois tudo o resto é constante, quiçá irrelevante.

– De facto só conseguimos ver o que estamos preparados para ver. As leis *cæteris paribus* introduzem filtros que nos impedem de ver a realidade, os reais impactos da política.

– Isso mesmo, com uma agravante, as leis *cæteris paribus*, podem ter – não sei se não têm sempre – uma vertente normativa. Como vimos, se a realidade não se apresenta como esperávamos que se comportasse não somos nós que estamos errados.

– "Não estamos errados" e admitem duas possibilidades para justificar essa diferença entre o afirmado e o realizado. Primeira possibilidade, houve a interferência de outros fenómenos. Por outras palavras, nós não estamos errados e a realidade também não. Segunda possibilidade, nós continuamos a não estar errados mas a realidade está porque houve um desvio em relação à forma como se deveria ter comportado, a realidade não seguiu a norma que estava implícita na análise.

– Deixa-me fixar ideias. Se no objecto científico temos $Y=c=>X$, quando transpomos esta lei para a Política Económica não temos X, conceito abstracto, mas uma série de manifestações concretas desse conceito: $X_1, X_2, ..., X_i$. Além disso temos outro conjunto de consequências que não estavam previstas: $Z_1, Z_2, ..., Z_j$. Muito provavelmente só algumas das manifestações concretas de X é que são visíveis: $X_1, X_2, ..., X_{i-a}$. Outras manter-se-ão na penumbra: $X_{i-a+1}, ..., X_i$. E como interpretar os Z_j à luz do *cæteris paribus*?

– Na minha opinião, embora nunca tivesse pensado muito sobre esta questão, os fenómenos Z_j podem estar para os promotores da política em três situações: (1) São invisíveis, pelo que não se deve entrar em conta com eles; (2) Estão na penumbra e são considerados como epifenómenos

---

[82] Sobre a possível decomposição da acção do Estado (endógeno e exógeno) sobre as variáveis económicas em Gestão e Política, ver Brunhoff (1974). Pela concepção do Estado subjacente à análise pode ser interessante consultar Poulantzas (1977).

relativamente irrelevantes, acidentes de percurso que tenderão a desaparecer; (3) São reconhecidos abertamente mas considera-se $Z_j ==> X$, ou com desfasamento temporal, ou indirectamente, ou quando Deus aprouver.

– Embora essa terceira hipótese seja demasiado abstrusa, encontramo-la frequentemente. Duas situações frequentes. Quantas vezes ouvimos defender o aumento do desemprego para diminuir o desemprego[83]? Muitas. Outro exemplo bem denunciado por Stiglitz. O FMI impôs a muitos países de África políticas restritivas de equilíbrio orçamental e da balança de pagamento que atrasaram ainda mais alguns anos o desenvolvimento, que criou mais fome, que levou à morte de muita população, nomeadamente crianças com menos de cinco anos de idade. Passados alguns anos começaram-se a notar alguns aumentos no crescimento, o que era inevitável, tão grave tinha sido a situação de subdesenvolvimento gerado. Qual a leitura do FMI de tudo que se passou? Quando o equilíbrio financeiro se opôs ao crescimento económico consideraram *cæteris paribus* que tal era necessário. Quando se agravou o subdesenvolvimento, quando aumentou a miséria durante vários anos, nada viram. Quando se registaram os tímidos sinais de crescimento vieram apregoar que era o resultado das políticas restritivas que tinham imposto.[84]

– Logo, um paradigma económico que utilize intensamente leis *cæteris paribus*, que não reflicta sobre o seu significado, o que não é estranho, tende mais facilmente a reproduzir-se espontaneamente, porque gera a auto-reprodução pela miopia.

– Como é o caso das políticas neoliberais.

– Essa visibilidade ou invisibilidade não é apenas dos que aplicam as políticas económicas, mas também de todos quanto, sem formação específica, são quotidianamente intoxicados por uma informação seguidista, sem adequada explicação e pouco crítica.

---

[83] "Se agora aumentar o desemprego o mercado de trabalho flexibiliza-se, os salários baixam e estas duas situações vão gerar mais investimento privado e, consequentemente emprego, um volume de emprego que mais que compensa a redução inicial". Dizem eles.

[84] Stiglitz (2004) está recheado de exemplos destes. Escusado será dizer que este exemplo fez com que nos desviássemos para um debate sobre a Europa contemporânea que, passando à margem das nossas preocupações, não transcrevemos.

– Esta relação entre as leis *cæteris paribus* e a "ideologia económica", sobre as consequências na Política Económica não é habitualmente tratada. Dava uma boa tese de doutoramento, sobretudo se bem teorizada, e recheada de situações concretas. Mas fiquemos por aqui. Já passamos várias horas a reflectir sobre o que julgávamos ser rápido. Merecemos o descanso. Ele nos ajudará a interiorizar esta catadupa de informações.

– Foi um debate muito proveitoso. A cachimbada até me vai saber melhor! Tenho que confessar que estou cansado. Satisfeito mas cansado!

PARADIGMAS CIENTÍFICOS DA ECONOMIA

RESUMO:

O que são paradigmas de uma ciência. Paradigma, teoria, modelo. Economia e coexistência de paradigmas diferentes. Interparadigmaticidade. Critérios de classificação dos paradigmas. Importância dos diferentes objectos científicos: evolução histórica, significado e relações. Transições. A economia e o elemento de referência. Paradigmas e "imperialismo económico". Positivismo e normatividade. Olhando a sociedade e outro critério de classificação. Relações entre critérios.

Significado de paradigma

– Preparados para uma nova sessão de trabalho? Vamos hoje tentar acabar de analisar o nosso primeiro ponto...

– ...que designamos por um sobrevoo, mas que se afigura mais como um voo de reconhecimento detalhado do terreno, tantos são os pormenores com que nos debatemos...

– A curiosidade humana não tem limites e todos nós temos quanto abunde, adubada numa imaginação suficientemente perspicaz, de que me orgulho.

– Considero que apesar da extensão dos nossos debates sobre algumas matérias, continuamos a fazer um sobrevoo. Admitam que um outro grupo de pessoas, certamente com outra experiência de vida, com outros referenciais metodológicos, ouvia as nossas gravações. Certamente que teriam de concordar com muitas das nossas conclusões, ou não estivéssemos nós a fazer ciência, mas também diriam frequentemente "aqui esqueceram-se de referir isto", "havia outras alternativas que não foram abordadas", "aquela conclusão foi insuficientemente fundamentada". Embora algumas dessas observações sejam inevitáveis, fosse qual fosse a extensão que déssemos à análise, muitas outras poderiam ser dirimidas. Seria esse um exercício interessante de se fazer.

– Nós temos duas funções pela nossa frente para além de nos entendermos sobre a terminologia "paradigmas". Uma primeira é conhecermos o que os economistas (ou os que nós designamos por esse palavrão) disseram sobre a natureza das suas actividades. A segunda é procedermos à arrumação dessa diversidade de posições, classificando-as. Por isso tive o sonho de fazermos um levantamento de todos esses textos. Assim assentaríamos a nossa classificação em bases mais sólidas. Por isso, em conversa de café convidei um amigo meu especialista na matéria a fazermos um trabalho nesse sentido. Seria uma pessoa[85] bem preparada, quer pela sua formação geral quer porque se dedicou a estudar a institucionalização do ensino da Economia. Contudo ele rapidamente me desiludiu com uma poderosa argumentação científico-pragmática: a vastidão da literatura existente, a diversidade de línguas em que esses textos estão escritos.

– Ficou definido na nossa planificação inicial que esta referência aos diferentes paradigmas é mesmo um sobrevoo. Acordámos ir aos resultados e não nos perdermos – uma forma de dizermos reencontrarmo-nos – na história da Ciência Económica.

– Com efeito assim foi. E no entanto vamos entrar numa matéria que não é nada simples e muito insuficientemente tratada na literatura económica e na Filosofia da Economia.

– Entremos no assunto.

– Assim seja. Mas há sempre um antes, como tu referiste. O termo "paradigma" tem vindo a ser utilizado por nós com frequência, mas agora há que precisar um pouco mais o que pretendemos significar por tal. Sem grande esforço podemos encontrar o que pretendemos na Wikipédia, não sem comparar as versões portuguesa, inglesa e francesa. Se formos pelo significado etimológico, isto é pela origem da palavra, não vamos longe:

---

[85] Tratava-se do meu colega António Almodôvar, que entretanto faleceu. Aproveitamos para manifestar o nosso respeito científico e pedagógico a esse colega de longa data.

SOBREVOO SOBRE O SIGNIFICADO DE "ECONOMIA"

"Paradigma (do grego parádeigma) literalmente modelo, é a representação de um padrão a ser seguido. É um pressuposto filosófico, matriz, ou seja, uma teoria, um conhecimento que origina o estudo de um campo científico; uma realização científica com métodos e valores que são concebidos como modelo; uma referência inicial como base de modelo para estudos e pesquisas."

Digo que não vamos longe porque o nosso problema não é só precisar o significado do que é paradigma, como também o de diferenciar este termo de teoria e modelo, pois nesta discussão temos utilizado a palavra "paradigma" com um sentido mais vasto que o de teoria (um paradigma contem várias teorias, sobre isto e aquilo) e o termo teoria com um sentido mais vasto que o de modelo (a teoria sobre qualquer assunto pode conter vários modelos).

Designemos por P_i o paradigma i da Economia e por T_{ij} a Teoria j do paradigma i e por M_{ijk} o modelo k da teoria j do paradigma i. Podemos dizer que P_i contem $\sum T_{ij}$ do paradigma, contem $\sum\sum M_{ijk}$ todos os modelos de todas as teorias desse paradigma. Eis uma definição demasiado genérica mas útil: "Um paradigma é uma representação do mundo, uma maneira de ver as coisas" (Wikipédia). Por isso disse anteriormente que P_i contem isto e aquilo, não disse é igual a isto e aquilo. Um paradigma envolve sempre uma visão do mundo que ultrapassa a Economia, uma bateria de hipóteses iniciais, uma metodologia estruturada de determinada forma. Esse conjunto dá-lhe coerência. Contudo mesmo estas precisões são insuficientes, porque o significado actual de "paradigma" foi muito marcado por Kuhn:

"designou como paradigmáticas as realizações científicas que geram modelos que, por períodos mais ou menos longos e de modo mais ou menos explícito, orientam o desenvolvimento posterior das pesquisas exclusivamente na busca da solução para os problemas por elas suscitados." (idem)

Não se afasta da precisão que fizemos mas contextualiza numa leitura histórica da evolução científica. Parece que avançámos, mas precisamos de introduzir uma especificidade nos paradigmas da Economia. Como se diz na mesma fonte, e muito bem,

"Kuhn define um paradigma científico como «realizações cientificas universalmente reconhecidas que, num dado momento, fornecem problemáticas e soluções para a comunidade dos investigadores»."

Ora na Economia não há apenas uma sucessão temporal de paradigmas, pois eles coexistem no tempo. Em cada momento há vários paradigmas. O que evolui no tempo são novas aparições e o domínio relativo de um em relação aos restantes, um domínio que não é essencialmente epistemológico (este provou que aquele é falso, ou este provou ser mais geral que aquele) mas ontológico (dada a correlação de forças dos diversos grupos sociais em presença, este paradigma é ortodoxia e os restantes são heterodoxia).

– Já que reconheces a importância de Kuhn na caracterização deste conceito, não seria adequado darmos uma vista de olhos nos seus trabalhos? Tenho sempre medo das leituras por entreposta pessoa, quando são questões essenciais. Para não estarmos a adiar a continuação do debate, não tens um livro dele aqui na tua biblioteca?

– Não é preciso. No meu anterior livro estudei esse problema recorrendo às fontes, as quais transcrevo (Pimenta 2013a, Ponderação 24 – Significado de «paradigma»). Contudo aviso-te que há diversos entendimentos do que se designa por este termo na literatura contemporânea. Por isso, conhecendo o que os outros dizem, respeitando essas leituras, o importante é, mantermo-nos na mesma linha, precisarmos o significado que já lhe damos. Para que nós nos entendamos e para que o futuro leitor desta nossa conversa entenda perfeitamente do que estamos a falar.

– Dois apontamentos, se me permites. Admito que na Economia, provavelmente em todas as ciências da realidade humana e social, há uma mais intensa coexistência de paradigmas, mas tal não é exclusivo destas ciências. Em segundo lugar podemos tirar a conclusão que a eventual interparadigmaticidade, isto é, a eventual combinação de paradigmas num discurso articulado e de interligação é tanto, ou mais, difícil que a interdisciplinaridade da Economia com outras ciências.

– Admito que tenhas razão. E em relação a esse último ponto temos que estar atentos quando analisarmos o papel da crítica na reconstrução da Economia Política.

– Contudo temos de ter o cuidado de não entrarmos no problema da interparadigmaticidade, assim como no da interdisciplinaridade. Estes são temas em si tão vastos e com aspectos muito delicados que será bom guardarmos para outros debates, se para tal houver engenho e arte.

– Fui suficientemente claro na explicitação do que pretendo designar por paradigma? Se fui podemos avançar directamente, recorrendo a uma informação histórica do pensamento económico mas tendo sempre presente que a diversidade de paradigmas tanto é uma questão diacrónica como sincrónica.

– Talvez um exemplo ajudasse a percebermos melhor o terreno que estamos a pisar. Nada melhor para vermos se estamos todos de acordo, que analisarmos uma situação que seja nossa conhecida.

– Todos nós conhecemos o modelo de obtenção da curva da oferta a partir da curva de custo marginal. Também conhecemos a dedução da curva da procura a partir das curvas de ofelimidade. E que me dizem à igualização da produtividade marginal do capital à taxa de juro e a relação entre poupança e oferta de capital? Estamos perante modelos que podem ser articulados dando lugar a outros modelos. A relação entre procura e oferta permite-nos chegar ao modelo do preço de equilíbrio num mercado de concorrência perfeita. Um conjunto destes modelos, certamente articulado com outras informações, hipóteses e teorias (micro ou macro) permitem-nos falar na teoria dos mercados ou na teoria da moeda. Em certas situações pode acontecer que se tenda para uma teoria ser uma soma de modelos, mas habitualmente é mais do que isso: teoria dos mercados, teoria da moeda, etc. Mas há um conjunto de aspectos comuns a estes modelos e teorias: o conceito de utilidade, a análise marginalista supostamente assente na Psicologia individual, enfim todo um conjunto de elementos que constituem o corpo da escola da Utilidade Marginal. Esta escola constitui um paradigma.

– Creio que já nos entendemos, até porque a abordagem que pretendemos não passa por traçar as fronteiras rigorosas entre esses conceitos.

Classificação epistemológica

– Avancemos direitos ao fim, isto é, à apresentação de quais são os paradigmas actuais em confronto.

– A identificação dos paradigmas pode ser feita atendendo a diversos critérios. Toda a classificação é possível, desde que baseada em determinados parâmetros de análise e pressupostos, adoptando-se uma determinada lógica. Contudo, depois do que dissemos até agora, parece ser legítimo admitirmos que a classificação fundamental deve ter em conta o conteúdo do objecto científico da Economia.

– Será o que poderemos designar como uma classificação epistemológica. Estou de acordo que deve ser o nosso critério central. Contudo essa realidade epistemológica está relacionada com a realidade ontológica num duplo movimento: recebe mais ou menos os impactos desta; influencia esta pela ideologia, cultura, acção e política económica. Por isso admito que depois de assentarmos na classificação essencial a possamos cruzar com outros critérios de classificação, designáveis como sociológicos.

– Vamos então, para utilizar a tua terminologia, à classificação epistemológica.

– Um objectivo científico da Economia é o estudo de uma certa faceta da sociedade que tem a ver, grosso modo, com a produção, repartição e troca, quiçá o consumo produtivo. De uma forma sintética. Deixando cair o consumo propriamente dito – destruição, transformação, dos bens – e englobando o consumo produtivo na produção, temos como primeiro objecto científico da Economia a produção, a repartição e a troca[86].

---

[86] Como estamos a considerar o objecto científico da Economia pressupõe que esta já está constituída como ciência autónoma. Esse processo de passar-se de temáticas diversas separadas umas das outras, sem um fio condutor explicitamente apresentado, contendo uma lógica globalizante, para uma ciência social que consolida numa certa temática e metodologia foi lento. Contudo percebemos com relativa facilidade que as suas temáticas são fragmentos deste objecto científico. Thomas Mun (1571/1641) (1895) aborda o comércio internacional; William Petty (1623/1687) (1983) trata dos impostos, John Locke (1632/1704) (1989, sd) analisa os preços, a moeda e a propriedade ; John Law (1671/1729) (sd) refere os impostos; Richard Cantillon (1680/1734) (2011) aborda diversos assuntos tendo como tema central a balança externa; Jacob Vanderlint (? – 1740) (1914) centra-se na moeda; David Hume (1711/1776) (1983), numa época que já é de início da autonomização da disciplina, aborda o comércio, a produção, a moeda e os juros, a balança comercial, o comércio, os impostos e o crédito público, com um esforço adicional de teorização de cada um desses assuntos. Sente-se em todos esses autores a síntese entre a realidade e os problemas mais cadentes dos que hoje designaríamos por económicos. Os nossos horizontes do conhecimento apontam apenas para autores europeus, o que é, obviamente, uma limitação.

> O1: A produção, a repartição e a troca[87]

– É o objecto científico da Economia quando ela se autonomiza como especialidade científica.

– É o objecto mesmo antes disso, quando ainda só estamos perante enunciados científicos ou quando estamos em autores que, embora não possam ser considerados como economistas, foram intitulados como tal.

– É um objecto que é comum a escolas do pensamento económico muito diferentes. Quesnay (1978 [1758]), Adam Smith (1981b, 1983), Ricardo (1983 [1817]), Stuart Mill (1988a), Marx (1969), Menger (1988 [1871]), Say (1966), Pareto (1988), Jevons (1988 [1871]), Marshall (1990) e muitos outros ajudaram a construir este objecto apesar de terem leituras da realidade e concepções da Economia manifestamente diferentes.

– Uns foram colocando a tónica mais numa das esferas de actividade, outros noutra, mas todos se enquadram neste mesmo objecto. Por exemplo, Quesnay centra-se na articulação das três esferas de actividade, assim como Marx. Adam Smith privilegia a produção e a troca, enquanto Ricardo se centra na repartição. Menger pretende sobretudo compreender a troca, assim como, por exemplo Marshall, embora de formas diferentes.

– Acrescenta Walras (1874), não porque acrescente novas informações à nossa solução, mas porque citaste alguns utilitaristas e seria um injustiça não o referir.

– Uma característica de muitos dos autores referidos é pretenderem influenciar a forma de organização da sociedade, por vezes as fronteiras entre a Economia e a Política Económica surgindo difusa.

– Assim acontece em alguns casos, mas há uma crescente separação dessas diversas componentes da análise. Já que chamaste a atenção para Walras referi-lo-ei a este propósito. Na primeira aula de um curso (Walras 1988) levanta a necessidade de começar por definir o objecto da "Economia Política e Social". Depois de fazer alguma história sobre o assunto, utiliza a segunda aula para fazer a "Distinção entre a Ciência, a Arte e a Moral". De alguma forma é estudando as temáticas da Economia, começando com a riqueza, que consegue começar a definir esse objecto... Desculpem,

---

[87] Porque em capitalismo os bens trocam-se por moeda, a distribuição do rendimento, repartição, é prévia à troca.

despistei-me. O que queria referir é que nesse texto ele traça fronteiras entre a Ciência, a Arte e a Moral: "seus critérios respectivos são o *verdadeiro*, o *útil* ou o interesse e o *bem* ou a justiça" (Walras 1988, 21).

– E hoje já não é assim? Não são essas as preocupações, os objectivos da Economia?

– Diria que dominantemente não, embora ainda possa funcionar como pano de fundo de toda a reflexão económica. Dissemos que todos aqueles autores consideravam que a Economia era o estudo da produção, repartição do rendimento e troca, mas entre eles havia diferenças. Enquanto alguns construíam esse objecto na base das relações entre os homens processadas através das coisas (exemplo elementar, uma máquina a trabalhar, ou com possibilidade de trabalhar, numa empresa é capital fixo, essa mesma máquina, mesmo que esteja a funcionar, fora desse contexto é pura e simplesmente algo sem relevância económica), outros passaram a concentrar a atenção na relação do homem com as coisas (exemplo, essa "coisa" passa a valer pelas sensações que provoca no indivíduo que se relaciona com ela, por aquilo que se passou a designar como utilidade). Para os primeiros uma transacção no mercado é uma relação entre comprador e vendedor através do bem, porque as suas actividades se justificam e se inserem numa divisão social do trabalho; para os segundos há duas relações homem/objecto, uma do vendedor, outra do comprador. Porque a utilidade só é relevante se estivermos perante um bem que não existe em quantidade infinita, isto é, insusceptível de ser usufruída por todos que a desejem diacrónica e sincronicamente, acabou por se forjar lentamente um outro objectivo da Economia: estudo das decisões de escolha em contextos de escassez (entenda-se, necessidades além das possibilidades de satisfação, recursos escassos que são susceptíveis de utilizações alternativas). O conceito de escassez é o central e assim temos um segundo objecto da Economia: gestão da escassez.

O1: A produção, a repartição e a troca
O2: Gestão da escassez

– Sempre ouvi atribuir essa definição consagrada a Robbins (1945).

– Consagrada, mas não inventada. Teve a qualidade de, no seu livro sobre o que é a Economia, consagrar de uma forma sintética uma definição centrada sobre o método. É, de facto, depois do seu trabalho que essa formulação se generaliza. Contudo, uma das razões da sua generalização é o ser a consagração de uma tendência que já vinha de antes. Quando na escola marginalista se dão exemplos totalmente desinseridos do contexto social, como "um copo de água no deserto tem muito mais valor que um copo de água no nosso dia a dia", exemplos que pretendem demonstrar a intensidade do valor de uso das mercadorias, já estamos no contexto dos recursos escassos.

– ... era outra forma de encarar os mesmos assuntos. Por outras palavras, quando estudamos a produção, ou a troca, ou a repartição de rendimentos, os problemas que temos pela frente são problemas de opção na utilização dos recursos, daí a importância que assume o conceito de custo de oportunidade. Utilização de recursos que são escassos, pois se o não fossem não teríamos que tomar decisões. E na medida em que são escassos confrontam-se com uma incapacidade de satisfazer a totalidade das necessidades sentidas.

– Por isso aplicamos essa lógica nos manuais de microeconomia ao estudo da produção, da procura, etc. E também na macroeconomia, embora com um registo diferente.

– Creio que nos estamos a encaminhar para ver as relações que existem entre as duas definições do objecto de Economia que apresentámos até agora, mas sugeria que dedicássemos um pouco mais de atenção à obra de Robbins. Ela marca, ou sinaliza, uma viragem. Assim como parámos um pouco para apreciar o artigo de Friedman agora deveríamos fazer o mesmo.

– Faz sentido. Quem conhece bem esta obra?

– Tínhamos combinado hoje analisar os paradigmas da Economia e na sua preparação peguei no Robbins. Não tenho aqui o livro mas escrevi alguns apontamentos que podem servir de guia.

– Então começa.

– Para os fins que propomos o autor analisa, sucessivamente três grandes temas, tomando como referência textos que na sua época eram habituais neste tipos de estudos. Começa pelo estudo do objecto da Economia, continua na análise do significado das leis económicas e termina com um conjunto de considerações sobre o que é a Ciência Económica.

– Como é que ele designa a Ciência Económica? Economia? Economia Política?

– "Economics" umas vezes, outras "Economic Science". Nesse último capítulo adopta esta última designação, como eu próprio utilizei. Vamos centrar-nos no primeiro e último termo de referência que são os que nos interessam: objecto, ciência. Aliás neste último capítulo começa por fazer a síntese de tudo o mais.

– Curiosamente o seu ponto de partida é a crítica de autores como Stuart Mill, Cannan, Marshall, Pareto e Clark, considerando ele que estes autores têm uma definição materialista do objecto da Economia: estudo das causas do bem-estar material. Desenvolve toda uma argumentação, nem sempre aceitável, explicando que essa materialidade é uma restrição em relação ao que efectivamente a Economia se ocupa. Além disso considera que a indicação do objecto científico (não utiliza este termo!) pela enunciação do que aborda ("material" e "imaterial") é uma definição analítica, que exige uma listagem, sempre inacabada, porque a sua definição anda sempre atrás do que se estuda.

– Daí a necessidade de uma definição sintética, que englobe todas as matérias.

– É verdade, com uma preocupação última: acabar com as divergências sobre o que estuda a Economia, dando-lhe assim credibilidade (Robbins 1945, Prefácio 1ª ed.).

– E por isso se agarra ao método.

– Eu não diria isso. Ele considera-se sempre na crítica da posição de outros autores, procurando retirar o que é comum. E assim faz quando diz:

> "Do ponto de vista do economista as condições da existência humana apresentam quatro características fundamentais. Os fins são diversos. O tempo e os meios para realizar estes fins são limitados e susceptíveis de aplicações alternativas. Além disso, os fins têm importâncias diferentes." (Robbins 1945, 12)

e o económico não está em nenhum destes elementos, mas na sua articulação:

> "Eis pois, a unidade do assunto da Economia (...) Economia é a ciência que estuda o comportamento humano enquanto relação entre fins e meios escassos com usos alternativos." (Robbins 1945, 16)

E depois, nas páginas seguintes, precisa algumas ideias em torno desta concepção: um bem só é económico se é raro; a raridade não tem um significado absoluto, legitimando-se em relação à procura; são as relações entre as coisas e não as coisas que são importantes para o economista.

– E mantém sempre uma posição de leitura da realidade, sem preocupações valorativas?

– Até chegar a estas considerações a resposta à tua pergunta é afirmativa. E ainda continua durante mais tempo, ao desbravar posições então relevantes. A sua positividade passa nomeadamente por diferenciar claramente a Economia da Moral e pela constatação do abismo entre o positivo e o normativo.

> "Infelizmente, não é logicamente possível associar estes dois estudos sem ser por justaposição. A economia ocupa-se de factos determináveis; a ética de apreciações e de obrigações. Os seus campos de investigação não estão no mesmo plano discursivo. Entre as generalizações dos estudos positivos e dos estudos normativos há um abismo lógico que nenhum engenho saberia resolver e que nenhuma justaposição no espaço e no tempo saberia satisfazer." (Robbins 1945, 148)

– Depois deixa de o ser?

– A melhor maneira de te responder é pegar em citações do último ponto do último capítulo, em que trata do significado da Ciência Económica (Robbins 1945, 151/8):

> "Qual é pois a significação da Ciência Económica? Nós vimos que ela não pode fornecer, na sua própria estrutura de generalizações, normas válidas na prática. É incapaz de decidir sobre a desejabilidade de diferentes fins. É fundamentalmente distinta da Ética. Em que consiste, pois, a sua incontestável significação? (...) Nenhuma ciência permite resolver o problema último da preferência. Mas para sermos completamente racionais, devemos saber o que preferimos. Devemos ser instruídos sobre as implicações das alternativas. (...) Ela pode permitir escolher um sistema de fins compatíveis entre si. (...) Sem a análise económica é racionalmente impossível escolher entre sistemas alternativos de sociedades. (...) Ela [a Ciência Económica] não assenta na hipótese de que os indivíduos agirão sempre de forma racional. Mas, por razão de ser prática, depende da assunção de que é desejável eles se comportarem assim."

– De facto nestas considerações há uma oscilação entre o ser e o deve ser como suporte da Ciência Económica.

– Estes esclarecimentos foram muito úteis. Foi bom um de nós ter levantado a ideia de aprofundar esta obra de referência, de que nos dispensamos de apresentar considerações críticas.

– Podemos então retomar o que íamos dizer sobre o nosso segundo objecto da Economia.

– O entendimento corrente durante muito tempo foi de que O2 era uma outra forma de designar O1. Por outras palavras, o estudo da escassez aplicava-se à produção, troca e repartição, e só a isso. Um objecto científico punha o centro da atenção no conteúdo e o outro no processo. Podemos dizer que ainda hoje é frequente, sobretudo ao nível dos manuais introdutórios da Economia. Contudo, mesmo quando é esse o entendimento devemos perceber que a lógica de abordagem é já muito específica, menos ampla que na concepção anterior.

– Robbins diria que é mais ampla.

– Quando eu analiso as relações entre os homens através das coisas (o que é uma perspectiva que Robbins nem sequer levanta) eu tenho vários subobjectos de análise, se assim podemos chamar. Partamos de um exemplo. A empresa A lança no mercado uma mercadoria m. Esta depois de passar por vários intermediários ($B1$ comerciante por grosso, $B2$ comerciante a retalho) que não foram agentes passivos, simples intermediários, mas agentes que ajudaram a promover o produto, ele é adquirido por C. Mesmo sem conhecimento mútuo pessoal há uma relação $A \leftrightarrow C$, $A \leftrightarrow B1$, $A \leftrightarrow B2$, $B1 \leftrightarrow B2$, $B1 \leftrightarrow C$, $B2 \leftrightarrow C$, a qual é o resultado de uma questão decisiva, sem a qual não haveria na realidade-em-si nada a estudar, sem a qual não teríamos problemáticas que merecessem a nossa atenção de estudo. É o resultado da divisão social de trabalho, duma divisão social do trabalho (conceito abstracto) que se concretiza de determinada forma em cada sociedade, em cada período histórico.

– Mas se a ciência é uma simplificação, é o resultado de uma abstracção, não podemos considerar todos esses aspectos.

– Sem dúvida, mas condensamos toda a informação, fazemos a abstracção de toda essa realidade social através da captação do essencial da relação entre os intervenientes no processo. Mas uma tal análise não se pode ficar, obviamente, pela relação entre pessoas. Esta relação faz-se através de coisas, e estas são o veículo de ligação, o veículo da relação. Por isso é necessário também considerar as relações $A \leftrightarrow m$, $B1 \leftrightarrow m$, $B2 \leftrightarrow m$, $C \leftrightarrow m$ relações que têm inevitavelmente duas dimensões: a objectiva, porque a coisa tem determinadas características físico-químicas, e a subjectiva, porque cada pessoa tem uma forma específica de a apreciar, de se relacionar com ela.

– Esse exemplo tão simples (compra e venda) não está a ser demasiado baralhado?

– Quando recorremos a um exemplo e pretendemos torná-lo compreensível para outrem deixamos de estar ao nível dos conceitos, passamos do baixo nível de reprodução da realidade que é a abstracção, para o alto nível, que é a complexidade do concreto. Claro que na Economia, mais precisamente, nos paradigmas da Economia que fazem este tipo de análise, todas estas relações estão expressas em conceitos e envolvem um série de postulados simplificadores.

– Creio que a teoria do valor-trabalho é um exemplo paradigmático da consideração dessa dupla relação: relação entre as pessoas, individuais ou colectivas, e relação das pessoas com as coisas.

– Já agora, tudo isso manifesta-se numa relação *coisa* $\leftrightarrow$ *coisa* (a referida acção traduz-se em sucessivas relações *bem* $\leftrightarrow$ *dinheiro*).

– Tudo isto a propósito do objecto científico escassez...

– Obrigado pelo alerta. Ora ao passar-se do que designamos de Objecto Científico 1 para o Objecto Científico 2, pode-se não se pôr de parte as relações entre as pessoas, mas certamente que elas serão subestimadas em relação à relação entre as pessoas e as coisas. No cúmulo da simplificação passamos de uma análise das relações entre as pessoas através de coisas para uma relação entre coisas em que intervêm pessoas. No exemplo anterior, e desculpem regressar a ele, apesar de correr o risco de estar inadvertidamente a entrar no concreto, C entrega a $B2$ dinheiro (d) e $B2$ entrega a C mercadoria (m). O fraccionamento entre todas as partes do processo e a sobrevalorização da relação com o objecto pode terminar na consideração exclusiva da relação m-d. Por outras palavras, a mudança do objecto parece aplicar-se à mesma realidade ontológica, mas ao fazê-lo de forma diferente, com princípios e metodologias diferentes, acaba por alterar efectivamente o objecto epistemológico.

– Agora percebo onde querias chegar. Mesmo tendo o mesmo "pano de fundo" ontológico a forma de o abordar conduz a entendimentos diferentes, realmente diferentes, do que é o objecto científico. Descarta relações. Tal constatação consolida o facto de O2 ser um objecto alternativo a O1.

– A aplicação do segundo objecto científico (O2) à produção, troca e repartição acaba por ser um objecto de passagem, um objecto O1→O2.

– Quer do ponto de vista histórico quer epistemológico parece-me mais correcto falar num objecto O1 visto com os óculos do objecto O2, isto é um objecto O1←O2[88].

– Podemos fazer essa leitura. De facto, desde que o objecto científico da Economia passa a ser as decisões de escolha em contextos de escassez podemos ter correspondências entre a realidade e a Economia totalmente diferentes, podemos fazer análises, utilizar metodologias, construir modelos totalmente diferentes. O filtro de leitura da sociedade é totalmente diferente. Muitos dos actos humanos que, na primeira definição, não eram analisados porque extravasavam o objecto podem passar a sê-lo. Mais que não seja porque o tempo é escasso[89].

– É escasso para o papalagui[90] ...

– ... papalagui que somos todos e cujo contexto social nos serve de referência. O comportamento dos partidos políticos, dos sindicatos, a estrutura familiar, as opções religiosas ou coisas tão simples como o acto de arrumar um carro ou saber se vou ao cinema ou vou namorar pode ser objecto da Economia.

– Esse exemplo de ir ao cinema ou ir namorar é um caso curioso. São exemplos desses que muitas vezes nos são apresentados nas aulas de Introdução à Economia, para nos explicarem o que é o custo de oportunidade, conceito central nesta noção de Economia e que o não era na primeira, mesmo que aí pudesse ser incorporado. Muitas vezes assumimos exemplos que nada têm a ver com a Economia, utilizados no ensino, para "perceber uma ideia" sem grande custo. Mas agora vejo que essas referências não

---

[88] Também poderíamos representar por O2→O1. É preferível uma ou outra representação conforme se dá prioridade à sequência histórica do seu aparecimento ou ao significado do paradigma.

[89] Foi então recordada a posição de Moura (1964) que, apesar dos anos decorridos, mantem toda a actualidade:

"A definição de Robbins ainda hoje tem muita aura, de tal modo explora, num sentido lógico, a essência dos problemas que se tratam em Economia. Simplesmente, essa mesma ânsia de coerência lógica conduz a que não seja possível identificar o conteúdo real, efectivo, daquilo que se estuda na Economia com o campo, muito mais vasto, que se abre por tal definição." (5)

[90] "Papalagui" é o homem branco, na linguagem de Samoa. Consagrado pelo livro "Papalagui" (Scheurmann 1991), em que os europeus se podem conhecer melhor através da leitura que deles faz um samoano.

são tão despropositadas como pareciam. É certo que os alunos nas últimas décadas são metralhados com o conceito de escassez e racionalidade mas continuam a considerar espontaneamente que tal se aplica à produção e à troca, pois esses são os capítulos que têm nos livros introdutórios.

– Podemos pois considerar que O2 é um objecto diferente de O1, embora se possa admitir um conceito de transição.

– Foi fácil enunciar todos os objectos na classificação epistemológica.

– Calma. A análise ainda não está completa. Já sabemos que a racionalidade é um conceito fundamental neste último tipo de paradigma. Por isso mesmo resolvemos estudá-la mais pormenorizadamente nestes nossos debates. Já sabemos que frequentemente é postulada a racionalidade plena e a informação completa...

– Mesmo quando essa racionalidade não é "perfeita" (isto é, como a teoria postula) ou quando há falhas de informação a análise toma sempre como referência a situação "perfeita"...

– A negação de A ($^-$A) continua amarrada a A pela negação

– Tiraram-me as palavras da boca. Isso mesmo. A racionalidade que conduz à optimização está sempre presente. A ciência da escassez tende sistematicamente para a optimização E esta não é o estudo da gestão da escassez, mas o estudo da escassez óptima, da "escolha racional" na utilização dos recursos escassos com aplicações alternativas.

– Pelo que eu julgo saber grande parte dos economistas que optam pelo O2 dizem-se positivistas. Ora o positivismo é o estudo dos fenómenos através da sua descrição, das suas relações imediatas, com fuga deliberada às causas primeiras herdadas da metafísica. Como é que esse positivismo é compatível com essa normatividade?

– Essa pergunta mereceria uma tese de doutoramento!

– Sem dúvida. Frequentemente os economistas deste paradigma consideram-se positivistas, mas quando assim se afirmam já estão muito afastados da realidade ontológica. O que descrevem não é esta mas os arquétipos construídos a partir dela, já com grande distanciamento. A positividade é apregoada, é o anúncio colocado à porta do edifício teórico, mas deixaram as janelas abertas para a entrada da normatividade.[91]

[91] Há muitas possibilidades de percorrer este caminho, como teremos oportunidade de referir em diversas ocasiões. Mas tomemos agora como exemplos ilustrativos dois autores muito utilizados no ensino da Economia.

– Estamos perante um outro objecto científico da Economia?

– Tenho admitido que sim. A partir da sua adopção não interessa toda a escolha no quadro de escassez anteriormente referida, mas apenas a escolha racional, a escolha que conduz à melhor solução de utilização dos recursos escassos com aplicações alternativas. Ou estamos na limitação do estudo da escolha a um único tipo, ou estamos no que deve acontecer para que os recursos sejam melhor utilizados, logo no plano da normatividade.

Krugman e Wells (2007) começam por considerar que "o estudo de como os indivíduos tomam decisões e de como estas decisões interagem" (2) é uma referência fundamental e, antes de explicitarem o que é Economia, já estão a considerar que esses comportamentos constituem a Microeconomia, assumindo-se esta, assim espontaneamente, como ponto de partida de tudo o mais. Esta ideia é retomada mais adiante quando introduz duas ideias com alguma colagem à realidade: "escolha individual: o cerne da economia" e "os recursos são escassos" (5). O estudante não tem elementos para perceber que lhe estão a transmitir uma definição formal, não substantiva. Por aqui estamos em O2. Contudo, já antes tinha dito que às vezes os factos não são como seria de esperar, porque há "falhas de mercado" (3), acrescenta em complemento à escassez o conceito de "custo de oportunidade" (6) e afirma, categoricamente, um pouco mais adiante

> "o conceito de equilíbrio é de grande ajuda para entender interações econômicas, pois permite, por assim dizer, cortar caminho por entre detalhes por vezes intrincados dessas interacções." (11)

E assim os autores passam para o paradigma O3: tem de haver equilíbrio, os indivíduos adoptam a opção melhor e se as coisas não se passam como a Economia prevê é porque há uma falhas de mercado, a realidade "falhou".

(Mankiw 2007), – obra pedagogicamente bem elaborada, articulando as problemáticas micro e macro –, logo no início do primeiro capítulo delimita o âmbito de estudo com algumas verdades insofismáveis: "uma família enfrenta muitas decisões. (...) Tal como as famílias a sociedade enfrenta muitas decisões. (...) A gestão dos recursos da sociedade é importante porque os recursos são escassos" (3). Sem falar em produção, repartição e troca, estes aspectos são, encarados via escassez: "a gestão dos recursos da sociedade é importante porque os recursos são escassos" (3). É mais uma utilização do formalismo típico do paradigma O2. De seguida enuncia dez princípios caracterizadores da Economia e no terceiro introduz o princípio da racionalidade assente na análise marginal: "A Economia assume normalmente que as pessoas são racionais. Os indivíduos racionais fazem, sistemática e propositadamente, o que é melhor para atingir os seus objectivos, dadas as oportunidades existentes" (6). No capítulo seguinte fala das "hipóteses simplificadoras" (21) mostrando que todas as ciências as usam inevitavelmente como forma de simplificar o complexo mas não aproveita a oportunidade para esclarecer, eventualmente, que a escolha racional anteriormente introduzida também o é. Dessa forma se adopta o paradigma O3 sem qualquer justificação rigorosa.

> O1: A produção, a repartição e a troca
> O2: Gestão da escassez
> O3: Escolha racional

–Também aqui podemos encontrar pontes entre O2 e O3. Podemos admitir que começamos por encarar a gestão da escassez tal e qual como ela se processa e depois estabelecemos uma comparação com as soluções óptimas. Provavelmente existiriam também formas de O[2→3].

– Apesar de na citação que há pouco referiste de Robbins ele já se colocar numa transição para a normatividade.

– É possível, mas no relacionamento entre a realidade ontológica e a realidade epistemológica passa a haver uma enorme diferença. O fluxo principal de informação deixa de ser da primeira para a segunda, mas exactamente o contrário. Quando há desajustamento entre ambas é a realidade ontológica que está errada no sentido exacto do termo: os comportamentos foram inadequados em relação à optimização.

– A optimização também pode ser traduzida por designações encantadoras: bem-estar, felicidade ou outras.

– Podemos fugir a esse confronto entre O3 e O2 (assim como entre O3 e O1) dizendo que a Economia pode ser Positiva ou Normativa. Certo tipo de análises são positivas e outras são normativas.

– Creio que essa é a leitura habitual. Veja-se o que diz um dicionário:

"Em termos conceptuais, a economia pode ser vista sob duas perspetivas fundamentais, que podem ser entendidas como complementares: por um lado salientando os seus aspetos mais objetivos, que têm a ver com a descrição, explicação e interdependência entre os factos e fenómenos económicos; por outro lado concentrando as atenções na parte mais subjetiva, que, no âmbito da definição de políticas e rumos para determinadas variáveis, envolve juízos de valor associados à ideologia e aos padrões éticos, morais e valorativos do economista em causa. A abordagem mencionada em primeiro lugar é classificada como economia positiva, enquanto a segunda se denomina economia normativa." (Infopédia, online)

Mesmo os economistas falam frequentemente nessa dupla Economia.

– Mas ao mesmo tempo que assim procedem estão a retirar o estatuto científico à Economia, pois a normatividade não tem lugar no edifício científico. Até Robbins está contra isso, como vimos. É exactamente como diz um blog (Logística New), que parece ter mais lucidez que muitos economistas:

"Economia Positiva: tenta descrever a economia como ela *é*: descritiva: o economista se comporta como cientista. Economia Normativa: faz afirmações sobre como a economia *deveria ser*: prescritiva: o economista se comporta como político."

– Que mais podemos dizer sobre estes diferentes objectos da Economia?

– Certamente muitas coisas, mas creio que elas ressaltarão da possível classificação sociológica.

–Há contudo uma ideia que me parece importante frisar, embora muito genérica. Partindo da dicotomia entre idealismo e realismo em Filosofia, quando caminhamos de O1 para O3 passamos cada vez mais do realismo para o idealismo. Daí a assunção de que a realidade pode estar errada.

– Antes de terminarmos permitam-me uma elucidação. Consideramos que na Economia tem havido, grosso modo, três objectos científicos. Designados por O1, O2, O3. Torna-se claro que a diferentes objectos correspondem diversificadas formas de fazer ciência, de encarar a realidade-para-si, eventualmente a realidade-em-si. Diferentes objectos correspondem a diferentes paradigmas: Economia[O1], Economia[O2] e Economia[O3]. Falámos de objectos científicos como critério central de classificação dos paradigmas da Economia.

– Terminamos pois a nossa primeira classificação, com a certeza que ela é a principal no nossos projecto de debates.

– Fazemos um pequeno intervalo?

– Põe uma sinfonia de Mahler. De preferência a Sinfonia nº 3 para termos mais tempo para descansarmos e podermos deliciarmo-nos com a música. Se não, uma à tua escolha.

Classificações sociológicas

– Quando arrumamos a realidade em classificações, utilizando para tal um conjunto de conceitos que pretendem reflectir aquela, podemos utilizar os critérios mais diversos. A validade do resultado final depende da lógica de formação dos grupos, da correcção dos conceitos utilizados, da Lógica subjacente (bivalente ou plurivalente, consistente ou paraconsistente, entre outros aspectos).

– Não é fácil classificar. Os economistas na sua actividade, científica e de gestão, estão muito frequentemente a utilizar classificações e raramente reflectem sobre elas, aplicando-se o adágio popular de que "o hábito faz o monge".

– É verdade, mas superaria essa controvérsia agora, para não fugir do tema. Nas considerações anteriores observamos a Economia, através dos seus autores, e determinamos quais os principais objectos científicos que a nossa ciência tem utilizado ao longo da sua história. A nossa atenção focou-se na realidade-para-si. A cada objecto científico fizemos corresponder um paradigma. É muito provável que ao longo do nosso trabalho seja essa a classificação dos paradigmas que mais vamos utilizar. Contudo não é a única possibilidade.

– Muito provavelmente não é esse o critério mais habitual de classificação. Se se colocar a pergunta a um economista a primeira coisa que pode acontecer é ele nem saber que existam diversos paradigmas, pelo menos sincronicamente. Contudo se o souber, provavelmente a sua classificação assenta em um de dois critérios: o autor que esteve na origem de uma determinada corrente (ricardianos, marxistas, keynesianos, por exemplo) ou a parte da sociedade que tendem a privilegiar nas suas análises, que tendem a associar ao seu objecto científico. É sobre essa possibilidade de classificação que sugiro que tomemos em consideração agora.

– Certo. Por onde começar? Quando olhamos para a realidade ontológica que a Economia pretende estudar encontramos o quê? Designemos por sociedade a totalidade dessa realidade. Esta é composta de indivíduos e estes estão agregados em múltiplas e diversificadas estruturas intermédias que têm sido designadas de instituições.

– Precisemos o que englobas nas instituições.

– Sem dúvida que é importante. O recurso ao Wikipédia, depois de uma comparação em diversas línguas e de uma selecção, pode poupar-nos trabalho. A que nos dá o significado mais interessante para nós, que corresponde ao sentido implícito que estávamos a atribuir encontra-se na versão francesa:

"Instituição designa uma estrutura social (ou um sistema de relações sociais) dotada de uma certa estabilidade no tempo. Uma definição mais elegante corresponde a dizermos que uma instituição é uma regra do jogo aceite socialmente. (...) As instituições são maneiras colectivas de agir e de pensar, elas têm a sua existência própria para além dos indivíduos".

Admito que esteja suficientemente claro para podermos avançar.

– Creio que sim, embora esse conceito tenha uma longa história nas ciências sociais. Adoptas uma definição próxima da de Durkheim. Para ele as instituições são maneiras colectivas de agir e de pensar. No dizer de Parson, aplicado mais à Economia, as instituições

"são padrões *normativos* que definem aquilo que as pessoas pensam ser, numa dada sociedade, as modalidades apropriadas, legítimas ou esperadas de acção ou de relacionamento social." (Hodgson 1994, 125)

O interesse próprio forja-se colectivamente e é moldado pelo hábito que tem o seu suporte nas instituições[92].

– Sem grande precisão conceptual até o conhecimento corrente é capaz de fazer uma trilogia dessas: indivíduo, instituição, sociedade. Aliás é uma tripla referência muito habitual na literatura. Mas o fundamental para o propósito que pretendemos atingir é perceber qual desses elementos é considerado principal, conceptualmente mais importante. Se é a sociedade, as instituições são uma expressão do todo e quer elas como os indivíduos estão socialmente condicionados, tendo uma margem de manobra limitada. As instituições e os indivíduos são um produto da sociedade, com alguma autonomia relativa. Se o mais importante é o indivíduo as instituições são agregações de indivíduos, são uma condensação de práticas e relações pessoais, e a sociedade é uma soma de indivíduos. Se o conceito fundamental são as instituições a sociedade é uma estrutura de instituições, podendo ela própria ser encarada como tal, e as instituições moldam os indivíduos, inculcando um conjunto de práticas, tradições, usos e costumes.

---

[92] Se esta noção de instituição, estrutura intermédia entre o indivíduo e a sociedade é suficiente para a nossa análise, não podemos ignorar a diversidade de sentidos que essa palavra pode ter. Neto (2016) considera vários entendimentos possíveis do institucionalismo conforme a corrente de pensamento que lhe é subjacente: "institucionalismo histórico", "institucionalismo sociológico" e "institucionalismo de «escolha racional»".

SOBREVOO SOBRE O SIGNIFICADO DE "ECONOMIA"

– Parece-me que seja qual for o ponto de partida é possível considerar que a sociedade é mais do que a soma das instituições e uma instituição é mais do que a soma dos indivíduos. Basta que considerem alguma autonomia das instituições ou dos indivíduos, por pequena que seja, basta que para além dos elementos que constituem o agregado se considere as relações que eles estabelecem entre si.

– Como exercício lógico podes dizer isso, mas temos que ter em atenção o seguinte. Se se privilegia um dos agregados tende-se a considerar que esse excedente da soma dos seus elementos constitutivos é relativamente irrelevante para a análise. Se se parte do indivíduo habitualmente dá-se pouca importância às instituições e considera-se a sociedade como uma soma de indivíduos. Se se parte da sociedade tende-se a dar pouca importância às instituições e a considerar que os indivíduos são partes desse conjunto. Se o ponto de partida são as instituições considera-se os indivíduos sempre moldados pelas instituições a que pertencem.

– Não é muito reducionista?

– É. Há autores que ultrapassam esse reducionismo, mas muitos outros não. Esse reducionismo é adoptado à sombra da abstracção inerente à construção de um objecto científico.

– Não será difícil concluir que estamos perante outro critério de classificação dos paradigmas, que podemos designar de sociológico. Temos paradigmas "puros", determinados pelo primado assumido na leitura da sociedade.

SO1: Sociedade
SO2: Instituição
SO3: Indivíduo

Depois há muitas combinações possíveis entre eles.

– É possível darem alguns nomes de economistas consagrados que se encaixem em cada um destes objectos sociológicos?

– Penso que é fácil, deixando propositadamente de lado Adam Smith e Ricardo, tantas são as leituras diferentes sobre a sua obra. Como exemplos de SO1 temos Quesnay e Marx. Como exemplos de SO2 temos Veblen e Keynes. Como exemplos de SO3 temos Jevons e Friedman. E muitos outros encontraríamos na actualidade.

– Apesar de ser controverso, na tua opinião, onde colocarias Adam Smith e Ricardo?

– Ambos em SO1. Ao primeiro porque o ponto de partida é a divisão social do trabalho, embora esta não apareça como produto histórico mas quase como fábula dos alfinetes. O segundo porque os conceitos iniciais na sua obra principal aplicam-se a toda a sociedade. De qualquer forma admitiria que Adam Smith seria um balanceamento entre o social e o individual, qualquer coisa do tipo SO[1→3].

– E Marshall?

– Já temos referido que as intenções iniciais dele e os resultados finais não são semelhantes. Pretendeu respeitar o "princípio da continuidade" e acabou por não o conseguir. Diria que pretenderia encaixar-se em SO2 mas terminou em SO3.

– E Schumpeter?

– Espero que não tenhas decorado a enciclopédia dos economistas! A resposta a cada uma das tuas perguntas exigiria um grande esforço para concluirmos com segurança. Eu estou a dar a minha opinião a partir das leituras que fiz desses autores e das interpretações de que têm sido alvo, mas uma resposta cabal, certamente não definitiva, exigiria um conhecimento completo e mais aprofundado da sua obra, o procurar nos seus escritos os sinais das diversas tendências. Dito isto, Schumpeter é um heterodoxo para todas as correntes, é muito difícil de classificar de uma forma simplista. Contudo, seguindo a linha simplista que estamos a aplicar, encaixá-lo-ia em SO2.

– É possível estabelecer alguma comparação entre os critérios de classificação epistemológico e sociológico?

– Admito que sim, mas proponho-vos que deixemos esse exercício para outra ocasião, se for oportuno. Não é importante para já e começamos a entrar numa pormenorização que é mais controversa e que exige entrar com outros operadores para análise. Do que conheço (insisto nesta minha limitação) podemos admitir o seguinte cruzamento, mas não me peças nomes para o que admito como hipótese de investigação:

	O1	O2	O3
SO1	Sim	Não	Não
SO2	Sim	Talvez	Não
SO3	Sim	Sim	Sim

em que Sim = compatível, Não = incompatível; Talvez = é logicamente possível mas não conheço nenhum exemplo.

– Podemos dar por terminado este ponto?[93]

– Creio que sim, mas antes deixem-me manifestar o meu apreço pelos resultados obtidos, que de uma forma simples, arruma as contribuições de séculos de estudo destas temáticas. Contudo não podemos perder de vista que muitas outras classificações seriam possíveis como, aliás, referimos diversas vezes.

– Apenas queria acrescentar mais duas conclusões que são evidentes para todos nós mas que convém explicitar:

(1) Há vários critérios de classificação do objecto científico da Economia, sendo o nosso, quiçá mais ajustado às nossas preocupações.

(2) Podemos ter dois autores que, seguindo a nossa grelha, são classificados no mesmo paradigma e, no entanto, têm análises muito diferentes, até contrárias.

– Já que estamos nestas recordatórias, deixem-me acrescentar outra. Existirão sempre autores que escapam a qualquer classificação, seja ela qual for. Este autor que tenho entre mãos (Baslé e *al* 1988, 15) cita Polanyi, Hirschman e Rawls, mas muitos mais poderíamos invocar.

– As advertências estão feitas. Talvez tenhamos futuramente que voltar ao assunto que levantaste. Já se faz tarde!

---

[93] Antes de o fazermos houve um debate em torno das técnicas disponíveis para analisar a relação "homem" *versus* "sociedade" *versus* "instituição". A abordagem sociológica tem sido muito centrada no diálogo entre Durkheim (1858-1917; sociedade via instituição) e Weber (1864-1920; indivíduo), subestimando Simmel (1858-1968; sociedade e indivíduo). A técnica Análise das Redes Sociais, "inventada" por John Marnes (1918-2010) veio trazer Simmel para um plano mais destacado (Simmel 1981). A *Social Network Analysis* não parte do primado de uma das "entidades" sociais mas a interacção entre "entidades" em processos de socialização: o indivíduo, as instituições e a sociedade são analisados simultânea e holisticamente. Houve mesmo quem antecipasse a hipóteses de que futuramente a Economia adoptará profusamente esta técnica e tal está associada a uma mudança paradigmática, de contornos a definir, provavelmente retomando O1. Hoje começa a haver muita literatura sobre esta técnica, tendo sido, a título exemplificativo referido (Scott 2004, Scott (ed.) e Carrington (ed.) 2011, Knoke e Yang 2008, Mercklé 2011).

Conclusões

– Talvez fosse bom que antes de nos despedirmos até o próximo debate, fizéssemos uma breve síntese sobre o grande primeiro capítulo hoje terminado.

– Creio que é fácil e não ocupa muito tempo:

1. Na língua portuguesa "economia" é um termo polissémico e, se usado sem precisão, é ambiguo. A sua utilização exige o esclarecimento sobre se estamos a referirmo-nos à ciência que estuda uma determinada realidade ("Economia") ou ao objecto científico dessa ciência, a uma certa leitura da sociedade, isto é, de certos aspectos da realidade, da vivência social ("economia").

2. A Economia estuda uma parte da sociedade, observando esta através de um "filtro conceptual" e uma metodologia. Essa leitura parcial assumida como objecto de análise constitui o seu objecto científico. Centrado neste, reconhecendo uma sua mudança, distinguimos vários paradigmas da Economia.

3. Numa análise global, reconhece-se que a Economia é uma ciência (social). Contudo devemos estar atentos para que as "ideias feitas", as hipóteses inaplicáveis e uma indefinição associada ao *cæteris paribus* não violem a abertura à novidade, a possibilidade da falseabilidade e a repetibilidade do caminho percorrido.

4. Falar em Economia é uma simplificação perante a coexistência de diversos paradigmas alternativos, que fazem leituras bastante diferentes entre si. Temos que saber em cada momento quando falamos em Economia a que paradigma nos referimos, em que paradigma nos situamos.

5. De entre vários critérios de classificação da Economia em paradigmas assumimos como central a que se centra no conteúdo do objecto científico (O1: produção, repartição e troca; O2: gestão da escassez; O3: escolha racional).

– Ora aqui está em poucas palavras o que demorámos tanto tempo a concluir!

– Combinemos a próxima sessão. Creio que antes disso temos que amadurecer e aprofundar o que analisámos, fazer diversas leituras e transformar a informação produzida em formação. Só depois devemos começar a preparar os assuntos futuros.

Importância da crítica da Economia Política

– Como vimos e resumimos, chegámos à conclusão da existência de dissemelhantes paradigmas que se diferenciam, pelo menos, pelos diferentes objectos científicos e pelos objectos sociológicos. Vamos encontrar outras possibilidades de classificação, atendendo a outros vectores de unidade e de diferenciação, como referimos no fim do último debate. Diversos paradigmas que coexistem nos dias de hoje e que estão, mais ou menos directamente correlacionados com leituras de diferentes grupos sociais e com a correlação de forças social. Se cada paradigma tem uma certa leitura epistemológica da realidade, uma certa abordagem da realidade ontológica e utiliza determinadas metodologias, o debate de ideias é um imperativo categórico e deverá concentrar-se no que é mais objectivo e mais importante.

– Mas para que essa crítica não seja um debate de surdos, um esvoaçar de palavras sem capacidade de reflexão pelo outro, é necessário que haja um ambiente social e cultural que garanta esse diálogo. Esse deveria ser o nosso primeiro tema de análise.

– É uma boa sugestão desde que não nos embrenhemos pela sociologia do conhecimento ou pela sociologia das instituições académicas, locais privilegiados para essa troca de posições. Chegados aí poderemos trocar algumas opiniões sobre a interparadigmaticidade. Falo expressamente em "trocar algumas opiniões" porque este é um tema muito vasto e sobretudo porque me parece difícil testá-lo adequadamente sem previamente termos estudado a fundo a interdisciplinaridade. Contudo, o facto de teres publicado um livro sobre a interdisciplinaridade e ele ter um conteúdo muito amplo e preciso, pode ajudar a esse enquadramento.

– Porquê essa relação entre a interparadigmaticidade, que é um problema interno a uma ciência, neste caso à Economia, e a interdisciplinaridade, que tem a ver com a relação da Economia com as outras ciências? Num caso é uma relação interna, no outro é externa.

– Poderemos ver esse assunto mais detalhadamente quando abordarmos essa temática, mas, segundo a minha leitura, há uma similitude de problemáticas nas duas situações. Da minha pouca experiência e reflexão sobre o problema diria que a interdisciplinaridade é frequentemente mais simples que a interparadigmaticidade. Exactamente por ser uma relação interna, os muros entre os paradigmas estão construídos há muito e são de betão armado, forjado nos conflitos sociais.

– Percebo, mas tentemos.

– Se tudo isto é uma reflexão crítica há ainda, para terminarmos, que reflectir sobre a própria noção de crítica.

– Fazer a crítica da crítica...

– Enfim, fazermos uma síntese para que possamos captar o essencial e passarmos ao exercício seguinte que é a aplicação da crítica a conceitos basilares da Economia.

CIÊNCIA DE UMA TRIBO EUROPEIA

RESUMO:
Relevância da Europa na Economia: realidade social e cultura. Sobre a Etnomatemática. Poder e ciência. Da Europa para o mundo. Uma problemática em aberto.

– Peço desde já desculpa pelo problema que vou levantar, mas ela tem-me atormentado desde que começámos a ver algumas coisas relacionadas com a história do pensamento económico. Sinto-me feliz em dizer que a questão que pretendo levantar resulta da dúvida cartesiana, mas creio que é uma desculpa para mim próprio...

– O que me recordo da dúvida cartesiana[94] é exactamente isso: a presença sistemática da dúvida em relação a todos os conhecimentos. A dúvida em relação às nossas percepções, a dúvida em relação aos nossos conhecimen-

---

[94] Para o efeito consultar a principal obra de Descartes: (1961)

tos, uma dúvida epistémica susceptível de influenciar os nossos percursos conceptuais e as metodologias de análise. Procurar, sempre que possível, decompor os problemas, reanalisar o que poderíamos considerar como aceite.

– Sim, mas que tem raízes e consequências diferentes do tipo de análise que temos estado a realizar. Se é extremamente positiva essa dúvida metódica, certamente muito melhor e com muito maior validade científica que a crença nas evidências, na aceitação não reflectida sobre as informações que nos são transmitidas, ela também comporta alguns perigos. "Penso, logo existo" é o resultado da aplicação dessa dúvida metódica à existência da realidade exterior ao homem...

– ... em que o próprio homem se inclui.

– ... conducente ao idealismo. A dúvida metódica está associada à metodologia cartesiana de decomposição do todo em partes para se começar por estudar os elementos mais simples. Esta metodologia, comportando ensinamentos importantes e tendo contribuído muito para a evolução científica, pode decompor o todo em partes de uma forma que elimina as relações entre estas, a presença do todo nas partes, que impede a captação da complexidade, que dificulta uma leitura holista da realidade.

– Agradeço essas considerações sobre a dúvida metódica, mas não era por aí que pretendia caminhar. A referência à dúvida cartesiana foi apenas uma justificação para colocar uma questão bem diferente e que eu próprio tenho dificuldades em formular. Se considerarem que é uma questão imbecil passemos adiante, mas não ficaria bem comigo e com vocês se não a levantasse.

– Não há perguntas imbecis, mas pode haver perguntas mal colocadas. Não tenhas embaraços, estamos aqui para aprendermos uns com os outros e a adopção do diálogo também é para isto mesmo. Descobrimos o inusitado. Qual a questão?

– Será que a Economia é uma ciência da "tribo europeia"?

– Responder a essa interrogação bizarra é eventualmente relativizarmos o nosso conhecimento sobre a Economia, conhecermos novos limites à sua validade. Quiçá pormos em causa muitas das nossas ideias feitas. Não será que espontaneamente consideramos que a validade de uma ciência é universal, mesmo que o não seja? A realidade-em-si varia no espaço e no tempo, influencia o objecto científico, mas continuamos a considerar universais as leis então formuladas.

– Estamos aqui a falar sobre uma pergunta que ainda não consegui perceber. O que queres dizer com a Economia ser uma ciência da tribo europeia?

– Desculpem antecipadamente se vou ser demorado e indirecto na resposta à questão que me colocam. Creio que todos nós espontaneamente assumimos que uma ciência tem um elevado grau de objectividade, como constatámos também para a Economia, e que as suas leis são tendencialmente universais, apesar de algumas das limitações que encontrámos para a Economia. Contudo a Etnomatemática[95] é a demonstração que não é bem assim, que uma ciência exacta e dedutiva é fortemente influenciada ou condicionada pela cultura. Dirão uns que o ensino da Matemática tem de se adaptar às características culturais dos seus destinatários, dirão outros que a "intuição matemática" existente nas práticas quotidianas das populações expressam estruturas matemáticas que a própria ciência revelou, expressam potencialidades que não estão exploradas, apontam caminhos que seriam profícuos para o desenvolvimento dessa ciência. De qualquer forma ciência, objectiva e universal, e cultura, sistema de referências, símbolos e valores que diferenciam os povos, não são realidades alheias.

De entre as leituras sobre Etnomatemática um texto me sobressaltou profundamente (Fernández 2004)[96]. Embora declarando desde já não

---

[95] Enquanto alguns de nós estávamos familiarizados com a Etnomatemática outros não. Daí ter surgido um pequeno diálogo sobre o assunto que nos dispensamos de espelhar pormenorizadamente aqui. Reteríamos apenas que há vários entendimentos sobre o resultado desse cruzamento entre a Antropologia e a Matemática. Enquanto para uns a Etnomatemática trata da influência da cultura sobre a Matemática, para outros aborda as formas de utilizar a Matemática em diferentes contextos culturais e, para outros ainda, os cuidados culturais a ter quando do ensino da Matemática. Embora a Etnomatemática não esteja espelhada numa vasta bibliografia limitamo-nos a recordar Gerdes (2007), um dos autores mais proeminentes e que na obra indicada mostra um pouco estas diversas interpretações. Numa primeira parte apresenta a "produção de ideias em diversos contextos culturais", numa segunda a influência cultural na educação e, numa terceira refere "exemplos vividos pelo autor de como a pesquisa etnomatemática pode estimular a própria investigação matemática". É de admitir a hipótese de que a influência da cultura sobre uma dada ciência seja maior nas ciências sociais que na Matemática, pelo simples facto da intrusão da cultura ser forte na construção da própria sociedade que é analisada por essas ciências.

[96] As referências bibliográficas de autores espanhóis colocam-nos sempre alguns problemas formais. É regra internacional pôr como indicação o último sobrenome (neste caso Fernández) mas o nome de família na cultura espanhola é o sobrenome da mãe, que figura na penúltima

IMPORTÂNCIA DA CRÍTICA DA ECONOMIA POLÍTICA

concordar com toda a sua argumentação, ele coloca uma inquietação: se a Matemática tivesse nascido na China e se tivesse consolidado internacionalmente a partir dessa raiz seria igual à que hoje conhecemos? Um conjunto de factores (base de contagem, significado e utilização dos números; crenças sociais existentes; forma de raciocinar e de articular conceitos, entre outros) levam-no a concluir que não. Seria diferente. Daqui concluir que a Matemática, que hoje conhecemos como ciência, é uma das múltiplas formas que poderia ter assumido conforme o espaço regional-cultural em que tivesse medrado. Daí a designação de Matemática de uma "tribo europeia".

Não será que poderemos transpor esta reflexão para a Economia? A Economia estruturou-se no estudo de uma realidade que é específica de um determinado tempo (fase histórica) e espaço (geografia, cultura) gerando ambas um determinado espaço político, uma certa filosofia, um certo conhecimento corrente, até um conjunto de especificidades biopsicológicas. Mais, aspecto frequentemente esquecido, os homens têm diferentes formas de pensar e agir, que hoje podemos designar de Lógica. É certo que a história existe, não se faz de "ses". Mas a esta constatação poderíamos colocar uma questão alternativa: não será que tudo o que estamos a dizer resulta de estarmos na Europa ou sob a influencia da Europa e que hoje mesmo estaríamos a dizer coisas diferentes se as nossas referências históricas fossem hindus, chinesas ou banto?

Estas preocupações foram reforçadas com a leitura de um livro sobre a aplicabilidade do marxismo a África (Sine 1983). É um livro sério – e faço esta referência expressamente porque muitas críticas ao marxismo e a sua aplicabilidade a África são essencialmente ideológicas, mesmo provenientes de homens de cultura que em muitas áreas têm idoneidade humanística e científica (Senghor 2006) – que mostra a inaplicabilidade de alguns aspectos centrais do marxismo porque o mundo africano não é o da Revolução Industrial, porque os modos de produção existentes são manifestamente diferentes[97].

---

posição (neste caso Lizcano). O trabalho que nos serviu de referência consta também de um livro electrónico que reúne vários textos do autor, agora identificado segundo as regras espanholas: (Lizcano 2006).

[97] Recorramos à Wikipédia para expressar em poucas palavras o significado na análise marxista:
Modo de produção em economia, é a forma de organização socioeconômica associada a uma determinada etapa de desenvolvimento das forças produtivas e das relações de produção. Reúne as características do trabalho preconizado, seja ele artesanal, manufaturado ou indus-

Fui claro sobre o tipo de questão que coloco?

– Agora entendo. Todas as nossas referências à Economia estão limitadas à cultura greco-latina. Todos os construtores da Economia são europeus, se encontram associados à história deste continente: expansão colonial e mercantilismo, fisiocratismo, revolução industrial inglesa, princípios da liberdade condicionada pela propriedade individual. E quando cremos recuar aos "primórdios" só conseguimos encontrar Aristóteles. É como se outras épocas históricas, se outras civilizações, se outras realidades sociais – que podem ter sido, ou ainda serem, bastante diferentes, mesmo radicalmente diferentes, da nossa nunca tivessem existido.

– Exactamente. Nós falamos da civilização egípcia, da civilização mesopotâmica, dos fenícios e de outros povos e culturas. Concluímos que foram civilizações importantes, que deixaram testemunhos ainda hoje admirados em si e pelas exigências tecnológicas que colocavam, mas não situamos aí a origem dos nossos conhecimentos actuais. Todo esse manancial de vida é encarado como uma preparação da cultura grega, quase considerada como a racionalização de um amontoado de conhecimentos anteriores, como a descoberta dos valores actuais. Sabemos dizer que este ou aquele filósofo grego recolheu parte dos seus conhecimentos nas civilizações anteriores, mas não sabemos dizer que o filósofo X ou Y do Egipto faraónico foi o pai da nossa forma de pensar hoje.

– Ainda assim falamos dessas civilizações mas muito pouco ou nada das civilizações incas, maias e aztecas. Pouco sabemos da cultura muçulmana. Ignoramos completamente culturas muito mais antigas que a nossa como a hindu ou a chinesa. Pura e simplesmente ignoramos muitas outras civilizações, cuja existência nem sequer conhecemos.

– Não é apenas uma questão de conhecimento ou ignorância, é uma questão de poder. A África é um continente tão pleno de história, de conhecimentos como os outros e contudo foi considerado, durante muito

trial. São constituídos pelo objeto sobre o qual se trabalha e por todos os meios de trabalho necessários à produção (instrumentos ou ferramentas, máquinas, oficinas, fábricas, etc.)

Existem 6 modos de produção: Primitivo, Asiático, Escravista, Feudal, Capitalista, Comunista. Se estes seis modos de produção correspondessem a uma sequência histórica, diríamos que a Economia de Marx é o estudo científico do modo de produção capitalista e, provavelmente, o estudo dos outros modos de produção não poderia ser feito por mera transposição (a este propósito consultar a Antropologia Económica de raiz marxista). Mas provavelmente é essa sequência que é bastante artificiosa e enganadora.

tempo, como um continente sem história e pensamento, exactamente porque foi olhado a partir do continente europeu. Grandes filósofos como Hegel justificaram a "selvajaria" do continente africano[98]. Um continente que antes da Europa teve o que hoje designamos por Universidade. E aquele foi o suporte ideológico, a justificação política, a racionalização de autoconvencimento, para a "obra civilizadora", para "a missionação", para o Tratado de Berlim e a bárbara colonização, continuadora do comércio escravo.

– A Europa é um pequeno continente, sem dúvida com uma herança civilizacional notável, mas, como se costuma dizer, com o rei na barriga.

– Mesmo sobre a herança civilizacional haveria muito mais a dizer, para além da sua relação com o domínio de outros povos. Quando Heidegger afirma

"O pensamento romano recebe os nomes gregos sem a correspondente experiência original do que eles dizem, sem a palavra grega. O desenraizamento do pensamento ocidental começa com esta tradução." (Heidegger 2008, 16)

está a ser colocada em causa a própria validade de falarmos em cultura greco-latina. Mais, falamos da Europa esquecendo as raízes bastante diferentes de povos que ainda hoje a constituem.

– As falhas não são apenas de raiz histórica. De história tão longínqua. Todos os autores que citámos até agora são europeus, ou de prolongamentos da cultura americana. E no entanto podemos encontrar referências aqui e além de muitos autores de outros países. Encontramos na cultura islâmica (incluindo Al-Ghazali, no século XI), na cultura hindu (incluindo Chanakya, no século III antes de Cristo), na cultura chinesa (incluindo Fan Li, tendo vivido entre o VIII e o V século antes de Cristo), bastando para tal recorrer à Wikipédia. Não há nos séculos recentes economistas sem serem produtos europeus?

– Obviamente que hoje podemos falar em economistas de todo e qualquer país. Basta para o efeito recorrer a qualquer revista científica que consta das bases de dados bibliográficas, mas a questão não é essa. Hoje o pensamento

---

[98] Sobre estas problemáticas ver sobretudo Cheikh Anta Diop. Por exemplo (Diop 1982). Para quem pretender aprofundar esta temática, apesar de extravasar em muito as preocupações do nosso debate, ver a História Geral de África editada pela UNESCO em vários volumes.

económico já está moldado ao domínio político e cultural da Europa. A questão que se coloca, e que coloca o autor que referimos a propósito da Matemática, é de saber se a Economia não poderia ter sido uma ciência bastante diferente da actual se tivesse havido outra correlação de forças político-social à escala mundial ao longo dos séculos. Hoje esse domínio está consolidado, embora nada seja eterno. Quando olhamos alguns dos trabalhos sobre o pensamento económico nesses outros espaços culturais já se raciocina em termos europeus. Textos asiáticos falam de Platão e Aristóteles como se essas fossem a suas raízes culturais. Os conceitos que são utilizados para descrever o pensamento islâmico, ou outro, são os que nós utilizamos hoje e o que se procura é o paralelismo com o que foi dito na Economia desta tribo.

– Nestas lucubrações o recurso a uma experiência pessoal pode ajudar. Falaste no fácil acesso hoje a qualquer base de dados bibliográfica e à detecção de economistas de qualquer país. Parece verdade, mas não podemos absolutizar esse resultado. Vários livros mudaram a minha maneira de pensar o mundo e de entre eles, para os nossos propósitos, destacaria dois. Um sobre a cultura banto[99], um outro de Sociologia cujo nome não anotei então e que nunca mais consegui reconstituir. Consegui obter o primeiro apenas por uma razão: um amigo falou-me nele, estava em Luanda e fui várias vezes ao único local onde ele era vendido. Se não fosse esse conjunto de condicionalismos nunca o tinha lido. O outro, emprestado por um colega, era de um sociólogo do Zaire, publicado por uma editora que nunca consegui identificar muito bem, e ainda menos localizar. Certo, há muitos autores africanos que são lidos e conhecidos, mas só acontece tal se publicar em francês ou inglês e por intermédio de universidades do centro.

– Essa discriminação atinge quase todos os países do mundo, com a excepção de um reduzido núcleo central. Seja por correlação de forças, seja por questões linguísticas, seja por chauvinismo deliberado. Mesmo na Europa o conhecimento do pensamento económico é extremamente desigual quando passamos do Reino Unido (onde podemos englobar todos os países desenvolvidos de língua oficial inglesa) para França, para a Alemanha, para a Itália, ou para a Finlândia, Hungria ou Grécia.

– Claro que o problema que levantaste permite uma conclusão, que é um pouco aterradora: o que hoje designamos por Economia é tanto o

---

[99] Referimo-nos a (Altuna 1993).

IMPORTÂNCIA DA CRÍTICA DA ECONOMIA POLÍTICA

resultado do conhecimento humano como de uma correlação de forças política e de um contexto cultural. Economia é o estudo da economia, e provavelmente sê-lo-ia sempre e em qualquer circunstância, mas a economia (objecto científico) é uma filtragem da realidade ontológica. A filtragem é também determinada pela cultura, pela maneira do homem estar e ler essa realidade, de que ele faz parte. A realidade ontológica da Europa da Revolução Industrial e sua sequência é específica.

– Tenho estado a assistir ao vosso debate com muito interesse, embora não esperasse que fossemos começar por aí. A pergunta é pertinente e releva para várias problemáticas mais gerais. Contudo não sabemos qual a resposta a dar. Que desconhecemos muitos economistas espalhados pelo mundo que podem ter uma obra importante, que poderiam contribuir decisivamente para novos rumos da Economia, é um facto. Aliás o PNUD tem contribuído para fazer emergir alguns deles, mas certamente poucos em relação aos existentes. Mas a pergunta não pretende chamar a atenção para essa nossa ignorância. Exige conhecer a história do pensamento milenar de várias civilizações e fazer uma leitura antropológica dessas civilizações e desses pensadores que hoje podemos designar de economistas (ou precursores).

– Leitura antropológica?

– Sim, não basta lermos o que eles escreveram...

– ... para além da vastíssima cultura da tradição oral, onde provavelmente a ruptura entre o conhecimento corrente e o conhecimento científico ou não se fez ou fez-se de forma diferente.

– Não basta lermos o que eles escreveram, não basta percebermos o que eles disseram. Não basta percebermos através de uma transposição da sua maneira de pensar para a maneira de pensar europeia. É necessário respeitar integralmente a sua época e o seu pensamento, raciocinarmos como se fossemos eles próprios.

– Eu fiz uma pergunta. Não exijo uma resposta e muito menos uma resposta dogmática, mas gostaria de conhecer a vossa opinião.

– De alguma forma já dei a minha: não sabemos responder à tua pergunta. Sabemos, para utilizar a tua terminologia, que a Economia que conhecemos é de uma tribo europeia, isto é, um produto da sociedade europeia e das transformações sociais aí operadas. Não sabemos, contudo, se poderia ter sido diferente. Não sabemos se a mediação da civilização e da cultura teria permitido outra transposição da sociedade para a ciência, outra transposição da realidade-em-si para a realidade-para-a-Economia. Temos que reconhecer a nossa ignorância.

– Estou de acordo com esta postura, com um pequeno complemento. Poderia essa transposição do concreto real para o concreto pensado não dar lugar à Economia mas a outra ciência. Explico-me melhor. Do que conhecemos constatamos que a sociedade deu lugar a várias ciências, sendo a Economia uma delas. Mas essa transposição e apropriação da sociedade, noutros espaços culturais poderia ter originado outra arrumação das Ciências Sociais e o que nós conhecemos por Economia ser um ramo, ou uma parte do todo, de outra ciência, quiçá mais próxima da Sociologia ou da História.

– Creio que podemos também concluir que a Economia "da tribo europeia" é a Economia dos prelúdios do modo de produção capitalista e do amadurecimento deste, sem que isso signifique uma impossibilidade de reconstrução para outros modos de produção[100].

– O conhecimento da nossa ignorância é um dos maiores contributos para o avanço científico e filosófico, pelo que já ganhámos alguma coisa com esta análise.

– Continuemos a reflectir sobre o que sabemos. Continuemos a analisar os paradigmas da Economia tal como os conhecemos. É o que podemos fazer. E temos que reconhecer que já não é pouco.

– Desculpem este desvio de percurso, mas interroguei-me sobre isso muitas vezes e nunca encontrei literatura sobre o assunto, embora admita que haja. Já fiquei menos baralhado. É mais reconfortante, mesmo afectivamente, saber que estamos num percurso relativizado do que ter a falsa vaidade de um dogmatismo.

– Depois da nossa última conversa[101], a propósito da "tribo europeia", achei por bem conhecer um pouquinho do pensamento económico de outras civilizações e tomei como referência a chinesa. Claro que seria totalmente impossível tirar conclusões sólidas, mas fiquei com uma opinião nova e gostava de vos transmitir. A minha exclusiva fonte de informação é o trabalho de Hu Jichuang traduzido em inglês (2009). Ao longo do trabalho

---

[100] Deliberadamente recusamos entrar na consideração da Economia Política Socialista, o que exigiria começar por clarificar o que pretenderíamos com essa expressão.

[101] Esta intervenção foi feita noutra parte dos diálogos, mas na sistematização do texto considerámos preferível transferir para aqui.

IMPORTÂNCIA DA CRÍTICA DA ECONOMIA POLÍTICA

são feitas diversas referências a posições de autores chineses que antecipam em muito o que viria a ser tratado pela Economia que conhecemos. Assim, por exemplo diz-se que "a teoria dos ciclos comerciais de Fan Li [século quinto antes de Cristo] foi provavelmente a primeira na história mundial" (31), acrescentando-se de seguida algo fundamental: "Fan Li considerou que havia certas leis objectivas na actividade económica da sociedade" (35). Diz-se também que "cerca de dois milénios antes do século XVII, quando a teoria quantitativa da moeda foi formulada na Europa, Guan Zi formulou uma teoria similar" (133). Enfim, há vários sinais de um "pensamento económico" formulado antecipadamente na China, com algumas fundamentações filosóficas importantes, embora estivéssemos numa fase de formulações de problemas e tentativa de respostas, não havendo uma teoria económica estruturada.

Contudo o autor não se atreve a falar numa teoria económica chinesa. Nas suas conclusões

"Genericamente podemos afirmar que antes de meados do século XVIII, isto é, antes do estabelecimento da economia ocidental como uma ciência, o padrão clássico do pensamento económico chinês pode ser comparado com o pensamento económico de qualquer país do mesmo período. Sobretudo verdadeiro para o mundo antigo. Após a fundação da ciência económica moderna no Ocidente, no entanto, o seu desenvolvimento ultrapassou rapidamente o pensamento económico chinês, o que entretanto tinha chegado a um impasse." (Jichuang 2009, 553)

Depois preocupa-se mais em mostrar a influencia do pensamento económico chinês sobre os pensadores europeus do que em analisar o problema que nos ocupou. No entanto, implicitamente reconhece que há um pensamento próprio chinês que tinha as suas raízes e que era diferente, quando afirma

"Entre meados do século XIX e o Movimento 4 de Maio de 1919, os chineses tentaram aprender a economia burguesa do Ocidente. Nos primeiros 50 anos deste período, clássico do pensamento económico chinês, travou uma batalha contra o pensamento económico burguês ocidental para manter a sua posição ideológica dominante na China, mas a batalha estava perdida, apesar do seu duro empenhamento." (Jichuang 2009, 554)

As razões que aponta para essa derrota inevitável é um conjunto de características da actividade económica mundial e a posição da Europa nesse contexto, o que quase me permite dizer que a Economia é, efectivamente, uma ciência de uma tribo europeia mas que hoje é a única Ciência Económica.

– Obrigado por este esclarecimento adicional.

DIVERSIDADE DE PARADIGMAS E CRÍTICA

RESUMO:
Paradigmas e ausência de diálogo. Paradigma dominante: peso social e cientificidade. Educação, sociedade e discursos paradigmáticos. Universidade e pluralismo teórico. *Mainstream*, ortodoxia e heterodoxia: significado, dinâmicas e capacidade de diálogo. Releitura dos paradigmas definidos. Pluralidade de classificação dos paradigmas. Classificações pluridimensionais. Crítica à ortodoxia: diversidade de caminhos. Validade e operacionalidade de cada um. Sobre o "dualismo" micro *versus* macro. Suas raízes históricas. Importância, ou não, do diálogo entre paradigmas. Poder social e adulterações. O mundo imenso da descoberta.

– Já chegámos à conclusão que existem diversos paradigmas da Economia cujas diferenças se consubstanciam em diferentes objectos científicos, epistemológicos e sociológicos, da Economia. Pegando em aspectos tão estruturantes desta ciência estamos convictos de que agarrámos o essencial das diferenças. Por isso podemos começar a reflectir sobre as questões que enunciámos no início desta sessão.

– E também anotámos que podem existir outros critérios de diferenciação dos diversos paradigmas, embora os enunciados sejam os mais associados às preocupações de reflexão crítica que nos norteiam.

– Qualquer economista, com uma certa opção paradigmática, pode criticar o seu próprio paradigma, na medida em que cada um deles é um todo sempre inacabado e está em permanente reconstrução, mas certamente que assentará as suas apreciações negativas mais substanciais sobre as restantes posições. Pode fazê-lo de muitas formas, desde ir para o *Speaker's Corner*, a publicar um artigo numa revista, desde alertar os futuros economistas para certas problemáticas a pregar aos peixes, como o Padre António Vieira. Contudo, o que nos interessa não é a psicanálise dos economistas que praticam essa crítica, mas a sua importância social e

IMPORTÂNCIA DA CRÍTICA DA ECONOMIA POLÍTICA

epistemológica. Para que essa possibilidade exista é necessário que haja transposição de informações e conhecimentos de uns paradigmas para os outros. Haja capacidade científica, social e humana, de os paradigmas se ouvirem entre si, de dialogarem!

– Todos reconhecemos que é muito difícil. Cada economista tende a fechar-se, uns mais do que outros, como já referimos, no seu próprio paradigma e a frequentar os clubes da unanimidade. Quando se pretende publicar numa revista científica há os colégios invisíveis que tendem a só aceitar os artigos que se situam entre determinados parâmetros...

– Quando uma tese de doutoramento marxista foi apresentada a uma instituição universitária houve quem argumentasse contra a sua admissão porque "uma tese marxista só deveria ser aceite se fosse digna do Prémio Nobel". Por acaso ainda nenhum foi atribuído a um economista marxista.

– ... e cada revista está, mais ou menos directamente associada a um determinado paradigma e tende a ser essencialmente lida pelos que já privilegiam essa posição. Por tudo isso o diálogo é muito difícil.

– Sem dúvida que o é. Nós, professores universitários, sentimo-lo amargamente. Toda a carreira universitária está alicerçada num conjunto de avaliações que serão certamente melhores se se aceitar o paradigma dominante. Porque este tem a seu favor a correlação de forças nacional e internacional, a que corresponde maior projecção, financiamento e promoção, porque tem uma espontânea capacidade de auto-reprodução, mais que não seja por meio do ensino praticado, e porque tende a ter um maior número de aderentes. Frequentemente existe um desprezo olímpico pelos que defendem posições diferentes. É certo que a grande força de um professor é a sala de aula, é a relação com os estudantes, através dos seus conhecimentos e do seu exemplo. Mas também aqui a capacidade de influenciar é muito diminuta, a não ser que esteja situado numa disciplina estratégica, numa disciplina inicial que lance os alicerces da formação em Economia. Que lhe serve fazer críticas a um paradigma que lhes foi transmitido em muitas disciplinas (no qual construiu os seus alicerces intelectuais), que eles consideram "normal" sem uma reflexão crítica sobre pressupostos, conceitos e metodologias? Não há tempo para pormenorizadamente desmontar o paradigma que se critica nem há tempo para edificar a fundamentação detalhada das críticas que são formuladas. Resultado, na maior parte dos casos "entra por um ouvido e sai pelo outro".

Não por falta de lucidez, não por falta de atenção, mas tão somente porque aquelas críticas surgem-lhe como um corpo estranho na sua própria maneira de pensar.

– A crítica é mais ouvida, é mais estudada, quando a sociedade atravessa momentos difíceis, quando as crises são profundas e duradoiras como acontece desde 2007...

– É verdade, mas até este momento, 2014, o que esta crise tem mostrado é uma sistemática persistência nos mesmos paradigmas, nas mesmas correntes do pensamento económico que a geraram, ou a ajudaram a gerar. Primeiro houve alguma crítica ao institucionalizado e a recuperação de alguns autores que tinham analisado as crises; depois seguiu-se um período de esquecimento, que teve continuidade em todo um vasto conjunto de manobras (sociais, políticas e económicas) alicerçadas num imenso conflito de interesses, de reestruturação de uma economia globalizada concordante com os interesses dos mais poderosos à escala mundial e nacional.

Pluralismo teórico

– Por isso temos defendido que concomitantemente, ou mesmo como condição prévia, com a crítica interparadigmática é fundamental que haja um pluralismo teórico. Por outras palavras, que se edifique um ambiente social e académico favorável ao debate aberto de posições, à troca de ideias, ao trabalho colectivo em prol de um robustecimento da economia e da Economia. Seria profícua para todos, tão mal vai a imagem dos economistas entre os cidadãos.

– Se, como dizes, te tens ocupado desse assunto, provavelmente estarias em condições excelentes para caracterizar o que seria esse pluralismo teórico.

– Se as universidades são o primeiro lugar onde esse pluralismo teria a possibilidade de implantar-se, e deveria, responder ao teu desafio passaria por traçar planos curriculares que o contemplasse, o que aqui, no nosso debate, nos parece irrelevante. Identifiquemos pluralismo teórico como uma organização do ensino (depois, da sociedade) que permita transmitir em igualdade de possibilidades os diversos paradigmas e dar aos estudantes a possibilidade de serem soberanos nas suas opções.

IMPORTÂNCIA DA CRÍTICA DA ECONOMIA POLÍTICA

– Claro que seria uma profunda ilusão que esse pluralismo teórico pudesse conduzir a uma audiência semelhante de todos os paradigmas, que cada um usufruísse das mesmas oportunidades. Esse não é um problema epistemológico, mas sociológico. Depende da correlação de forças social, das posições adoptadas pelos grupos sociais e partidos políticos, da aceitação por parte dos meios de informação e de muitos outros factores.

– Costumo dizer, contra mim falando e sendo provavelmente demasiado simplista, que os economistas, conhecendo a importância das suas funções na vida política dos países e no acesso às mais altas remunerações, são como as borboletas à volta da luz de uma lâmpada. Rodopiam em torno do poder e para alcançar este há que adoptar os paradigmas dominantes.

– Creio que essa apreciação é injusta. Talvez os meios que frequentas tendam a ilustrar essa situação, mas muitos e muitos economistas trabalham imenso, comportam-se com idoneidade profissional e cívica e não têm a possibilidade de atingirem essas posições cimeiras. E, mesmo admitindo esse rodopiar à volta da luz, sabemos que para muitos tal não é o resultado de uma opção deliberada, mas um procedimento inconsciente, eventualmente inculcado pelo ensino que tiveram e pelo seu ambiente social. Mas mais importante que isso é não nos desviarmos do assunto.

– Creio que embora reconheçamos que o pluralismo teórico seja muito difícil de alguma vez ser atingido, o seu conteúdo é social e epistemologicamente relevante, é eticamente defensável e reforçaria a cidadania na sua compreensão da realidade social e intervenção quotidiana.

– É dificilmente alcançável não só pelas características actuais da ortodoxia, mas porque qualquer ortodoxia é tendencialmente ditadora. Quando amanhã uma heterodoxia se transformar em ortodoxia, também tenderá rapidamente a esquecer-se dos princípios democráticos que defendia anteriormente e, também ela, passará a ser ditatorial. Defendi e justifiquei esta posição em trabalhos recentemente publicados[102].

---

[102] A primeira abordagem sistemática do problema foi feita numa conferência, em 1996, na Universidade Federal da Paraíba, no Brasil. Dois anos mais tarde foi tema de um artigo numa revista marxista (Pimenta 1996), pois creio que a aplicação do marxismo na governação política foi mais uma demonstração da passagem da criatividade (enquanto heterodoxia) para o

Ortodoxia *versus* heterodoxia

– Utilizaste aí uma dicotomia: ortodoxia e heterodoxia. Que relações podemos estabelecer entre essa classificação e as que definimos anteriormente?

– De facto, dada a grande hegemonia que os paradigmas socialmente dominantes assumem, há uma tendência para englobar todos os restantes numa oposição. Não é a "ortodoxia" a assumir-se como tal (conforme com o dogma, de acordo com as opiniões e usos estabelecidos) dando lugar, por oposição, à "heterodoxia", mas é esta, considerando que a ortodoxia se comporta fideístamente, que cria esta classificação, encaixando as posições dominantes na ortodoxia e eles próprios, opositores do que é dominante em determinado momento, como heterodoxia. A ortodoxia é a corrente dominante (*mainstream*) e a heterodoxia são as correntes que não o são, embora também não sejam dominadas.

– Assente o significado dessa terminologia fica a outra questão para resolver: que correspondência há hoje entre os conceitos de ortodoxia *versus* heterodoxia e os paradigmas por nós analisados?

– Numa leitura aproximada, no quadro da Europa actual, poderemos dizer que O3 é ortodoxia e O1 é heterodoxia. SO3 é ortodoxia e SO1 e SO2 heterodoxia.

– E O2?

– Já lá ia. O2 tanto pode estar na ortodoxia como na heterodoxia conforme o momento exacto e as suas características. Provavelmente O2+SO1

---

dogmatismo (quando ortodoxia). Na agregação também mostrei a importância do diálogo e do confronto de posições tendo dado lugar a uma publicação (Pimenta 1998). Uma maior sistematização aparece já este século (Pimenta 2007), editado dois anos mais tarde em inglês. Finalmente, três anos mais tarde retomei o tema num debate sobre a diversidade de leituras da realidade (Pimenta 2010). É justo recordar Reinaldo Carcanholo, economista brasileiro, que abordou o problema nos Encontros de Economistas de Língua Portuguesa e que, por essa via, chamou a minha atenção para a problemática. Esteve, além do mais, associado a um movimento social pela instauração do pluralismo teórico nas universidades brasileiras. Curiosamente noutro tipo de trabalhos alheios vim a encontrar algumas confirmações para as diferenças do comportamento humano quando tem do seu lado o poder (Brytting, Minogue, e Morino 2011, 64). Acrescente-seque para a compreensão do pluralismo é importante compreendermos com clareza o que é a "tolerância", pelo que a leitura de Vinuesa (2000) foi-me relevante.

e O2+SO2 tenderão a ser heterodoxia, enquanto O2+SO3 tenderá a ser ortodoxia.

– Contudo temos de ser cuidadosos com essas classificações. A heterodoxia de hoje pode ser a ortodoxia de amanhã. Podem existir ortodoxias em alguns espaços regionais que são heterodoxias noutros espaços. É certo que o domínio quase absoluto do capitalismo e a mundialização tendem a uniformizar estas diferenças, mas elas podem existir. A terminologia ortodoxia *versus* heterodoxia tem a ver com o que se passa na sociedade, é uma terminologia de combate, de luta ideológica e política, mesmo quando realizada através de argumentos científicos, de troca de ideias epistemológicas...

– Essa é uma linguagem demasiado guerreira até porque a crítica é de ideias, não de pessoas!

– Caro amigo, sei perfeitamente que a crítica das correntes heterodoxas aos paradigmas (ortodoxos) instalados é um importante contributo para o progresso científico, que é uma das formas da ciência avançar. Caso contrário, o poder científico instalado cristalizava. É importante para a ciência. Continua a sê-lo, nomeadamente nas ciências sociais, mas a dicotomia que agora estamos a referir não é construída epistemologicamente, mas no confronto de ideias e poder sociais.

– É claro que esta classificação é politico-simbólica, não é epistemológica. Concordo que não há uma fronteira fixa entre ortodoxia e heterodoxia, que entre elas abundam as interacções de diverso tipo. Estamos noutro plano de análise.

– Agora podemos reflectir um pouco mais sobre a intercepção desta dicotomia com os paradigmas, aproveitando para tecer considerações adicionais sobre os critérios de construção de paradigmas?

– Já vimos que quando se fala em paradigmas a classificação espontânea é diferente da que fizemos. Dada a complexidade da realidade até acontece por vezes que o mesmo economista ao passar de uma análise mais teórica para um estudo mais empírico, ao passar da macroeconomia para a microeconomia ou inversamente, é obrigado a reconhecer que muitos dos aspectos anteriormente aceites têm de ser postos de lado ou reformulados. Por todas estas razões invocadas talvez fosse interessante passar da terminologia até agora adoptada por nós para uma classificação mais corriqueira. Ambas são válidas e a nossa mais abrangente e válida para os nossos objectivos, mas quando falamos em paradigmas económicos a terminologia

RACIONALIDADE, ÉTICA E ECONOMIA

que frequentemente é utilizada é "neoclássicos", "liberais", "neoliberais", "institucionalistas", "keynesianos", "evolucionistas", "marxistas".

– E a essa lista podes juntar muitos outros: "sraffianos", "schumpeterianos", "comportamentais", etc. Muitos foram os autores que deixaram as suas marcas, pelo que os critérios de classificação podem ser muitos e as aplicações também.

– Podemos fazer esse exercício. Tudo o que nos familiarize com as temáticas económicas e sirva de conhecimento para a crítica conceptual que faremos nas nossas futuras sessões pode ser útil. Contudo temos que ter alguns cuidados. Em primeiro lugar estou convencido, até prova em contrário, que a nossa classificação embora mais abstracta agarra as diferenças de uma forma mais essencial. Em segundo lugar, e poria a tónica neste ponto, essa classificação que invocaste, a que se poderia acrescentar muitas outras designações, como disseste, tem uma terminologia muito pouco consolidada[103]. As designações mudam com frequência, as suas fronteiras são difusas. Quantas menos decomposições façamos melhor, e devemos manter a nossa classificação como referência.

– Antes de esboçar uma arrumação, deixa-me divagar por esta infinidade de designações. Em primeiro lugar, poderíamos simplificar a listagem que fizeste colocando na mesma categoria os X e os neoX. Se os neoX se designam assim, ou são designados assim, é porque pretendem ser, são, continuadores de X. Admitindo este raciocínio como válido poderíamos eliminar todos os neo, considerando-os como uma subdivisão. Contudo

---

[103] Alguns exemplos comprovam isso. Legueux (1991) distingue, grosso modo, os autores em clássicos, incluindo Marx, e os neoclássicos, incluindo Keynes. Alguns manuais introdutórios (como Mochon e Troster 1994) falam em "clássicos", "prolongamento dos clássicos", "marxismo", "neoclássicos", "keynesianos" e "monetaristas" (incluindo a "síntese neoclássica"). Hodgson,um dos grandes institucionalistas, ou evolucionistas, da actualidade, no seu manual (1994) fala em "individualismo", "pós-keynesianismo" (Joan Robinson, George Shacklet), o que pressupõe um "keynesianismo", "institucionalismo" (T. Veblen, K. Polanyi), "marxismo" (Marx), "escola comportamental" (Herbert Simon) e "heterodoxos inclassificáveis" (Frank Knight, Joseph Schumpeter). Muitos trabalhos continuam a encontrar critérios de organização do pensamento económico (ex. Negru 2013), a estudar escolas específicas não abrangidas pelas classificações anteriormente referidas (refira-se, por exemplo, a Escola Histórica Alemã e a Escola Austríaca). Vários trabalhos sobre países específicos trazem para o debate autores nacionais, que podem não ter tido grande influencia apenas porque pertenciam a países por onde não passava prioritariamente a Revolução Industrial e a hegemonia cultural europeia.

IMPORTÂNCIA DA CRÍTICA DA ECONOMIA POLÍTICA

esta posição pode ser mais facilmente aceite quando olhamos para a história do pensamento económico do que para a actualidade.

– Era o que ia dizer. A época da globalização é uma fase de hegemonia do liberalismo, que passa por defender, no plano da política económica, que o Estado deve intervir o menos possível e que o deve fazer respeitando as regras de jogo dos mercados, mais precisamente as regras de jogo que estão preestabelecidas no modelo de concorrência perfeita. No entanto, hoje pode-se falar de um neoliberalismo que continua a defender as mesmas posições, com uma pequena variante: ao mesmo tempo que pretende reduzir a intervenção do Estado ao mínimo pretende eliminar o próprio Estado, pelo menos como o conhecíamos. No plano teórico passa-se das expectativas adaptativas para as expectativas racionais. Essas pequenas diferenças podem ser atenuadas na avaliação histórica mas não o devem ser na análise política dos dias de hoje. A passagem do liberalismo ao neo-liberalismo significou a desregulação da economia, a liberalização total dos mercados financeiros, a aceleração da gravíssima crise económica que ainda hoje estamos a viver. Associa-se a uma ideologia economicista.

– Tiraste-me as palavras da boca. Mas essa é a primeira chamada de atenção. A segunda é que a contemporaneidade pode comportar modas que conduzam à mudança de nome das posições assumidas por determinada corrente do pensamento económico.

– Não entendi...

– Um exemplo. Quando olhamos para Veblen ([1899]), lembramo-nos imediatamente dos institucionalistas. Ele é considerado "um líder do designado movimento económico institucionalista" (Wikipédia). Quando eles salientam, por exemplo, que o mercado é uma instituição e que pode haver trocas dentro ou fora do mercado, estão a elaborar a Economia à luz das instituições...

– Essa afirmação tem-me dado muito que pensar!

– ... e o nome que lhes é atribuído corresponde a essa prática teórica. Contudo há outras facetas que também estão presentes na sua análise e uma delas é a influência do Darwin: "Veblen é famoso na história do pensamento económico pela combinação de uma perspectiva evolucionista darwiniana com sua nova abordagem institucionalista de análise económica" (idem). A passagem da hegemonia da Física no século XIX e início do XX, época de Veblen, para a da Biologia, segunda metade do século XX até à actualidade, a crescente importância atribuída a Darwin e outros aspectos internos de evolução da Economia fizeram com que essas raízes darwinistas assumissem maior importância. Os mesmos textos e os mesmos autores que até determinada época eram designados por institucionalistas passam a ser intitulados por evolucionistas...

– O que demonstra um assunto a que temos dado pouca atenção: a influência, epistemológica e social, de umas disciplinas sobre as outras.

– Deixem-me ainda colocar um terceiro alerta, embora correndo o risco de estar a dar demasiada importância a alguns pormenores. Nos finais dos anos 70 um grupo de economistas que trabalhavam numa mesma instituição e que foram parceiros em alguns projectos, deram lugar ao que foi designado pela escola regulacionista...

– Que exerceu bastante influência na minha maneira de olhar a economia. Permitam-me que conte uma pequena história para nos apercebemos das mudanças no mundo, de que talvez uma parte de nós, pela sua juventude, não tenha essa percepção. Uma das publicações colectivas dos regulacionistas[104] foi considerada como uma leitura obrigatória no início da minha preparação para o doutoramento. A única forma de o ler foi deslocar-me durante um mês para França, ler a obra e tirar apontamentos. Hoje talvez conseguisse numa tecla de computador!

– ... Os regulacionistas contribuíram bastante para uma leitura holista e histórica do capitalismo e para a reconsideração da importância da "regulação salarial" na explicação do funcionamento da economia. Porque deram avanços significativos na leitura da realidade (os seus primeiros trabalhos incidiram na construção de um modelo econométrico explicativo da economia francesa) e porque existiam condições internacionais favoráveis, apareceram diversos investigadores espalhados pelo mundo que aplicaram os seus conceitos e metodologia a diversas economias[105]. Contudo a escola regulacionista é uma síntese ou justaposição de diversos paradigmas, é um dos casos minimamente bem sucedidos de interparadigmaticidade. Havendo um pensamento comum, que perpassava em todos os autores, cada um mantinha a ligação à sua corrente de pensamento económico original. Considero que há uma dupla possibilidade de considerar esta

---

[104] (Benassy *et al.* 1977)
[105] (Boyer e Saillard 2002) é a última grande obra que conhecemos desta corrente económica, onde colaboraram quarenta autores, de diversas nacionalidades.

corrente: como um paradigma autónomo em relação às suas raízes ou como uma justaposição de paradigmas preexistentes[106].

– Se já sabíamos das dificuldades (mais precisamente, das confusões) de passarmos da classificação paradigmática anteriormente feita por nós para a classificação das correntes do pensamento económico, aceitando categoricamente o relativismo cultural e civilizacional dessa classificação, os exemplos apresentados por ti reforçam a nossa atenção sobre potenciais equívocos, ou ambiguidades, mas, mesmo assim, devemos avançar. Sobretudo agora que estamos alertados para a relatividade de uma tal classificação.

– Vamos então avançar sem tantas reservas intelectuais.

– Há uns anos, quando as principais correntes de pensamento em confronto eram os neoclássicos nas suas formas modernas (incluindo a domesticação da teoria keynesiana através da "síntese neoclássica"), os keynesianos (que durante muitos anos depois da crise de 1929/33 tinha sido a ortodoxia) e os marxistas (heterodoxia dinâmica nos países capitalistas e ortodoxia nos países socialistas) ensaiámos uma tipificação destas correntes considerando um conjunto de vectores. Tipificação que tinha dois pressupostos: um, que os clássicos estariam presentes nas três correntes referidas porque ser continuador dos clássicos é condição *sine qua non* para se ser economista; dois, qualquer uma dessas três correntes do pensamento económico era analisada pela sua expressão contemporânea.

– Quais eram os critérios em que assentavas a diferenciação, ou a semelhança?

– Sem os referenciais de análise a que chegamos no nosso debate, nunca tinha pensado nelas, formulava um conjunto de perguntas. Admitindo que a Economia pretende atingir a verdade, mesmo que não saiba o que isso é, independentemente do significado que atribui a essa categoria, começava por perguntar como é que cada uma das correntes económicas encarava a [1] verdade. Admitindo que um dos objectivos da Economia, como o de

---

[106] Quatro autores pontuaram o aparecimento e desenvolvimento desta escola do pensamento económico: Robert Boyer, Jacques Mistral, Jean-Pascal Benassy e Alain Lipietz. Este, que se integrou mais tarde, era claramente marxista (hoje deputado europeu pelos verdes). Benassy revelava, nos seus escritos isolados, profundas raízes neoclássicas. Boyer, o que mais conseguia fazer a síntese das diversas posições, sempre defendeu teses que podemos considerar keynesianas, embora com grande impureza.

qualquer ciência, é formular leis, e admitindo também que estas exigem estabelecer uma relação de causalidade, perguntava qual a sua noção de [2] causa.

– Já explicitámos que uma lei económica pode não ter associados os conceitos de causa e efeito. Essa pergunta será legítima?

– É verdade o teu comentário, mas esta segunda pergunta não se opõe a essa constatação; pode é utilizar inadequadamente a designação de causa. Pretendia perceber como cada uma das correntes relacionam dois acontecimentos que estão ligados pela lei formulada. Em terceiro lugar questionava sobre a estrutura de pensamento subjacente a cada uma daquelas correntes, isto é, perguntava qual era a [3] Lógica subjacente. Não lógica no sentido trivial do termo, mas a Lógica enquanto estrutura coerente e rigorosa de estruturação das entidades e das proposições.

– Fizemos várias vezes referências a esse assunto, mas tenho uma grande mancha de desconhecimento nessa área.

– A tua abordagem poderá e deverá ser feita se alguma vez tratarmos da interdisciplinaridade da Economia. Agora seria despiciendo. Faço-te apenas um reparo. Mesmo os cientistas não acompanharam adequadamente a evolução da ciência Lógica e como ela pode ser utilizada, como a Matemática, instrumentalmente[107].

– Retomemos a referência à bateria de perguntas. Depois interrogava sobre quais eram as [4] interdisciplinaridades privilegiadas. Admito hoje que esta pergunta remetia já para uma exterioridade do objecto científico e poderia ter sido formulada de outra maneira. A minha preocupação era perceber através dela qual a parte da realidade ontológica que estava mais projectada no objecto científico. Com esse propósito continua a fazer todo o sentido.

A quinta pergunta tinha a ver com uma questão que já debatemos anteriormente. Hoje formulá-la-ia de forma diferente, mas na altura

---

[107] Para uma visão sobre o assunto, sabendo que há muita literatura mais recente que não temos acompanhado com a atenção que merecia, sugerimos Alchourrón, Méndez, e Orayen (1995) para uma visão de conjunto sobre as diversas Lógicas, Costa (1997) para uma primeira compreensão da Lógica Paraconsistente. A obra de Lorenzo Peña incide sobre as Lógicas Multivalentes e Infinitovalentes (consultar a página web Lógica Mente: http://lorenzopena. es/). Recorda-se que a Fuzzy Logic tem sido utilizada, mesmo por economistas ortodoxos, em diversos modelos. Para quem tenha dúvidas sobre a validade destas Lógicas não-aristotélicas, antes de tudo ler o capítulo de Piaget (Coord.) (1967) referente ao assunto.

perguntávamos como é que cada uma das teorias analisa [5] as relações entre os homens e as coisas. Hoje essa pergunta poderia ser formulada mais rigorosamente: qual o tipo de relação que os homens estabelecem nos factos económicos?

– Referes-te àquelas opções a que aludimos: relação entre homens através das coisas, relação do homem com as coisas, relações entre coisas através dos homens?

– Sim. Em sexto lugar perguntava qual a [6] corrente filosófica subjacente à sua maneira de fazer ciência. Não era dessa forma que formulava a questão, mas o que procurava saber era a averiguação destas opções.

– Provavelmente é uma pergunta que complica mais a análise do que a simplifica ou a esclarece. Se nós temos tantas dificuldades em encontrar uma classificação da Economia, uma ciência relativamente recente, com as balizas estabelecidas pela metodologia científica e com um número bastante limitado de autores, como poderíamos pretender ter uma classificação consolidada das correntes filosóficas, mesmo que tentemos restringirmo--nos às correntes com influência sobre a Ciência?

– Tens razão, mas aqui estou a apresentar as opções que então coloquei. A ambiguidade epistemológica da questão sobre a interdisciplinaridade privilegiada exigia que elaborasse mais uma questão relacionada com a ligação entre o real concreto e o real pensado cientificamente. Por isso perguntava qual a [7] referência fundamental para o estudo do Homem.

– O que mais uma vez tem a ver com os objectos sociológicos que nós referimos.

– A oitava e nona perguntas procuravam analisar mais de perto qual o objecto científico da Economia. Para tal indagava que [8] definição tem de Economia e [9] qual o conceito económico chave.

– Essas deveriam ser, parece-me, as primeiras perguntas. Assim ia-se directamente ao cerne das divisões conceptuais...

– Concordo plenamente, mas este "erro" explicita dois aspectos para que chamámos a atenção. Por um lado, o facto da leitura de qualquer assunto se fazer dentro dos quadros epistemológicos que temos capacidade de construir, por outro, a importância das classificações (pois estas perguntas pretendem ajudar a construir uma classificação). Agora, em resultado do nosso debate, concentraria a minha atenção de forma diferente.

– E a que conclusões chegaste?

– Já te respondo, mas antes acrescentemos as últimas perguntas. Uma décima pergunta questionava qual o posicionamento de cada uma das referidas correntes perante a [10] dicotomia macroeconomia *versus* microeconomia. Finalmente, conhecida a estreita relação entre a Economia Política e a Política Económica, sabendo que grande parte dos economistas tiveram a preocupação, explicita ou não, de transformar o mundo e, admitindo que nessa transformação cabe um papel importante, embora não exclusivo, ao Estado, interrogava qual o posicionamento dessas correntes do pensamento quanto à [11] relação da economia (com minúscula!) e o Estado.

– E que respostas obtinhas a partir dessas perguntas?

– A principal vantagem foi de assentar a classificação num conjunto articulado de vectores e não se subordinar aos ditames das classificações espontâneas, ora influenciadas pelo conhecimento corrente ora pela influência ideológica (política, informativa, etc.). Quanto aos resultados são pouco relevantes para os nossos propósitos e não merecerá perdermos tempo com isso. As perguntas podem ser interessantes para as nossas análises futuras, mas as respostas e a classificação obtida não[108].

---

[108] Apesar dos resultados não terem sido apresentados no debate, ao organizar-se a edição considerou-se por bem deixar aqui uma matriz das respostas:

	Neoclassismo	Keynesianismo & Institucionalismo	Marxismo
Q01	Coerência (lógica) interna & Capacidade de previsão	Capacidade de previsão & Correspondência com a realidade-em-si	Correspondência com a realidade-em-si
Q02	Relação de simultaneidade Correlação	Relação de simultaneidade Correlação	Conexão essencial (metafenomenológica)
Q03	Lógica clássica ("aristotélica")	Lógica clássica ("aristotélica")	Lógica dialéctica (Lógica Paraconsistente e multivalente)
Q04	Psicologia (Individual)	Psicologia Social & Sociologia	História
Q05	Relação entre o homem e as coisas	Relações entre os homens através das instituições & Relação entre o homem e as coisas	Relações entre os homens através de coisas

IMPORTÂNCIA DA CRÍTICA DA ECONOMIA POLÍTICA

– Começámos esta conversa com a dicotomia ortodoxia *versus* heterodoxia mas acabámos por abordar pouco o seu significado e as temáticas com elas relacionadas. E pelo que conheço do que tu escreveste, há muito a dizer sobre o assunto.

– É verdade que foi um tema que me ocupou, mas foge um pouco às nossas preocupações imediatas. A nossa postura crítica tem sido de natureza epistemológica, isto é, da forma como se faz ciência, enquanto que essa dicotomia é sociológica, como vimos. As nossas preocupações são com a ciência e essa temática é com a disciplina, isto é, com a institucionalização das ciências.

– Contudo, porque vamos fazer a crítica da Economia poderia ser interessante falarmos da dicotomia possível na crítica, a que tu chamas a orto-negação e a hetero-afirmação.

– Quando estamos a analisar um paradigma, uma teoria ou um modelo podemos partir do que ele contém ou do que ele não contém, podemos situar-nos na sua forma de encarar a problemática ou seguir caminhos completamente diversos. É esse tipo de alternativa que eu levanto. Estou certo que continuaremos a utilizar no nosso trabalho uma e outra, e fazemo-lo sem necessidade da sua teorização, embora esta possa ser importante noutros contextos e noutras finalidades de análise crítica. Talvez tenhamos oportunidade futuramente de voltarmos ao problema, pois seria inadequado

Q06	Positivismo Construtivismo	Positivismo Pragmatismo	Racionalismo crítico
Q07	Indivíduo	Grupos sociais / Instituições	Sociedade
Q08	Ciência da escassez (em si ou para optimização)	Ciência da escassez & Produção, repartição, circulação e consumo	Produção, repartição, circulação e consumo
Q09	Utilidade (marginal)	Utilidade marginal & Usos e costumes	Valor (tempo de trabalho socialmente necessário)
Q10	Microeconomia e Macroeconomia Fundamentação microeconómica	Macroeconomia (& Microeconomia)	Macroeconomia
Q11	Estado reduzido ao mínimo	Estado promove reformas (conjuntura)	Estado promove alterações (estruturais e conjunturais)

separar tão rigidamente, como eu estou a fazer, as dimensões epistemológica e sociológica da ciência.

Na orto-negação analisamos a ortodoxia na sua própria lógica e criamos-lhe fendas cientificamente justificadas. Para os ortodoxos é mais fácil aceitarem e assimilarem as nossas críticas. Sen é um exemplo brilhante da aplicação desta via. Na hetero-afirmação construímos uma alternativa global lógica e cientificamente coerente e contrapomo-la à ortodoxia. Frequentemente estas vias alternativas são combinadas.

– Aceito. Se queremos ver detalhadamente todos os aspectos nunca chegaremos ao fim. As nossas conversas são como as cerejas: puxa-se uma e vêm as outras atrás. Ficamos com a ideia e, se necessário, retomamo-la. Por razões dominantemente pragmáticas, não epistemológicas.

– Apenas ainda um alerta. Até aqui falámos muito sobre diversas arrumações das correntes do pensamento económico e de possíveis classificações da Economia, mas referimos pouco, para não dizer nada, sobre a divisão da Economia entre microeconomia e macroeconomia ou entre macroeconomia e microeconomia, admitindo que a ordem de apresentação reflecte uma hierarquização conceptual. Provavelmente fizemos bem em encararmos a Economia como um todo, centrando as diferenças nos paradigmas e não nesta divisão que, segundo vários autores, é um fraccionamento e não uma especialização. Contudo a experiência académica de alguns de nós aconselhava, quase exigia, que se dissesse alguma coisa sobre essa dicotomia.

Macroeconomia *versus* Microeconomia

– Confesso que é uma questão que tenho alguma dificuldade em abordar, mas, sem saber se se trata de uma "fragmentação" como tu falas, reconheço que essa decomposição tem uma natureza diferente dos paradigmas. O enunciado dessa dicotomia e a importância atribuída a cada um dos "segmentos" depende dos paradigmas, mas a sua própria existência não se configura como uma ruptura paradigmática. São enfoques (Zalta (Ed.) 2011) em função dos temas. Mais, são frequentes as preocupações em interligá-las, em fundamentar uma a partir da outra.

– Actualmente tende-se a fundamentar microeconomicamente a macroeconomia.

– Não tenho informações suficientes para ser categórico mas a leitura de diversos manuais introdutórios de diferentes épocas históricas (Nogaro

IMPORTÂNCIA DA CRÍTICA DA ECONOMIA POLÍTICA

1951 [1950], Carqueja [1927/sd], Schneider 1962/5, Martínez 1995 [1971], Barre 1965 [1955], Moura 1964, Samuelson e Nordhaus 1988 [1985]) leva-me a formular a hipótese que a divisão entre macro e micro é relativamente recente (meados do séc. 20) e começou por ser uma divisão institucional, em grande medida em resultado do alargamento das matérias estudadas pela Economia e a correspondente especialização.

– Adam Smith tem sido lido de múltiplas maneiras, mas parece-me fidedigno considerar que a sua obra tem uma dimensão social (divisão social do trabalho, mão invisível) e uma dimensão individual (comportamento individual). De uma forma diferente essa articulação também se encontra em Ricardo e em Marx, consubstanciado na teoria do valor e desta exigir a consideração simultânea do valor, ou valor de troca, determinado social-mente, e o valor de uso, com uma forte componente individual e subjectiva.

– Mas Marx, e a grande maioria dos seus continuadores, preocuparam-se exclusivamente em explicar as dinâmicas sociais e em quase considerar o indivíduo como um subproduto dessa dinâmica histórica social. Por outras palavras o valor, ou valor de troca, foi sobrevalorizado e o valor de uso foi subestimado, havendo mesmo autores que se preocupam em explicitar que o valor de uso é uma realidade objectiva, explicitada na mercadoria, com o objectivo de afastar a subjectividade.

– Admito que em grande medida tenhas razão. Contudo é possível revalorizar o valor de uso, como o faz, por exemplo, Roland (1985). Se me permites acabar o raciocínio diria que após as contribuições dos clássicos, aí incluindo para este efeito Marx, estavam lançadas as condições para uma abordagem integrada da Economia, sem a dicotomia de que estamos a falar.

– Após esses autores o pensamento económico dominante, habitual-mente designado por utilitarista ou marginalista (embora o primeiro nome me pareça mais correcto por se referir ao conceito, enquanto o segundo tem mais a ver com a técnica de análise) vai centrar-se no comportamento individual, nas temáticas da procura e da oferta. Uma significativa maioria trabalhou no estudo dos equilíbrios parciais, o que reforçava essa leitura individual, isolada, atomista. E se a teoria do equilíbrio geral teve uma postura mais holista, não abdicou dos mesmos princípios.

– Consideras que é com os utilitaristas que se abrem as portas para o que hoje designamos de microeconomia. Entre os clássicos não fazia sentido nem falar em micro nem em macro porque estávamos perante um discurso integrado.

– É isso. Contudo as revoluções socialistas, a coexistência de organizações (económicas) diferentes da sociedade, a grande crise de 1929/33, a pujança do keynesianismo, a prática política do planeamento e da política conjuntural fizeram mudar as temáticas estudadas pela Economia. O global é novamente encontrado mas já não havia então condições para retomar a leitura integradora dos clássicos. A um tipo de temas contrapôs-se outro tipo de temas. Objectos de análise diferentes, objectivos de acção social variegados, metodologias com poucos contactos, geraram, por oposição ao que existia, uma leitura macroeconómica.

– E assim continuou até aos nossos dias...

– Tendo surgido mais recentemente a tentativa de fundamentação de uma a partir da outra. Não há indivíduos sem sociedade e esta também não existe sem aqueles. Como diz Bancal (1974, 28) existe sempre alguma arbitrariedade ao optar-se por uma das duas sequências possíveis: "sistemas – estruturas – grupos – agentes – dinâmicas" *versus* "agentes – grupos – estruturas – sistemas – dinâmicas". Mas, com a formação da síntese neoclássica e a hegemonia das teses liberais e solipsistas, há também uma hegemonia das fundamentações microeconómicas da macroeconomia.

– Pelo que tu dizes, se se assumir como objecto sociológico da Economia a sociedade podemos tender para uma leitura integrada do social e do individual; se o objecto sociológico for o indivíduo há uma tendência dominante para a hegemonia da microeconomia.

– Não diria isso. Hoje a assunção do primeiro objecto sociológico tenderá a conduzir a uma leitura macroeconómica. Porque a leitura integrada que efectivamente os clássicos tinham, colocando-se também nesse objecto sociológico, há muito que foi abandonada.

– E os estruturalistas?

– Penso que hoje é a corrente do pensamento económico mais bem situada para uma leitura integrada, mas receio que não consiga fugir à dicotomia macro-micro.

– O que podemos dizer inequivocamente é que, de facto, esta separação entre microeconomia e macroeconomia é diferente das outras decomposições que temos abordado, chamemos-lhe "fragmentação" ou qualquer outra coisa!

– Se nos situarmos nessa dicotomia, com os conhecimentos existentes há três possibilidades: coexistência independente micro-macro; fundamentação microeconómica da macroeconomia ou fundamentação macroeconómica da microeconomia. As duas últimas posições não se podem concretizar coerentemente sem um prévio debate filosófico e epistemológico, se não se quiser cair ou no senso comum ou na ideologia...

– Como creio que se faz hoje. Como se fundamenta que a dinâmica total é o resultado, determinante, dos comportamentos individuais? Eventualmente através de um pressuposto espontaneamente assumido sem fundamentação consistente do seu ponto de partida.

– Contudo a consideração da primeira possibilidade, para ser coerente exige perceber que ambas são parte de um todo, que há lógicas de acção humana diferenciada que se completam, que há efeitos de retroacção e as partes contêm as características do todo. Dificilmente se capta a micro e a macro sem o todo, sem uma leitura complexa. A questão que se coloca, a que não procuro resposta de imediato, é se essa totalidade macro-micro (ou micro-macro) pode ser construída com a Microeconomia e a Macroeconomia que temos tido ao longo da história da Economia.

Crítica entre paradigmas

– Feito este exercício sugiro que voltemos a falar em paradigmas em geral e que assumamos o papel da crítica essencialmente do ponto de vista epistemológico. Com esta posição eu não quero, de forma alguma, subestimar a importância do confronto sócio-institucional, ideológico e até político, mas não é o propósito destas nossas reuniões.

– Estou de acordo, mas deixa-me acrescentar um aspecto. Um aprofundamento das questões epistemológicas da crítica entre paradigmas alternativos também nos ajudará (e de que maneira!) nesses confrontos. Por isso não há que subestimá-la.

– Quem começa?

– Como vos disse já abordei em trabalhos anteriores alguns destes aspectos. O enfoque da abordagem foi diferente, a dicotomia era ortodoxia *versus* heterodoxia e, nesse contexto só analisava a crítica da heterodoxia em relação à ortodoxia. Esta, porque se considera "a (única) Ciência", "a (única) Economia", não está disponível para criticar seriamente as posições heterodoxas. Contudo admito que uma boa parte dessa abordagem seja transponível para o enfoque que temos pela frente.

– Então estás em melhor situação para lançar as pistas iniciais.

– A crítica de um paradigma, o que pressupõe sempre colocarmo-nos noutro, implícita ou explicitamente, consciente ou inconscientemente, exige um conhecimento suficientemente aprofundado do paradigma criticado. A formulação "suficientemente aprofundado" é uma forma cuidadosa de reconhecer que hoje é impossível alguém conhecer totalmente o que é produzido dentro de um paradigma, mas isso não impede que se tenha um conhecimento suficientemente alargado e consistente do que está a analisar, do que se está a criticar (positiva e negativamente). Esta é uma questão fundamental, pelo que um trabalho interparadigmático tem sempre a lucrar com o trabalho em equipa com outros economistas que partilhem paradigmas diferentes.

– As redes paradigmaticamente heterogéneas são sempre mais ricas em conhecimentos que as homogéneas, sobretudo se queremos caminhar para novas ideias.

– Mas esse trabalho conjunto pressupõe o pluralismo teórico de que falámos, a capacidade de cada um ouvir o outro e de aceitar eventualmente os seus argumentos – característica muito rara nos meios universitários, quer por limitações intelectuais e de conhecimento, quer por razões de poder e influência –, exige muita imaginação e capacidade de diálogo.

– Para além de um conhecimento do que se critica é fundamental perceber qual o âmbito da teoria ou modelo que estamos a criticar. A crítica a um paradigma pode não ser feita exclusivamente tomando como referência a globalidade daquele. Frequentemente passa pela tomada de posição em relação a um determinado modelo, a um certo aspecto de uma teoria. Temos que perceber qual o âmbito a que se aplica o que criticamos. Aplica-se a todos factos económicos ou apenas a alguns? A sua aplicabilidade está condicionada a alguma época histórica ou modo de produção? Aplica-se a todas as sociedades ou apenas a algumas? Frequentemente o modelo aplica-se apenas a alguns factos, mas é apresentado como sendo geral e a falta de reflexão crítica do seu autor faz com que se autoconvença da sua universalidade. Muitas críticas serão desnecessárias se houver essa explicitação do âmbito do que pretendemos analisar. São desnecessárias porque haverá concordância.

– O que não invalida, que mesmo assim, se faça a sua crítica no sentido de a melhorar. A crítica é parte de uma reconstrução e, nessa medida, cada autor depois de fazer uma investigação, tirar as suas conclusões e elaborar os seus modelos, deveria fazer a crítica ao seu próprio conhecimento.

IMPORTÂNCIA DA CRÍTICA DA ECONOMIA POLÍTICA

– Não digo que não. Para além do conhecimento do outro paradigma e do âmbito do modelo deve-se ter o cuidado de se explicitar todas as hipóteses de partida. Este é um aspecto decisivo quer do processo de crítica quer da construção da interparadigmaticidade. Uma hipótese de partida nunca é neutra. Frequentemente já contém, total ou parcialmente, a conclusão. Conhecer um modelo passa por conhecer os axiomas em que se sustenta.

– Já falámos do assunto quando da nossa longa conversa sobre o irrealismo das hipóteses e as leis *cæteris paribus*.

– Recordemos, como referimos, que a crítica de um paradigma (P_j), uma sua teoria (T_j) ou um seu modelo (M_j) pode ser feita por hetero-afirmação e por orto-negação. Creio que esta é fundamental no diálogo entre paradigmas. É a desmontagem da outra posição partindo de dentro dessa mesma posição.

– O que passa, como disseste, por entender bem o que se está a analisar, por conhecer com rigor as hipóteses que sustentam o modelo e quais os impactos da sua existência no que estás a analisar. A alteração de hipóteses de partida também faz parte desta crítica interna, não é verdade?

– Podemos considerar que sim.

– Somos mais levados a destruir aquilo que nos parece errado ou incompleto do que a valorizar os vectores positivos. Aliás, tu tens tido o cuidado, de quando em vez, quando utilizas o termo "crítica" chamares a atenção para a valoração do positivo, a interrogação do que é dúbio e a negação do que é errado, mas a reacção espontaneamente assumida, provavelmente até por nós, é identificar "crítica" com "dar tareia".

– Se podemos atribuir uma tendência espontânea para esse comportamento, nem sempre assim acontece e nunca deveria acontecer. A importância que atribuímos a uns ou a outros depende também do objectivo dessa crítica. Para não falarmos de uma forma abstracta, por desajustamento entre a minha mensagem pensada e a vossa interpretação, peguemos em dois exemplos. Vamos supor que quero convencer um economista que adopta um paradigma diferente do meu de que ele não está certo em alguns aspectos. Em primeiro lugar devo chamar-lhe a atenção que há diversas maneiras de pensar a Economia, que nem sempre o que parece é, que não podemos adoptar a ignorância epistemológica, que a "filosofia espontânea do economista" (Althusser 1974) pode ser enganadora. Nem sempre é preciso ou possível um percurso tão elaborado, mas a consciência da relatividade do nosso conhecimento, a chamada de atenção para a

RACIONALIDADE, ÉTICA E ECONOMIA

importância da reflexão crítica, para o alerta de que não devemos adoptar uma posição, seja ela qual for, por simples opção ideológica, ou argumento de autoridade, pode abrir novas possibilidades de diálogo. Depois, por respeito à verdade, mas também por uma estratégia de convencimento, há que dar a entender que o diálogo que se está a ter não é para o convencer da minha posição paradigmática mas mutuamente nos elucidarmos e para fazer avançar a Economia...

– Esse deve ser o objectivo sistematicamente presente na crítica da Economia, no debate entre diferentes posições paradigmáticas.

– Entendamo-nos, estamos num debate científico e não num debate ideológico ou político, pelo que será positivo que comecemos por salientar alguns dos vectores positivos, isto é, que são de ter em conta e aproveitar para uma Economia mais capaz para a procura da verdade, seja esta o que for. Após estes prolegómenos e início da crítica, o debate, a troca de ideias, tenderá a concentrar-se sobre os aspectos negativos. Por exemplo, debater se devemos introduzir na construção científica conceitos tão gerais que tudo explicam, como utilidade, racionalidade ou outro. Debater o que é a racionalidade. Debater, no caso de se considerar que se deve utilizar esse conceito, se estamos perante uma racionalidade olímpica ou uma racionalidade limitada, qual a concordância da Psicologia, das Neurociências e da Sociologia sobre a utilização económica da dita racionalidade, etc. Neste caso estamos a fazer uma crítica interna com propósitos de alteração do paradigma que está a ser analisado. Chamemos a esta crítica interparadigmática uma crítica interna para reformulação interna.

– Não te esqueças do que vais dizer, mas vem a talho de foice. Vamos supor que estamos a analisar um autor que adopta o paradigma da gestão óptima dos recursos escassos. Servirá para alguma coisa analisar o significado do conceito de racionalidade, examinar se a racionalidade é absoluta ou limitada, se as neurociências comprovam o que os economistas dizem?

– A tua pergunta é pertinente, sobretudo porque se refere a um caso extremo. A resposta pode ser dada em três níveis. No primeiro diria que faz sentido fazer a crítica económica a esse paradigma, porque pode contribuir para o avanço da Ciência, mais que não seja porque me confronto com outras posições, com outras referências, a minha informação aumenta e serei mais capaz de exercer a minha investigação futura. Contudo neste aspecto o grande debate não é económico mas epistemológico: sobre o que é Economia. No segundo diria que a eficácia deve ser reduzida porque a

IMPORTÂNCIA DA CRÍTICA DA ECONOMIA POLÍTICA

pessoa que pretendo convencer, no sentido que atribuímos a este termo, está no campo da normatividade. Até pode reconhecer que não há informação plena, que a racionalidade é limitada, etc. mas nada disso afecta a sua postura porque o seu objectivo não é dizer o que é, mas como deve ser. Esta opção pode ser assumida, ou encobrir-se num conjunto de argumentos aparentemente positivistas e então o diálogo ainda é mais difícil. No terceiro plano, temos que reconhecer que a ortodoxia, e essa é a ortodoxia hoje, tende a ser ditadora, a apresentar a sua verdade como "A Verdade". E esta atitude tanto pode resultar da assunção explícita da necessidade de poder como de uma série de processos espontâneos que reforçam sistematicamente o seu poder: a aceitação generalizada pela comunidade científica, a complacência dos "colégios invisíveis", a auto-reprodução pelo sistema de ensino. Finalmente acrescentaria que há várias gradações de ortodoxia e que nem todos os paradigmas ocupam essa posição. Acrescentaria que nos dias de hoje a ortodoxia é esse paradigma, mas a tendência imperial é extensível a todas as ortodoxias.

– Várias vezes chamei a atenção disso, nomeadamente no referente ao marxismo. No tempo da URSS os autores soviéticos produziram magníficas obras de Economia, mas também produziram, com a chancela oficial, verdadeiros embustes teóricos, por vezes enfeitados com algumas transcrições de Marx ou Lenine ou ainda, para o argumento de autoridade ser mais poderoso, de Estaline, Brejnev ou outros dirigentes políticos. Sempre defendi que muita Economia oficialmente marxista faria o Marx dar voltas na campa. Sempre me assustou a posição frequentemente consagrada de que o verdadeiro marxismo era o produzido pelos Partidos Comunistas.

– Caminhemos nos objectivos definidos para o nosso debate, embora com toda a liberdade de reflexão. Não nos desviemos da nossa temática.

– E qual é a capacidade de convencermos o que segue um paradigma diferente do nosso? Qual é a eficácia da nossa crítica já que o objectivo também é esse?

– Creio que, em grande medida, já respondi a essa pergunta. Depende de qual for o paradigma e das hipóteses, categorias ou leis em que incidirmos a nossa reflexão. Mas atenção, a crítica é bivalente: tanto eu posso convencer o outro como este me pode convencer a mim! Nunca esqueçamos este aspecto, mesmo que a crítica seja iniciada por mim.

– Pedi-te para não te esqueceres do que ias dizer. Espero que não te tenha desorientado.

– Ah, sim. Dentro da crítica interna dei um exemplo de "crítica interna para o interior". Ia, quando me interrompeste, dar um exemplo de uma "crítica interna pelo exterior". Deixem-me divagar um pouco. Um autor que li há muitos anos e de que lhe perdi o rasto afirma qualquer coisa como "os utilitaristas criaram uma teoria dos preços julgando que estavam a criar uma teoria do valor e os marxistas criaram uma teoria do valor a pensar que estavam a criar uma teoria dos preços". Discordo desta afirmação, mas vamos admitir por momentos que ela reflecte um verdadeiro percurso da Ciência Económica e que, fiéis aos seus desígnios, o marxismo pretendia criar uma microeconomia sob a teoria do valor por eles construída e que aquela sempre se defrontou com problemas na transposição quantitativa do conceito de valor para o conceito de preço.

– Recordo que já referimos esse assunto a propósito de outra temática.

– Continuando, assentes na origem social dos conceitos, de tal modo que só posso determinar o valor de uma mercadoria depois de ter calculado o valor de todas as mercadorias (os conceitos de trabalho abstracto e tempo de trabalho socialmente necessário assim o obrigam) pretende desenvolver uma teoria da determinação dos preços individuais.

– Parece ser uma ideia demasiado louca, pois que eu saiba não há uma microeconomia marxista. O exemplo de que falámos de raspão anteriormente não me convenceu, embora me tenha deixado a dúvida.

– Nada é louco antes de comprovada a sua incapacidade de descoberta. Já sabemos que existem estudos no sentido que estou a prognosticar, e não é nada de chocante.

– Arrumaste-me. Concordo totalmente que "nada é louco antes de comprovada a sua incapacidade de descoberta".

– Retomando, se o paradigma marxista pretendesse construir uma microeconomia certamente teria muito a ganhar com o estudo atento da teoria do valor utilidade da teoria neoclássica, revendo em primeiro lugar o modelo walrasiano, mas caminhando depois para novos modelos de equilíbrio geral. Assim como poderia ter muito a aprender com a teoria dos preços hedónicos ou com os modelos do desequilíbrio de raiz keynesiana. Estamos perante uma crítica de Economia que não visa melhorar o paradigma analisado, mas aproveitar o que o outro tem de bom para, com a reconstrução conceptual inevitável, integrar no meu próprio modelo. Neste tipo de crítica olha-se mais para os aspectos positivos do outro modelo e mais para os aspectos negativos ou lacunas do meu.

IMPORTÂNCIA DA CRÍTICA DA ECONOMIA POLÍTICA

– Recordemos o percurso em torno da crítica interparadigmática. Referimos que há a crítica interna e a externa, mas até agora só falámos da primeira.

–Só para não nos perdermos na crítica interna. A análise de um paradigma, por dentro pode melhorar o seu conteúdo mantendo-se dentro desse paradigma (crítica interna pelo interior) ou recorrendo a contributos de outros paradigmas, que devem ser "reconstruídos" (crítica interna pelo exterior).

– Podemos falar em dois tipos de crítica externa a um paradigma. Em primeiro lugar, no sentido mais habitual, o confronto de um paradigma, teoria e modelo com a realidade. Enquanto na crítica interna estamos encerrados na realidade-para-a-Economia, no seu objecto científico, na crítica externa a referência é entre esse objecto científico e a realidade social, a dinâmica objectiva da realidade-em-si.

– O que passa, desde logo, por analisar a coerência lógica da transposição do concreto pensado para o concreto real. Por exemplo, quando estudamos a "curva da procura" estamos a proceder a uma análise *ex-ante*, instantânea. Por isso não faz sentido fazer um ensaio econométrico para constatar a relação inversa entre preço e quantidade procurada, para calcular a elasticidade[109].

---

[109] Coloquemos aqui alguns apontamentos que foram referidos, mas que tenderiam, mais uma vez, a fazer uma inflexão na sequência de exposição. Provavelmente uma das mais graves limitações da teoria neoclássica, na sua versão original ou nas variantes actuais, é a incapacidade de explicar, logo prever, os movimentos cíclicos da economia, nomeadamente as crises, sobretudo as grandes crises, como a que vivemos em 2007 e muitos anos seguintes. Sem procurar agora justificar o que afirmámos, é inequívoco que as crises económicas são uma das faces de funcionamento do capitalismo, são partes integrantes deste. Claro que aquela teoria tem sempre a possibilidade de dizer que aquelas são resultado de erros humanos. Até podem tentar recuperar terreno afirmando que tal resulta de um erro de política económica, pelo que o melhor é acabar com ela. Por exemplo, a crise actual não é o resultado da desregulação, da ausência de fiscalização, de descriminalização de muitas práticas financeiras, mas antes o resultado de um erro de decisão da Reserva Federal Americana. Contudo esta argumentação não é convincente, nem cientificamente rigorosa, fugindo a qualquer possibilidade de constatação da sua falseabilidade. Para atenuar esta "falha" é preciso modificar a leitura que se faz da realidade, dar-lhe outra roupagem simbólica. Então em vez de falar em ciclos, em alta conjuntura, crise, recuperação e expansão, fala-se em bolhas. O termo bolha – "vesícula à superfície da pele" (bolha em Priberam 2008-2013) – comporta uma carga maior de episódio passageiro, de acidente no que é plano,

– Em segundo lugar podemos falar em crítica externa dum paradigma a partir de um conceito, de uma problemática ou de uma metodologia que não é considerado por ele, desconhecido ou subvalorizado.

– Exemplifica.

– Como sempre, alguns exemplos podem ajudar. René Thom, (Thom, Giorello, e Morini 1995) desenvolveu a Topologia e aplicou-a ao estudo das situações em que há mudanças abruptas de posição (descontinuidades). Elaborou o que se designa por Teoria das Catástrofes, na qual é lógico associar um certo tipo de descontinuidades à irreversibilidade. Muitas ciências sociais utilizaram intensamente os ensinamentos de Thom. Verificou-se uma interdisciplinaridade, a utilização da Topologia pela Economia. Uma interdisciplinaridade que era operacional e coerente com alguns dos paradigmas da Economia. Sobretudo dos que viam com vantagem a interligação com as Teorias da Complexidade.

– Podes dar mais um exemplo?

– Com a Teoria da Relatividade o conceito de tempo modifica-se profundamente. Deixa de ser o imperativo categórico kantiano para se relativizar, associar-se ao espaço e à mudança. Deixou de ser um imperativo categórico mas é com esse estatuto que continua a existir na grande maioria dos modelos económicos. Stephen Hawking recorda que "na teoria da relatividade não existe qualquer tempo absoluto, mas sim cada indivíduo tem a sua medida pessoal de tempo, que depende de onde está e da maneira como se move" (Hawking 1988, 55). Se à velocidade em que realizamos a nossa vida podemos considerar despicienda esta diferença pessoal, já o mesmo não podemos dizer do que ele designa por "seta psicológica" (que faz com que não nos possamos lembrar do futuro). A Antropologia do tempo tem mostrado a importância muito diferenciada do tempo para diversas civilizações, para diversos grupos sociais numa determinada região. Podemos então levantar uma problemática: Se determinados paradigmas da Economia partem da subjectividade dos indivíduos nas suas relações com as coisas, não deveriam proficuamente incorporar a seta psicológica do tempo com as dimensões levantadas pela Antropologia. A sua incorporação não poderia dar outro realismo ao estudo de diversas problemáticas? E mais uma vez nos defrontaríamos com a irreversibilidade do tempo.

para além de referir o "crescimento" e não o que é mais importante, o "decrescimento". Na crítica de um paradigma há que dar atenção à linguagem e ao simbólico.

– Estes exemplos de crítica estão directamente ligados à interdisciplinaridade e poderíamos formular muitos e muitos outros exemplos...

– Há um que estava a pensar enquanto davas os teus exemplos: a utilização da técnica da Análise das Redes Sociais, a que já fizemos alusão[110], baseada na teoria dos grafos e no cálculo matricial. Não seria uma poderosa ferramenta a ser utilizada pela Economia, dando outra dimensão às relações sociais?

– Muitos dos desenvolvimentos da Matemática são susceptíveis de aplicação profícua na Economia porque há uma interdisciplinaridade operacional entre as duas disciplinas. Mas podemos ter uma crítica externa deste tipo sem interdisciplinaridade. Retomemos ainda o exemplo que já apresentámos e coloquemos um neoclássico a dizer a um marxista: "a teoria marxista assume como categoria mais geral a mercadoria; reconhece que na mercadoria há valor e valor-de-uso e que sem a presença de ambas as dimensões não há mercadoria. O seu ponto de partida é bivalente; contudo toda a teoria marxista é um processamento do valor na aproximação ao concreto, nunca mais tratando especificamente o valor-de-uso, embora este esteja sempre presente em muitas das classificações. Eu não consigo entender bem a vossa teoria do valor, mas sei que vocês não têm uma teoria do valor-de-uso". Não estamos perante uma crítica externa? A confrontação do paradigma marxista com a ausência da subjectividade inerente ao valor de uso no entendimento dos utilitaristas?

– Mas este segundo sentido da crítica externa (recorde-se que o primeiro era o confronto com a realidade-em-si) não é o que designámos por "crítica interna pelo exterior"?

– Talvez sim, talvez não. Há muitas formas de se proceder à crítica e há, sem dúvida, relações entre todas elas.

– Para podermos passar à frente, tentando fazer uma síntese, deixaria cair a decomposição da crítica interna e consideraria que há dois tipos de crítica entre paradigmas: (a) crítica interna *versus* crítica externa entendendo-as como análise da coerência lógica e ajustamento à realidade-em-si, respectivamente; (b) a crítica paradigmática *versus* crítica interparadigmática, entendendo-as como orto-afirmação e hetero-afirmação, respectivamente.

---

[110] Ver nota de rodapé 93.

– Creio que já avançámos o suficiente sobre essa matéria. De alguma forma já começamos a referir o que entendemos por interparadigmaticidade e como podemos, pelo menos parcialmente, fazê-la, mas talvez fosse bom na próxima sessão retomarmos a questão de uma forma mais abrangente, nomeadamente para nos apercebermos sobre a sua viabilidade.

– Admito que estamos todos de acordo. Para já vamos descansar. Coloca uma música e divirtamo-nos um bocado. Confesso que estou cansado. Falemos de cinema, música ou futebol. Deixemos as temáticas mais sérias na arca do nosso desassossego.

INTERPARADIGMATICIDADE

RESUMO:
A importância da interparadigmaticidade na Economia. Viabilidade e limitações objectivas, ontológicas e sociais. Pontos de partida: terminologia e discurso. O perigo dos glossários. Repensar as hipóteses de partida na aproximação entre paradigmas. Do diálogo à superação de paradigmas. Interparadigmaticidade e correlação de poder. Ainda a interparadigmaticidade no ensino.

– Aqui estamos mais uma vez, com a pontualidade habitual. Falámos de paradigmas a esfacelar, ou a engrandecer, a Economia. Constatámos que há múltiplos critérios de classificação dos paradigmas. Ao concentrarmos a nossa atenção sobre a crítica da Economia acabámos por centrar muito a atenção, talvez excessiva, sobre a crítica de uns paradigmas aos outros. Todos estes assuntos já são uma parcela da abordagem do tema que agora nos ocupa, a interparadigmaticidade, raramente utilizada e, consequentemente, praticada. É nossa intenção fazermos aqui uma leitura mais sistemática dessa problemática.

– A pluralidade sistemática de paradigmas na Economia, quer optemos por uma leitura temporal ou num determinado momento da história, faz com que a matéria de que nos vamos ocupar, seja importante se queremos ter um conhecimento mais completo (completo nunca será!), da Economia.

– Quando me estava a preparar para esta nossa conversa andei, como é hábito, a procurar publicações científicas sobre esta temática. Constatei que há muito poucas. Creio que não há uma experiência acumulada sobre este

IMPORTÂNCIA DA CRÍTICA DA ECONOMIA POLÍTICA

assunto e se existe alguma prática, e disso não tenho dúvidas, ela ainda não deu lugar à produção de resultados[111]. De quando em vez desponta alguma reflexão sobre esta matéria mas muito concentrada sobre questões pontuais ou áreas científicas muito específicas. Creio que a melhor hipótese é estabelecer analogias com a interdisciplinaridade, tendo sempre em conta as especificidades das relações entre paradigmas.

– É um caminho possível. Contudo temos que ter, como admitiste, muita atenção a uma diferença fundamental entre a interdisciplinaridade e a interparadigmaticidade. A primeira é a contratendência de evolução interna da ciência, do seu processo de especialização. A segunda é provavelmente a contratendência epistemológica de uma evolução externa, de uma certa dinâmica da correlação de forças, como nos recorda Esteves na sua comunicação:

> "A conflitualidade que aqui está em causa não se limita, com efeito, ao plano abstracto de ideias e processos intelectuais, mas está incrustada na própria lógica social de grupos que estruturam «o campo científico» (Bourdieu). Como noutros, também nestes grupos científicos, tendem a multiplicar-se as dinâmicas negativas de ignorância dos adversários, de menorização das suas identidades, de evitamento do debate argumentativo em prol das estratégias de conquista e consolidação do poder institucional." (*in* Pimenta (Coor.) 2004, 66).

– Já vimos que a sucessão de ortodoxias, é mais o resultado da evolução global da sociedade e dos interesses em presença do que da validade dos seus modelos.

– Se assim é, há barreiras intransponíveis na interparadigmaticidade. As que resultam da influência social sobre a estruturação dos paradigmas e o poder que assumem em cada momento. É certo que a autonomia relativa que cada cientista tem, em relação à sua consciência possível, permite um diálogo e o estabelecimento das referidas pontes, mas esse é mais uma inter-relação de economistas que de paradigmas. A interparadigmaticidade

---

[111] A minha primeira tentativa, muito embrionária, de trabalhar a interparadigmaticidade, via análise de caso, foi em Pimenta (1995b). Recentemente voltei à temática (Pimenta 2013a, 211/20), mas com a sensação de ser um sobrevoo. No ponto seguinte o problema será mais explicitamente tratado, mas esta crítica interparadigmática é, desde já, uma antecâmara para a sua abordagem.

mais não pode fazer do que reduzir a dimensão do conflito, ultrapassar os entraves conceptuais, unificar o que é possível ao nível das ideias.

– Uma crítica que frequentemente se faz aos paradigmas heterodoxos é olharem mais para o seu interior do que para o confronto com o modelo dominante. Não sei se isso é verdade ou não, mas pelo que estás a dizer a interparadigmaticidade é mais provável entre diferentes correntes do pensamento económico que não são *mainstream* do que no confronto global ortodoxia *versus* heterodoxia. Como disse, não sei se essa afirmação corresponde à prática, mas tal não me choca. Quanto mais unificada, mais completa, mais rigorosa for a heterodoxia melhor está preparada para amanhã ser ortodoxia, melhor está preparada para desenvolver o seu conhecimento científico da sociedade.

– Além disso, para haver interparadigmaticidade é preciso que pelo menos dois paradigmas estejam abertos à reconstrução. Já vimos que a ortodoxia é poder e não estará disponível para esse diálogo.

– Mas qualquer novo paradigma constrói-se como contraponto aos outros, aproveitando o que neles há de positivo e ultrapassando as limitações. Marx disseca os autores do seu tempo e conhece profundamente Adam Smith e Ricardo. Keynes assume o Pigou como alvo das suas flechas.

– A questão inicial é, pois, que devemos fazer para reduzir ao máximo o espaço de conflito. Dada a dificuldade, impossibilidade, de uma interparadigmaticidade completa bem sucedida, que primeiros passos devemos dar para atenuar essa dificuldade?

– Já dissemos, e repetimos, que essa partilha de saberes deve fazer-se a um nível de menor abstracção do que a existente tipificação que fizemos. O que na prática se verifica são coisas tão "simples" como estas: na teoria da formação dos preços há a possibilidade de unificar modelos de equilíbrio geral, de equilíbrio parcial, de preços hedónicos e da teoria do desequilíbrio? Quais as pontes? Quais as possibilidades de formulação de uma teoria mais abrangente? Quais as principais dificuldades? Estas são possíveis de ser ultrapassadas? Qual a melhor via para tal? Que relações podemos estabelecer entre a procura efectiva keynesiana e as curvas da procura num modelo micro de equilíbrio parcial? É possível explicar a curva de Phillips-Lipsey utilizando a teoria marxista? Sendo Marx e Sraffa dois autores que tomam como referência Ricardo, e ambos tratem o problema da perequação, em que medida é que aquelas duas teorias se podem articular?

IMPORTÂNCIA DA CRÍTICA DA ECONOMIA POLÍTICA

– Ou então outro tipo de questões como: reconhecido que a racionalidade é diferente conforme as culturas ou os grupos sociais como se comporta a Economia[O2] se, em vez de assumir a racionalidade empresarial ocidental, assumir a racionalidade banto ou a racionalidade das etnias marginalizadas da sociedade americana? Enfim, na resposta a este tipo de questões, que precauções primeiras devemos adoptar?

– Quando comparamos dois modelos um primeiro cuidado é indagar se ambos se aplicam à mesma realidade, isto é, se tomam as mesmas referências temporais e espaciais. Se pretendo comparar um modelo da teoria quantitativa da moeda com um da teoria dos custos na explicação do aumento de preços tenho que começar por indagar se ambas têm o mesmo horizonte temporal, se a velocidade de alteração quantitativa das variáveis é semelhante. Tomam como referência uma sociedade exclusivamente capitalista ou assumem a coexistência, no mesmo espaço político e de transacções, de diversos modos de produção? Se estou a comparar modelos matematizados sobre a procura de moeda feitos por um economista argentino, um economista americano e um economista chinês, a primeira coisa que eu tenho de fazer é constatar se as variáveis escolhidas, as relações estabelecidas, as dinâmicas adoptadas, as referências utilizadas assentaram na observação das suas próprias sociedades nacionais ou se tiveram em conta realidades mais amplas (por exemplo, as do século XX das economias desenvolvidas), independentemente da origem da bibliografia utilizada, embora esta possa influenciar as escolhas.

– Dois modelos que contêm as mesmas variáveis e a mesma dinâmica espacial podem diferenciarem-se pela importância relativa a cada uma das variáveis, pelos *cæteris paribus* adoptados e pela maior ou menor importância atribuída a alguns dos factos que se devem manter constantes.

– Na minha opinião a primeira preocupação deve ser estabelecer as pontes de linguagem e terminológicas. Se um modelo utiliza como linguagem de conceptualização o Cálculo Matemático, outro a Topologia, outro a Teoria do Caos e ainda outro a linguagem corrente, dificilmente haverá possibilidade de entendimento se previamente não se mostrar que, apesar da utilização desses diferentes instrumentos de comunicação, estão a tratar do mesmo assunto, utilizam variáveis comuns e formulam explicações e leis que têm alguma similitude. Depois há que estabelecer as pontes terminológicas. Uma vez utiliza-se a mesma designação para significar realidades económicas e sociais bastante diferentes (recorde-se o vasto debate sobre o conceito de valor ou sobre o conceito de capital, recorde-se que muitas vezes falamos em preços a pensar em preços relativos e outras vezes em preços absolutos, recorde-se que uma curva da procura tanto pode designar uma construção *ex-ante*, a única que, na nossa opinião faz sentido, como uma construção *ex post*, etc.) outras vezes utilizamos designações diferentes para enunciar conceitos próximos, que são perfeitamente comparáveis (podemos considerar que o conceito marxista de mais-valia, é, aproximadamente, o mesmo que "valor acrescentado menos salários", aproximadamente porque os graus de abstracção são diferentes, assim como as implicações entre o individual e o social).

– As questões terminológicas são fundamentais pois têm funções que vão muito para além da clarificação dos discursos. As palavras são signos e estes comportam uma cultura, despertam memórias e emoções. A modificação de uma palavra pode facilitar a comunicação entre paradigmas alternativos.

– Quando se pretende pôr a dialogar cientistas de formações diferentes, agora estamos a falar da interdisciplinaridade, um dos trabalhos primeiros a executar é construir um glossário que comporte o significado dado pelas diversas ciências a cada um dos conceitos e, se possível, estabeleça um significado que possa ser adoptado, mesmo com algumas concessões, por todos. Aqui, na interparadigmaticidade temos também que fazer o mesmo...

– Percebo o que pretendes trazer à colação, mas parece-me que do ponto de vista prático há que ter muito cuidado com a elaboração de glossários. Esses facilitam a comunicação, eles podem tornar os discursos mais perceptíveis por terceiros, sem dúvida nenhuma, mas alguns projectos interdisciplinares pretendem tão fortemente dirimir esse obstáculo que se empenham excessivamente na elaboração de glossário. Tanto é o esforço nesse processo que o resto fica para as calendas gregas...

– Percebo. Também com um glossário interparadigmático pode correr--se os mesmos riscos.

– Creio que ainda não falamos do aspecto prévio mais importante da interparadigmaticidade: a explicitação dos principais factos englobados no *cæteris paribus* de cada um dos modelos ou, embora possam existir pequenas diferenças, as hipóteses de partida que sustentam cada um deles. Essa listagem e comparação das hipóteses em paradigmas diferentes é importante por duas razões. Primeiramente porque esta explicitação faz parte da terraplanagem prévia à edificação de qualquer modelo mais geral ou de síntese. Em seguida porque uma das formas mais eficazes de concretizar a

IMPORTÂNCIA DA CRÍTICA DA ECONOMIA POLÍTICA

interparadigmaticidade é provavelmente através da alteração das hipóteses de partida (modificar umas, acrescentar outras, ainda eliminar outras).

– Chegados a esta afirmação é imperioso recordar Destouches, referido por Bachelard:

> "Destouches estuda com efeito as condições de coerência lógica das diversas teorias. Ele demonstra que, por intermédio da modificação de um postulado, é sempre possível tornar coerentes duas teorias que se revelam racionalmente válidas e que, no entanto, se opunham uma à outra. É evidente que duas teorias podem pertencer a dois corpos diferentes e que se podem opor em determinados pontos permanecendo válidas individualmente no seu próprio corpo de racionalidade." (Bachelard 1984, 132)

– Alguns autores tornaram-se célebres por serem referidos por Bachelard. Este autor é Jean Louis Destouches, nascido em 1909 e falecido em 1980. Físico, defrontou-se com a problemática da interparadigmaticidade, dizemo--lo hoje assim, a propósito da Física Quântica. Trabalhando na Física Matemática, ensinou também Lógica. Tendo construído uma teoria geral da previsão procurou aplicá-la em outras ciências, nomeadamente na Economia[112].

– Sem dúvida que a alteração das hipóteses de um modelo e a sua reconstrução a partir do novo conjunto de hipóteses é um dos processos mais profícuos de gerar aproximação entre modelos alternativos. Contudo, não temos conhecimentos e experiência suficiente para saber se para além dessa via há outras.

– Gostaria de realçar um aspecto da transcrição: "É evidente que duas teorias podem pertencer a dois corpos diferentes e que se podem opor em determinados pontos permanecendo válidas individualmente no seu próprio corpo de racionalidade". Creio que esta vertente tem sido um pouco subestimada. Pelo menos tem sido por mim. Quando penso em interparadigmaticidade admito sempre que as teorias em confronto se modificam, se aproximam. Pelo menos foi assim que entendi as referências às pontes entre paradigmas, embora também se tivesse admitido a construção de

---

[112] Em Bitbol (2001). Esta foi a nossa fonte principal, embora não exclusiva. O acesso ao artigo foi feito através do texto disponibilizado pelo seu autor, por impossibilidade de ter acesso ao artigo publicado na revista.

novos espaços. Contudo o que Destouches sugere é que da modificação das hipóteses de partida pode surgir uma outra teoria que não é a modificação de nenhuma das originais. É outra. A possibilidade de duas teorias germinarem uma nova teoria e continuarem a existir por si mesmas, com significado nos seus próprios paradigmas é, na minha modesta opinião, condição imprescindível para a interparadigmaticidade em Economia.

– Por causa da referida correlação de forças?

– Isso mesmo. Eu posso mostrar convincentemente a um defensor do paradigma O3 que a racionalidade plena, a adopção das expectativas racionais, etc. não corresponde à realidade, ele até pode estar inteiramente de acordo comigo, e no entanto nada modificará à sua teoria, não por teimosia, mas porque está convicto que a Economia deve indicar os melhores caminhos. Discutir com ele a inexistência de uma racionalidade olímpica, o irracionalismo das decisões, o peso dos usos e costumes até dá mais força à defesa da sua posição: exactamente porque há tanto desvio à racionalidade, a qual conduziria ao bem-estar, à gestão eficaz dos recursos, o mais importante para a Economia é indicar qual seria o caminho correcto.

– Encontramos essa posição em Milton Friedman, embora com outra roupagem argumentativa.

– Para além dessa postura intelectual, abdicar da sua teoria seria afectar o seu espaço de poder, o seu espaço de publicação e progressão na carreira, quiçá a sua influência política. Em síntese aquela posição chama-nos a atenção que, em muitos casos, para não falar de uma forma generalista, a interparadigmaticidade estará mais vocacionada para a construção do novo a partir de modelos paradigmaticamente diferentes que para modificar algum dos modelos em confronto.

– Depois desta brilhante conclusão não acrescentaria mais nada sobre este assunto. Para mim esta mostra-me que efectivamente nós só conseguimos percepcionar o que estamos preparados para percepcionar. Já tenho lido esta conclusão em alguns trabalhos de epistemologia e de história de investigação científica e, no entanto, só hoje, perante esta análise, percebi claramente o então lido. Há já muitos anos que me defrontei com esta recordatória de Bachelard em relação a Destouches. Muitas vezes li esta transcrição, até porque ela se entroncava nas minhas preocupações com o pluralismo teórico, porque a utilizei em diversas aulas, e, no entanto, nunca tinha tirado esta conclusão que reputo de grande importância. Foi a nossa troca de ideias que me fez ler com novos olhos essa frase.

– Só agora percebeste, mas provavelmente pretendias que os teus alunos a percebessem...

– Não é essa a minha forma de encarar o ensino. Eu sei que esse teu comentário é uma provocação positiva, tem um fundo de verdade. E não me afecta. Durante décadas, em sala de aula, depois de apresentar uma ideia – e nem sempre há a possibilidade temporal de a fazer nascer da discussão com os alunos – antes de avançar perguntava "estão a perceber?". Só há poucos anos, ao assistir às aulas de um colega, percebi quanto essa pergunta era injusta, pois estava a transferir a responsabilidade da lucidez da comunicação para os alunos. A partir de então pergunto "estou a ser suficientemente claro?". Mesmo depois de perceber que esta era a pergunta certa, pois eu é que tinha de emitir a minha mensagem com clareza suficiente para ela ser perceptível pelos outros, as primeiras vezes que a formulei encontrei nas minhas emoções alguma resistência.

– Meus senhores e caros amigos, creio que é altura de encerrar este ponto. Provavelmente gostariam que exemplificássemos, assim como eu gostaria. Vários aspectos aqui referidos ainda não estão completamente claros para mim, mas exemplificar é o que vamos fazer através da análise crítica dos conceitos de racionalidade.

– Já merecemos o santo repouso, embora hoje a sessão tivesse sido mais curta.

– E se fôssemos todos ao Teatro?

– Depois destas lucubrações daria clara opção a uma sessão de poesia.

– Vamos ver o que há!

CRÍTICA DA CRÍTICA

RESUMO:
Significado científico de "crítica". Sua importância no avanço científico. A crítica e as emoções. A crítica como conhecimento. Planeamento da actividade seguinte.

– O que temos vindo a apresentar mostra com nitidez o que designamos por crítica. Para não repetirmos por palavras nossas o que já dissemos, creio que posso transcrever o que a Wikipédia diz, no meio de outras coisas:

"Na filosofia moderna significa a sistemática inquirição sobre as condições e as consequências de um conceito, ou uma aproximação e/ou tentativa de compreensão das suas limitações e validade. Neste sentido, uma perspectiva crítica é o oposto do dogmatismo".

É a recusa do argumento de autoridade, mesmo que este venha encapotado de "é moda", "todos dizem", "não há alternativa", etc. É a capacidade de pensarmos por nós próprios, de combater o dogmatismo que, em maior ou menor grau também existe em cada um de nós.

– Daí a importância de mesmo numa atitude solitária termos a capacidade de nos criticarmos a nós próprios, de tentarmos analisar o mesmo problema por diversas vias e confrontar os resultados, de repensarmos e reconstruirmos as posições adoptadas. A crítica é uma postura filosófica e científica, que conduz a um progresso da ciência, mas é também uma prática individual e colectiva, uma forma de aprendizagem do que é necessário para se ser cientista, para se encetar o percurso de busca da verdade, seja ela o que for, na riqueza da sua relatividade.

– Também sabemos o que a crítica não é. Não é uma crítica pessoal ou personalizada. O debate é de ideias.

– É importante salientares esse aspecto, apesar de ao longo da nossa conversa, mesmo ao referirmo-nos a terceiros, termos mostrado que a crítica das ideias é autónoma em relação às pessoas. É importante reforçar este aspecto porque no nosso país há uma tendência para fulanizar o debate de ideias.

– Mas não podemos também ignorar que um autor que defende teses que consideramos absurdas tenderá a ganhar a nossa antipatia. Não estou a falar em teses erradas, porque o erro é parte integrante do processo. Para mim, por exemplo, é o cúmulo do absurdo considerar-se que o objecto científico não tem que reflectir a realidade ontológica. A Economia nasce e evolui não como forma de olharmos para o nosso umbigo, não porque alguns se entretiveram a estudar estas coisas em vez de irem jogar bilhar ou ler um romance. Mesmo reconhecendo que a evolução da Economia também tem uma dimensão endógena, ela existe como ciência para transformar o mundo. Aos cientistas não se pede apenas contemplação, pede-se instrumentos para a intervenção.

– Uma aplicação da décima primeira tese sobre Feuerbach à epistemologia e à Economia:

IMPORTÂNCIA DA CRÍTICA DA ECONOMIA POLÍTICA

"Os filósofos têm apenas *interpretado* o mundo de maneiras diferentes; a questão, porém, é transformá-lo." (Marx e Engels 1982, 3)

– A questão não se coloca apenas nesses termos. Tem a ver com a própria natureza da ciência: superar as limitações humanas para obter um melhor conhecimento da realidade-em-si.

– Entendo o que dizes sobre a provável ligação das ideias a quem as emite, mas deve haver uma capacidade de contenção dos sentimentos É fundamental que a crítica seja estritamente de ideias e nunca envolva qualquer apreciação pessoalizada. Os planos de apreciação das ideias e das pessoas, dos cientistas, são diferentes. Se queremos avaliar um cientista devemos fazê-lo, não pelas ideias que defende, mas pela honestidade com que faz a sua investigação, pela seriedade com que procura a verdade do paradigma em que se insere.

– Como o dissemos, e praticámos, a crítica é um "processo de absorção, ruptura e superação" (Vasconcelos 2010, 55). Começamos por compreender o mais profundamente que sejamos capazes, as ideias do outro, as categorias, as relações, as hipóteses formuladas. A partir dessa absorção estamos em condições de explicitar o que pode ser mantido, o que é duvidoso ou ambíguo, o que é errado. Percepcionamos quais são as rupturas que são necessárias para que haja um avanço científico, para que consigamos superar as limitações do modelo analisado. Depois é preciso percorrer o penoso caminho entre a consciência da superação e a superação.

– A leitura que faço de tudo o que dissemos pode ser sintetizada da seguinte forma: A crítica da Economia

(1) é, em primeiro lugar, a explicitação dos princípios epistemológicos e lógicos orientadores do paradigma em análise;

(2) é, em segundo lugar, uma explicitação sobre as metodologias utilizadas na construção, e reconstrução, do objecto científico e do tipo de referência sociológica adoptada;

(3) concomitantemente com estas duas fases do processo há a aceitação de uma parte dessa análise, a apropriação dos aspectos positivos para a reconstrução da leitura do objecto cientifico e do seu posicionamento em relação à realidade-em-si, diacronicamente específica e sincronicamente diferenciada. A crítica não é apenas o apontar o dedo às limitações do outro mas o aproveitamento do saber

acumulado para reconstruir a nossa própria leitura da Economia e do económico.

– Falando apenas da Economia. Mas essa apropriação de parte da herança científica e filosófica para uma reconstrução própria, dentro de um paradigma ou fora de todos, pode ultrapassar o âmbito da Economia. Essa apropriação e reconstrução pode juntar num mesmo processo cognitivo contributos de diversas ciências e da Filosofia.

– Logo, a crítica é um poderoso meio de conhecimento.

– Um meio de conhecimento que é sempre social e que exige um trabalho colectivo, por muito importante que seja o esforço individual.

– Insisto. Se fazer ciência, incluindo Economia, é negar e superar as primeiras evidências, a crítica é um processo indispensável de fazer Economia. Se as relações sociais são intensamente produtoras de falsas evidências – quer pelos interesses e conflitos em jogo, quer pela sobreposição entre objecto e sujeito de estudo, quer pela complexidade do sistema, quer eventualmente por outras razões – as ciências sociais exigem um crítica particularmente cuidada e extensa.

– O "fetiche da mercadoria" assombra toda a Economia. Sem a crítica não iremos longe.

– Fetiche da mercadoria? De que estamos a falar?

– Dos aspectos contingentes e ilusórios das relações sociais entre os homens no processo de produção, troca e repartição dos rendimentos.[113]

– Diria que a Economia é inevitavelmente pobre sem a crítica da Economia.

Próximo passo

– Podemos combinar o que se segue?

– Já tínhamos acordado que o conceito a dissecar, quiçá a complexar, seria o de "racionalidade".

---

[113] O "fetiche da mercadoria" foi um assunto frequentemente referido e neste ponto houve várias "variações" do mesmo tema. Apesar de ser uma questão epistemologicamente muito importante considerámos que seria de aligeirar no debate e, ainda mais, na sua transcrição, para não entrarmos noutro tipo de problemáticas. Na história do pensamento económico esta designação está estreitamente associada a Marx, mas a ideia que expressa é extensível a várias outras correntes do pensamento económico. E a sua validade não é apenas na Economia, como o demonstra, por exemplo, Angelis (2004).

– Embora não sendo o conceito chave da Economia, para tal consideraria o de "valor", é provavelmente o conceito mais importante para compreender e criticar a moderna Economia dominante.

– Mas não foi por aí que decidimos caminhar. Deixa-me recordar aqui duas passagens do texto correspondente à primeira parte do nosso trabalho. De facto admitimos duas possibilidades para agarrar conceitos primeiros da Economia: "Estou a pensar na categoria "racionalidade", na primeira hipótese, ou em "valor" ou "valor e preço" na segunda". Mas poucos minutos depois concluíamos: "Está assente. Começamos por um sobrevoo sobre o significado de Economia e por algumas lucubrações sobre a crítica da Economia Política, para depois disso nos focarmos sobre a Racionalidade". A crítica da Economia Política está feita, agora temos de agarrar na racionalidade.

– Não duvido disso. Se caminhássemos pelo "valor" poderíamos proceder a críticas de diverso teor e a relações conceptuais várias, mas nunca poderíamos fugir a questões como: o valor é um conceito fundador? Que teorias do valor são as doutrinas económicas especificadas ao longo do tempo? Como se justifica a morte do valor anunciada por alguns economistas mais recentes? E ao respondermos a segunda e terceira pergunta encontraríamos no seu pedestal a "racionalidade". Defrontar-nos-íamos sempre com ela, seja no início ou no fim do percurso. Ora se queremos contribuir para a construção de um paradigma mais realista, e preciso, pode ser mais útil criticar para construir em vez de construir para criticar.

– Estamos todos de acordo, como seria de esperar, apesar da nossa fértil imaginação, que às vezes esvoaça sem as amarras da razão.

– E como preparamos o nosso debate?

– Levantando previamente problemáticas, apelando ao estudo atento dos assuntos por cada um de nós, debatendo abertamente e investigando para levarmos até ao fim cada assunto. Escusamos de tratar disso agora. Temos tempo antes de começarmos a segunda dose de reuniões de trabalhos.

– Assimilemos o muito que foi aqui dito e aproveitemos o convívio para falarmos de outros assuntos.

– Vamos nessa![114]

---

[114] De facto a conversa não terminou de uma forma tão rápida. O facto de alguns serem docentes gerou uma conserva sobre as diferenças entre investigar e ensinar ("o cientista procura a verdade e o professor as formas mais adequadas de transmitir perceptivelmente essas verdades"), sobre

Leituras a fazer

– Certamente para continuarmos vamos necessitar de um intervalo maior para lermos sobre a racionalidade. Qual a referência que temos do tratamento desta temática?

– Posso dizer alguma coisa da minha experiência. Ao longo dos anos fui-me ocupando várias vezes da temática da racionalidade. Quando da deslocação à Faculdade de Economia e Administração da Universidade de São Paulo em fins dos anos 80 fomos (os docentes portugueses) convidados a colaborar num número da revista deles, o meu tema foi esse (Pimenta 1990). A temática da racionalidade surge como um resultado da teoria do valor, fazendo corresponder à teoria do valor-trabalho uma racionalidade em profundidade e à teoria do valor utilidade uma racionalidade de superfície, concluindo que

> "não existe uma valoração e hierarquização moral entre ambas mas existe uma maior operacionalidade gestionária da segunda e uma maior capacidade explicativa da primeira: a racionalidade em profundidade explica a própria existência da racionalidade de superfície, enquanto o inverso não é verdade".

a melhor sequência de apresentação dos assuntos no exercício da profissão de docente, sobre a sequência em que os conceitos devem ser apresentados, sobre a importância da formulação de questões problemáticas para os estudantes encontrarem a resposta, sobre a impossibilidade de estes percorrerem as tramitações das grandes descobertas da economia ("se pretendêssemos reproduzir o caminho percorrido por exemplo por Adam Smith teríamos que reviver a época de então e adquirir uma diversidade de saberes antes de se começar a analisar o económico), sobre a importância da formalização matemática, sobre a relevância do erro no ensino, sobre o grande imperativo que é os estudantes conhecerem a realidade-em-si que os cerca e que são relevantes para a Economia. Conversa que também enveredou pela interferência do ideológico na estrutura do ensino e na receptividade às diversas matérias (recordando-se, por exemplo, Robinson: "se Marx tivesse sido estudado como um economista sério, em vez de ser tratado, por um lado, como um oráculo infalível e, por outro, como um alvo de sarcasmo barato, ter-nos-ia poupado muito tempo" (1978, 13)), pela interdisciplinaridade no ensino, pela importância de explicitação das hipóteses, pela dificuldade de conciliar o pluralismo teórico com o tempo de estudo, sobretudo depois de Bolonha. Ainda se prolongou a conversa sobre o que é Economia e o que são técnicas utilizadas pela Economia e qual a relevância destas num curso. Porque todos estes assuntos se afastam do conteúdo deste debate decidimos não transcrever essa parte da conversa.

Para a elaboração deste artigo recorri bastante a literatura marxista, de Economia e de outras ciências sociais: (Dostaler 1978, Fonseca 1989, Godelier sd [1969], Júnior 1963, Lipietz 1983, Marx 1974, Sève 1981). Cinco anos mais tarde, no texto com uma temática mais vasta (Pimenta 1995a) a temática da racionalidade voltou a ser tratada. Depois, abordando a "racionalidade dos marginalizados" voltei ao tema (Pimenta 1999). Se estes são os trabalhos publicados, também houve muitas aulas de licenciatura, mestrado ou doutoramento em que abordei o tema de uma forma sistemática. O caminho percorrido para estudar o problema passou pelo exame dos grandes vultos da Economia e correspondentes paradigmas em que se inserem, pela incursão pela Filosofia, pelas leituras do âmbito da Psicologia Económica e das Neurociências (assunto que me apaixona mas de que sou altamente ignorante). A racionalidade apareceu frequentemente ligada a outras temáticas de trabalho, desde a complexidade, ao estatuto social do hábito, desde a relação dialéctica indivíduo-sociedade à diversidade de Lógicas.

– Temos um trabalho duro.

– Já avançámos mais do que possa parecer. Os debates que tivemos rasgaram-me novos horizontes e se hoje escrevesse um artigo sobre o tema certamente teria uma abordagem diferente. Provavelmente continuo a concordar com grande parte das afirmações que fui produzindo ao longo dos anos, mas certamente que hoje formularia perguntas que então ficaram por fazer. O meu percurso seria bastante diferente.

– Da minha parte, para além do que fui lendo em clássicos, marxistas, neoclássicos, institucionalistas e keynesianos, não esquecendo os muitos que não se encaixam nesta classificação, procurei ler, desde que começámos estes debates, alguma literatura mais recente sobre o assunto[115].

---

[115] Provavelmente nem tudo o que lemos para os debates vamos utilizar em referências explícitas, mas aqui deixamos uma listagem incompleta das leituras feitas mais recentemente: (Affergan 2007, Balme 2002, Bonvin 2005, Boudon 2002b, a, 2006, 2009, 2010, Boyer 2003, Brain 1990, Busino 2006, Campbell 2002a, b, Caplan 1999, Chanteau 2003)

Intermezzo

RESUMO:
Rever o passado, esquematizar o futuro. Apontamentos sobre a Economia Comportamental. Da assimilação disciplinar da Psicologia Económica. Os paradigmas naquela especialização da Economia. Domínio da ortodoxia e da orto-negação.

– Passaram alguns meses desde a nossa última conversa. Antes de começarmos a tratar abruptamente do nosso tema seguinte, e depois de manifestar a minha satisfação por nos encontrarmos novamente juntos...

– Prazer alicerçado em todos nós pela reflexão crítica a que somos obrigados, pela unanimidade de vontade em aprofundar os conhecimentos sobre temas de tanta actualidade e pela diversidade de pontos de vista...

– Creio, dizia eu, que teria interesse dois breves exercícios. Primeiro fazermos algum balanço do caminho já percorrido e dos impactos, agora mais à distância, das nossas contribuições e conclusões. Depois repensarmos o caminho a percorrer nas próximas sessões de trabalho, e saber que preparações fizemos para os nossos debates.

– Admito este entretanto desde que tenhamos o cuidado de sermos muito sintéticos. Tenho sempre algum receio de alongamento do debate quando nos entusiasmamos com os nossos temas.

REVER O PASSADO

– Na primeira parte debatemos vários assuntos, concentrando-nos na natureza científica da Economia. Pensaram depois sobre o assunto, aprofundaram alguma coisa?

– Tive oportunidade de aproveitar os nossos debates para lançar problemáticas e desafios aos meus estudantes. Fui obrigado, aqui e ali, a aprofundar e a acrescentar bibliografia. Desse percurso tiro duas conclusões. Primeiro, a reflexão a que procedemos é importante para percebermos melhor muitas realidades do mundo contemporâneo. Quando analisamos o ensino da Economia, os discursos de comentadores e políticos e a política económica que tem sido conduzida percebemos claramente que as nossas lucubrações têm uma forte dimensão operacional. Em seguida, percebi que o que para nós pode parecer simples, depois do debate havido, pode ser bem difícil para os outros entenderem, tal é o desuso das considerações epistemológicas e o peso das ideias feitas.

– Pegando nesse último ponto, estou totalmente de acordo. O conhecimento corrente, as ideias feitas adoptadas como evidentes, a assunção de uma série de pressupostos de natureza ideológica, logo raramente reflectidos, os hábitos instituídos têm um peso imenso, frequentemente ciclópico, sobre a nossa maneira de pensar. É como se o pensar o novo fosse uma tarefa quase impossível pela caudalosa corrente das formas espontâneas de reagir ao que nos rodeia.

– Bachelard tinha inteira razão quando dizia que ser racionalista era difícil e que a destruição das primeiras evidências era um verdadeiro corte na maneira de pensar.

– Como ia dizendo, provavelmente a maior dificuldade para os meus estudantes, apesar da sua boa vontade, é entenderem a diferença entre Economia, ciência, e economia, realidade social estudada, entre a realidade-em-si e a realidade-para-si, é terem a capacidade de perceber que esta depende logicamente daquela mas, simultaneamente é capaz de a moldar.

– Continuam conscientemente vinculados ao debate que tivemos, pelo que vejo.

– Sem dúvida, mas também com a consciência que para clarificar ideias dos que não pensam como nós não basta apresentar o que concluímos. Esse é o passo final depois de desmontar o que eles consideram como correcto.

INTERMEZZO

INSISTIR NO FUTURO

– Por isso o nosso trabalho colectivo ainda não acabou e vamos trabalhar um dos conceitos básicos dos economistas contemporâneos: a racionalidade.

– Recordando, nós concluímos que a crítica da Economia dominante contemporânea passaria por repensar alguns conceitos que alicerçam aquela. Não deveríamos estar preocupados com conceitos derivados, pois estes ficariam abalados com a corrosão dos seus alicerces.

– Abalados, podes dizer, mas a hecatombe não é espontânea, há sempre um "mas" para solidificar os antigos pensamentos aos fios da espontaneidade e da ideologia...

– Por isso vamos tratar da racionalidade. Quiçá racionalidade económica.

– É verdade, uma dupla leitura crítica da racionalidade: a "racionalidade" no comportamento das pessoas e das instituições; a "racionalidade" na malha conceptual da interpretação dessa acção social, na ciência em geral e na Economia em particular.

– Sim, decidimos continuar o nosso percurso crítico pela racionalidade. Mas tenho que confessar que o meu entusiasmo neste entretanto foi mais orientado para o "valor", o outro conceito fundador que admitimos poder discutir, que eventualmente é mais amplo.

– Contudo esse não foi o caminho decidido colectivamente.

ECONOMIA COMPORTAMENTAL 1

– Numa conferência em que participei sobre temáticas contemporâneas da Economia assisti a um grande destaque da Economia Comportamental. Na altura desconhecia o que tal significava exactamente. Considerei as intervenções interessantes. Resolvi conhecer um pouco mais da chamada Economia Comportamental. Neste intervalo desde a última conversa retomei o assunto, porque me parece importante para o nosso trabalho futuro. Sugeria que fizéssemos um sobrevoo pelo tema.

– O que é isso? Poderias elucidar-nos um pouco sobre esse ramo, ou paradigma, não sei bem, da Economia?

– Não estranho que não saibas, pois o seu desenvolvimento é relativamente recente. Contudo assistimos a uma grande apresentação de publicações sobre o assunto. Se na *Amazon* pretenderes ver o que têm para venda sobre *"behavioral economics"* encontras 2354 livros. Se procurares na Biblioteca do Conhecimento Online (b-on) textos científicos com esse título encontras 3161 publicações, só no último ano[116].

– Estou a ver que vamos ter uma conversa longa e uma panóplia de obras para ler! Não seria melhor não nos metermos em tal assunto?

– Não te preocupes. Creio que o trabalho de Castro (2014) será suficiente para uma compreensão do problema. É uma leitura relativamente completa da estrutura da Economia Comportamental. Se pretenderes aprofundar, se quiseres fazer alguma experimentação económica, se ansiares conhecer os resultados a que já chegaram, então precisas mesmo de percorrer a vasta literatura. Mas não estamos perante uma matéria tão desconhecida quanto se poderia supor. Basta dizermos hoje que Herbert Simon fazia Economia Comportamental e já temos um Prémio Nobel a coroá-la em 1978. Sinteticamente podemos dizer que é "uma aplicação da ciência cognitiva ao campo da tomada de decisões económicas" (Anger e Loewenstein in Castro 2014, 2).

– Então é a continuidade da disciplina autónoma Psicologia Económica[117], assimilada pela Economia, que a considera como especialização.

– Há duas considerações a fazer. Em primeiro lugar a Economia Comportamental ainda está longe de ser uma temática unificada e articulada, Em segundo lugar as suas preocupações entroncam directamente com

---

[116] Refere-se a 2015.

[117] Segundo Pereira (Org.) (1980, 26 e seg.) a Psicologia Económica nasceu em 1902 com a obra *Psicologia Económica* de Gabriel Tarde, um trabalho que é antecedido por investigações em diversas disciplinas: Criminologia, Sociologia, Filosofia e Psicologia. A persistência em ligações pouco fundamentadas entre a Economia e a Psicologia e a ausência de um método próprio que lhe permitisse uma autonomização fez com que aquele trabalho fundador não tivesse continuidade imediata. É a partir dos anos quarenta do século passado que a Psicologia Económica passa a ter um novo impulso. Na década seguinte começam a emergir os trabalhos de Simon – voltaremos intensamente a este autor – com a análise económico-comportamental e a crítica às teorias da racionalidade então já dominantes, então com o paradigma O2. Diversas barreiras entre a Economia e a Psicologia foram superadas: "Nos anos 50 o desenvolvimento da Psicologia Matemática, que teve grande papel no avanço decisivo da Psicologia Cognitiva, teve muito a ver com a apropriação de conceitos económicos. Os psicólogos começaram a racionalizar sobre os *processos de decisão* em termos de *certeza* e *incerteza*, presença ou ausência de *risco*, de *custos*, *benefícios*, de *estratégias*, seus critérios, etc. (...) Naturalmente a questão da *utilidade* despontou e uma crítica acerba começou a ser feita à teoria da racionalidade e ao modelo do *homo oeconomicus*". (32)

as nossas. A referência é a economia neoclássica e a forma como encara a racionalidade: "De um lado os economistas "radicais" que consideram o modelo padrão neoclássico uma lógica de tomada de decisão que se afasta das possibilidades reais do homem. De outro, os economistas "reformistas" que não questionam as normas da racionalidade, alegando que um modelo de escolha não pode ser ao mesmo tempo normativamente adequado e descritivamente válido" (3).

– Estamos perante uma orto-negação, Não há o radicalismo da hetero-afirmação. É de admitir, atendendo a que a Psicologia Económica se converteu em Economia (Comportamental), que a Economia Comportamental seja o veículo de domesticação das divergências e da sua inclusão no pensamento neoclássico.

– Caro amigo, recuso-me a discutir a panóplia de problemas que falaste. Desviar-nos-ia novamente do nosso objectivo: analisar a racionalidade.

– Claro que aqui não vamos analisar em detalhe a Economia Comportamental, mas gostaria de acrescentar alguns comentários ao que ele disse. É verdade que é uma orto-negação a partir do momento em que a referência é o comportamento individual numa lógica neoclássica, mas muitas das conclusões a que chegam são importantes para desmontar como a racionalidade funciona, ou não funciona. Não é importante perceber a influência do contexto sobre as decisões? Não é importante perceber "a limitada capacidade dos seres humanos de prestar atenção e empreender esforço mental, [que] a maior parte dos pensamentos e acções é intuitiva" (Castro 2014, 49)? Não é relevante saber que as pessoas reagem à mesma informação de forma diferente conforme ela é transmitida? Não é uma forte machadada em muitos teoremas percebermos que o postulado da transitividade da utilidade não funciona, não corresponde com o que acontece?

– Não disse o contrário!

– Eu sei, mas gostaria ainda de acrescentar um aspecto. Muito do trabalho realizado é com recurso à experimentação e conhecemos a sua importância na construção de uma Psicologia científica.

– Creio que estamos todos de acordo, apenas focalizando em aspectos diferentes. Eu focalizava-me na saída teórica para tais descobertas: mudança de paradigma ou manutenção no mesmo, recorrendo a outras regularidades do comportamento humano e à teoria dos jogos?

– Eis uma pergunta importante em que entre nós, provavelmente, teríamos diferenças.

ECONOMIA COMPORTAMENTAL 2

– O que acabámos de fazer foi a leitura heróica da Economia Comportamental. Mas há outra faceta. Por isso mesmo deixamos de estar na interdisciplinaridade e passamos a residir estritamente na Economia. Esta ruptura do diálogo entre ciências é expresso de forma clara por Scholten em Neves (Org) e Caldas (Org) (2010):

> abordei a validade do paradigma racional a partir de uma perspectiva psicológica. Mas não é necessário ser *psicólogo* para adoptar esta perspectiva: muitos economistas infiéis [repare-se na terminologia], que hoje em dia se chamam economistas comportamentais, ajudaram a construi-la. Também não é *suficiente* ser psicólogo para apreciar a perspectiva aqui adoptada; muitos psicólogos são (irracionalmente?) avessos à ciência económica e, devido a isto, indiferentes perante as questões colocadas pelo paradigma racional. Assim, podemos terminar com uma pequena conversa imaginária entre três cientistas. O economista: "a racionalidade funciona". O economista comportamental: "a racionalidade não funciona". O psicólogo "porque é que a racionalidade havia de funcionar?" (113).

– A constatação de que a racionalidade plena não funciona também pode dar lugar a estudos de como é possível intervir para que o mercado funcione, de como é possível intervir para que os indivíduos actuem mais proximamente ao postulado pela teoria.

CONTINUEMOS

– Creio que estamos na altura de não nos embrenharmos nestas problemáticas e começarmos a tratar da racionalidade. Certamente que na sua análise teremos de embrenhar-nos pela Psicologia Económica e pela Economia Comportamental.

– Não sem antes fazer uma saudação ao sucesso do nosso trabalho e ao prazer de mais uma vez nos encontramos juntos no louvável esforço de quebrar evidências e mostrarmos a nós próximos que a Economia, apesar de ser inevitavelmente uma abstracção da realidade social, deve ter em conta a complexidade do seu objecto de estudo e do que ele reflecte.

– Viva!

Racionalidade

PREPARAÇÃO DOS TEMAS

RESUMO:
A racionalidade é um elemento fundador da Economia? Análise de Adam Smith a Hayek. Racionalidade, conceito pouco revelado. Pode-se falar correctamente de "racionalidade económica"? Quais os conceitos subjacentes à racionalidade? O conceito de "razão". Outras perguntas sobre esta problemática. Origem capitalista europeia da Economia e conceito de racionalidade. Explicitação da problemática e caminho a percorrer.

Primeiras considerações

– Tenho tentado ter uma intervenção orientadora, sugerindo determinada metodologia, argumentando para que o debate siga certos caminhos. Até poderiam não terem sido os meus percursos, mas são aqueles que me parecem mais adequados naquele momento.

– É verdade que tens tido essa função, embora todos nós também a partilhemos. Tens que confessar que tem sido uma tarefa fácil porque temos sabido ouvir-nos uns aos outros. É certo que somos amigos, mas não creio estar aí a raiz do problema. Temos vindo a traçar bissectrizes de vectores divergentes.

– Nem sempre é no meio que está a virtude!

– Contudo, neste reinício de conversa tenho que confessar abertamente que tenho sérias dúvidas que seja correcto considerarmos a racionalidade um dos pilares da Economia.

– Mas tens alguns trabalhos que apontam nesse sentido: a racionalidade como um dos pilares do paradigma dominante nas últimas décadas. O que seria hoje um economista sem o "custo de oportunidade"? O que seria de muitos modelos sem as "expectativas racionais"? O que seria a resolução de muitos problemas sem a "optimização"?

– Sem dúvida. Mas há momentos para a ruptura. O debate que tivemos até agora e várias leituras que fiz lançaram-me muitas dúvidas. Não significa isto que renegue o que afirmei anteriormente. Foram as respostas adequadas, do meu ponto de vista, às problemáticas formuladas, mas provavelmente estas, não estando erradas, não foram as mais importantes. Por tudo isto, se me permitem, desta vez invertemos o processo e começo por colocar-vos uma série de perplexidades. Ao repegar em várias intervenções que fiz ao longo dos anos sobre este tema, tenho a sensação, por vezes ainda pouco clara, de que estive a "discutir o sexo dos anjos".

– Podes ser mais explícito nas tuas dúvidas, colocar alguns exemplos?

– As tuas perplexidades já são, por si mesmo, um elemento enrique-cedor destas nossas conversas. Se essa tua intuição não tiver razão de ser, até o concluirmos penetraremos mais a fundo na problemática da racio-nalidade. Se se justificar, ainda bem que as colocaste. Com ou sem razão a "racionalidade económica" é uma referência hoje para a Economia mas também para várias ciências sociais. Muitos são os economistas que têm uma convicção profunda na racionalidade do "agente económico" e muitos são outros cientistas que veem nessa "racionalidade económica" a chave para a resolução das ambiguidades nas suas disciplinas. Mesmo que tenhamos de voltar atrás certamente que só ganharemos com as interrogações que tu, e todos nós, possamos colocar.

– Primeira dúvida: a racionalidade é um elemento fundador da Economia?

– Parece que sim, pelo que vimos na tipificação dos paradigmas da Economia. De alguma forma, de um ponto de vista histórico, o paradigma dominante passou de O1 para O3 e essa é a afirmação, pelo menos aparente, da racionalidade.

– Deixemos a pergunta formulada da forma genérica como foi colocada. Mas o que nós concluímos na passagem de O1 para O3, mediada por tran-sições ambíguas de um objecto científico para outro é que "racionalidade" não é um elemento fundador da Economia, mas do paradigma O3. Sobre isso não há qualquer dúvida e já assimilámos.

– Desculpem a interrupção. O debate que tivemos permite-nos falar em código e facilita a conversa, mas é necessário que todos nós tenhamos presente o que eles significam. Já se passaram alguns meses sobre o nosso diálogo anterior e a conversa ficou apenas gravada. Por isso deixa-me passar esses códigos ao papel para ficarem diante dos nossos olhos:

Objectos científicos de referência:

O1: A produção, a repartição e a troca

O2: Gestão da escassez

O3: Escolha racional

Objectos científicos de transição, com ambiguidades "entre o que se diz e o que se pensa":

O[2→1]: Falar em "gestão da escassez" admitindo ser outra forma de se falar em "produção, repartição e troca"

O[2→3]. Falar em "escolha racional" admitindo-se ser outra forma de tratar a "gestão da escassez"

Pontos de partida sociológicos para a construção (epistemológica) do económico:

SO1: Sociedade

SO2: Instituição

SO3: Indivíduo

– Também vimos que da separação entre objecto concreto e objecto pensado, entre realidade-em-si e realidade-para-o-economista, entre realidade ontológica e realidade epistemológica, resultava, como dizia Godelier que "a racionalidade económica e a racionalidade da Ciência Económica são uma e a mesma questão"(sd., 36). Ao reler esta afirmação fiquei com dúvida se não seria mais correcto dizer "a racionalidade económica e a racionalidade da Ciência Económica são uma e a mesma realidade". Isto é, colocou-se-me a dúvida se a racionalidade económica de que falamos não é a própria racionalidade epistemológica. Por outras palavras quando se discute, por exemplo, entre racionalidade plena ou racionalidade limitada, estamos a verificar em que medida a realidade ontológica comporta um ou outro tipo de racionalidade, mas não será um debate sem sentido porque a racionalidade de que falamos é da Economia e não do económico? Bem sei que a realidade epistemológica é simultaneamente autónoma e dependente da realidade ontológica!

– Já estão colocadas duas questões: (1) a racionalidade é efectivamente um dos conceitos fundadores da Economia? (2) não será a "racionalidade económica" a falsa transposição para o ontológico da racionalidade inerente à esfera epistemológica? Qual delas a mais simples de responder!

– Para dissipar estas dúvidas resolvi ver o que os economistas importantes dizem sobre o que é racionalidade. E cheguei à conclusão que embora hoje a "Teoria da Escolha Racional" seja omnipresente, nenhum dos autores fundadores da Economia utiliza essa terminologia ou trata da racionalidade. Também depois deles poucos são os que lhe dedicam algumas linhas. Hoje, com as edições electrónicas de muitos livros é fácil fazer essa verificação. Pura e simplesmente não aparece. Reforça-se, pois, a minha desconfiança, se não estamos a falar do sexo dos anjos. É como aquele dito popular "eu não acredito em bruxas mas que as há, há".

– Apesar de já teres feito essa constatação podemos colocar aqui uma nova pergunta: (3) o que dizem os grandes economistas sobre a racionalidade?

– Tendo constatado que, tirando um ou outro caso, não dizem nada sobre a racionalidade surgiram-me duas novas perguntas, uma virada para o interior da Economia, outra para o seu exterior. A primeira foi a seguinte: Se os economistas mais antigos não falam de racionalidade e a "escolha racional" é um conceito tão referido hoje, quais foram os conceitos que permitiram essa passagem conceptual? Quais foram os conceitos económicos que se metamorfosearam na dita racionalidade? Esta é uma pergunta a que me parece ter encontrado algumas pistas de explicação, mas que não é agora o momento de a colocar.

– Podes formular melhor essa questão? Não sei se a percebi bem.

– Oportunamente.

Leitura de alguns fundadores da Economia

– Façamos uma estatística da frequência de utilização dos termos "razão" "racional" ou "racionalidade"[118], no sentido que aqui nos interessa, em algumas obras de referência. Se encontramos esses termos verificamos, de seguida, se as afirmações que lhe estão associadas têm a ver com o conceito de racionalidade como hoje falamos.

Autor e obra	1. razão[119]	2. racional[120]	3. racionalidade[121]
Algumas exemplificações da utilização desses termos			
Smith ([1776]-b)	28	1	0
1. Alguns exemplos representativos: "men seem at last to have been determined by irresistible reasons to give the preference"; "It is reasonable"; "though some countries have by this course attained to a considerable degree of opulence, it is in itself necessarily slow, uncertain, liable to be disturbed and interrupted by innumerable accidents, and in every respect contrary to the order of nature and of reason"; " both from reason and experience"; "as well as against the liberty, reason, and happiness"; "a number of people as put them out of all danger from any assault of human reason"; "reasonable profit", 2. "The torpor of his mind renders him not only incapable of relishing or bearing a part in any rational conversation"			
Ricardo ([1817])	44	0	0
1. Alguns exemplos representativos: "from which he sees reason to differ"; "for this reason"; "another reason would be added"; "can be no reason why"; "whatever be the reason for that demand"; "it as a reason for"; "There might be good reason, perhaps";			

[118] "Razão", "Racional" e "Racionalidade" são conceitos que reflectem uma mesma faceta: "Em linguagem filosófica, a inteligência humana, considerada na sua faculdade de se elevar até à concepção do infinito e do absoluto. A inteligência em geral (...). A faculdade de compreender as relações das coisas e distinguir o verdadeiro do falso, o bem do mal" (Machado 1981, «Razão»). Mas enquanto as duas últimas palavras aparecem com o sentido aqui referido, o primeiro surge no discurso quotidiano com variados significados. Estas considerações têm a preocupação de alertar o leitor para o facto do termo "razão" aparecer neste texto com duplo significado: Às vezes no sentido filosófico, outras vezes como o do linguajar corrente.

[119] Conforme o caso "reason", "raison".

[120] Conforme o caso "rational", "rationnel".

[121] Conforme o caso "rationality", "rationalité".

Autor e obra	1. razão	2. racional	3. racionalidade
Jevons ([1871])	21	0	0

1. Alguns exemplos representativos: "have reason to hope"; "we must reason mathematically"; "we reason from the hypothesis deductively to the results to be expected"; "by the hands of reason"; "not without some reason that Wolowski"; "There is no reason to"; "in which opinions rather than experience and reason are appealed to"

Autor e obra	1. razão	2. racional	3. racionalidade
Malthus ([1826])	218	21	0

1. Alguns exemplos que podem ter algum sentido para o que estamos a estudar: "than could with reason be expected"; "we have reason to think"; "reason seems to be the proper and adequate instrument"; "there is no moral reason for repressing the inclination to early marriages". "there is reason to believe" é a utilização mais frequente.
2. Alguns exemplos representativos: "healthy and rational amusements"; "to give a rational answer"; "what statesman or rational government"; "so as no longer to admit of a doubt in the mind of any rational man"; "contribute to the advancement of rational freedom" (o sentido mais utilizado); "the subject of rational hope"; "view of our rational expectations respecting the mitigation of the evils arising from the principle of population" ("rational expectation" é utilizado duas vezes);

Autor e obra	1. razão	2. racional	3. racionalidade
Marshall ([1920])	91	0	0

1. Algumas frases, todas sem grande significado: "but reason alone can interpret and draw lessons from them"; "the premises on which they reason"; "This requires many things to be borne in mind at the same time: and for that reason economics can never become a simple science".

Autor e obra	1. razão	2. racional	3. racionalidade
Mill ([1909])	114	17	0

1. Alguns exemplos com um pouco significado: "it is now principally for this reason that the salaries of curates are so low"; "not found reason to think"; "They believe that a nation all engaged in the same, or nearly the same, pursuit—a nation all agricultural—cannot attain a high state of civilization and culture. And for this there is a great foundation of reason.".
2. Exemplos: "which are of a more rational and refined kind"; "the very rational practice of the English Government in India"; "any rational calculation of the chances"; "seems rational to think"; "under a system of law of which a great part rests on no rational principles adapted to the present state of society"; "if there be any rational probability of its being done".

Autor e obra	1. razão	2. racional	3. racionalidade
Marx ([1906])[122]	53	9	0

1. Alguns exemplos, todos com um pouco significado: "thence losing profit is not a sufficient reason for allowing children under 13"; "the technical reason for the life-long annexation"; "the reason why capital yields a profit, is".
2. Exemplos: "In its rational form it is a scandal"; "owing to its very nature, excludes all rational improvement beyond a certain point"; "the perfectly rational revolt in 1860"

Autor e obra	1. razão	2. racional	3. racionalidade
Menger (1988 [1871])[123]	52	1	0

1. Em quase todos os casos "razão" = "motivo". Algumas excepções: "«As condições para a aferição do valor de uso dos bens», afirma ele com muita razão"; "é a mesma que constitui a razão última e universal de toda a actividade económica";

Autor e obra	1. razão	2. racional	3. racionalidade
Pareto (1988)[124]	49	0[125]	0

1. Alguns casos mais significativos: "resolvido pelo sentimento e não pela razão"; "conciliar a fé com a razão"; "agir sobre a razão e sobre o senso do vulgar"; "o uso da razão enfraquece, nas classes superiores, os sentimentos religiosos"; "é guiado por interesses gerais e pela razão";

Autor e obra	1. razão	2. racional	3. racionalidade
Say (sd. [1803])	113	1	0

1. Em quase todos os casos "razão" = "motivo"
2. Referência à Mecânica Racional.

Autor e obra	1. razão	2. racional	3. racionalidade
Walras (1988)	71	6	0

1. "O homem é um ser dotado de razão e de liberdade, capaz de iniciativa e de progresso. Em matéria de produção e de repartição da riqueza, como em geral em qualquer matéria de organização social, ele pode escolher entre o bem e o mal e cada vez mais avança do mal para o bem."; "Os produtos são demandados em razão de sua utilidade". As restantes utilizações ou são da linguagem corrente ou para designar a divisão na matemática.
2. "uma demonstração racional"; "Enunciado racional do preço"; "manter uma contabilidade racional". "racional" significa utilização da matemática na Economia.

---

[122] Só encontramos uma edição facilmente consultável em inglês.

[123] Por desconhecimento do alemão e impossibilidade de encontrar uma tradução inglesa, utilizámos uma digitalização deste livro

[124] As edições em lingua francesa encontradas não permitiam a análise, pois eram reproduções em imagem das primeiras edições. Esta foi a edição electrónica mais rigorosa que encontrámos.

[125] Excluímos a utilização deste termo em "Mecânica Racional".

Autor e obra	1. razão	2. racional	3. racionalidade
Mises (1981 [1912])	42	1	0
1. Em quase todos os casos "razão" = "motivo" 2. Uma única, mas significativa: "Nobody will deny that it lies in our power to come to a rational decision in such cases."			
Hayek (1948)		0	4
2. À margem do termo exacto saliente-se algumas referências a "rationalistic individualism". 3. "the apparent irrationality of English social institutions."; "and the reproach of irrationality leveled against the existing economic order is frequently based on the fact that it is not so available."; "the rationality or irrationality of the decisions"; "this norm with any degree of rationality or consistency";			

– Chegamos à conclusão que eles não estão presentes como conceito em grande parte dos economistas que foram os fundadores desta ciência, nem das escolas marginalista, utilitarista ou neoclássica.

– Sobre esta listagem que apresentas chamaria a atenção para dois aspectos. O primeiro é que a tua lista está muito incompleta. Poderia ficar aqui a apresentar os autores que faltam, como tu bem sabes.

– Arrumemos desde já essa observação. Tens razão, nem estão todos os autores, nem estão todas as obras de cada um deles. O que me parece significativo é que estão lá nomes incontornáveis da criação da Economia, incluindo os fundadores do paradigma de que os actuais se consideram herdeiros. Nesses autores centrei a análise na sua obra principal. Creio que aplicar a contagem a mais autores seria um trabalho perfeitamente escusado.

– Não se justificaria mais alguns apontamentos sobre os keynesianos?

– A sua problemática é diferente e em vários textos chamam a atenção para a habitual irracionalidade dos agentes económicos. Por isso não as considerei relevantes.

– Tens razão, mas o rigor obrigava-me a que chamasse a atenção para tal.

Da Escola Austríaca para a actualidade

– A segunda questão é olhar para Hayek, e concluir que há ali uma certa mudança de posição...

– Eu próprio me espantei. Esperava, pelo que já tinha lido de Mises, encontrar aí um *volte-face* mas a análise quantitativa pareceu-me inócua. Talvez porque ele considera que toda a acção humana é consciente e intencional, logo racional por definição. Mas com Hayek parece começar a haver uma afirmação do comportamento racional como padrão. Não é nosso objectivo fazer a história do conceito de racionalidade, mas deixaria a hipótese de trabalho de que a Escola Austríaca representou os prolegómenos da mudança.

– Mas hoje a racionalidade é um aspecto importante da literatura económica. Não foste aos autores modernos.

– Era desnecessário, a não ser para confirmar o que já sabemos. Aí o "comportamento racional", a "racionalidade" do agente económico é uma hipótese de partida.

– Apesar de sabermos disso, é interessante pegar-se no livro do Samuelson e Nordhaus (1988 [1985]). A forma como trata racionalidade é curiosa. Primeiro, ele não dedica nenhum capítulo à racionalidade. Contudo, num dado momento ele tem a necessidade de abrir uma janela para referir a teoria da racionalidade limitada, pouca atenção lhe dedicando porque admite, com alguma validade, que isso não contrariava o que dizia no seu manual. Entretanto, baseado na Teoria da Preferência Revelada atribui aos agentes um dado comportamento, que nunca explicita nem discute.

– Caminho curioso. Se apresenta a Teoria da Racionalidade Limitada é porque a problemática da racionalidade está sobre a mesa. Como não lhe dedica muita atenção também não pode constituir ameaça às suas posições, ao mesmo tempo que transmite uma ambiência de pluralismo teórico. Pela Teoria da Preferência Revelada introduz a racionalidade do agente sem nunca explicitar essa vertente. É uma presença escondida, para perdurar no inconsciente do leitor ou nos axiomas não explicitados.

– Se a racionalidade é um conceito soberano e não aparece conquistando o seu espaço é, provavelmente, porque ele foi introduzido através de outros conceitos. Quais foram os conceitos, quais foram a análises, que levaram implícita e sub-repticiamente a esse resultado?

– Entendido. Então a nova pergunta é, para utilizar as tuas palavras iniciais: (3) Quais foram os conceitos económicos que se metamorfosearam na dita racionalidade?

Novas questões

– Antes de entramos nestas pormenorizações tinha dito que havia uma pergunta dirigida à Economia e outra para o exterior dela. Sendo de admitir que a "racionalidade" é a "qualidade do que é racional", "a faculdade de raciocinar" e o racional "só se concebe pela razão"[126] temos como conceito de referência a razão. O que é isso de razão? Esta pergunta, mais filosófica ou terminológica, levantava, no entanto muitos problemas adjacentes, embora dependentes da definição que se dê. Será que a razão é algo que está presente em todo o acto humano, não sendo específico do comportamento económico? Se respondermos pela afirmativa que conclusões retiramos sobre o que é "racionalidade económica"?

– Continuando a minha função sintetizadora de perguntas para o nosso debate, temos então uma quarta: o que é a razão? Apesar de ela nos surgir aqui em último lugar, na sequência lógica ela deve ser a primeira.

– Só que essa pergunta, que parece tão simples, ...

– A quem parece simples? Não creio que nenhum de nós tenha essa leviandade. A história da Filosofia desmentiria qualquer pretensão de simplicidade!

– Parece simples, mas tem várias outras interligadas. Primeira: a "racionalidade económica" é um tipo específico de funcionamento da razão ou é uma classificação arbitrária do que é a aplicação genérica da razão? Segunda: será possível continuar-se a falar em racionalidade quando há uma quase unanimidade (filósofos, antropólogos, sociólogos, historiadores, etc.) de que há várias racionalidades?

– Perguntas derivadas: (4a) razão, racionalidade ou racionalidade económica?; (4b) racionalidade ou racionalidades? Certamente que outras surgirão!

Racionalidade da tribo europeia

– Ainda em torno do que é racionalidade, da evidência construída de que há várias racionalidades e de que não se pode estabelecer nenhuma hierarquia de qualidade ou quantidade de umas em relação a outras, relembrei-me da nossa conversa sobre se a Economia seria uma ciência da tribo europeia.

---

[126] Dicionário Priberam

RACIONALIDADE

– Essa foi minha. Concluímos que não tínhamos elementos para responder à pergunta formulada, devido ao nosso desconhecimento das outras civilizações ao longo dos milénios.

– Pois foi, mas ao repensar muitas problemáticas com o objectivo de aprofundar o conceito de racionalidade, duvido se demos a resposta certa. Vamos admitir por hipótese, que a Ciência Económica poderia ter nascido noutro contexto civilizacional e cultural, que os Egípcios, os Chineses ou os Incas, uns milhares ou centenas de anos antes de Cristo, ao tratarem das questões relacionadas com a produção e troca tinham criado uma construção intelectual a que hoje poderíamos designar por Economia. Admitam, por favor, que isso é possível. Nesse caso poderia ter acontecido que as problemáticas que se levantavam, as situações que deveriam ser resolvidas, as preocupações das classes sociais economicamente dominantes, a sua visão do mundo, enfim, toda uma realidade social diferente, num contexto intelectual distinto, poderia ter produzido um conhecimento, eventualmente designável hoje por Economia, totalmente diferente do que temos hoje. Em vez de se apoiarem no egoísmo individual poderiam ter partido da solidariedade social. A fábula das abelhas ainda não tinha sido inventada e a experiência quotidiana das comunidades poderia ser totalmente diferente.

– Creio que foi em torno dessa possibilidade que respondemos que não tínhamos elementos para responder, pois não conhecíamos nem a possibilidade dessa construção científica ter acontecido, nem esses contextos sociais e culturais.

– Creio que estamos a retomar um assunto já debatido e sobre o qual não chegámos a qualquer resultado.

– Reconheço as vossas preocupações. Não é minha intenção retomar o debate. Se me desviar muito obriguem-me a calar, mas tenho a ideia que estas minhas referências acabarão por entroncar no que agora estamos a tratar. Estou a pensar alto.

– Pensa, mas não te despistes!

– A razão europeia é uma continuadora da razão greco-romana cruzada com a cultura judaico-cristã. Na base do que estávamos a dizer deveria ser aí que se radicariam os conceitos fundamentais da Economia como ciência de uma tribo europeia. Mas foi mesmo? Parece-me que não. Quando hoje se pega em Aristóteles para o analisar à luz da Economia não o fazemos para encontrar continuidades – embora isso também fosse possível – mas para encontrarmos diferenças. Veja-se, por exemplo, Caldas (2010) na comparação que faz: "Há mais de dois mil anos, Aristóteles concebia o económico e a Economia de uma forma completamente diferente. Ele conhecia as imagens da Economia e do económico que hoje predominam, mas objectava, considerando-as contrárias à natureza da Vida Boa (virtuosa e feliz) na (e da) *polis*" (45). A racionalidade é hoje a chancela do "bom", mas este dificilmente tem a ver com "vida boa".

– A boa racionalidade de hoje pode estar associada ao mau comportamento de então.

– Hoje, qualquer economista que se preze invoca "vícios privados, virtudes públicas", de acordo com a tradição proveniente de Adam Smith. Mas não era nesse sentido que o cristianismo estruturava a sua ética, o seu modo de viver, que, sem dúvida nenhuma, marcou toda a nossa história. Não é por acaso que Weber chama a atenção para os laços, complexos e indirectos mas existentes, entre protestantismo e nascimento e crescimento do capitalismo.

– Matéria que enche toneladas de papel numa crítica de ideias bastante inflamada, por vezes...[127]

– O que me interessa salientar, é que a Economia Política não nasce na tradição grega ou na tradição cristã, mas nasce para dar resposta às questões públicas e privadas abertas pela Revolução Industrial. A Economia Política que hoje temos é a interpretação, para a acção, da sociedade capitalista. É uma ciência de um modo de produção específico e não de outros.

– Até ao fim da URSS houve também importantes trabalhos de Economia Política do socialismo.

– Não é dela que estamos a falar. A Economia que estamos a referir, a racionalidade que estamos observar como variável daquela, é a de teorização do capitalismo.

– Isso foi claramente tido em conta por Adam Smith e Ricardo. Marx estuda o capitalismo e explicita que é isso mesmo, e não outra coisa, que

---

[127] Sobre esta matéria, que tem de ser vista para além das ideias e da fé, nos impactos destas sobre as instituições e formas de funcionamento e reprodução da sociedade, atrevia-me a sugerir um trabalho famoso que nunca vi citado a propósito desta temática: Quental (1987) [Apontamento: esta referência estava inicialmente no debate, acompanhado de algumas considerações adicionais, mas considerou-se que era de as eliminar e passá-la para esta breve referência].

está a estudar. Contudo os marginalistas vão tratar esta ciência como atemporal, ahistórica.

– Estou perdido. O que é isso tem a ver com a racionalidade?

– Tudo. Se a Economia é a ciência do capitalismo a sua racionalidade é a do capitalismo, dos homens de negócio, para a utilizar a terminologia de Marshall. Sendo os homens de negócio um grupo muito heterogéneo, com diferentes acessos ao poder, com dinâmicas próprias em cada subgrupo, e sempre em evolução, deveria ser dentro desse quadro evolutivo que apareceria o conceito de racionalidade.

– Sem dúvida. Assim sendo, a evolução do paradigma da Economia, numa passagem progressiva de O1 para O3 seria, em parte, o resultado da evolução do próprio capitalismo. Simultaneamente, porque a Economia forja ideologia e práticas políticas, essa evolução é uma forma de pressão política para a continuidade do capitalismo sob as formas que apresenta em cada momento.

– Creio que faz sentido colocarmos na nossa listagem de questões a debater, uma quinta pergunta: A Economia é uma ciência geral, de toda a sociedade no tempo e no espaço, ou específica do modo de produção capitalista?

– Creio que estamos a andar para trás. Esse assunto já foi anteriormente discutido. Não se esqueçam que agora estamos a tratar a racionalidade!

– Tais variações reflexivas só têm sentido para percebermos se o conceito de racionalidade nasce ou não da realidade observada. Por outras palavras, se é um resultado da leitura da realidade...

– O que exigiria analisar se os "agentes económicos" têm hoje um comportamento diferente do passado no que se refere à aplicação da razão, donde o nascimento tardio do conceito de racionalidade na Economia, ou se, antes pelo contrário, é uma construção autónoma do labor epistemológico, que se pretende projectar sobre a realidade. Mas para isso já temos uma pergunta.

– Deixemos, pois, cair esta última questão!

Questões que ficam

– E não vamos debater aquelas questões que são abordadas quando se fala da racionalidade económica? Não vamos falar do *homo economicus*, da racionalidade olímpica *versus* racionalidade limitada, dos contributos das neurociências e outras disciplinas para a compreensão da racionalidade económica, das descobertas da Economia Comportamental e de como a experimentação veio trazer novas informações...

– Creio que tudo isso acontecerá ao tentarmos responder às perguntas que temos vindo a formular. Caso não abordemos algum desses pontos e ainda o consideremos oportuno, chamamo-lo para primeiro plano.

– Recordemos as perguntas que foram formuladas, e que tive o prazer de ir sistematizando, apesar de todos ainda se recordarem:

(a) A racionalidade é um conceito fundador da Economia?

(b) Não será a "racionalidade económica" a falsa transposição para o ontológico da racionalidade inerente à esfera epistemológica?

(c) Quais foram os conceitos económicos que se metamorfosearam na dita racionalidade?

(d) O que é razão?

    a. Razão, racionalidade e racionalidade económica;

    b. Racionalidade ou racionalidades?

– Provavelmente esta ordem pela qual as perguntas surgiram não é a melhor para promovermos o debate. De qualquer forma é útil que elas fiquem como referência para, de quando em vez, voltarmos atrás e reanalisarmos se todas as questões foram abordadas adequadamente.

– Sim, temos que começar por esclarecer o que a Economia considera como racionalidade. Aliás já tínhamos concluído que a questão (d) deveria ser a primeira.

DA RAZÃO À RACIONALIDADE ECONÓMICA

RESUMO:

Precisar significado de "razão", "racional", "racionalidade" e "racionalidade económica". Estes conceitos nos paradigmas da Economia. Nos conhecimentos corrente, filosófico e científico. O símbolo do poder chamado "razão". Limitações da razão ontológica individual. Relação do "eu" e do "nós": formulações do problema e possíveis respostas. Normas, hábitos e tradição. A confiança interpessoal. Vacuidade de "ser racional". Racionalidade epistemológica e paradigmática. "Racionalidade Económica" parte da realidade-para-si e seus reflexos na realidade-em-si.

Introdução

– Creio que temos uma prolongada caminhada, cheia de encruzilhadas, becos sem saída e precipícios. Para além de encontrarmos o caminho sejamos cuidadosos para não nos perdermos em falsos problemas.

– Se essa é uma advertência a fazer sempre que começamos uma investigação, o nosso maior perigo é libertar a nossa imaginação, a cada afirmação encontrarmos sempre a possibilidade de negarmos o afirmado. Diria que o que nos une é essencialmente a nossa vincada tendência para utilizarmos a dialéctica, pelo que o ser e não ser são partes do mesmo processo.

– Há outros elementos comuns entre nós, dos quais ressaltaria a preocupação em reduzir a abstracção com aproximação ao concreto e percebermos que este é sempre complexo, que exige uma leitura de alternativas multifacetadas. Mas se estamos a repisar em constatações antigas é porque percebemos a importância de continuarmos a comportarmo-nos com essas referências, por um lado, e termos o cuidado de tornarmos inteligíveis os nossos debates.

– Inteligível para nós, mas eventualmente ininteligível para terceiros se forem eles os destinatários da nossa passagem a escrito destes debates.

– Apresentava-vos uma sugestão. Deixemos a nossa libertinagem intelectual continuar a actuar. Sem ela dificilmente chegaremos a revelações. A descoberta do novo exige metodologias consagradas mas também aconselha esse anarquismo metodológico. Contudo, quem for passar a escrito estas nossas conversas deve ter o cuidado de remeter para notas de fim de página as nossas lucubrações complementares.

– Parece-me uma boa ideia. Continuemos como somos, continuemos a tertúlia sem amarras prévias, mas aprimoremos a comunicação. Contudo não quereria estar no lugar dos que tiverem esse trabalho.

– Vamos avançar. Neste ponto a nossa preocupação parece simples. Em primeiro lugar é precisar o significado de "razão", "racional", "racionalidade" e "racionalidade económica". Em segundo lugar é procedermos ao encadeamento destes conceitos, partindo do geral para o particular: a existência da "razão" implica que os homens são "racionais"? Quando a Economia fala de "racionalidade" o que é que está a pretender designar? Há um elo entre essa "racionalidade" e a "razão", continuidades ou rupturas? A "racionalidade" quando aplicada pelas dinâmicas sociais trabalhadas pela Economia é automaticamente "racionalidade económica" ou esta é uma dimensão específica daquela?

– Nesse percurso podem acontecer diversas situações: são conceitos correlacionados ou derivados entre si; não o são ou podem não o ser; não podemos utilizar esses conceitos no singular porque eles são ontologicamente plurais.

– Certamente que ainda encontraremos outras possibilidades. Do que dizes posso deduzir que a nossa preocupação é analisar conceitos. Deixaremos para depois o essencial das nossas críticas, embora seja inevitável que neste nosso percurso já surjam apreciações críticas, de apoio ou negação.

– Quanto a isso estamos esclarecidos. Precisemos então um outro ponto, relembrando o apanhado que fizeste da quantidade de referências a esses conceitos em alguns economistas, respondendo, desde já, a um aspecto da primeira pergunta que formulamos: o conceito de "racionalidade" não é um conceito fundador da Economia. Quando muito é um conceito fundador da Economia do paradigma O3 (Economia[O3]). Isso exige de nós uma precisão terminológica. Quase sempre quando falarmos na Economia estamos a querer designar o terceiro paradigma da Economia, adoptando os paradigmas puros que explicitamos. Por isso, embora aqui, por vezes, para facilitar falemos em Economia tenhamos em conta – cuidado para os futuros relatores – que em texto deveria aparecer Economia[O3].

– Creio que a tua recomendação é bastante pertinente. Está tudo dito? ... Pelo silêncio creio que podemos avançar.

– Avancemos então para a "razão".

Razão

– Estou convencido de que todos nós sabemos o que é a "razão", mas o nível de abstracção deste conceito deixa-nos como que perdidos. Até porque pode ter vários significados, desde "o conjunto das faculdades intelectuais", ou "capacidade para decidir, para formar juízos, inferências ou para agir de modo lógico de acordo com um pensamento", até "quantidade que numa progressão opera sempre do mesmo modo" ou "livro em que são lançados os créditos e débitos", passando por "aquilo que explica alguma coisa ou que faz com que algo exista ou aconteça" ou "justiça, dever, equidade" (Priberam 2013, razão). Esquecendo o significado matemático ou contabilístico, temos um conceito que reflecte uma característica de todo o ser humano (faculdades), mas que também pode estar aplicado para além do conhecimento corrente (capacidade). Nestes sentidos aplica-se a cada ser humano, mas também tem uma dimensão social (equidade). A designação de uma entidade realmente existente no homem: "a inteligência em geral", "bom senso" (Machado 1981, razão). Ou a sua utilização: "o bom uso das faculdades intelectuais, rectidão de espírito". Núcleo vital do conhecimento corrente: "a faculdade de compreender as relações das coisas". Ou ir além desta: "em linguagem filosófica, a inteligência humana, considerada na sua faculdade de se elevar até à percepção do infinito e do absoluto". O individual, subjacente em vários dos sentidos anteriores, ou a relação com os outros: "O direito natural; a lei moral; a equidade, justiça". O objectivo, referido anteriormente em diversos significados, e o normativo: "bom uso" (idem); "decisões e crenças irracionais devem ser evitadas (...) as inconsistências (...) são convencionalmente consideradas como males a ser remediados a todo o custo" (Branquinho e Murcho 2001, racionalidade).

– No Dicionário Filosófico (Abbagnano 1998, razão) considera quatro significados: "referencial de orientação", "fundamento", "argumento ou prova" e "relação, no sentido matemático". Destes o que nesta fase nos interessa é o primeiro: "referencial de orientação do homem em todos os campos em que seja possível a indagação, ou a investigação. Nesse sentido, dizemos que a razão é uma "faculdade" própria do homem, que o distingue dos animais".

– Dos restantes animais, diria eu. E nesse sentido, estabelece-se frequentemente uma dicotomia, tão própria de uma lógica bivalente que faz parte do nosso património cultural: "razão" para os homens, animal racional; "instinto" para os restantes animais. "Foi principalmente com os estóicos que prevaleceu a doutrina da Razão como único guia dos homens. Para eles, havia uma espécie de divisão simétrica entre os animais e os homens: os animais são guiados pelo *instinto*, que os leva a conservar-se e a procurar o que é vantajoso; aos homens foi dado o guia mais perfeito, que é a Razão". Para os restantes seres vivos o problema nem se coloca.

– De facto dos diversos sentidos o que interessa para os nossos propósitos é o "referencial". Contudo tal significado pode decompor-se: "como faculdade, orientadora geral" e como "procedimento específico de conhecimento". O primeiro "é o sentido fundamental, do qual a palavra extraiu a potência de significado que a transformou, há séculos, no emblema da livre investigação. A Razão é a força que liberta dos preconceitos, do mito, das opiniões enraizadas mas falsas e das aparências, permitindo estabelecer um critério universal ou comum para a conduta do homem em todos os campos".

– Contudo a fronteira entre a razão presente no conhecimento corrente e a que pauta o conhecimento científico ou filosófico é muito difusa. Ainda segundo o mesmo autor, "o reconhecimento da razão como guia constante, uniforme e (às vezes) infalível de todos os homens, em todos os campos da actividade destes, é acompanhado na maioria das vezes pela determinação de um procedimento específico no qual se reconhece a actuação própria da razão.". Nesta utilização epistemológica pode ser um "procedimento discursivo", situação mais habitual (a razão é, citando Leibnitz, "a concatenação das verdades"). Ela pode ser completada com "a identificação entre Razão e realidade" (reproduzindo Hegel "a Razão é a certeza da consciência de ser realidade: assim como o idealismo expressa o conceito de razão"). Pode ainda ser entendido como "auto-revelação" (por exemplo para Husserl) ou como "tautologia", "a redução da razão a cálculo das proposições verbais", bem presente na Lógica e na Matemática.

– Creio que já explorámos a multiplicidade de significados de razão: característica do ser ou utilização que o ser lhe faz; susceptível de utilização em vários segmentos do pensamento (corrente e crítico), oscilando não poucas vezes entre o que é e o que deveria ser. Que tal se tecêssemos algumas reflexões sobre esses significados?

RACIONALIDADE

– Perfeito, desde que sejamos rápidos, logo simplistas, ou acabamos a debater todas as correntes filosóficas. Comecemos por aí, mas não esqueçamos uma outra vertente que escapou à tua síntese: entre o individual e o colectivo, ou se preferires, entre o homem-indivíduo e o homem-ser-social.

– As Neurociências mostram hoje inequivocamente que "o corpo é o alicerce da mente consciente" (Damásio 2010, 39) e que "o cérebro não começa a edificar a mente consciente ao nível do córtex cerebral" (41), pelo que a dicotomia razão *versus* instinto é, uma afirmação simplista do conhecimento corrente, o que também pode ser confirmado por algumas análises da Etologia. Como afirma Sagan e Druyan (1996) "se insistimos nas diferenças absolutas, em vez de relativas, não encontrámos, pelo menos até agora, qualquer característica que distinga a nossa espécie. Não devíamos, pois, esperar, sobretudo quanto aos nossos parentes chegados, que as diferenças sejam de grau e não de género? Não será isso que a evolução nos ensina? Se exigirmos que apenas nós possuamos utensílios, cultura, linguagem, comércio, arte, dança, música, religião ou uma inteligência conceptual, não compreenderemos quem somos. Se, pelo contrário, estivermos dispostos a admitir que o que nos separa é menor, então já faremos alguns progressos. Depois, se o desejarmos, já poderemos orgulhar-nos do intenso desabrochar de aptidões primatas que ocorreu na nossa espécie" (376)[128]. Para esta diferença de grau entre "razão" e "instinto" muitos são os exemplos da acção humana, que incluem a "razão", que também são manifestação do "instinto". Várias descrições constantes em *O Macaco Nu* (Morris 1967) são concludentes.

– Do que disseste poderíamos também considerar que a razão é o símbolo do poder do Homem no planeta Terra. Atribuiu-a a si próprio, numa fase avançada da sua evolução, quando esse domínio se tornou evidente: a razão como elemento diferenciador.

– Mas consideremos uma outra vertente. Se pegarmos no Paradoxo de Russell ou nos Teoremas da Incompletude de Godel percebemos que a razão tem falhas, se assim podemos falar em termos simplistas. As lógicas plurivalentes ao considerarem diversos graus entre o verdadeiro e o falso,

---

[128] Ainda que marginal não resistimos à seguinte transcrição dos mesmos autores: "The Wealth of Nation foi publicado em 1776, muito antes de se terem feitos quaisquer estudos rigorosos, mesmo em cativeiro, sobre a vida dos macacos. Contudo, o argumento de Adam Smith quanto à exclusividade das trocas entre os homens baseia-se numa má interpretação ainda mais profunda do mundo animal" (345).

introduzem a dúvida e a ambiguidade no homem, radicando-se aí a capacidade de aprendizagem, manifestação suprema da razão que o anima: "Os conhecimentos que dispomos sobre uma qualquer situação são geralmente imperfeitos, quer porque temos dúvidas sobre a sua validade, eles são *incertos*, quer porque temos dificuldade em os expressar claramente, eles são *imprecisos*" (Bouchon-Meunier 1999, 3). E é pela assunção desta incerteza e imprecisão que a Lógica *Fuzzy* tem tido tanta aplicação científica, ela própria manifestação da razão.

– Ainda no âmbito das limitações poder-se-ia citar, segundo Branquinho e Murcho (2001), trabalhos de Psicologia que mostram "que o raciocínio humano vulgar é em larga e surpreendente medida formalmente incorrecto" (595).

– É melhor não entrarmos para já nessa referência porque estamos no âmago da Economia Comportamental e aqui queremos abordar a "razão", com uma abrangência mais geral.

– Resumindo, começando por me repetir. Não há um significado universal de "razão": característica do ser ou utilização que o ser lhe faz; susceptível de utilização em vários segmentos do pensamento (corrente e crítico), oscilando não poucas vezes entre o que é e o que deveria ser. É uma soberba humana atribuir uma fronteira precisa entre razão e instinto quer no homem, quer em relação aos restantes animais. A razão é limitada: paradoxal, ambígua, incompleta, imprecisa. A razão é preciosa, permite que agora estejamos aqui a conversar, mas não é Deus.

Razão colectiva

– Interrogo-me se devemos apenas falar em razão como uma característica do indivíduo, perspectiva em que abordámos, ou se também podemos falar numa razão colectiva. Explico-me. Como referimos, só pode haver razão porque há corpo, logo estamos numa dimensão individual, mas esse indivíduo faz parte de um todo. Como diz o mesmo autor

"[a mente] Armada com estruturas do eu tão complexas e apoiada por uma capacidade ainda maior de memória, cria os instrumentos da cultura e abre caminho a novas formas de homeostase ao nível da sociedade. A homeostase, dando um salto extraordinário, alarga-se ao espaço sócio-cultural." (Damásio 2010, 46).

RACIONALIDADE

– Estamos no cerne de um debate secular das ciências sociais: qual a relação entre o eu e o nós? Entre o indivíduo e a comunidade? Se nos colocarmos na Sociologia cada uma das suas posições tem os seus patronos. Por um lado Durkheim defende a primazia da sociedade como o espelham claramente em todos os seus trabalhos; "Nenhuma teoria que parta do individual estará em condições de explicar o social" (Silva 1988, 13). Por outro Weber "recusa-se por completo a considerar a sociedade como uma realidade substantiva, anterior ou transcendente à acção e interacção dos indivíduos" (Silva 1988, 50). Na Economia tens, como bem sabes, Marx e Menger como exemplos, entre outros, destas posições extremas.

– Percebo. Estás a levantar o alerta de que ao respondermos à pergunta inicialmente colocada corremos o risco de trilhar caminhos que nos afastam das nossas preocupações fundamentais.

– Mas podemos não ir por aí. Situemo-nos na interacção entre o individual e o colectivo, entre o eu e o nós. Mesmo autores fervorosos do individualismo reconhecem que o colectivo tem de ser considerado: "o 'individualismo metodológico' não só não se opõe à 'objectividade' como implica procurar explicar a interacção dos indivíduos a partir de dentro: a partir não apenas do interior dos indivíduos, mas também a partir de uma ordem prévia e objectiva e de um sistema de normas e valores igualmente prévios e objectivos." (Moreira 1992, 292). Sugiro que nos centremos nesta via.

– Boa sugestão. Creio que há três vias de interligação: (1) em que medida é que o eu é influenciado, parcialmente moldado pelo nós; (2) o eu estabelece relações interpessoais com os outros eu, pelo que tem de haver possibilidades de comunicação e entendimento; (3) as relações com os outros exigem uma moldura de valores em que todos se possam movimentar.

– Creio que haveria outras possibilidades de arrumação e que algumas das vias referidas acabam por ter sobreposições, mas não proponho nada em alternativa para não desviar o debate, Estamos tão bem comportados! Podemos seguir a ordem que propões. Vou, apesar da minha contenção, alertar para algo que todos nós estamos fartos de saber mas que esquecemos quando entramos em devaneios e entusiasmos intelectualóides: o assunto que estamos a tratar refere-se à sociedade capitalista, refere-se à vivência humana no período após a revolução industrial. Estamos perante homens vivendo em sociedades organizadas social e politicamente, num contexto de grande, e crescente, divisão social do trabalho. Escusamos de nos perder em considerações que, na melhor das possibilidades, se poderiam aplicar a homens no paleolítico.

– É indubitável que a colectividade influencia o indivíduo. Se retomarmos Damásio, influencia porque a relação do corpo com o meio ambiente, as mais elementares funções do corpo, como por exemplo, a alimentação está influenciada e condicionada pela comunidade[129]. Além disso, como refere o mesmo autor, actualmente é inegável que a homeostase biológica e a sociocultural formam um todo: "Há cada vez mais provas convincentes de que os desenvolvimentos culturais ao longo das gerações sucessivas levam a alterações no genoma" (Damásio 2010, 47). Esse "desenvolvimento cultural" contem também valores (desde as leis às apreciações estéticas, da religião às técnicas de produção, por exemplo) que moldam os comportamentos individuais. Não apenas por partilha, com semelhanças e dissemelhanças entre os diversos indivíduos, mas também pela alteração da sua maneira de ser. Segundo Sève (1981) a personalidade de cada indivíduo é inseparável do todo em que se insere: "a personalidade [é] considerada como um sistema vivo de relações sociais entre as condutas" (251).

– O eu é moldado pela comunidade.

– Ao mesmo tempo que o eu (moldado) molda a comunidade. Podemos avançar para a segunda ordem de razões? Mas antes de o fazeres deixa-me colocar-vos uma dúvida. O que vamos analisar de seguida não poderia estar englobado no que acabámos de abordar?

– Talvez, mas separámos o que é interacção entre os indivíduos do que é algo de substantivo da próprio comunidade, para não sermos contagiados por eventuais argumentos que alinham com o individualismo:

> "Por agora basta deixar claro que uma coisa são as regularidades de conduta individual definidas pelas normas, e outra a ordem geral resultante da observância de certo tipo de normas. Infelizmente a substituição de normas e em especial os valores que elas encerram pelos termos fácticos como «hábitos» ou «práticas», não tem facilitado a comprensão [*sic*] da formação da ordem

---

[129] O termo "comunidade" tem alguma ambiguidade. Usamo-lo para designar o "todo das relações de cada eu com os outros", que pode ter dimensões geográficas e sociais diferentes conforme o veículo dessa relação. Assim, por exemplo, numa população rural o significado de comunidade é diferente conforme esse veículo é a linguagem, a noção de Deus, o bem, a troca de um produto agrícola ou a utilização de um computador.

RACIONALIDADE

global, porque uma coisa são os valores que guiam a acção, outra é o enunciado das regularidades observáveis na conduta dos indivíduos e outra ainda a ordem resultante da interacção entre normas, indivíduos com os seus fins e conhecimentos próprios e circunstâncias externas concretas e particulares."[130]

Contudo tenho de te confessar que tenho muita dificuldade em traçar a fronteira entre as "normas" e os "hábitos".

– Talvez o conceito de *habitus*[131] de Bourdieu pudesse ajudar a diferenciar o que é interacção, e superação da antinomia entre o indivíduo e a sociedade, e o que é uma determinação social.

– Não ajuda mesmo nada. Não há comunidade sem indivíduos. Não há indivíduos sem comunidade. Todo o pensar e agir bebe das duas dimensões do humano. Apenas se optar pelo "primado" do indivíduo é que posso dizer que as "estruturas estruturantes" são "estruturas estruturadas", para utilizar a terminologia do que lestes. Mas creio que podemos ultrapassar estas dicotomias, que certamente se colocarão também no ponto seguinte, para falar de alguns elementos, sem grandes deduções, que estão presentes no social e que certamente condicionam a razão individual. O primeiro é a "tradição".

– Parece-me desnecessário definir tradição pois a sua aplicação científica é similar à utilização que é feita pelo conhecimento corrente. Por um lado "a tradição é um instrumento cómodo para fixar toda a herança cultural cuja

---

[130] Uma lacuna imperdoável. Durante o debate montámos um processo de funcionamento para que cada interveniente que fizesse uma intervenção baseada em terceiros, em bibliografia, deixasse a respectiva referência. Quando da passagem a escrito, aqui e ali surgiram algumas dificuldades, mas foram superadas. Menos nesta transcrição. Embora o interveniente quase que garanta que é de uma determinada obra não conseguimos encontrar esta transcrição. Desse facto pedimos desculpa ao leitor.

[131] "O conceito de *habitus* (...) constitui a pedra de toque do edifício teórico do sociólogo francês, e da superação que ele procura concretizar. É o elemento conceptual que articula práticas e estruturas, produção e reprodução, condutas e condições, propriedades simbólicas e propriedades materiais, indivíduos e classes. [Citando Bourdieu] «Produzidos pela prática das gerações sucessivas, num tipo determinado de condições de existência, esses esquemas de percepção, de apreciação e de acção que são adquiridos pela prática e accionados em estado prático sem acederem à representação explícita funcionam como operadores práticos através dos quais as estruturas objectivas de que são o produto tendem a reproduzir-se nas práticas». Constituem, portanto, «estruturas estruturantes» ao mesmo tempo que e porque «estruturas estruturadas»" (Silva 1988, 175).

autenticidade não tem de ser posta em causa" (Dortier 2006, "tradição") e, por outro, "a tradição já não é o que era" porque se reconstrói. O que me parece importante aqui referir é que a tradição pode ser um interregno de razão. No local donde tirei a definição tem uma história interessante que é ilustrativa desta conclusão, que não resisto a reproduzir:

> "Conta-se que numa aldeia de Saône-et-Loire cujo nome pouco importa, era tradição os homens tirarem o chapéu e as mulheres benzerem-se quando passavam por um determinado ponto de um caminho sinuoso ladeado por um velho muro. Ninguém sabia o motivo deste gesto que, dizia-se, dava sorte. Um dia chegou um pároco apaixonado pela história local, que se interessou por este costume e obteve da comunidade autorização para levar a cabo algumas escavações no local. Após várias pesquisas, acabou por destruir com uma picareta parte do muro que ladeava o caminho. Descobriu-se aí uma estátua muito antiga de S. Martinho, provavelmente ali emparedada na época em que os protestantes tinham ocupado a região. (...) Uma tradição é aquilo que se faz ou aquilo em que se *acredita* [sublinhado por mim] porque os antepassados o fizeram ou acreditaram. (...) Uma vez a estátua à vista os caminhantes deixaram de a saudar".

– Tradição que pode englobar o que frequentemente se designa por "usos" e "costumes".

– Pode ser, mas quando estamos a tratar de Economia já é necessário ter mais cuidado com o conceito de hábito. Os usos e costumes não são uma crença mas o resultado do comportamento das instituições: "Dado que é impossível a deliberação racional totalmente consciente sobre todos os aspectos do comportamento, por causa da quantidade de informação e da competência computacional que isso implica, os agentes humanos adquiriram mecanismos para subtrair certas acções em curso da avaliação racional contínua. São comummente conhecidos como hábitos e o seu alto grau de relevância (...) foi salientado por Thorstein Veblen em muitos dos seus trabalhos. De facto, segundo Veblen, as próprias instituições são compostas de «hábitos estabelecidos de pensamento comuns à generalidade dos homens»" (Hodgson 1994, 126). Note-se, para percebermos esta posição, que se utiliza o termo instituição em sentido sociológico e não legal.

– A tradição pode interromper o bom uso da razão, o hábito permite a decisão e a acção sem se completar o processo que a razão exigiria.

RACIONALIDADE

– Dois apontamentos complementares em relação ao simbólico e à confiança. Tudo é, para nós, um símbolo. A imagem que a actividade perceptiva nos transmite metamorfoseia-se espontânea e automaticamente num símbolo.

– Quando o Umberto Eco diz que já não sabe o que é o símbolo tal é a diversidade de significados que tem merecido, temos que ter algum cuidado com o que queres dizer.

– Rectificando um pouco a forma como me exprimi. Atribuir-lhe-ia o significado dado por Claude Lévi-Strauss que "define a cultura como «um conjunto de sistemas simbólicos na primeira fila dos quais se colocam a linguagem, as regras matrimoniais, as relações económicas, a arte, a ciência, a religião»" (Dortier 2006, "símbolo, simbolismo"). Dou-te um exemplo simplório. Se fores a uma galeria e encontrares o quadro " Maja nua " de Goya assumes de imediato que é um bem económico, uma mercadoria; se o vires em casa de um amigo ele não te aparece como mercadoria, mas interpreta-lo como um elemento decorativo ou como uma manifestação de poder económico, conforme a leitura que fazes do amigo; num museu é uma obra de arte, um produto da história; num espaço de diversões um eventual estímulo ao erotismo. Isso em relação a qualquer objecto. O contexto de um qualquer objecto numa dada cultura dá ao observador um significado específico. Um bem económico antes de o ser é um bem cultural que, em certas condições, é transaccionável.

– Falta a referência à confiança.

– É habitual os economistas falarem em confiança. Para que o negócio tal ou tal seja bem sucedido, funcione bem, tem de haver confiança. Quando o negócio não correu bem, também se invoca a falta dessa mesma confiança. Usamos muito, reflectimos pouco. Convém retermo-nos brevemente sobre o assunto. A confiança é um simplificador da actividade social. Num ambiente complexo, num contexto de incerteza, numa impossibilidade de analisar todos os prós e os contras de uma dada situação, a confiança permite tomar decisões. Poderás dizer que "a confiança constrói-se" e que a razão seria um desses construtores mas tal nem sempre é verdade. Por um lado ela é importante perante a incerteza e esta, por definição, não permite uma análise exaustiva e uma tomada de posição. Por outro "o nível de confiança é influenciado tanto por fatores de ordem contextual e social, como por fatores que se prendem com as características individuais" (Finuras 2013, 271).

– A moral é uma peça fundamental da confiança.

– Se me permitem, sugiro que interrompamos aqui esta conversa, bebamos uma cerveja e preparemos os nossos cachimbos. Não é uma proposta movida pelas carências fisiológicas, mas porque o tema da ética vai ter que ser tratado com bastante pormenor. De facto é impossível analisar-se a racionalidade, e lembro-vos que ainda só vamos na razão, sem tratar da ética. Sobretudo depois de Amartya Kumar Sen, prémio Nobel, que tanta atenção tem dado ao assunto.

– E também porque depois dos anos 80 do século passado houve uma progressiva degenerescência dos referenciais éticos nos negócios, como o provam a economia não registada, a corrupção, as infracções económico-financeiras, etc. Pensar que a economia se estrutura num comportamento idóneo, ético e cumpridor da lei é uma miragem em deserto de quentes fraudes.

– Concordo que deixemos para depois essas considerações, mas aguentemos um pouco mais. Desde a última sessão que temos o hábito de no fim do debate fazermos, se assim se pode chamar, um pequeno resumo do que foi dito. Façamos o mesmo agora.

– Perfeito. Não podemos concluir que possamos falar em razão colectiva, mas constatámos que existe na relação homem / comunidade um conjunto de realidades que condicionam ou influenciam a razão individual: são as normas sociais, a tradição, o *hábitus*, o simbolismo que acompanha qualquer percepção, a confiança. Esses estruturantes sociais têm impactos múltiplos sobre a razão: seu funcionamento, sua interrupção, seu afastamento. Finalmente, fizemos referência à ética mas consideramos preferível analisarmo-la posteriormente.

Ser racional & racionalidade

– Ser racional ou ter racionalidade não acrescenta nenhuma informação adicional. É o homem. E como este homem na sua actividade social participa em relações sociais que, quando analisadas numa certa óptica, quando filtradas por determinados modelos epistemológicos, são designadas pela Economia como actividades económicas, porque o homem é designado de agente económico, podemos designar de uma forma simplista o agente económico como sendo racional, ou tendo racionalidade.

– Em termos terminológicos é isso mesmo, mas, dito dessa forma, o agente económico tem uma racionalidade que reflecte o que anteriormente dissemos sobre a razão, sobre a razão colectiva, como a designámos eufemisticamente. É uma racionalidade que contém a razão na sua plenitude, com as suas próprias limitações e negações.

– Por outras palavras, é uma racionalidade que não apresenta as mesmas características que a referida pela Economia[O3]. Bartoli (1991) está correcto quando, referindo-se a Mise diz "falar em acção «racional» seria, além do mais, utilizar um pleonasmo na medida em que toda a acção humana é «necessariamente» racional como pretende Mises" (146).

– As incongruências não estão na racionalidade mas na proeminência que ela ocupa em Economia[O3] e no significado que este paradigma da Economia lhe atribui.

Racionalidade económica

– O caminho que seguimos permitiu-me, pela primeira vez, ver claro o significado da "racionalidade económica". Durante anos debati-me na dúvida se havia alguma diferença entre "racionalidade" e "racionalidade económica", o que é que as unia e nunca encontrava uma resposta que me satisfizesse. Isso acontecia porque eu procurava analisar se o homem ao tratar dos assuntos económicos tinha um comportamento diferente. Por outras palavras, a questão a que queria responder era uma falsa questão. Se o económico é uma realidade-para-a-Economia, nunca poderia encontrar essa relação na realidade-em-si.

– De facto a "racionalidade económica" é o sentido que a Economia dá ao comportamento social humano quando encarado pelo modelo epistemológico do paradigma O3 da Economia. A "racionalidade económica" não é uma realidade-em-si. É antes uma realidade-para-si.

– Deixa-me ver se entendi bem. Quando no conhecimento corrente, na distinção primária entre homem e animal, dizemos que "o homem é racional" estamos a fazer uma constatação a partir da leitura da realidade--em-si. Quando um economista defensor daquele paradigma afirma a mesma coisa "o homem é racional" não está a fazer directamente uma leitura da realidade-em-si, mas a afirmar a construção que a Economia[O3] fez da racionalidade, o significado que a ela lhe atribui[132].

---

[132] Esta passagem voltou a ser abordada posteriormente porque ela explicita uma importante razão para a espontânea aceitação pelos economistas da "racionalidade económica": surge como a continuidade do conhecimento corrente. O "facto" do conhecimento corrente dá uma aparente objectividade à normatividade ideológica.

– Isso mesmo, pelo que basta seguirmos o percurso que traçámos para confrontar a "racionalidade económica" com a realidade e daí tirarmos as devidas conclusões.

– É verdade, mas é um percurso demasiado simples e incompleto. À nossa crítica externa há que acrescentar a crítica interna e para tal precisamos antes de mais de ver como é que este paradigma analisa a "racionalidade". Há que dissecar essa racionalidade.

– Deduzo que é isso que vamos fazer de imediato.

– Antes de passarmos para esse ponto deixem-me recordar-vos que uma das perguntas que lançámos para posterior indagação foi: "Não será a «racionalidade económica» a falsa transposição para o ontológico da racionalidade inerente à esfera epistemológica?". Parece-me que esta pergunta já está automaticamente respondida.

– Está respondida mas temos que reconhecer que não será provavelmente a melhor forma de a formular. Só não caímos em equívocos porque começámos, nas primeiras conversas, por dar um sentido mais preciso à dicotomia Economia *versus* economia. Anteriormente citámos Bartoli, uma importante figura da Economia em França e um profundo crítico da Teoria da Escolha Racional. Contudo começa o Capítulo III do seu citado livro dizendo "O [século] XVIII não é o século do advento da racionalidade económica e a Inglaterra não é o seu único lugar" (Bartoli 1991, 126), para de seguida procurar encontrar nos séculos anteriores, oscilando entre a análise da razão na História e a invocação da "racionalidade económica" que só surgiria bem mais tarde, com a hegemonia social do terceiro paradigma. Tem sido uma confusão muito habitual em que não podemos cair.

– Creio que a diferença entre realidade-em-si e realidade-para-si aplicada à racionalidade económica é demasiado subtil para a minha compreensão. Quando estou a confrontar as teorias geocêntrica e heliocêntrica constato que as duas teorias envolvem concepções diversas do Universo, mas elas não são mais que leituras diversas de uma realidade que é una. Uma está errada e outra está certa. A realidade mantém-se invariável porque uma coisa é esta, outra é a leitura que dela fazemos. No entanto, no caso que abordamos estamos a ir para além desta conjectura e admitimos que a falsa interpretação se projecta na sociedade, quiçá prejudicialmente.

– Percebeste bem o que disse, embora não tenhamos explorado plenamente a afirmação. A tua intervenção foi muito útil. Deixa-me começar pelo caso que apresentas. É verdade que mesmo que os homens considerem que é o Sol que gira à volta da Terra é o contrário que acontece e a Terra continuará a movimentar-se em torno do Sol. Mas isso não significa que uma certa realidade não tenha sido modificada por essa interpretação errónea. Associada a uma ou outra teoria podem estar associadas, agora estou a especular, diferentes concepções religiosas, diferentes práticas sociais, por exemplo, em torno do ciclo das culturas agrícolas. Os homens pensarem uma ou outra coisa influencia sempre a realidade. Contudo, neste caso poderás justamente dizer, que influencia pouco. É verdade, mas o mesmo não se passa quando estamos a falar das ciências sociais. Segundo alguns textos estas estão entre as humanidades e a ideologia. Daí um primeiro evento: uma má teoria pode reforçar uma dada ideologia, repercutindo-se na forma de pensar das pessoas, nas suas relações interpessoais e na organização e reprodução da sociedade. Mas há mais, quando se trata da Economia, uma ciência que é central na vida das sociedades, que é o primeiro referencial numa sociedade capitalista. As concepções económicas condicionam fortemente as atitudes dos homens, por um impacto directo que gera e pelas condicionantes ao comportamento individual que promove. Finalmente as políticas económicas, que podem marcar tão profundamente a vida das sociedades – desenvolvimento *versus* subdesenvolvimento, emprego *versus* desemprego, aproximação dos rendimentos *versus* agravamento das desigualdades sociais, etc. – são efectiva e fortissimamente influenciadas pelas concepções de Economia dominantes ou adoptadas pelo poder político. De facto é muito diferente, não só na nossa leitura, mas também na dinâmica social, a "racionalidade económica" ser uma realidade-em-si ou uma realidade-para-si. E cada paradigma, considerando ou não esse conceito, atribuindo-lhe o pódio ou não, influencia de forma diferenciada a realidade.

– Mais do que isso. Assumir o modelo por realidade cria ao economista a ilusão de que aquele é esta e aumenta a sua miopia em relação à realidade-em-si.

– O que significa, numa outra perspectiva, que toda a leitura crítica da Economia, mais precisamente de um paradigma da Economia é, simultaneamente fazer ciência e fazer política.

– Fazer política porque se faz ciência.

– Dito isto, que fazer?

– Muita coisa. Primeiro analisar o que é que a Economia diz sobre a "racionalidade económica". Sendo esta uma construção teórica, estudar as formas que assume na história do pensamento económico. De seguida proceder à sua crítica.

– Vamos então a isso, depois de conversarmos um pouco sobre as futilidades da vida.

– Vamos a isso.

RACIONALIDADE ECONÓMICA

RESUMO:
A "racionalidade económica" pelos textos dos seus defensores (de Menger a Becker). Algumas conclusões: diversidade de utilização; reconhecimento de enviesamento entre a Economia e a realidade-em-si; aproximação à optimização; o dever ser como leitura do ser. Importância da Epistemologia e da interdisciplinaridade para se compreender este conceito.

O que eles dizem

– Na quantificação das palavras utilizadas, a que fizemos referência ontem, apercebemo-nos que não foram todos os economistas que conceberam e analisaram a "racionalidade económica". Por outro lado já sabemos que, para aprofundar o assunto, temos que estudar o que os cultores da Economia[O3] pugnam. Façamos isso em diversas fases. Primeiro analisemos o que nos dizem alguns autores decisivos na corrente marginalista. Depois vendo o que frequentemente é designado por Escola Austríaca. Finalmente alguns autores mais contemporâneos defensores do paradigma em causa. Depois disso creio que estamos em condições para tirar algumas conclusões.

Carl Menger

– Comecemos por Menger. Eu sei que todos nós conhecemos o suficiente da História do Pensamento Económico para enquadrarmos minimamente estes autores. Também não nos interessa dizer tudo sobre eles, mas tão-somente o relacionado com o nosso objecto de estudo. É importante que nunca o esqueçamos para não nos perdermos. Contudo convém justificar porque começamos por ele. Três autores utilizaram quase simultaneamente o conceito de utilidade marginal: Jevons, Menger e Walras, sem que algum nunca tenha tido conhecimento dos outros. Contudo Menger tem três vantagens sobre os restantes:

(1) A sua coerência: "Embora mais importante que Jevons, sob o ponto de vista da teoria actual, Menger pode ser estudado mais rapidamente porque a sua obra possui justamente a qualidade que faltou a Jevons – um alto grau de consistência. Qualquer que seja o juízo de valor acerca da posição assumida por Menger, a sua contribuição destaca-se por ter tido em elevada consideração as exigências dum sistema coerente" (Roll 1950a, 33).

(2) Não utiliza o método matemático, permitindo-nos analisar temas relacionados com a "racionalidade económica" com um olhar mais atento à realidade.

(3) Finalmente, vários autores da Escola Austríaca, invocam frequentemente Menger como um seu autor de referência (Moreira 1992).

– Justificada essa opção analisemos as suas posições, dando a palavra a Menger quando oportuno. Ele é sobretudo conhecido pela sua primeira obra [1871] *Princípios de Economia Política*, mas para os nossos propósitos de análise o texto principal é o seguinte [1883], *Investigações sobre o Método nas Ciências Sociais e em Economia Política em Particular*. É aqui, em confronto com a Escola Histórica Alemã, que explicita melhor as suas ideias. A sua preocupação é edificar uma ciência interpretativa dos acontecimentos económicos válida para diversas sociedades, que não dependa das especificidades locais. Sabe que pode haver uma utilização política dessa leitura, mas considera que ela já não é matéria científica.

"A história e a estatística da economia são (...) ciências históricas, e a economia nacional uma ciência teórica. (...) Para além destes dois grandes grupos de ciências, devemos ainda considerar um terceiro grupo, cuja essência é bastante diferente das anteriores: constituem o que se chama as *ciências práticas*, ou artes. (...) As ciências deste último tipo não nos permitem tomar consciência dos fenómenos nem considerá-los do ponto de vista histórico ou teórico: em síntese, elas não nos ensinam *o que é*. (...) Elas ensinam-nos *o que deve ser*, à medida das circunstâncias e, por isso, como serão atingidos os objectivos determinados pelos homens." (Menger 2011 [1883], 179)

Acrescenta de seguida que

"a economia política tem que explorar e expor a essência individual e a configuração individual; (...) a economia nacional *teórica*, que considera igualmente a essência geral e a sua configuração geral (as leis) dos fenómenos económicos." (179)

– Temos que reconhecer que, apesar de distinguir entre o que é e o que deve ser e considerar a Economia entre as primeiras, a "essência" humana abre as portas para todas as interpretações.

– Sem dúvida que sim, mas temos de reconhecer que ele visa desmontar a crítica de atomista que lhe é feita. Citando um outro autor a propósito do homem isolado afirma que

"cada homem singular deve ser pensado, por sua vez, como membro de uma família, dum povo, e como a continuação e o desenvolvimento de todos os tempos passados" (Menger 2011 [1883], 232),

embora deva haver o cuidado de excluir os fenómenos singulares da economia humana (233). E estas posições são clarificadas quando atribui à Economia

"a explicação dos fenómenos complexos da economia humana, na sua forma social contemporânea, a partir das aspirações e das circunstâncias das actividades económicas individuais ligadas entre si através do comércio recíproco." (337)

– O contraponto dessa posição, mas na mesma linha de pensamento, está na introdução ao seu livro anterior quando afirma:

"Esse é o método que seguiremos na presente obra. Na exposição que segue, procuramos reduzir os complexos fenómenos da economia humana aos elementos mais simples [provavelmente a tal «essência» anteriormente referida], ainda acessíveis à observação segura, dar a cada um desses elementos simples o peso que por natureza lhes cabe e, com base nisso, investigar novamente como os fenómenos económicos mais complexos evoluem normalmente a partir dos seus elementos mais simples" (Menger 1988 [1871], 30),

acrescentando um pouco mais adiante, em reforço da sua leitura, que pretende "mostrar que os fenómenos da vida económica se regem estritamente por leis iguais às leis da Natureza" (30).

– Em síntese, podemos concluir sem qualquer dificuldade que Menger considera que a Economia Política deve estudar a realidade, tendo a capacidade de se abstrair das especificidades, que não utiliza o conceito de "racionalidade económica", que o seu indivíduo é um ser complexo e que distingue claramente "o que é" de "o que deve ser", estando esta normatividade excluída da Economia Política.

– Sem dúvida. Conclua-se à margem do nosso tema central que é demasiado simplista a crítica de que a posição de Menger é atomista. Quanta diferença entre os grandes autores e as divulgações da sua obra!

– Está tudo dito, mas deixa-me reforçar estas considerações com a leitura que Blaug (1990b) faz de Menger:

> "evitou a formulação matemática e por isso não utilizou a lógica pura associada aos problemas de optimização (...) desconfiava de toda e qualquer teoria precisa dos preços, tendo evidenciado as descontinuidades, as incertezas e as negociações que caracterizam o preço de mercado." (31)

Alfred Marshall

– Avancemos então para Marshall. Contrariamente aos outros autores utilitaristas considerados por nós, estamos perante uma síntese entre a procura e a oferta, exigindo esta a análise dos custos. A relação mútua entre estas duas vertentes do mercado de um bem e o estabelecimento do equilíbrio (parcial) passou a ser uma prática generalizada no ensino da Economia. Na maneira dos economistas raciocinarem. Este é um motivo forte para o referir, mas há um outro: ele está no ponto de ruptura entre uma Economia que deve ser entendida por todos e uma ciência para especialistas.

> "É que, se em Marshall ainda existia uma clara e inequívoca preocupação em manter a comunicação e a troca de experiências e sentidos entre os dois mundos [o mundo dos economistas e o mundo dos leigos], com o desenvolvimento posterior da escola de pensamento que inaugurou, assistiu-se à paulatina emergência de formas de raciocínio próprias aos economistas, isto é, de formas de percepção, avaliação e tratamento dos problemas económicos que se afastavam cada vez mais das formas de percepção, avaliação e controle próprias dos não-iniciados na ciência económica." (Almodovar e Brandão 1990, 128/9)

– Porque fui eu que fiquei encarregue de ler a obra de Marshall gostaria de acrescentar ainda um aspecto sobre ela antes de começar a ver como encara a racionalidade. O seu livro *Princípios de Economia*, que durante muitos anos funcionou como manual de estudo nas universidades inglesas, é essencialmente pedagógico. Interessando-se por várias temáticas filosóficas e científicas, ensinou Economia e em 1881 iniciou a escrita do seu livro, terminando-o uma década depois. Muito provavelmente preocupado com a eficácia pedagógica do seu trabalho absteve-se de controvérsias com outros economistas, que ele conhecia bem, e preocupou-se em construir um discurso "linear". Contudo, deste percurso não se pode retirar que não se preocupasse com a Filosofia, nomeadamente com a Filosofia da Economia. Não só a sua formação anterior, como estudante e professor, quase o exigiria, como ela trespassa de várias das suas análises (Hammond 1991), nomeadamente quanto à problemática que agora nos ocupa.

– E sobre o que nos ocupa?

– Já o tratámos quando nas nossas primeiras conversas. Recordámos a sua intenção de olhar para a realidade e estudar todos os tipos de situações, comportamentos (que ele próprio designa de "princípio da continuidade") e a constatação, passado alguns anos, da incapacidade de o fazer.

– A sua atenção à realidade é de facto bem patente quando afirma que

> "Economia Política ou Economia, é um estudo da Humanidade nas activi-
> dades correntes da vida; examina a acção individual e social em seus aspectos
> mais estreitamente ligados à obtenção e ao uso dos elementos materiais do
> bem-estar." (15)

Por isso afirma que "uma lei de ciência social (...) é um enunciado de tendências sociais". Por isso não espanta que em diversas análises inclua diferente maneiras de os "agentes económicos" se comportarem.

– O que dissesse significa que Marshall teve a preocupação de olhar para a realidade. O problema da racionalidade não se lhe coloca, embora possa considerar que há maneiras do homem de negócios mais habitualmente se comportar, conduzindo a uma certa tendência probabilística de evolução.

– Mais, quando ele afirma, como então reproduzimos, que "Todavia, as forças a serem encaradas são tão numerosas que o melhor é tomar poucas de cada vez e elaborar um certo numero de soluções parciais como auxiliares de nosso estudo principal" (Marshall 1988a, I-10) não é o resultado de uma mudança de objectivos e perpectivas epistemológicas, mas o reconhecimento de uma dificuldade operacional, técnica.

– Concordo mas estamos perante a introdução de um *cæteris paribus* dinâmico.

– Apetecia-me perguntar, e debater, se as dificuldades sentidas por Marshall poderiam hoje, com os instrumentos computacionais e tecnicos disponíveis, serem superadas. Contudo não o faço porque já sei que todos dirão que não é o momento oportuno para tal.

Vilfredo Pareto

– Só nos falta, de entre os autores marginalistas iniciais que resolvemos analisar, Pareto. Confesso que é um autor que me encanta particularmente, eventualmente mais por características pessoais que intelectuais, isto é, resultantes da sua obra científica. Tem o cuidado de se analisar a si próprio. Antes de começar a estudar uma matéria faz uma reflexão crítica sobre o seu pensamento. Dizendo, às vezes, que as coisas são evidentes e não carecem de grandes explicações passa longas páginas a reflectir sobre essas evidências. Além disso caminhou da "Economia Pura" para a Sociologia, um caminho que não foi de alargamento do campo ao que já tinha dito antes, mas de nova reflexão de alternativa metodológica.

– Cada um de nós é um ser complexo e Pareto também o era, com fortes contradições. Conhecedor do volume inicial de *O Capital* de Marx, então editado em francês, língua conhecida por ele, tem-no em grande conta, mais como revolucionário que como economista (Pareto 1987). Dizendo-se socialista mas combatendo a intervenção do Estado nesse processo, foi considerado por alguns, pelo seu vigor e força argumentativa como "O Marx dos anti-marxistas" (Passeron 2004). Apoiante do "socialista" Mussolini, criticou-o pelo estatismo e a falta de liberdades.

– Estou a gostar de ouvir-vos mas vamos ao que interessa, as suas posições sobre a racionalidade. Pareto não utiliza o termo racional, mas sim "lógico". A sua posição é clara embora dispersa pelos seus trabalhos.

"Podemos, portanto, por abstracção, distinguir: 1) as acções não lógicas; 2) as acções lógicas. Dizemos: por abstracção, porque nas acções reais os tipos estão quase sempre misturados e uma acção pode ser, em grande parte, não-lógica e, em pequena parte, lógica, ou vice-versa. (...) não-lógica não significa ilógica." (Pareto 1988, I-29/30)

Esta posição vem a ser reconhecida, e confirmada, ao tratar da Sociologia: "reconhecemos que as acções não-lógicas são uma grande parte do fenómeno social." (Pareto 1968, 68). De tal maneira importantes que essas acções não-lógicas são cuidadosamente estudadas ("os resíduos") em vários capítulos, depois de analisar as suas origens:

> "As acções lógicas são, pelo menos na sua parte principal, o resultado de um raciocínio; as acções não-lógicas provêm principalmente de um certo estado psíquico; sentimentos, subconsciente, etc." (Pareto 1968, 78)

Reparem que o raciocínio pode não estar presente em todas as acções lógicas.

– Dos apontamentos que deste tiro a conclusão de que a Economia Política tratará das acções lógicas e não-lógicas, embora reconheça, pelo que vejo deste teu apontamento, que tenha que haver uma simplificação, dada a complexidade da situação a analisar: "por isso é necessário limitarmo-nos a um estudo que considera apenas uma parte do sujeito" (Pareto 1968, 1307).

– A tua conclusão estaria errada, mas antes de te explicar porquê deixa completar esta tua última citação. Muito antes dessa referência o autor abre o caminho para o estudo das acções não lógicas ao afirmar peremptoriamente que

> "se as acções não-lógicas têm a importância sugerida (...) seria verdadeiramente estranho que os homens inteligentes que se ocuparam do estudo da sociedade humana não lhes tivessem prestado atenção." (Pareto 1968, 151)

reconhecendo que é possível fazê-lo. Por isso o seu estudo cuidado dos "resíduos". Contudo este trabalho sobre Sociologia foi escrito muito mais tarde que os seus livros de Economia e nestes ele tinha sido peremptório: "estudaremos as acções lógicas, repetidas em grande número, que os homens executam para buscar as coisas que satisfazem os seus gostos" (Pareto 1988, I-79). E mantém essa posição. Desculpem a dimensão da transcrição, mas parece-me importante:

> "O sistema económico é composto por certas moléculas movidas pelos gostos, e retidas pelas ligações dos obstáculos que se opõem à obtenção dos bens económicos. O sistema social é bem mais complicado. Mesmo que o queiramos simplificar o mais possível, sem cairmos em graves erros, deveremos

pelo menos considerá-lo como composto de certas moléculas contendo certos resíduos, derivações, certos interesses, certas tendências. Essas moléculas, submetidas a numerosas ligações, realizam acções lógicas e acções não lógicas. No sistema económico a parte não-lógica é inteiramente relegada nos gostos. Negligenciamo-la porque os gostos são considerados como dados. Poderemos interrogar-nos se não poderemos fazer o mesmo para o sistema social: admitir como dados os resíduos, para onde seria relegada a parte não-lógica e estudar as acções lógicas a que dão nascença. Assim se teria uma ciência que seria semelhante à economia pura, ou mesmo à economia aplicada. Mas, infelizmente a semelhança cessa com a correspondência com a realidade. Em certas circunstâncias não há um grande desfasamento entre a realidade e a hipótese de que os homens cumprem, para satisfazer os seus gostos, acções económicas que podem ser consideradas em média como lógicas. Também as consequências de tais hipóteses dão, em certas circunstâncias, uma forma geral do fenómeno, cujas divergências com a realidade são pouco numerosas e não consideráveis. Pelo contrário, há um grande desfasamento entre a realidade e a hipótese segundo a qual os homens tiram consequências lógicas a partir dos resíduos, e actuam de acordo com elas. Se desejamos manter-nos na realidade, devemos pedir à experiência que nos faça conhecer certos resíduos fundamentais e a maneira como agem na determinação dos homens. Por razões similares, o estudo de muitos dos factos ditos económicos só podem ser feitos com a ajuda da sociologia." (Pareto 1968, 1315/7)

– Em síntese, a Economia Política de Pareto pretende ser uma Economia Pura[133] onde "a hipótese da ofelimidade mantém-se experimental, na medida em que as suas consequências são verificáveis pelos factos; ela deixaria de o ser se tal relação terminasse" (Pareto 1968, 24). Reconhece a existência de muitos comportamentos não-lógicos (certamente à luz do conhecimento que o cientista, numa determinada fase histórica, tem deles) os quais pouco afectam os gostos mas que influenciam significativa e frequentemente as situações que se relacionam com os gostos. Por isso a Economia Política é a ciência da ofelimidade e a compreensão dos factos económicos exige a análise da Sociologia.

– Assume uma posição ambígua em relação à "racionalidade económica", mais por postura epistemológica do que por incapacidade de observar

---

[133] O autor escreve esta com letra minúscula, como o faz com Economia Política.

a realidade. O homem tem comportamentos "lógicos" e "não lógicos", ambos se interligam, mas trata dos primeiros na Economia e dos segundos na Sociologia.

– Podemos passar à frente? Quem vamos ver de seguida?

Friedrich Hayek

– Na nossa ingénua análise quantitativa anterior Hayek aparece como o que denota tratamento frequente do conceito de racionalidade, o que pode ser critério para analisarmos este autor. Mais, é conhecida a influência da Escola Austríaca sobre o pensamento económico contemporâneo, na construção das correntes neoliberais. Vejamos alguma coisa deste autor.

– Ainda bem que eu não fiquei encarregue de ler previamente os seus textos, pois as tentativas anteriores de o compreender foram muito frustrantes. Não foi porque as suas ideias sejam complicadas mas porque cai num simplismo por vezes desesperante. Gasta páginas a comparar as ciências da natureza com as ciências sociais, mas faz afirmações sobre as primeiras que não correspondem à realidade. Faz longos discursos para concluir que uma coisa são as leituras que os indivíduos fazem dos "factos" em que estão envolvidos e outra coisa é a leitura que o cientista faz de tal. Por vezes tem afirmações que não seriam renegadas por Marx (por exemplo, considerar que o indivíduo é o conjunto das relações sociais em que participa) para logo de seguida mandar farpas a textos daquele autor que manifestamente não entendeu. Além disso, estando nós interessados em estudar a sua posição económica é uma perda de tempo a leitura dos seus textos que sistematicamente desembocam no combate ao "socialismo".

– Ultrapassaria essa questão e explicitaria algumas conclusões que consegui retirar dos seus múltiplos textos lidos (Hayek 1937, 1948, 1953). A Economia é uma ciência social que apresenta algumas particularidades em relação a outras. Quando se pretende analisar uma dada situação há sempre dois tipos de análise presentes. Por um lado há a "teoria económica pura" e "todas as proposições da teoria económica pura são uma constatação sobre as consequências de certas atitudes humanas em relação às coisas; como tal é necessariamente verdadeira independentemente do lugar e do tempo (Hayek 1953, 27). Por outro são os desvios, palavra que não é utilizada pelo autor, em relação a essas afirmações categóricas:

"A segunda é uma afirmação que as condições postuladas pela primeira proposição prevalece num momento dado e para um bocado de terreno particular [está a referir-se à renda da terra!], porque as pessoas que se ocupam dele têm certas crenças sobre a sua utilidade e a utilidade de outros elementos necessários à sua cultura" (27/8) .

O que é dado pela teoria económica pura é uma referência, uma tendência.

"para Hayek o equilíbrio não é um dado resultante da concorrência perfeita entre pessoas possuidoras de um conhecimento perfeito; é antes uma descoberta provável e inseparável do conhecimento relativo que uma pessoa vai adquirindo no decurso da sua tentativa de levar a cabo o seu plano original. (...) Hayek parte não do equilíbrio perfeito mas de uma tendência para o equilíbrio que é incentivada sob certas condições." (Moreira 1992, 173)

– Esta tendência não será a tentativa de conciliar o que para Menger era inconciliável: a Economia Política rigorosa e as leituras historicistas que consideravam cada realidade como diferente das outras?
– Antes de responder deixa-me fazer uma longa transcrição de um estudioso, e admirador, de Hayek, a qual engloba um longo texto de Hayek. É no início do capítulo "Ainda o lugar do *a priori* e do empírico na metodologia de Hayek":

"O desenvolvimento por parte de muitos membros da escola austríaca de programas de investigação desta coordenação de conhecimento disperso e subjectivo deve ser visto como de certa forma impulsionado pela perspectiva aberta por Hayek, o qual diferentemente de Mises, soube separar a parte empírica da *a priori*: «Primeiro, as suposições de que parte a Pura Lógica da Escolha são factos que nós conhecemos por serem comuns a todo o pensamento humano. Elas podem ser consideradas como axiomas que definem ou delimitam o campo dentro do qual nós somos capazes de compreender ou mentalmente reconstruir os processos de pensamento de outras pessoas. Elas são por isso universalmente aplicáveis ao campo em que nós estamos interessados – embora, certamente, onde *in concreto* ficam os limites deste campo seja uma questão empírica. Elas referem-se a um tipo de acção humana (a que nós chamamos 'racional', ou mesmo meramente 'consciente', como distinta da acção 'instintiva') mais do que às condições particulares sob as quais esta acção é empreendida. Mas as suposições ou hipóteses, que temos de introduzir quando necessitamos de explicar os processos sociais, dizem respeito à relação do pensamento de um indivíduo com o mundo exterior, a questão de qual a extensão e como o seu conhecimento corresponde aos factos externos. E as hipóteses devem necessariamente correr em termos de asserções acerca de conexões causais, acerca de como a experiência cria o conhecimento. (...) Segundo, enquanto no campo da Pura Lógica da Escolha a nossa análise pode ser tornada exaustiva, isto é, enquanto nós podemos aqui desenvolver um aparato formal que cobre todas as situações concebíveis, as hipóteses suplementares devem necessariamente ser selectivas, ou seja, nós devemos seleccionar da variedade infinita de situações possíveis tais tipos ideais que por alguma razão nós consideramos como especialmente relevantes para condições no mundo real. Certamente, podemos também desenvolver uma ciência separada, cujo assunto estava *per definitionem* confinado ao 'mercado' ou algum objecto semelhantemente definido, tal como a Lógica da Escolha se aplica só às pessoas que têm que afectar meios escassos a uma variedade de fins. Para o campo assim definido as nossas proposições tornar-se-iam de novo verdades *a priori*, mas para um tal procedimento faltar-nos-ia a justificação que consiste na suposição de que a situação no mundo real é semelhante ao que nós supomos que é» [Hayek]." (Moreira 1992, 170)

– Penso que o que nos interessa sobretudo é esta dicotomia entre *a priori* e os comportamentos sociais, cujo elo de ligação é a existência de uma tendência para a diversidade de situações confluírem no estabelecido teoricamente. A prolixidade de Hayek tende a encobrir as razões da dicotomia mas há algumas possibilidades explicativas:

(1) Percebendo que "as ciências sociais (...) não tratam das relações entre as coisas, mas das relações entre os homens e as coisas ou das relações de homem a homem" o único denominador comum entre os homens intervenientes é a racionalidade, à qual se acrescentam os instintos, os sentimentos e os símbolos que essas relações apresentam.

(2) O cientista só é capaz de ler a dinâmica social na sua complexidade e diversidade se antecipadamente, no que à economia se refere, tiver um quadro de referência.

(3) É possível construir uma Física dos gostos, dada a objectividade das relações e dinâmicas relacionadas com aqueles, surgindo como um contraponto da diversidade de acções humanas.

RACIONALIDADE

Em qualquer dos casos estamos perante um confronto em duas leituras da mesma realidade, em que uma tem a "superioridade" de ser conduzida pela "racionalidade económica". Esta, elaborada *à priori*, é inteligível e modulável, enquanto a "racionalidade" social efectiva o não é.

– Concordo com o que começaste por dizer, é um autor complicado, mas creio que agarramos o que nos interessa. São posições interessantes para entendermos efectivamente o que, pela voz dos economistas, se pode considerar como "racionalidade económica". Continuemos[134].

– Entre os autores modernos temos de ter cuidado com as escolhas tantos são os que seguem as pegadas da "racionalidade económica". Saltemos para as "expectativas racionais"?

– É uma das minhas sugestões. Depois disso sugeria que terminássemos com o mais racionalista de todos, Becker.

Lucas

– Fui eu que fiquei encarregue de tratar deste autor. Se bem me recordo não nos interessava tanto a sua obra económica, vasta e variada, mas a sua

---

[134] Hayek foi estudado por si e pela Escola Austríaca. Apesar da anterior análise quantitativa não ter referenciado a utilização de "racionalidade" por Mises, a importância deste autor na referida escola, fez com que ele fosse lembrado no debate, tendo sido citado por meio do texto seguinte, que foi considerado representativo:

"A acção humana é um comportamento consciente; vontade mobilizada transformada em actuação, que visa alcançar metas e objectivos precisos; é a reacção consciente do ego aos estímulos e circunstâncias do meio envolvente; é a acomodação reflexiva a aquela disposição do universo que influencia a vida do sujeito. (...) A nossa ciência preocupa-se com a acção humana, e não com os fenómenos psicológicos capazes de causar certas acções. É precisamente isso que distingue e separa a teoria geral da acção humana, ou praxiologia, da psicologia. (...) O homem, ao actuar, opta, identifica e procura alcançar um fim. Se não pode disfrutar ao mesmo tempo de duas coisas no mesmo momento, escolhe uma e rejeita a outra. A acção envolve, portanto, sempre e ao mesmo tempo, preferir e renunciar." (Mises 1986, 35/6)

"A acção humana é sempre racional. Falar em «acção racional» é um pleonasmo, pelo que essa expressão deve ser rejeitada. Aplicado aos fins últimos da acção, os termos racional e irracional são inadequados e sem sentido. O fim último da acção é sempre a satisfação de algum desejo do homem que age. Uma vez que ninguém pode substituir os juízos de valor sobre o assunto em acção dos próprios, é vão julgar os anseios e as vontades alheias." (46)

abordagem das expectativas racionais[135]. Se assim é, o meu trabalho foi quase integralmente improfícuo. Se é verdade que não li toda a sua obra, muito longe disso, esperava encontrar no discurso Nobel (Lucas 1995) uma resposta para as nossas preocupações, mas relativamente em vão. Ele próprio reconhece que em trabalhos anteriores aprofundou o conceito de expectativa racional (Lucas 1972) – inventada por Muth – mas a explicação da sua concepção é muito parca, epistemologicamente pobre. Quase que poderíamos dizer que a única justificação para a adopção das "expectati-

---

[135] Alguns apontamentos sobre as expectativas em geral:

- A mesma realidade (as decisões de hoje serem influenciadas pela evolução futura esperada) é designada ora por expectativas (derivada da terminologia anglo-saxónica), ora por antecipações (derivada da terminologia latina).
- A importância desta designação na realidade-em-si, no comportamento dos indivíduos, instituições, comunidades e sociedade depende de múltiplos factores: época histórica e cultura social; concepção do tempo e importância dos projectos na dinâmica das sociedades. Daqui se deduz, eventualmente não considerado pela Economia, que as expectativas variam no tempo e no espaço, num e noutro matizadas pelos restantes factores influenciadores. Assim, por exemplo, o comportamento efectivo das pessoas, incluindo nas actividades que são estudáveis pela Economia, é muito diferente conforme predomine no seu quotidiano o tempo circular ou o tempo linear. Este assunto foi abordado ligeiramente em Pimenta (2013a, n. 32, pág. 174; 285 e seg.). Também diferirá bastante em função do tempo futuro pelo qual estou disponível para alterar os meus comportamentos hoje. Veja-se a este propósito o indicador de Hofsted que pretende medir essa variável.
- Assim, é lícito afirmarmos que na realidade-em-si podemos ter uma infinita gama de tipos de expectativas, podendo ir desde situações em que são praticamente irrelevantes, até outras em que quase tudo o que acontece hoje está dependente da imagem que temos do futuro. É de admitir, na sociedade europeia, uma predominância crescente do tempo linear e uma redução do tempo futuro pelo qual somos capazes hoje de nos condicionarmos.
- A Economia ignora esta diversidade. Faz uma leitura dicotómica: há ou não há expectativas. Hoje é possível encontrar nos autores fundadores da Economia análises que parecem considerar as expectativas, mas é a partir de Keynes que esta problemática passou a assumir maior importância. É necessário a focagem sobre a conjuntura e o curto prazo para que as expectativas sejam relevantes. Enquanto se considerava a moeda neutra tanto se podia fazer a análise em termos nominais como em termos "reais". A constatação keynesiana da "ilusão monetária" alterou esse panorama e catapultou para um lugar de destaque as expectativas. E porque havia "ilusão" ganharam cidadania diversas formulações das expectativas adaptativas (influência do passado, tentativa e erro).
- "A hipótese das antecipações racionais apoia-se na ideia de que as antecipações concebidas «racionalmente» pelos indivíduos são previsões óptimas (no sentido estatístico) baseadas na informação disponível." (Brémond e Gélédan 1988, 235)

vas racionais" está nos melhores resultados obtidos nos modelos, os quais comportam a optimização. Gillet e Szafarz (2004) colocam-se na mesma postura. A sua justificação resulta dos "princípios fundadores da teoria económica, a racionalidade dos agentes e o equilíbrio dos mercados" (7).

– Muth (1961) vai no mesmo sentido. Do seu artigo retiraria três ideias:

(1) as expectativas realizadas efectivamente pelos agentes económicos são muito variadas, diferentes de mercado para mercado, mas não faz sentido utilizar essa diversidade; "há poucas evidências que permitam sugerir que as relações presumidas tenham semelhança com a forma como a economia trabalha" (Muth 1961, 315)

(2) "É bastante surpreendente que as expectativas não tenham sido previamente consideradas nos modelos dinâmicos racionais, uma vez que a racionalidade é assumida em todos os outros aspectos do comportamento empreendedor." (330);

(3) o critério para avaliar a validade destas expectativas está na capacidade de explicar os fenómenos observados, em comparação com as teorias alternativas. E a explicação dos fenómenos observados remete para a capacidade de previsão.

– De acordo com Guesnerie (2011, 7) há também um efeito simbólico. Para o realçar inicia a sua entrevista com a transcrição de uma frase de Barro, um dos divulgadores das teorias das expectativas: "Um dos aspectos mais perspicazes da revolução das expectativas racionais foi empregar o termo "racional". Quem se opõe a elas coloca-se de imediato na posição defensiva de serem irracionais ou de considerarem os outros como tais. Nenhuma destas duas posições é confortável para um economista".

– Um ou outro autor, incluindo o que agora citaste (Guesnerie), considera que não há uma relação inevitável entre a racionalidade dos modelos adoptados e a utilização das expectativas racionais, mas essa posição é pontual.

– Assim sendo, não se justifica concentrarmos mais a nossa atenção neste autor. Até porque estas posições não nos são desconhecidas. Já as encontramos na primeira parte do nosso debate a propósito da avaliação da verdade de um modelo pela capacidade de previsão que contém, seguindo de perto Milton Friedman.

Gary Becker

– A primeira vez que li Becker senti-me extremamente feliz. Em primeiro lugar porque a sua concepção de "altruísmo" permitiu-me abordar economicamente um assunto que não sabia como tratar, o amor. Em seguida porque foi um prazer encontrar curvas de indiferença, estudadas até à exaustão na minha licenciatura, com formas "estranhas" e rompendo o solipsismo em que Pareto as tinha mergulhado desde a sua invenção. O que concluo daqui, de imediato, é que os seus textos, claros e rigorosos, são uma tentação para os economistas, nomeadamente para os que querem explorar novas temática. Compreendo-os bem!

– Independentemente da apreciação que façamos sobre ele temos que reconhecer duas coisas: é um autor muito lúcido, tem tido muita influência na Economia contemporânea. E não é fácil fazer uma leitura linear da sua obra, no que se refere à racionalidade, pois há percursos em diversos sentidos. Creio podermos afirmar que é com base no segundo paradigma da Economia que ele assenta a sua análise, derivando depois para o terceiro de uma forma bastante original. Quando pretende responder à pergunta "O que é a economia?" não hesita; de um forma bastante simples e pedagógica afirmar que "uma definição mais séria seria que a economia é o estudo da afectação de recursos escassos para satisfazer necessidades alternativas", para mais à frente chamar a atenção para o facto de isso tanto se aplicar à escolha de um automóvel como de uma esposa ou uma religião: "em todos esses casos trata-se da utilização de recursos escassos para satisfazer fins alternativos" (Becker 1971, 11). Mais, ele reconhece que muitos economistas considerarão que é um objecto científico muito amplo, habituados como estão a tratar "as operações de mercado das economias industrializadas" mas "insisto, os princípios económicos desenvolvidos para este sector são relevantes para todos os problemas de escolha" (11). Aliás é sobre esta aplicação múltipla que versa o seu trabalho.

– E temos de reconhecer a sua coerência no que se refere a tais abordagens. Foi uma sua preocupação ao longo de toda a vida, mesmo nos seus trabalhos iniciais. E creio que essa é uma das suas características: a aplicação da definição formal de Economia[O2] a todas as situações da vida. Na primeira parte dos nossos debates abordámos essa transição de paradigmas quer no interior da Economia, quer no que alguns autores designam por "imperialismo económico"[136]. Num trabalho, que é a reelaboração da sua intervenção quando recebeu o Prémio Nobel (Becker 1993), ele termina insistindo nessa ideia:

[136] Estamos a tratar da Economia e não das Ciências Sociais, razão que nos parece suficiente para não aprofundar esta problemática. No entanto, dada a relevância do assunto, algumas palavras adicionais. Recorde-se que em torno deste conceito foram produzidos vários comentários ao longo dos debates. Há duas leituras possíveis sobre a articulação entre as diversas ciências sociais:

a) Apesar da sociedade, com todos os seus elementos constitutivos, ser uma realidade complexa una, a construção científica foi efectivamente feita por via da especialização, a qual se revelou bastante frutífera:

"as ciências sociais têm sido diversas e são caracterizadas por uma multiplicidade de métodos, abordagens, disciplinas, paradigmas, tradições nacionais e políticas e filosofias sociais subjacentes. Para muitos, esta diversidade é um activo." (UNESCO 2012, 24)

A disciplinaridade continua a fazer todo o sentido, a ser necessária, mas ela deve ser combinada com a interdisciplinaridade, com o derrubar parcial de fronteiras, como forma de melhor responder a novas problemáticas.

b) Embora reconhecendo essa evolução histórica, outros autores consideram que "é um passivo, porque impede as ciências sociais de tratarem questões efectivamente candentes" (idem).

Neste segundo caso pode-se adoptar três posturas diferentes:

1) Apesar de haver várias ciências sociais tal é um equívoco. De facto "só há uma ciência social mas ainda não está unificada (idem, 199). É a posição de Jon Elster que, talvez não seja por acaso, é filósofo e economista.

2) Há que encontrar uma forma de reconstruir uma única ciência social, havendo diversas sugestões para tal: uns apostam na "transdisciplinaridade", como processo diferente da interdisciplinaridade, como o ir para além das disciplinas; outros recuperam tentativas filosóficas na continuidade do Círculo de Viena.

3) Unificar as Ciências sociais através da aplicação a todas elas do mesmo objecto de estudo ou da mesma metodologia. A Teoria da Escolha Racional da Economia tem procurado impor os seus procedimentos a todas as Ciências Sociais. Provavelmente o resultado é a Economia ser a ciência de todos os acontecimentos sociais.

É a esta última postura que é habitual designar-se por imperialismo económico. Veja-se, por exemplo, dois trabalhos recentes sobre o assunto: Chaserant, Girard, e Pietri (2016), Fernández Pinto (2016).

A validade de uma tal postura depende de três factores:

- Da validade científica da teoria na ciência de origem.
- Da teoria assumir como elemento unificador um conceito que considere o essencial do comportamento humano estudado nas diversas Ciências Sociais.
- De não se concentrar apenas no indivíduo, nas instituições ou na sociedade (mas sim na sua existência e articulação dialéctica).

Nos nossos debates apenas analisamos o primeiro aspecto.

"O modelo de escolha racional constitui a mais promissora base presentemente disponível para uma abordagem unificada de análises do mundo social feito por especialistas de diferentes ciências sociais." (403)

– Pois é, a Economia[O2] é a gestão da escassez porque esta exige a tomada de decisões. Ora no nosso quotidiano o tempo é escasso. Exige que decidamos que num dado período de tempo façamos isto ou aquilo. Optamos. Logo, todos os aspectos da nossa existência podem ser estudados pela Economia.

– Regista que ele fala no "modelo da escolha racional", porque voltaremos, obviamente, a tal assunto em breve. Antes disso algumas referências sobre a sua metodologia. A sua análise subestima o conceito de utilidade preferindo o de bem-estar, apesar de não ser difícil estabelecer uma relação entre ambos os conceitos. Os indivíduos analisam benefícios e custos. Como diz Baslé e *al* (1988, 330) "o indivíduo não é um simples consumidor final mas um verdadeiro produtor que, nomeadamente pela educação e formação, pratica um investimento em capital humano". Esta óptica aplica-se no próprio consumo: "A procura pelo consumidor dos bens comerciáveis é uma *procura derivada* análoga à procura de *consumos intermédios* de uma empresa para um qualquer factor de produção" (Becker in Baslé e *al* 1988, 334). A teoria do consumidor de Lencaster, centrada nas características e não nos bens, dão um contributo a esta forma de Becker analisar o problema.

– Volto já ao "modelo da escolha racional". Numa primeira leitura de textos de Becker fico com sérias dúvidas sobre o que a "escolha racional" significa. Ele reconhece duas coisas que são verdadeiras: (1) não há um padrão invariável de comportamento dos indivíduos na construção do seu bem estar; (2) esses comportamentos não são apenas do foro individual, mas também o resultado dos contextos em que se inserem, da dinâmica social. Ele é inequívoco nestas afirmações: "os indivíduos maximizam o bem estar *como eles o concebem*" (Becker 1993, 386); as curvas de indiferença, como já referiste, não se referem exclusivamente às opções do indivíduo, mas têm em conta as preferências do seu agregado familiar", as decisões individuais estão influenciadas pelo contexto: "as escolhas racionais individuais combinam-se com as assunções sobre as tecnologias e outras determinantes de oportunidades, equilíbrio no mercado e situações fora do mercado, e as leis, normas e tradições, obtendo-se resultados sobre o comportamento dos grupos" (Becker 1993, 402). Enfim, para ele os agentes económicos têm uma racionalidade (isto é, capacidade de decisão) que pode não ser racional. Não há a pressuposição de uma racionalidade económica "pura", inteiramente lógica. "As acções são condicionadas pelo rendimento, pelo tempo, pelas imperfeições da memória e pelas capacidades de cálculo, e por outros recursos limitados e também pelas oportunidades disponíveis na economia e fora dela" (Becker 1993, 386).

– O que dizes é em parte verdade, mas não inteiramente. Em primeiro lugar, apesar do reconhecimento de uma grande diversidade de comportamentos, assume-se que os indivíduos maximizam o bem estar. Maximizam, o que significa encontrar o óptimo. Assume-se que o comportamento é consistente ao longo do tempo. Adoptem que padrão adoptar têm de ser consistentes e de utilização sistemática. Em segundo lugar, os modelos elaborados não partem dos comportamentos efectivos, mas de aplicação da racionalidade regida pelos estritos padrões de maximização dos proveitos em relação aos custos. Em síntese, há um comportamento dos indivíduos e grupos, por um lado, e há modelos elaborados de maximização das escolhas, por outro. Como ele reconhece no trabalho que temos vindo a citar abundantemente (403) é útil a relação entre a teoria e os testes empíricos, porque impede as análises teoréticas e as investigações empíricas estéreis. Contudo tal não invalida o essencial do seu método: há uma maximização que é dada pelos modelos e uma maximização que é suposto ser feita pelos indivíduos. A primeira é a referência, a segunda a "realidade". Estamos no cerne do paradigma O3.

– Essa comparação, para além da valoração que acarreta, é uma forma de tornar este paradigma imune à crítica interna. Tudo se explica atribuindo determinadas características ao comportamento dos indivíduos, dos grupos, que justificam o hiato com o estipulado no modelo. São propensos a X ou a Y, e isso justifica o desfasamento em relação à teoria. A teoria nunca é posta em causa e pode sempre evoluir englobando outro tipo de decisões.

– Em síntese a racionalidade económica está presente no modelo. Sabe-se que o comportamento dos homens é diferente, mas é aquela que indica o óptimo. A racionalidade económica é normativa. Essa normatividade pode estabelecer um elo de ligação com os comportamentos efectivos porque se sabe que, sejam eles quais forem, procuram sempre a maximização e a coerência das opções.

– Creio que podemos ficar por aqui na análise do autor[137] e na análise mais cuidada de alguns autores. Estamos no cerne da lógica moderna do terceiro paradigma da Economia.

Uma síntese

– Recordo-vos que começámos este percurso pelos autores admitindo previamente que, cito, a "racionalidade económica" é o sentido que a Economia dá ao comportamento social humano quando encarado pelo modelo epistemológico do paradigma O3 da Economia. Talvez possamos agora ser mais amplos nessa designação. Afinal encontrámos a "racionalidade económica" um pouco em todos os paradigmas, embora ela só assumisse foro de cidadania no referido paradigma.

– Embora seja possível uma outra leitura: os utilitaristas pretendem ser realistas, continuadores de Adam Smith e de Ricardo mas já estão num processo de transição que conduziria a uma alteração de paradigma que teleologicamente desembocaria no hiato entre a racionalidade pressuposta e a racionalidade efectiva. Por outras palavras, entre a racionalidade da realidade-para-si e a não racionalidade da realidade-em-si.

– Estou a gostar de vos ouvir, mas sugeria que fizéssemos uma análise menos abstracta a partir dos autores citados. Avanço desde já nesse caminho, começando por referir a diversidade de racionalidades económicas e de lógicas de utilização. Este facto era subestimado por mim. Entre Menger e Becker, entre Marshall e Lucas, entre Pareto e os restantes há significativas diferenças no entendimento do comportamento dos homens e da descrição, ou interpretação, que deve ser seguida pela Economia. Para estudarmos economicamente qualquer tema, para analisarmos epistemologicamente o "estudar economicamente", temos de recorrer a análises abstractas que não nos podem fazer esquecer essa diversidade. Cada autor é diferente dos outros, pelo menos se é digno de ser referenciado pela sua lucidez. E,

---

[137] Becker é um autor conceituado. Podemos discutir epistemologicamente se O3 é um paradigma científico, mas admitamos, para já, que é. Estas referências mostram que Becker deveria respeitar um princípio básico: não falar do que não sabe, evitar ao máximo as afirmações ideológicas. O artigo baseado na sua leitura Nobel deveria ser exclusivamente de afirmação da sua posição. Considerando estes aspectos é um total contra-senso (revelando ignorância e prioridade ideológica) dizer que na análise marxista se assume que os indivíduos só são motivados pelo egoísmo ou pelos ganhos materiais. (Becker 1993, 385)

RACIONALIDADE

no entanto, lendo as vossas caras, afirmo desde já que sei perfeitamente que é essa abstracção que nos liberta de cada autor *per si*, é fundamental.

– Primeira síntese: diversidade de formas de utilização da racionalidade económica.

– Creio que a segunda ideia de força a salientar é que os economistas citados reconhecem frequentemente que os homens não se comportam efectivamente como é postulado pela Economia. O reconhecimento deste hiato, entre a realidade que se pretende ler e a leitura que é feita, implica da parte dos diversos autores várias justificações: uns admitem que os comportamentos individuais são muito diversificados mas que o comum a essa diversidade pode ser lida através da racionalidade; outros percebem que esta não é o menor denominador comum pelo que tem de haver uma comparação entre o que acontece e o que é postulado pela racionalidade económica; dentro destes, uns consideram que essa diferença deve ser estudada. Neste último grupo há os que não sabem como, os que admitem que a Economia está, de alguma forma, a fazê-lo, e os que explicitamente remetem essa análise do comportamento não lógico para outras ciências, para fora da Economia.

– Segunda síntese: há um reconhecimento muito generalizado de que o comportamento humano considerado pela Economia é diferente do comportamento humano efectivo. Aliás, já tínhamos encontrado essa posição durante a primeira parte do nosso debate, na observação crítica do trabalho de Milton Friedman. Creio que esta constatação aconselha algumas considerações adicionais, mas remeto para o fim da síntese que estamos a tentar fazer.

– Como é possível um autor reconhecer que a realidade económica é uma e a estudada é outra? Creio que, como já aludimos, há diversas justificações. De entre estas destacaria duas tendências diferentes. Há um grupo que além dessa diversidade individual, justificada ou não também pelos contextos, admite que a "não-racionalidade" de uns em confronto com a "não-racionalidade" de outros permite admitir que o resultado é "racional". O resultado efectivo é esse. Admitem que poderá não acontecer sempre dessa forma, nem todos os resultados são racionais, mas tendencialmente é isso que acontece. A racionalidade económica é a média dos comportamentos humanos ou o limite para que aquela média tende. A outra tendência...

269

– Desculpa interromper-te, mas há subjacente ao que dizes uma terceira conclusão que me parece oportuno retirar. Será a terceira síntese: a racionalidade económica está estreitamente associada à de optimização.

– Tens razão. Obrigado pela interrupção. A outra tendência reconhece que pode nunca haver convergência entre o postulado e a realidade mas considera que o postulado é fundamental para percebermos a validade do que efectivamente acontece. O dever ser é a possibilidade de leitura do ser. Esta posição é típica da Economia[O3] e é a tendência dominante contemporaneamente. Eventualmente poderemos ainda admitir que há autores que combinam, com maior ou menor clarividência, aspectos destas duas tendências.

– Tenho dificuldade, nesta minha intenção de fazer uma síntese em poucas palavras, em reproduzir o que dizes, apesar de ter entendido e concordado plenamente. Talvez possamos articular a quarta síntese da seguinte forma: a relação entre o ser (realidade-em-si) e o dever ser (feito pela Economia) tanto pode ser feita por elos de ligação real efectiva como assumir-se como uma dicotomia absoluta.

– Acrescente-se que tanto numa situação como na outra as justificações, expressamente apresentadas ou não, extravasam a Economia e englobam argumentos epistemológicos. É o que acontece quando reconhecem a dificuldade do "princípio da continuidade", quando glorificam a abstracção para a construção de uma ciência geral, quando reconhecem que a diversidade de situações concretas exige a adopção de uma norma de conduta.[138]

---

[138] Neste ponto houve um transvio no debate que se orientou para três tópicos:

a) O reconhecimento da importância de termos considerado estas conversas por uma crítica de Economia, a qual remeteu indissoluvelmente para a Filosofia da Ciência e para a Epistemologia. Percebemos que reflectir sobre os conceitos económicos tem de ser feito na Economia e na apreciação da Economia.

b) A explicitação das limitações da Economia Comportamental, porque conduz a um debate no interior da Economia. Se podemos considerar que as origens deste paradigma da Economia estão na Psicologia Económica, há, em termos epistemológicos uma grande diferença entre ambas. Passou-se de um debate interdisciplinar para um debate interparadigmático, de um debate mais geral para um mais particular, de um debate englobando a Filosofia para uma leitura delimitada pela própria Economia. A

RACIONALIDADE

– Daqui poderemos tirar uma outra conclusão, a quinta, que é mais sobre a forma de conduzir a análise: a Economia, a interdisciplinaridade e a Epistemologia devem estar presentes na análise crítica da "racionalidade económica".

– Finalmente, podemos ainda concluir, sexta síntese, que o conceito de utilidade está subjacente ao de racionalidade económica. É certo que Becker prefere trabalhar com o custo *versus* beneficio em vez da utilidade *versus* desutilidade, mas aqueles conceitos podem ser reduzidos à utilidade: o custo é a utilidade de que se abdica, benefício a utilidade que se obtém.

– Para terminarmos a nossa síntese insistiria em algo que já referimos: seja qual for a justificação há uma tendência para transferir a análise da Economia para a normatividade dos comportamentos humanos. A continuidade do conhecimento corrente (o que diferencia os homens dos outros animais é a razão) está sempre subjacente mas não aparece explicitamente.

– Quando referi a segunda síntese manifestei a intenção de retomar o tema, mas dispenso-me de o fazer. Ao referirmos a necessidade da interdisciplinaridade e da Epistemologia abordámos o essencial do que eu pretendia que analisássemos.

---

este propósito recordou-se a grande dificuldade da interparadigmaticidade (Pimenta 2013a, 211 e seg.).

c) Admitiu-se que essa passagem da Psicologia Económica para a Economia Comportamental é uma "domesticação" daquela. Por um lado aproveita a generalização de Becker, por outro reduz o âmbito do debate. Esta problemática da domesticação remeteu para uma vasta diversidade de análises que resolvemos não referir aqui, por extravasar claramente o objectivo do debate sobre esta matéria.

CRÍTICA DA RACIONALIDADE ECONÓMICA

RESUMO:

Analisar "racionalidade económica" é investigar como os homens se comportam nos assuntos "económicos", como a Economia[O3] a interpreta e como a realidade e a sua interpretação se articulam.Formulação das questões a investigar: universal? só operacionalidade face a fins? o "agente económico" é Homem? indivíduo sem sociedade? racionalidade impõe optimização? Pluralidade de comportamentos no tempo, no espaço e nas situações. Leitura antropológica sobre a diversidade dos comportamentos: o "económico" e a vida. Algumas lições da Antropologia Económica. O Homem e a utilidade. Releitura de Bentham, suporte de paradigmas da Economia e novos rumos de interpretação. Sobre a utilidade no mundo dos negócios. Tipos e racionalidade. Racionalidade instrumental: significado e validade. Racionalidade instrumental nos vários paradigmas da Economia. A racionalidade humana: plena ou limitada? Análise científica dos limites da racionalidade. Possibilidades de comportamento e intuição. Selecção natural. Indivíduo, instituições, sociedade. Usos e costumes. Conhecimento corrente enraizados e ocultos. Economia[O3] e individualismo: associação sistemática? Relação entre o todo e as partes: homem / sociedade; conjuntura / estrutura; suas relações dialécticas. Diversidade e divergência: o Estado. Dimensão social da divisão do trabalho, elementos fundador da economia. A complexidade, o aleatório no determinismo e como a Economia poderia interpretar.

Dúvidas

Primeira dúvida: singular ou plural?

– Já anteriormente lançámos várias perguntas a que devemos responder, embora admita que a sua ordem tenha de ser alterada. Comecemos a desbravar os assuntos, criando eventualmente novas problemáticas. É inequívoco que há uma relação lógica entre o que se entende por "razão" e a utilização que se faz de "racionalidade" e "racionalidade económica". Contudo essa ligação pode ser fraca ou forte. É muito diferente reconhecer que há uma multiplicidade de comportamentos racionais possíveis em cada situação e que podemos considerar todos como racionais ou considerar que a actividade económica exige um determinado tipo de racionalidade. Vou pormenorizar um pouco mais, assumindo duas obras e autores muito diferentes. Para explicitar a primeira posição tomemos as palavras de Hountondji (2007) na introdução das actas de uma conferência em que debatia a singularidade ou pluralidade das racionalidades:

> "Temos então de admitir que apesar das suas diferenças individuais e colectivas, os seres humanos pressupõem, pelo menos nas suas relações uns com os outros, um mínimo de regras e princípios, sem os quais não se poderia construir nenhum discurso, nenhuma palavra significativa." (Hountondji 2007, 2)

RACIONALIDADE

Nesta interpretação a racionalidade manifesta-se nas relações entre os homens, na adopção de algumas regras e princípios que permitem a comunicação e a vivência em sociedade. Essa racionalidade pode assumir diversas formas no tempo e no espaço, mas assume-se como um "valor transcultural". Esta noção fraca de racionalidade não se opõe à existência de diversas racionalidades no tempo e no espaço que se projectarão, quase certamente, na racionalidade económica.

– Para explicitar a segunda posição dinâmica tomamos Lange:

> "Por conseguinte, na economia mercantil e monetária, tanto o fim como o meio da actividade de ganho são cortados da tradição. A actividade de ganho torna-se uma actividade baseada no raciocínio, ou seja, uma *actividade racional*. (...) A passagem da actividade económica tradicional e costumeira para a actividade de ganho tradicional, ou seja, a racionalização da actividade económica, efectua-se progressivamente, de modo simultâneo e proporcional ao desenvolvimento das relações mercantis e monetárias. (...) O desenvolvimento das relações mercantis e monetárias, e sobretudo o modo de produção capitalista, isolando e generalizando a actividade de ganho, dando-lhe o carácter de uma actividade racional baseada no raciocínio, introduziram também a mensurabilidade e a comensurabilidade do fim e dos meios desta actividade. (...) A quantificação do fim da actividade de ganho provoca o desejo de atingir o máximo (...) O desejo de atingir o lucro máximo em dinheiro desenvolve-se paralelamente ao desenvolvimento das relações mercantis e monetárias." (1963, 148/53)

A dinâmica das forças produtivas e das relações de produção constroem obrigatoriamente uma racionalidade própria aplicável ao mundo dos negócios. Assim como o capitalismo é a forma mais desenvolvida das sociedades mercantis e monetárias também a racionalidade económica plena seria a forma última da racionalidade. Nesta leitura não há espaço para várias racionalidades ou, pelo menos, para várias racionalidades válidas, consentâneas com o modo de produção existente.

– "Diversas racionalidades no tempo e no espaço, que se projectarão, quase certamente, na racionalidade económica" é uma afirmação ambígua porque não há uma relação inevitável (por isso talvez tenhas necessidade do "quase certamente") entre racionalidade e racionalidade económica. Talvez fosse preferível falar em "racionalidade utilizada nas actividades consideradas económicas", podendo nunca se transformar em "racionalidade económica". Aliás já vimos ao analisar os diversos autores da Economia[O3] que uma coisa é a "racionalidade utilizada nas actividades consideradas económicas", o que existe, e que até pode ser reconhecido pela Economia, e outra a "racionalidade económica", se se entender esta como a lógica utilizada na Economia[O3].

– A questão que colocam pode ser enunciada de diversas formas: é a razão que molda a racionalidade económica ou é esta que molda aquela? Por outras palavras, há uma ou várias racionalidades económicas?

– Creio que há uma outra dúvida que pode ser aqui colocada. A racionalidade económica é apresentada, como facto ou como modelo teórico?. O hedonismo é a racionalidade da sociedade mercantil e monetária, eventualmente da sua forma mais desenvolvida?

Segunda dúvida: sem valores

– Quando apresentamos o segundo paradigma da Economia, habitualmente considerado como uma definição formal, referimos o seu significado e até admitimos que quando ele apareceu foi interpretado como sendo uma forma diferente de se referir ao objecto da Economia que então vigorava. Obviamente que então também salientamos a importância dessa forma de apresentar a nossa ciência na evolução para o paradigma seguinte, que podemos designar como sendo o da racionalidade.

– Essa é matéria assente. Porque voltaste atrás?

– Porque então não explicámos um facto importante que agora nos é vital para tratarmos a racionalidade. A definição formal de Economia, consagrada por Robbins, retém apenas uma parte da racionalidade. Por outras palavras, a racionalidade tem muitas formas de se manifestar, formas a que correspondem conteúdos diversos, e a Economia tomou como sua apenas uma pequena parcela das possibilidades. A partir de então apenas se considerou o que alguns autores[139] designam por "racionalidade instrumental".

---

[139] Vários autores analisam esta problemática. Muitos deles se dizem leitores atentos de Max Weber, indo buscar a este os fundamentos das suas análises. Consideramos esta raiz conceptual particularmente útil para os nossos propósitos porque na sua Sociologia o indivíduo tem um lugar central, o que é concordante com as teorias da Economia[O3]. Assim, temos a certeza de que não estamos a englobar na crítica outros aspectos complementares. No entanto aler-

É uma razão que se limita a determinar os melhores procedimentos para optimizar a utilização dos meios para atingir determinados fins. É a aplicação da razão humana à transformação da natureza. Uma racionalidade que não raciocina sobre os fins e que é avaliada pela eficácia. Talvez daí a importância estratégica do conceito de eficiência em Economia: "qualidade de algo ou alguém que produz com um mínimo de erros ou de meios", segundo o dicionário. Eficiência é sinónimo de competência e a negação desta é frequentemente considerada como ausência de uma razão adequada. É uma racionalidade que pressupõe o cálculo de probabilidades e a sua aplicação. É, como também tem sido designada, uma racionalidade teleológica.

– Entendo o que dizes, mas tal só é relevante se explicitarmos que tal representa um coarctar da racionalidade humana, sendo a parte restante susceptível de aplicação na Economia. Exige uma análise mais detalhada.

– Sem dúvida. O que estamos a fazer agora, se não me perdi na organização dos nossos debates, é enunciar, de uma forma genérica, críticas, que têm incidido nos aspectos negativos, porque esses são as limitações a superar, a serem de seguida analisadas mais pormenorizadamente.

– Estás certo. Por isso, antes do mais, avancemos com outras críticas, outras temáticas de análise. Depois analisá-las-emos sequencialmente. Fica, pois, a reflexão.

Terceira dúvida: são homens

– Como vimos, as actuais teorias dominantes consideram o "agente económico" racional. Esta racionalidade é adoptada unanimemente, independentemente da interpretação que se faça dela. É certo que a informação incompleta por parte desse "agente" pode condicionar o seu comportamento racional, mas não põe em causa o afirmado: cada "agente económico" comporta-se racionalmente com a informação que possui, e, "positiva" ou "normativamente", admite-se que ele a tem completa. É o "agente económico" que se comporta da maneira referida, mas tal só é viável se os indivíduos, base da sua análise, se comportarem dessa forma. Por isso, é uma obrigação constatarmos se os conhecimentos que outras ciências nos fornecem validam, ou não, a forma como o homem é encarado.

tamos que não estudamos Weber nesta vertente, estando convictos que Boudon, o autor que seguiremos mais de perto, faz uma leitura adequada. Além disso, nos nossos debates fizemos uma "abordagem criativa" dos conceitos apresentados.

– Daí a importância que a Psicologia tem nesse prestar de informação. O que é de espantar é que o aparecimento das teorias utilitaristas não tivesse arrastado uma ligação mais estreita. Talvez porque desde os primórdios daqueles paradigmas "o microeconomista normativo não necessita «obviamente» de uma teoria do comportamento humano: ele quer saber como é que as pessoas *se devem* comportar e não como *se comportam*." (Simon in Pereira (Org.) 1980, 12).

– Centremo-nos na observação crítica, deixando para depois as análises mais circunstanciadas.

– Com Mandeville (2011 [1732]) o egoísmo, vício privado, converte-se em virtude pública e o comportamento imaginário das abelhas parece ser o suporte para a construção da Ciência Económica. Com as teorias da utilidade marginal a decisão assumida resulta da comparação entre a utilidade esperada de uma escolha e os custos de oportunidade de cada uma das restantes alternativas, presentes ou futuras. Há uma aplicação sistemática da "lei" da transitividade das preferências: se prefiro X a Y e se prefiro Y a Z então prefiro X a Z. Além disso procura-se validar os princípios da racionalidade económica pela constatação de que tal corresponde à "lei da selecção natural". Tudo isto com base no indivíduo. Uma crítica muito frequente a estes, e outros, princípios orientadores do paradigma O3, é de que o homem não toma decisões dessa forma, que algumas das afirmações revelam a ignorância da complexidade. Simon, considera essa racionalidade apenas possível para os deuses. Por isso lhe chama a racionalidade olímpica, contrapondo-a à racionalidade limitada do homem.

– É uma crítica feroz e devastadora de que Simon é o principal pilar, hoje continuada pelos resultados da Economia Comportamental, quiçá com uma leitura menos abrangente, mas mais aplicado aos economistas.

– Já temos três críticas a desenvolver. Continuemos a apresentar os eixos das críticas possíveis.

Quarta dúvida: individualismo

– As teorias da racionalidade que temos estado a analisar assentam no que muitos autores designam por individualismo metodológico. A abordagem da economia assenta exclusivamente no indivíduo. Nunca considera as instituições, a sociedade, o património cultural. Faz-me sempre lembrar as duas afirmações que iniciam o livro de Bourdieu (2006).

A primeira de Bertrand Russell: "Enquanto a economia trata de como as pessoas realizam escolhas, a sociologia trata de como eles não têm escolhas a fazer". A segunda de Henri Bergson: "São necessários séculos de cultura para produzir um utilitário como Stuart Mill". A frase de Russell é, eventualmente, mais uma crítica ao radicalismo das posições nas ciências sociais e à falta de interdisciplinaridade e de entendimento entre as diversas ciências sociais, mas chama a atenção para esse traço vincado da Economia nos paradigmas O2 e O3. A posição de Bergson recorda inequivocamente que o homem é parte do todo e que este não pode ser esquecido.

– Estamos perante o velho debate se é o indivíduo que determina a sociedade ou se é a sociedade que determina o indivíduo. Posições extremas que acabaram por ser intermediadas, primeiro, pela relação dialéctica entre ambos e, segundo, pela introdução das instituições na análise da realidade social. Sem dúvida que estamos num debate central mas tenho receio que nos afastemos do essencial, a racionalidade.

– Não podemos explorar totalmente a plenitude desta problemática, mas não podemos fugir a tratarmos do assunto do ponto de vista estritamente da lógica. Recordo-vos a tabela de verdade da implicação, numa lógica bivalente: se eu partir de uma falsidade e utilizar com rigor as regras da implicação, logo implicação verdadeira, posso chegar a uma afirmação verdadeira. Por outras palavras, uma proposição falsa pode dar lugar a uma proposição verdadeira utilizando os métodos adequados de raciocínio. Assim, se o individualismo metodológico está na base das teorias da racionalidade económica há que reflectir criticamente sobre essa posição.

– Embora tenhamos que ter muito cuidado em promover o corte epistemológico na leitura que fazemos de quadros da vida quotidiana, creio que bastará observarmos as nossas tomadas de decisão para concluirmos que o individualismo, frequentemente solipsista, não corresponde às dinâmicas psico-sociais de cada um de nós.

– Podemos concluir, independentemente dos resultados a que cheguemos, que esta é uma temática a trabalhar, depois de termos explorado os pontos anteriormente formulados. Agendemos, pois.

Quinta dúvida: optimização

– Se as dúvidas formuladas anteriormente derem lugar a apreciações negativas sobre as teorias da escolha racional, nas suas diversas variantes, o que tenho a acrescentar à nossa futura análise é uma mera consequência. Se assim for, será escusado autonomizarmos uma sessão de trabalho para o analisar. Feita esta introdução aqui deixo mais uma dúvida. Ou porque se admite que os "agentes económicos" são racionais ou porque essa é uma referência (para a qual se tende ou se deveria ter em conta) estamos sempre perante uma optimização do resultado. É sobre ela que devemos lançar a nossa interrogação. Em primeiro lugar, o que significa optimização? É a acção de obter o resultado óptimo, "tirar o melhor partido possível" segundo os dicionários da nossa língua? Ora a primeira questão que se coloca é se os "agentes económicos" querem e actuam em função de um óptimo. Em segundo lugar, admitindo que tendem para esse óptimo, saber se tal significa a maximização da utilidade, ou uma sua variante, como se supõe sistematicamente.

– Creio, de acordo com o que disseste, que tal é uma síntese de todas as dúvidas anteriores. Pode-se admitir a maximização, mas esta é de algo que é previamente definido, com as capacidades biológicas, psicológicas e sociais disponíveis, com as opções de valores de cada um.

– Mantenhamos esta dúvida de reserva para quando fizermos a síntese dos comentários críticos à racionalidade económica.

Singularidade ou pluralidade da razão

Colocação do problema

– O título que lançaste levanta um primeiro problema. Podemos estar a analisar a unidade ou a pluralidade da razão ou da racionalidade económica. Creio que depois do caminho percorrido, devemos concentrar a atenção sobre esta última, embora conheçamos as relações dialécticas entre o todo (razão) e a parte (racionalidade, racionalidade económica). Creio que estamos de acordo sobre esta abordagem.

– Sem dúvida. Por outro lado, certamente que consideramos por adquirido que cada homem tem a sua maneira própria de pensar e agir. Essa constatação até é reconhecida inequivocamente por quantos consideram que a racionalidade económica optimizadora deve ser a referência na Economia. Por isso, na análise desta problemática, a nossa atenção deve centrar-se nas comunidades ou no conjunto da sociedade, embora também saibamos que esta nunca é homogénea. Devemos tomar como referência, na medida do possível, a racionalidade nos actos, na actividade económica, quiçá racionalidade económica[140], dominante numa dada sociedade.

Experiências

– Estamos a analisar a realidade social. Nesse plano de análise parece-me inequívoco a pluralidade de racionalidades. É um dado da experiência. Por isso começo por referir aqui algumas situações vividas. Um grupo de economistas moçambicanos, ao fazerem um trabalho para o Banco Mundial, deslocou-se a uma pequena aldeia do norte de Moçambique. Entabularam contacto com um "armador" e desfiaram o inquérito com que pretendiam analisar o "empreendedorismo" naquela região. Quando lhe perguntaram sobre a história do seu empreendimento ele explicou que tinha começado com um barco de pesca, que o negócio correu bem e que ao fim de algum tempo adquiriu um segundo e depois um terceiro, continuando a pesca a ser frutuosa e o peixe a escoar pelos consumidores. Contudo os inquiridores constataram que depois dessa última ampliação da frota nada mais investiu e já tinham decorrido alguns anos. Perguntaram-lhe porque não continuou a investir e a aumentar a frota.

– Provavelmente porque pescava para uma comunidade local, não tinha possibilidade de conservação do peixe e de venda para outros mercados e essa comunidade local já estava suficientemente abastecida.

– Se a resposta fosse essa teríamos que considerar que o seu comportamento era racional. Se houvesse hipótese de expansão do mercado e

---

[140] Temos que confessar e alertar o leitor que houve, por vezes, alguma ambiguidade de discurso ao falarmos em "racionalidade económica", como se percebe de algumas intervenções. Por vezes, com este conceito pretendemos designar a "racionalidade económica", outras vezes a "racionalidade na Economia". Na passagem a escrito poder-se-ia diferenciar com "racionalidade económica" *versus* "Racionalidade Económica", mas tal exigia que sempre fosse clara a distinção no debate, o que não aconteceu. Mas também essa distinção poderia não resolver a dificuldade porque alguns de nós duvidavam que se pudesse falar em "racionalidade económica" para a realidade-em-si, na sociedade. Para assumirem esta posição fundamentavam-se no que foi debatido, embora sumariamente, sobre "razão" e "racionalidade". Consola-nos que entre esta realidade-em-si e a realidade-assumida-pela-Economia há, inevitavelmente canais de comunicação, mesmo que esparsos e difusos. Desta ambiguidade, que nem sempre conseguimos superar, quiçá por motivos objectivos, as nossas desculpas ao leitor.

não o quisesse aproveitar o seu comportamento não corresponderia à racionalidade económica habitualmente considerada.

– Nenhum desses argumentos foi utilizado na sua resposta pelo cidadão. Limitou-se a abrir muito os olhos, espantar-se com a pergunta cuja resposta era óbvia para ele: "se continuasse a adquirir mais barcos as pessoas da região poderiam considerar que eu queria ser rico e deixariam de falar-me". Esse mesmo grupo de economistas dirigiu-se, mais tarde, durante esse mesmo estudo, a uma fábrica de tijolos para fazer o inventário das potencialidades e dificuldades das actividades em laboração. Quando perguntou ao empresário qual a maior dificuldade da empresa a resposta foi pronta: as pragas de ratos. Julgavam que tinham percebido mal, mas era mesmo isso e a razão era simples: quando essas pragas surgiam os trabalhadores não apareciam na fábrica porque ganhavam mais caçando esses ratos[141] para comer.

– Tu estás a referir exemplos africanos porque são os que conheces melhor, mas podemos encontrar muitas outras referências da diversidade de formas de decidir e actuar. Mesmo no nosso país é fácil encontrar formas diferentes de encarar a actividade económica, nomeadamente quando contactamos com os camponeses. Basta a propriedade da terra não ser apenas a posse dum capital mas uma parte das raízes da própria família, a continuidade afectiva dos seus antepassados.

– E que dizer da influência da religião muçulmana no funcionamento das empresas, no funcionamento do sistema bancário? E que dizer do papel da família e dos amigos no mundo dos negócios chinês?

– Dos exemplos apresentados, mesmo que escassos, apesar de contemporâneos, parece-me poder retirar-se uma conclusão. Nas comunidades, o comportamento económico é uma parte do comportamento social e este tem de ter em conta a multiplicidade de referencias existentes e a respectiva hierarquia de valores. A religião, as regras de relacionamento entre os elementos da comunidade, a família (parentesco), e as estratégias de sobrevivência constituem um todo. O que a Economia faz é isolar as "estratégias de sobrevivência" do todo e, ignorando ou desprezando os outros factores influenciadores, considerar que "a sobrevivência" tem de ser optimizada.

---

[141] Esclareça-se que estes raros são diferentes dos que conhecemos na Europa.

Antropologia

– Temos que olhar para o comportamento dos homens na comunidade em que se insere. Se queremos manter-nos no plano estritamente científico temos que recorrer a outras ciências sociais que podem fazer a análise da "racionalidade" efectivamente praticada de uma forma mais rigorosa. Por isso sugiro que façamos agora, procurando centrar-nos no nosso tema, uma incursão pela Antropologia[142].

– Perante os exemplos apresentados, retirados da tua experiência, provavelmente muitos economistas tenderiam a considerar que estávamos perante um comportamento irracional, economicamente não lógico, perante um caso particular, uma excepção, continuando a debitar inteira confiança na sua ciência. Considerariam que eram casos irrelevantes. Ou então proporiam acções de política económica, inspirada nos modelos ocidentais dos países desenvolvidos, visando corrigir essas anormalidades, mesmo que tal rompesse o tecido social do quotidiano daquelas comunidades.

– Foi exactamente na lógica dessa superioridade intelectual europeia, com a desculpa de civilizar e cristianizar os povos atrasados, que nasceu o Tratado de Berlim e a colonização do século XIX. Foi ainda muito com essa lógica, a de superioridade da sociedade industrial e de ajuda aos pobres, que se instaurou a "indústria da cooperação internacional", a partir do fim da segunda grande guerra.

– Os acontecimentos que nos poderiam parecer estranhos, aparecerão para o antropólogo como o resultado de um comportamento típico das pequenas comunidades. Como recorda Lévi-Strauss (2011), a coesão social e o bom entendimento dentro do grupo é mais importante para as comunidades ditas primitivas do que a inovação. A Antropologia estuda pequenas

---

[142] Esta abordagem da Antropologia acarretou debates que aqui não reproduzimos, nomeadamente sobre a especificidade da Antropologia, sobre a sua história e a pluralidade de paradigmas que a integram, sobre a posição da Antropologia Económica face à Antropologia e à Economia. Analisou-se ainda se a Antropologia era uma ciência das culturas passadas, ou se, antes pelo contrário, continua a ser uma ciência de análise da sociedade contemporânea. Também despontaram considerações sobre a interdisciplinaridade, sobre a forma de utilizar uma ciência alheia à Economia no estudo de uma matéria desta. Porque os participantes tinham poucos conhecimentos de Antropologia Cultural foi ainda feito um interregno para se fazerem leituras adicionais.

comunidades e procura compreender e interpretar as suas maneiras de viver. Não parte de padrões preestabelecidos. Analisa os seus procedimentos, o seu viver e a sua organização social com a certeza que cada elemento, cada acção e vivência, é parte de um todo e tem para os seus actores uma lógica interna. Cada comunidade é uma totalidade e cada parte reflecte essa totalidade. Cada comportamento "anormal", aos olhos do observador estranho à comunidade, é "normal" para quem o pratica, integra-se numa razão que dá sentido à sua existência. Mas o que é interessante é que do estudo das especificidades de cada cultura se retiram ensinamentos gerais (em termos científicos designá-los-íamos por leis) aplicáveis a todas as comunidades, em todos os tempos e espaços.

– Mas o estudo dessas comunidades dificilmente traz ensinamentos para a nossa sociedade actual.

– Essa é uma conclusão precipitada. Um perigo grave é nós não sabermos ler a nossa própria realidade. Quando consideramos algo como "normal" deixa de merecer a nossa atenção, deixa de ser objecto de estudo porque nos surge como evidente. O conhecimento do diferente, a compreensão da racionalidade do diferente, faz-nos olhar de forma inovadora para nós próprios. Se queremos conhecer as propriedades de um facto social temos que conhecer o que é diferente, parafraseando Rousseau (2001). O conhecimento dos outros povos com outras culturas é fundamental para nos conhecermos a nós próprios, particularmente se estivermos perante uma leitura científica.

– Estou de acordo, digo-o por experiência própria. Das primeiras vezes que fui à Ásia fiquei muito chocado com alguns comportamentos que observei. A minha tendência era designá-los de "burros", "mal comportados", ou algo semelhante. O pouco tempo que andei por essas terras e a minha formação não deram para fazer uma interpretação adequada desses "comportamentos estranhos". Limitei-me a associá-los a certos códigos, a certos símbolos, a uma forma tradicional de se relacionarem. Mas o que mais me espantou é que a partir daí comecei a olhar para a minha vivência em Portugal de forma diferente, e pela primeira vez percebi que essas "burrices" também existiam entre nós, sob outras formas e noutras circunstâncias. Existiam e eu nunca me tinha apercebido delas.

– Sem dúvida que uma importante forma de nos conhecermos é estudarmos como os outros nos vêem.

RACIONALIDADE

– Compreendo. O trabalho do antropólogo é exactamente, podemos designar assim, estudar a racionalidade dos comportamentos nas suas diferentes manifestações culturais. Nessa medida está directamente relacionado com o tema que estamos a tratar. É uma abordagem muito mais completa, integrada e articulada das diversas vertentes da comunidade, que a análise do economista. Contudo, ainda assim, fica uma dúvida. Se quisermos estudar as comunidades pré-capitalistas, chamemos-lhes assim para evitar o incorrecto termo de primitivas, percebo a importância do antropólogo. Por isso mesmo o aparecimento da Antropologia Económica. Mas será que o seu contributo é relevante para compreendermos a racionalidade nas sociedades capitalistas?

– É uma questão pertinente que surge porque a Antropologia começou por ter como seu primeiro objecto de estudo as tais comunidades designadas de primitivas. Mesmo que só estudasse essas comunidades já tinha relevância para estudarmos a sociedade sobre a qual trabalhamos, a sociedade capitalista. Tinha porque, como dissemos, conhecer o diferente de nós permite conhecermo-nos melhor. Tinha porque a partir dessas particularidades a Antropologia elabora leis gerais, transversais a todas as sociedades, incluindo a nossa. Contudo é preciso dizer que a Antropologia estuda qualquer comunidade, incluindo comunidades na sociedade capitalista. Esta designação, este palavrão, "capitalismo" encobre uma imensa diversidade de comportamentos sociais, logo económicos. Económicos, logo sociais. E essa diversidade dentro da sociedade capitalista também nos permite compreender melhor essa realidade global.

– É conhecido que as populações rurais têm comportamentos diferentes das urbanas, que os pequenos empresários desinseridos de uma competitividade internacional são diferentes dos empresários de grande dimensão, que o comércio tradicional e as grandes superfícies têm entre si diferenças sociais, logo também económicas, muito grandes. E pode-se apresentar muitas mais clivagens. Aliás cometeram-se erros políticos gravíssimos por se desconhecer, e não se dar atenção a estas diferenças. Foi o caso das contribuições financeiras da CEE, hoje União Europeia, que visavam objectivos irrelevantes no nosso país porque foram projectadas à luz de realidades sociais bastante diferentes. Não sei se a medida era economicamente correcta, mas não é isso que agora nos interessa. Eventualmente numa actividade agrária capitalista, assente em rendeiros produzindo para um vasto mercado, alguns dos subsídios pudessem estimular o investimento, mas não era essa a lógica do pequeno agricultor com posse da sua própria terra ou do latifundiário alentejano. Resultado, os subsídios para reduzir produções e realizarem apostas alternativas foram-se em consumo, a produção foi destruída e a nossa dependência do exterior aumentou. A relação natureza-sociedade, a importância da família, a influência dos valores religiosos e culturais, as prioridades de acção económica são totalmente diferentes entre uns e outros.

– Creio que já entendi as razões da introdução deste assunto. Concretamente, que ensinamentos a Antropologia nos traz?

– O primeiro ensinamento: uma comunidade é um todo em que as partes analisadas estão estreitamente interligadas. Uma alteração, por pequena que seja, numa das partes tende a afectar o conjunto e a articulação dos seus elementos constitutivos considerados. A organização familiar e social, a actividade económica, a religiosidade e o simbolismo são aspectos a estarem sempre presentes na análise.

– Creio que não fará sentido estarmos a debater a validade destes ensinamentos, quer porque eles são o resultado de um longo trabalho de recolha e tratamento de informação, quer porque nós não temos uma formação em Antropologia que nos permita fazer uma adequada avaliação crítica, quer ainda porque as nossas preocupações são com a Economia e com a leitura que esta faz, ou não faz, ou ainda não faz e não quer fazer, da realidade. Por isso sugiro que nos centremos nos ensinamentos que podemos retirar destas "leis universais" da Antropologia.

– Uma conclusão que tiraria é da estreita relação entre sociedade, instituições e indivíduos. É possível admitir que a importância relativa de cada um destes termos da relação seja diferente conforme a sociedade, mas eles estão presentes em todas as situações. Falo em relação porque uns não existem sem os outros, porque o todo está contido nas partes e o todo é mais do que a soma das partes (para além das partes contem, pelo menos, as inter-relações destas). Donde concluo que o individualismo metodológico pode ser um modelo adoptável, mas que há um hiato entre o que ele expressa e a realidade a que se aplica. Também concluo que as instituições, os usos e costumes, têm uma importância grande na vida das sociedades.

– A inevitabilidade da consideração de factores "exteriores" à actividade económica e da sua importância no moldar, chamemos-lhe assim, dos

RACIONALIDADE

comportamentos económicos, revela que uma leitura realista da dinâmica económica exige considerar vários tipos de racionalidade.

– Mas não será que a importância de factores como a família ou a religião são aspectos pré-capitalistas que foram erradicados do campo de influência quotidiana?

– Certamente que a importância relativa dependerá das sociedades, mas creio que esta pergunta resulta de não nos sabermos olhar devidamente, de nos centrarmos em certos aspectos, fugindo à consideração dos contextos. Embora desviando-me um pouco do que estamos a discutir deixem-me contar uma experiência com um colega. Ele dava aulas nas faculdades de Economia e de Letras, englobando esta outras ciências sociais. Ao introduzir os temas da Economia, quando abordava a oferta e a procura, começava por perguntar aos estudantes, depois de definir esses conceitos, o que eles consideravam que poderia influenciá-los. E concluía que a discussão era muito mais rica e reveladora da realidade com os alunos de Letras do que com os de Economia. A quantidade de factores influenciadores explicitados pelos primeiros era muitíssimo maior e mais atenta à realidade, quase sempre com efectivo significado. Em Economia os alunos referiam os factores que estavam nos modelos ou suas deduções.

– Responder completamente à tua pergunta exigiria uma análise que nem podemos nem sabemos fazer. Deixa-me contudo, chamar a atenção para alguns indícios. Comecemos pela religião. As meras estatísticas mostram que a religião está presente numa enorme percentagem de cidadãos, o que certamente não deixará de moldar usos e costumes e formas de estar na vida. A relevância das instituições religiosas nas sociedades contemporâneas parece confirmar estes indícios. Aliás sabemos como o mundo dos negócios, o que é permitido e proibido, as práticas industriais e comerciais são diferentes em diversas culturas: compare-se as práticas europeias com as muçulmanas hoje. Recorde-se as estreitas ligações entre certas organizações católicas, caso *Opus Dei*, e o mundo da alta finança.

– Uma vez ao debater com uma colega africana a influência das etnias, das comunidades étnicas, nas práticas individuais fiz um comentário um pouco jocoso sobre o arcaísmo dessa influência. O meu interlocutor limitou-se a dizer "antes de olhares para as etnias olha para a influência das famílias na tua sociedade". Foi a primeira vez que me apercebi como as relações de poder social, económico e político estão apropriadas por famílias. É através do nome de pessoas, famílias, que nós designamos vários grupos económicos na sociedade portuguesa, na economia mundial[143].

– Antes de terminarmos as considerações sobre a Antropologia, como parece que acontecerá em breve, gostaria de vos ler uma passagem de uma conferência proferida por Lévi-Strauss (2011) no Japão:

"Certamente não é necessário ser antropólogo para constatar que o carpinteiro japonês utiliza a serra e a plaina de forma diferente dos seus colegas ocidentais: ele serra e plaina para si, sem empurrar o instrumento para o exterior. Esse facto já espantou Basil Hall Chamberlain no fim do século XIX. Este professor da universidade de Tóquio, observador sagaz da vida e da cultura japonesas, era um eminente filólogo. No seu célebre livro *Things Japanese* ele regista o facto, juntamente com muitos outros, sob a rubrica «*Topsy-turvidom*» que se traduz aproximadamente por «onde tudo está de cabeça para baixo», como uma bizarria a que ele não atribui um significado particular. Em síntese, ele não vai além da constatação de Heródoto, após vinte e quatro séculos, tomando como referência os seus compatriotas gregos, que os Egípcios fazem tudo ao contrário.

Por seu lado, especialistas da língua japonesa notaram como curiosidade que um Japonês que se ausenta por alguns momentos (pôr uma carta no correio, comprar um jornal ou um pacote de cigarros) dirá habitualmente qualquer coisa como «Itte mairimásu» ao que lhe respondem «Itte irasshai». A relevância não é, pois, posta, como nas línguas ocidentais em circunstâncias semelhantes, sobre a decisão de sair, mas sobre a intenção de regressar em breve.

Também um especialista de literatura japonesa antiga sublinhará que a viagem é sentida como uma experiência dolorosa de desenraizamento e fica obcecado pelo regresso ao país. Também, a um nível mais prosaico, a cozinheira japonesa não diz, como na Europa. «colocar na fritura», mas «levantar» ou «elevar» (*ageru*) fora da fritura...

O antropólogo recusa-se a considerar estes pequenos factos como variáveis independentes, particularidades isoladas. Pelo contrário, ficaria espantado pelo que têm de comum. Em domínios diferentes e em modalidades diferentes trata-se sempre de trazer de volta para si, ou de regressar ele próprio para o

---

[143] Embora à margem das nossas preocupações esse tema foi debatido, sobretudo com base em duas obras que, em contextos sociais diferentes, mostram a perpetuação desse poder das famílias; Cunhal (1964) e (Costa *et al.* 2010).

interior. Em vez de colocar à partida o «eu» [moi] como uma entidade autónoma e já constituída, tudo se passa como se o Japonês construísse o seu eu a partir de fora. O «eu» japonês aparece, assim como um resultado para o qual se tende sem certeza de o atingir, em vez de ser um dado primitivo. Nada de espantoso se, como me informaram, a famosa proposição de Descartes: «Eu penso, logo existo» é intraduzível rigorosamente para japonês! Em domínios tão diferentes como a língua falada, as técnicas artesanais, as preparações culinárias, a história das ideias (poderia acrescentar a arquitectura doméstica ao pensar nas numerosas acepções que dão à palavra *uchi* [tanto significa casa como edifício, interior, família, grupo íntimo, empresa para os homens de negócios]) regista-se uma diferença ou, mais exactamente, manifesta-se profundamente um sistema de diferenças invariantes, entre o que chamaríamos, para simplificar, a alma ocidental e a alma japonesa, que pode ser apresentada, sinteticamente, pela oposição entre um movimento centrípeto e um movimento centrífugo. Este esquema servirá ao antropólogo como hipótese de trabalho para tentar compreender melhor a relação entre as duas civilizações." (36/9)

A grande máxima da filosofia europeia "penso, logo existo" (Descartes 1961), nem sequer é traduzível para japonês.

– E a concepção do "eu", figura central da Economia[O3], aparece assim, como bastante diferente conforme a civilização e a cultura.

– Também a possibilidade de, em algumas civilizações ou culturas, a hierarquia dos sentidos ser diferente da ocidental gera diferenças profundas de encarar o "eu" em relação ao outro[144]. Enfim, diferenças profundas de racionalidade que para um economista é um pormenor "irrelevante".

– Para terminar este ensinamento com referências a temáticas económicas podemos dizer que qualquer livro de Antropologia chama a atenção para a hierarquização de valores numa comunidade, para as diferentes formas de

---

[144] Esta problemática surge frequentemente nas teorias da "negritude" (Sédar Senghor, Aimé Césaire, etc.). A questão que se coloca é qual a hierarquia dos diversos sentidos no ser dos indivíduos, porque ela transmite diferentes leituras do mundo. Por exemplo, na Europa o principal sentido do adulto é a vista (o que transmite uma separação entre o eu e o mundo: eu estou aqui e o resto está ali) enquanto que na África Ocidental é o tacto (fazendo com que o eu seja uma continuidade do mundo: eu estou aqui porque sou do mundo).

encarar a produção e a troca e para a coexistência de diferentes "racionalidades económicas". Assim, por exemplo, se uma sociedade "desconhece a propriedade privada dos meios de produção que compreendem o solo e o subsolo [e] tudo o que o território da comunidade encerra pertence ao bem comum" (Altuna 1993, 143) a racionalidade económica tem de ser totalmente diferente da que é postulada pela Economia.

> "A concepção da terra como propriedade negociável, transaccionável, tal como um cavalo ou um boi, é moderna e, mesmo nos dias de hoje, especificamente ocidental. Plenamente admitida nos EUA, levanta apenas algumas reservas na Inglaterra e em França, mas à medida que se caminha para a Europa oriental perde consistência e desaparece completamente na Ásia."
> (Godelier 1974, 47)

– O segundo ensinamento: Há um primado do social sobre o individual, não por razões económicas ou altruístas, como designariam os economistas, mas porque o estar na comunidade, ou dar-se bem com os restantes membros da comunidade é uma prioridade do comportamento humano.

– Pelo que concluirias que o comportamento do armador moçambicano de que falámos não é algo acidental, fruto de um mero comportamento individual, atípico, mas que se insere numa "lei antropológica", numa constatação verificada numa grande diversidade de comunidades. Em parte este ensinamento vem reforçar as deduções referentes ao primeiro ensinamento.

– Mostra as limitações que a Economia inevitavelmente tem na apreciação dos comportamentos humanos. Quando se procura aumentar os seus rendimentos e, se possível, aumentar a sua riqueza, não é apenas o anseio do máximo rendimento que nos guia. É também, por essa via, angariar a respeitabilidade, a admiração na sua comunidade, a possibilidade de influenciar o andamento da sociedade em que se integra. Quando eu estou aqui a utilizar o meu tempo não é apenas para aumentar o meu "capital humano", as minhas competências, mas também pelo prazer do debate intelectual, pela vaga esperança de influenciar científica, cultural e politicamente a sociedade em que lutei por maior dignidade, pela implantação da minha marca no pensamento económico, pela possibilidade de dar aulas melhores apesar de isso não ter qualquer impacto remuneratório, antes

RACIONALIDADE

pelo contrário, é ser respeitado e reconhecido pelo pensamento crítico, é a esperança, neste caso vã, de poder influenciar quem tem o poder político, etc. E, obviamente, também é pelo prazer de estar com os meus amigos, beber uma cerveja em boa companhia.

– O terceiro ensinamento: não há um modelo de actividade económica, mas vários. Cada modo de produção[145] tem o seu próprio modelo. Esta conclusão reforça o que já demos a entender em considerações anteriores: a grande diversidade de racionalidades sociais, a grande diversidade de comportamentos sociais aplicados ao económico.

– O que mais uma vez remete para sabermos se a Economia é uma ciência do capitalismo ou de todo e qualquer modo de produção.

– O quarto ensinamento: as noções de espaço e tempo variam conforme as sociedades. No que se refere ao segundo, tão relevante para a actividade económica, a importância relativa do tempo circular *versus* tempo linear (de projecto) e o tempo que corresponde ao curto, médio e longo prazo são muito diferentes.

– Depois do que disseste parece-me óbvia a importância da concepção social do tempo para percebermos a lógica de comportamento das comunidades, para entendermos a sua racionalidade, os seus comportamentos económicos. Podemos mesmo dizer que a própria racionalidade visando exclusivamente a obtenção de um fim pode ser totalmente diferente conforme o horizonte temporal de referência, conforme o tempo informal que tem subjacente. Nos últimos anos na Europa temos assistido a uma redução drástica dos tempos de referência, tendo-se passado da grande importância do longo prazo para o curto e curtíssimo prazo.

---

[145] Sobre o conceito de modo de produção, e complementarmente de formação social, foram feitas diversas análises. De tudo o afirmado convém aqui referir duas observações. Primeiro, a importância do conceito de modo de produção. O segundo sobre a sequência dos modos de produção. Vários autores, incluindo Marx, procuraram estabelecer uma sequência histórica entre os diversos modos de produção, mas segundo muitos antropólogos tal possibilidade está excluída. A observação de diversas comunidades mostra, por um lado, a dificuldade em fazer uma tipificação rigorosa de cada modo de produção tal é a complexidade que aquelas assumem e, por outro, que a sequência de modos de produção, e a velocidade da sua sequência, é muito diferente de uns casos para os outros, mesmo excluindo a intrusão de factores externos (como uma invasão militar e a imposição de novas normas e formas de organização da sociedade).

– Recordo que já fizemos alguma alusão a esta problemática quando falámos das expectativas, mas aqui assume outros contornos. A este propósito também poderia ser interessante abordarmos a questão da reversibilidade ou irreversibilidade do tempo em Economia, mas creio que isso afastar-nos-ia da problemática da racionalidade, apesar de haver, pelo menos, um importante elo de ligação: o fluxo de informação subjacente à racionalidade exige considerar a irreversibilidade do tempo.

– O quinto ensinamento: em termos antropológicos não podemos falar de uma racionalidade (total) mas de muitas racionalidades, racionalidades sociais, com os seus correspondentes impactos sobre a prioridade das actividades económicas e a forma como estas se desenvolvem.

– O que pretendes significar com racionalidade total?

– Pretendo designar a racionalidade que é expressa por uma comunidade (sociedade, instituição, indivíduo) na sua organização da vida, incluindo nas actividades que podemos designar por económicas. Sobretudo pretendo salientar que nem estamos a falar de uma racionalidade segmentada (económica, política ou outra) nem de um tipo de racionalidade (axiomática, instrumental ou eventualmente outra).

– Creio que este ensinamento é uma consequência dos anteriores.

– Sem dúvida, mas é interessante que o explicitemos porque tem sido em nome da racionalidade, e não de uma das racionalidades, que se têm cometido grandes crimes, que se têm construído ideologias da racionalidade. Quando se fala em *"a* racionalidade" estamos a passar do discurso científico para o ideológico.

Antropologia Económica

– Esta nossa conversa serviu-me para aguçar o apetite pela Antropologia Económica.

– Já anteriormente retiramos os ensinamentos relevantes da Antropologia para os nossos propósitos, mas podemos dar um pequeno passeio sobre a Antropologia Económica. Como se pode deduzir do nome, ela é o ponto de encontro da Antropologia e da Economia. Como sabemos o que esta é, basta caracterizar um pouco mais o que é a Antropologia, apesar das considerações anteriores já o elucidar. De uma forma muito abrangente e imprecisa podemos dizer que, se a Antropologia é o que os antropólogos fazem, ela pretende "uma melhor compreensão do corpo ou do

RACIONALIDADE

comportamento humano" (Titiev 2012, 5). Dito desta forma poderíamos concluir que esta ciência tem a ver com as ciências da natureza e da sociedade. Historicamente é verdade, porque se pode falar em Antropologia Física e Antropologia Social ou Cultural, mas é esta última que nos interessa, e que espontaneamente se assume quando tão somente se designa a ciência sem qualquer qualificativo.

> "O seu objecto específico é a análise dos modos de produção e circulação dos bens económicos, das técnicas materiais e culturais, da organização política, social e jurídica, dos sistemas de conhecimento, das representações simbólicas e religiosas, da língua, dos comportamentos e das criações artísticas de uma sociedade (...) [e] não consiste só em descrever um inventário desses domínios, mas em analisar e explicar as inter-relações que os ligam, de modo a evidenciar a especificidade de uma sociedade. É, justamente, esta perspectiva de totalidade, numa abordagem integrativa e interdisciplinar, que a diferencia de outras perspectivas e abordagens sectoriais." (Gonçalves 1997, 19)

– Uma abordagem interdisciplinar? Mas a Antropologia não é ela própria uma disciplina?

– A posição do autor que citei e a tua questão são inteiramente pertinentes, mas, se me permites, não te vou responder e vou assumir que é uma disciplina. Uma disciplina que ao se constituir autonomamente, na sua dimensão social e cultural, teve que receber contributos de outras disciplinas. Estes, a sua integração num todo e a adopção de uma metodologia própria de captação da totalidade deu-lhe consistência disciplinar[146].

– É então fácil perceber qual é o objecto da Antropologia Económica. Aproveitando as palavras do autor que citaste, é a descrição e interpretação dos modos de produção e circulação dos bens económicos, enquanto partes de um todo indissociável.

– A tua síntese parece-me perfeita, embora certamente que um antropólogo a considerasse simplista, ou não fossemos nós de outras áreas do saber. No entanto a interligação entre Antropologia e Economia pode fazer-se numa integração perfeita, num primado da Antropologia ou da Economia. Além disso essa integração pode ser processada através de

---

[146] O debate foi para além disto, tendo-se entrado em temáticas debatidas em Pimenta (2013a).

diferentes paradigmas da Economia. Assim há uma Antropologia Económica "formalista" e outra "substantivista", mas é fundamental considerar como preocupação primeira da Economia o conhecimento da realidade social[147].
– A que chamas uma integração perfeita?
– Uma conjugação da Antropologia (olhar a realidade, preocupação com a totalidade, método de interpretação próprio) com a Economia (paradigma que pretende interpretar a realidade, conhecedora da actividade económica como simples parte de um todo indissociável). Certamente que existirão muitas obras que preencham estas condições, mas a minha referência é Polanyi (2000). É uma obra de 1944 mas que mantém toda a actualidade, como o demonstra a sua tese principal:

> "Nossa tese é que a ideia de um mercado auto-regulável implicava uma rematada utopia. Uma tal instituição não poderia existir em qualquer tempo sem aniquilar a substância humana e natural da sociedade; ela teria destruído fisicamente o homem e transformado seu ambiente num deserto. Inevitavelmente, a sociedade teria que tomar medidas para se proteger, mas, quaisquer que tenham sido essas medidas elas prejudicariam a auto-regulação do mercado, desorganizariam a vida industrial e, assim, ameaçariam a sociedade em mais de uma maneira. Foi esse dilema que forçou o desenvolvimento do sistema de mercado numa trilha definida e, finalmente, rompeu a organização social que nela se baseava." (Polanyi 2000, 18)

– É interessante constatar que as razões que nos levaram a recorrer à Antropologia Económica são muito semelhantes às invocadas num manual sobre esta disciplina. A importância de Becker na política mundial exige que se encontre a vida económica na vida humana:

> "nestes tempos é compreensível que os antropólogos económicos tenham esperança que a sua visão do mundo, o mundo implícito na sua visão da vida económica, possa estimular os que não pensam apenas na riqueza das nações, mas também na sua saúde." (Carrier (Org.) 2005, xv)

---

[147] Maurice Godelier reafirma ainda que a corrente marxista tem uma postura diferente da "substantiva", devendo-se a aquela corrente muitos estudos de Antropologia Económica:
"rejeitam, como os substantivistas, a definição formal da economia mas avaliam a definição «substantiva» de economia como insuficiente, apesar de não ser falsa. Eles propõem-se analisar e explicar as formas e estruturas dos processos da vida material das sociedades com a ajuda dos conceitos elaborados por Marx." (Godelier 1974, 289)

– Podemos pois concluir que a Antropologia Económica transborda de demonstrações inequívocas de que a actividade económica insere-se numa hierarquia de valores e práticas sociais, não se podendo autonomizá-la, por muita importância que ela possa assumir numa dada comunidade, como se gozasse de uma autonomia total, de uma vivência própria. A vida económica integra-se na vida humana. Se a vida económica for a vida humana, o homem passa a lixo. Como diz Weber, citado por Raulet (2004), "pode-se racionalizar a vida segundo pontos de vista muito diferentes, e em função de objectivos muito diferentes" (87). Podemos concluir que há diferentes "racionalidades económicas" expressas nos comportamentos humanos em diferentes épocas e espaços.

Simultaneidade temporal

– É inequívoco que há uma pluralidade de racionalidades, de formas de as comunidades, e os indivíduos, encararem e hierarquizarem as actividades de produção e troca. Contudo, parece-me, que a principal referência para essa diversidade está no tempo: uma sociedade primitiva encarava as actividades ditas económicas, de uma forma diferente do que acontece hoje. É certo que foram apresentados vários exemplos demonstrativos de que essas diferenças ainda hoje aparecem, mas também aí o tempo está presente, o tempo de desenvolvimento de sociedades em confronto: a coexistência da "modernidade" e da "tradição". Será mesmo assim?

– Esse eventual confronto é real, é contemporâneo, e a distinção entre "moderno" e "antigo" é uma via ideológica de auto-afirmação da própria "modernidade".

"A humanidade está globalmente confrontada, mais hoje do que no passado, com duas racionalidades: a racionalidade ocidental fundada sobre a razão do mais forte, (...) e a outra racionalidade feita de resignações ou de lutas pela sobrevivência. À partida a racionalidade ocidental não estava predestinada para este fim: ela era, e continua, a fina flor dos conhecimentos filosóficos, científicos, tecnológicos e culturais ao serviço do progresso económico e social de todo o género humano, mas o grande capital monopolizou-a e fê-la o instrumento da sua política designada de «mundialização». Neste início do terceiro milénio, há toda a pertinência para uma discussão de alto nível sobre a problemática da racionalidade." (Houedako in Hountondji 2007, 201)

RACIONALIDADE, ÉTICA E ECONOMIA

A pluralidade da racionalidade é também a expressão da correlação de forças, da luta entre sociedades dominadoras e sociedades dominadas[148].

– A existência de uma economia oficial e de uma economia informal, a interpenetração entre os negócios legais e ilegais, a acrescentar ao que foi dito anteriormente, mostram que, num determinado momento, coexistem diversas racionalidades. O conhecido debate sobre a importância do protestantismo na implementação e expansão do capitalismo (Weber [1930]) mostra mais uma vez a coexistência de múltiplas racionalidades económicas no tecido social.

– Estes comentários mostram igualmente que a racionalidade económica não é um conceito intemporal. Mas será um conceito temporal como constatamos em Lange? Será que o desenvolvimento das forças produtivas e das relações de produção capitalistas geram na sociedade uma racionalidade económica como é postulada pela Economia? Esse foi um dos problemas analisados por Godelier (sd [1969], 25/42) chegando a uma resposta negativa. Tal é confirmado pela multiplicidade de posturas do capitalismo ao longo dos seus anos de existência. Tal levaria a admitir que a degenerescência das relações éticas, constatada na globalização, seria uma forma de progresso da racionalidade (Pimenta 2004)[149].

[148] Na sequência destas referências foram abordados diversos assuntos correlacionados, mas que não tratavam directamente da racionalidade: o colonialismo e o neocolonialismo, a indústria internacional da cooperação ao desenvolvimento e o seu efectivo significado. Sobre estas matérias foram citados três trabalhos: (Rist 1996, Milando 2005, Pimenta 2008). Foi ainda feita a referência a vários trabalhos que ressaltam a coexistência de diferentes leituras da vida, incluindo nesta as actividades económicas. Cite-se, de entre os referidos (Wiredu 2006).

[149] A referência à Antropologia Económica conduziu-nos para outros resultados da interdisciplinaridade entre uma leitura social e a Economia. Caminhamos rapidamente para uma referência à Sociologia Económica. Desse debate deixam-se aqui algumas referências.

Em primeiro lugar recordou-se que há um elemento comum a todas as obras, para não designarmos por paradigmas, dessa disciplina: promover a "inversão social dos processos económicos" (Monteiro e Carneiro 2012, 385). Contudo dentro desta preocupação comum há uma grande diversidade de posições, que vêem desde a sua constituição: "Com Pareto pretende *complexizar a abordagem económica*, juntando-lhe dimensões características do social; com Durkheim, a sociologia económica é encarada como um meio de *substituir a economia política* considerada cientificamente inadequada; com Weber e Schumpeter, a sociologia económica tem como vocação *completar a economia política*, oferecendo-lhe o meio de também considerar a história" (Steiner 2011, 9/10). Esta multiplicidade de preocupações continua a existir, embora alguns autores considerem que ao longo do tempo se caminhou para uma posição mais crítica em relação à Economia: através do alargamento a temáticas mais sociológicas e explicitando contextos

Hedonismo

Considerações prévias

– Creio que este título possa ser um equívoco. Pediram-me para ler Bentham ([1823], 2011)[150] e admitimos, tomando como referência o que

sociais que condicionam a actividade económica a Sociologia Económica é cada vez menos um complemento da Economia ortodoxa (Zelizer 2007).

Em segundo lugar referiu-se, como se deduz do anteriormente dito, que tem havido uma evolução nas temáticas abordadas pela Sociologia Económica (instituições, cultura de empresa, capacidade empreendedora, mercados, etc.) e nas técnicas utilizadas (ex. Teoria dos Campos e Análise de Redes Sociais (Monteiro e Carneiro 2012)), mas que a problemática da "racionalidade económica" é um tema recorrente. E quando se trata de tal assunto a referência a obras de antropólogos é frequente. Salientou-se ainda a importância de Bourdieu nessa temática, quer pelos objectos de estudo quer pelas técnicas construídas.

Destas duas constatações, e do se ter afirmado que já era intenção de alguns participantes recorrerem, numa fase seguinte, a Bourdieu, concluiu-se que não parecia necessário entrar pela Sociologia Económica, como se tinha feito com a Antropologia.

Quase para terminar chamou-se a atenção de que há paradigmas da Economia que utilizam essa integração com a Sociologia:

> "Em resumo, sobre o significado deste novo paradigma, diria, em primeiro lugar, que a socioeconomia assume que a economia está imersa na realidade social e cultural e que não é um sistema fechado e limitado a si mesmo. Depois recordaria que os interesses que geram comportamentos competitivos não são necessariamente complementares e harmónicos, A socioeconomia assume também que os mecanismos de decisão que envolvem os indivíduos estão influenciados por valores, emoções, juízos e preconceitos, assim como por afinidades culturais e outros condicionalismos e não se limitam ao cálculo do seu próprio interesse. Nesta medida não se pressupõe a hipótese de que os sujeitos económicos actuam *sempre* racionalmente ou que estão essencialmente motivados pelo seu próprio interesse ou pelo prazer." (Adan 1997, 19)

Ninguém duvidou que a disciplinaridade e a interdisciplinaridade completam-se e esta é cada vez mais importante face à percepção da complexidade dos objectos e a adopção de objectos científicos mais amplos. Quase toda a interdisciplinaridade da Economia com outras ciências sociais, desde que construída de forma adequada e sem "imperialismo económico", é útil mas houve quem defendesse que a Antropologia é uma associação particularmente importante porque é uma via de fugir aos estereótipos:

> "a antropologia permite algo único. Pelo seu próprio método esforça-se para observar o que as pessoas fazem e o que as pessoas dizem sobre as suas próprias relações sociais e, por conseguinte, de si mesmos." (M. Godelier in Arizpe (Coord.) 1996, 74)

[150] A edição francesa baseia-se na edição inglesa, da Athlone Press de Londres, integrada na *Collected Works of Jeremy Bentham*. Considerámos fundamentalmente a cuidadosa edição francesa. A ela se referem as citações e as páginas respectivas.

ouvimos falar sobre ele, que íamos mergulhar numa postura hedonista. Mas a minha interpretação desse autor é bem diferente da habitualmente referida, e admito que não se possa fazer essa ligação. É certo que ele próprio tem a preocupação em mostrar que as pessoas podem ter comportamentos diferentes do que ele postula, referindo a esse propósito os ascetas, mas conclui que "no fundo, não é mais que uma má aplicação do princípio da utilidade" (37).

– Seja, falemos do Bentham, pois é ele que está no centro das nossas análises, neste momento.

– Avancemos pois, começando por esclarecer a sequência da minha exposição inicial. Porque vocês não leram o livro, considero meu dever começar por apresentar as ideias do autor sem qualquer comentário da minha parte, embora saiba que nunca conseguirei ter uma postura neutra. Embora não respeite integralmente a sua sequência de exposição afastar--me-ei o menos possível.

Dito isto duas observações prévias. Primeira, Bentham é frequentemente apresentado como o fundador da "teoria da utilidade", servindo de base aos paradigmas utilitaristas da Economia. Contudo nem Jevons, nem Menger nem Walras lhe fazem qualquer referência nos seus livro de Economia Política. Segunda, a obra que analisámos, a sua obra principal, visa servir de introdução a um código penal. Não exporemos as considerações contidas na segunda parte do livro, mais vocacionadas para tal desiderato e pouco úteis para os nossos propósitos.

–Já estamos prevenidos. Podes avançar.

Leitura de Bentham

– A obra começa com uma afirmação peremptória:

"A natureza colocou a humanidade sob o governo de dois mestres soberanos, a dor e o prazer. Eles bastam para nos indicar o que devemos fazer ou para determinar o que faremos. (...) O *princípio da utilidade* reconhece esta sujeição e assume-a como o fundamento do sistema cujo objectivo é erigir o edifício da felicidade por meio da razão e do direito." (25)

Dada a importância do conceito de utilidade, e até pelo facto de haver outras designações menos felizes para enunciar o seu princípio, logo na página seguinte define utilidade:

RACIONALIDADE

"Entende-se por utilidade a propriedade pela qual um objecto tende a produzir um benefício, vantagens, prazer, bem ou felicidade (na ocorrência, tudo isso significa o mesmo) ou (o que também significa o mesmo) a impedir o dano, a dor, o mal ou a infelicidade à pessoa em causa. Se se tratar da comunidade em geral então a utilidade será a felicidade da comunidade. Se se trata dum indivíduo particular, então a utilidade será a felicidade desse indivíduo." (26)

Acrescenta logo de seguida que o interesse da comunidade é "a soma dos interesses dos diversos membros que a compõem" (27). Admitindo que alguns homens por "estupidez" ou "perversidade" se podem desviar desse rumo conclui que "quando um homem tenta combater o princípio da utilidade acaba por fazê-lo, sem dar por isso, utilizando esse mesmo princípio" (28). Esta ideia é retomada a propósito de diversas situações, como aliás já referimos: quando "se cai amoroso da dor" no fundo "não estamos senão numa má aplicação do princípio da utilidade" (37) Provavelmente terão dificuldade em compreender plenamente esta última afirmação, mas creio que com a continuação da apresentação ela ficará clara. Após analisar vários comportamentos que podem ter outros princípios orientadores (ex. simpatia *versus* antipatia, Deus) conclui que "a única boa razão de existir é, no fim de contas, a consideração da utilidade. (...) O princípio da utilidade não requer, nem admite, outro regulador além dele próprio" (48/9). O princípio da utilidade deve ser seguido por todos os indivíduos, competindo aos legisladores contribuírem para tal. (51).

– Pelo que disseste até agora não entendo em que é que Bentham se diferencia de uma postura hedonista.

– É uma questão semântica. Estás a dar um determinado significado a "prazer", "dor" e "utilidade" quando ele pode ter outro. Creio que isso vai tornar-se claro a partir de agora. Segundo o autor, no capítulo sobre as "sanções ou fontes da dor e do prazer", "existem quatro fontes distintas donde resulta habitualmente o prazer e a dor. Considerando-as separadamente podemos designá-las por *físicas, políticas, morais e religiosas.*" (Bentham 2011). Esta análise é exaustivamente completada pela enunciação dos diversos tipos de prazer e de dor. Estes podem ser designados de "percepções interessantes", podendo ser simples ou complexas. Cada uma destas "pode compor-se 1. unicamente de prazeres, 2. unicamente de dores ou 3. de um ou vários prazeres associados a uma ou várias dores" (61). De seguida faz uma enumeração dos "diferentes prazeres simples que a natureza humana é capaz de experimentar (...) 1. Os prazeres dos sentidos. 2. Os prazeres da riqueza. 3. Os prazeres da habilidade. 4. Os prazeres da amizade. 5. Os prazeres do bom nome. 6. Os prazeres do poder, 7. Os prazeres da piedade. 8. Os prazeres da benevolência. 9. Os prazeres da malevolência. 10. Os prazeres da memória. 11. Os prazeres da imaginação, 12. Os prazeres da esperança. 13. Os prazeres por associação. 14. Os prazeres do alívio." (61)

assim como das dores simples:

"1. As dores da privação. 2. As dores dos sentidos. 3. As dores da inépcia. 4. As dores da inimizade. 5. As dores da má fama. 6. As dores da piedade. 7. As dores da benevolência. 8. As dores da malevolência. 9. As dores da memória. 10. As dores da imaginação. 11. As dores da esperança. 12. As dores por associação." (62)

Parece-me desnecessário especificar cada um destes prazeres e dores simples. O que esta enunciação tem de importante é terminar com uma leitura biológica ou de riqueza da utilidade. O caso daquele armador moçambicano que não investia mais em barcos para não perder a amizade da comunidade é uma aplicação do princípio da utilidade, assim como o é, num país europeu investir-se de forma a aumentar a fortuna pessoal, mesmo que tal gere inimizades.

– Agora percebo os teus comentários.

– Além disso, os prazeres e as dores simples podem ser mais ou menos intensas conforme as causas que as geram e as circunstâncias, enunciando trinta e duas circunstâncias diferentes, da saúde à sensibilidade moral, das circunstâncias pecuniárias às ligações de simpatia, da educação às opções religiosas. (71/95). No que se refere às circunstâncias pecuniárias, para além de uma série de referências que são sobejamente conhecidas para ser necessário enunciar, é interessante referir que reconhece a importância dos hábitos (80). Para terminar esta exposição é preciso ainda dizer que para Bentham os prazeres, logo as dores, são mensuráveis, tendo em conta, quando se refere a indivíduos, "1) a *intensidade*; 2) a *duração*; 3) a *certeza ou incerteza*; 4) a *proximidade* ou o *afastamento*" (57). Quando se refere a várias pessoas, além daqueles elementos de referência é ainda necessário considerar "5) a *fecundidade*; 6) a *pureza*; 7) o *âmbito*" (58).

Os prazeres têm valor positivo, as dores negativos, sendo estas simétricas daqueles.

Apreciação crítica

– No que se refere à economia, logo à Economia, é notória a preocupação do autor em olhar para a realidade e enunciar pormenorizadamente os prazeres e as dores. A dureza da afirmação inicial do princípio da utilidade dilui-se com as pormenorizações seguintes. Se de início poderíamos assumir que estávamos perante uma afirmação metafísica, nas páginas subsequentes tal desaparece e constatamos que tal resulta da aplicação da sequência de exposição.

– Aqui e ali tem algumas afirmações que apontam para alguma normatividade, mas é esporádica na análise relevante para a Economia e nunca nos podemos esquecer que a sua preocupação fundamental era o código penal.

– Pouco há a dizer sobre a sua obra, assumindo que a tua síntese foi fidedigna.

Racionalidade económica?

– A obra do Bentham levanta-me duas interrogações sobre a racionalidade. A primeira tem a ver com a amplitude do princípio da utilidade. De facto, tudo é prazer ou dor, ao darmos a aquele princípio uma amplitude quase ilimitada. Se ser racional é, como diz o paradigma O3, a maximização da utilidade, ser racional é tudo. O conceito de racionalidade económica dilui-se no conceito de utilidade. Tudo o que é racional é útil e tudo o que é útil é racional, desde que seja maximizado. O questionamento da racionalidade transfere-se para o da utilidade. Por outras palavras, se quisermos estudar criticamente a racionalidade, temos que colocar na primeira linha de atenção dois conceitos, para os precisar, dissecar e ou repudiá-los ou dar-lhes outro sentido: utilidade e maximização.

– E nesse aspecto é curiosa a contribuição de Bentham para essa nossa reflexão crítica. Quando me propuseram ler uma das suas obras admitia que encontrar-lhe-ia toda uma imensidão de absurdos, encontraria um autor que não analisava, mas antes propunha uma nova filosofia social, remetendo para a normatividade. Assim, poder-se-ia fazer uma leitura

RACIONALIDADE, ÉTICA E ECONOMIA

crítica simples: os economistas de O3 baseiam-se em Bentham, mas este é um mau suporte, logo aqueles também sofrem com isso. E o resultado foi totalmente diferente. Retendo-nos no que aquele autor diz de relevante para a Economia, apresenta-se com grande lucidez e preocupação realista (obviamente marcado pelo pensamento corrente da época, como se deduz de várias das suas passagens, com particular destaque para a maior fragilidade da mulher (Bentham 2011, 86)) pelo que podemos assumir Bentham como um "adversário" da racionalidade económica como ela é actualmente entendida.

– Parece-me legítima a constatação da interligação "racionalidade económica" – "utilidade", a não ser que a racionalidade económica tivesse exclusivamente a ver com alguns tipos de prazeres ou dores, da classificação de Bentham. Por outras palavras, se a racionalidade económica é a racionalidade aplicada ao objecto científico construído pela Economia, será legítimo considerar apenas "os prazeres da riqueza"?

– Para encontrar uma resposta talvez seja útil retomar a minha exposição para sabermos exactamente do que estamos a falar. Bentham, depois da listagem de prazeres, aborda da seguinte forma os prazeres da riqueza: "Por prazeres da riqueza pode-se entender os prazeres que qualquer um pode retirar da consciência de possuir um ou vários objectos que integram a lista dos instrumentos de gozo ou de segurança, mais particularmente no momento de os adquirir. Nesse momento o prazer pode ser chamado prazer do ganho ou prazer de aquisição, e nos restantes momentos prazer da posse" (Bentham 2011, 62). Posteriormente, quando analisa as "circunstâncias pecuniárias" refere que há uma relação entre a quantidade de recursos possuídos e as suas necessidades, que os seus recursos dependem de três circunstâncias ("1. Seus bens. 2. O lucro que retira do seu trabalho. 3. As relações que lhe garantem um sustento" (80)) e as necessidades de "1. Seus hábitos de despesa. 2. As relações que estão a seu cargo. 3. Toda a necessidade presente e passageira que possa ter. 4. A força da sua esperança" (80). Dito isto podemos tentar responder à questão que colocas.

– Não fui eu que a coloquei mas parece-me que não se pode estabelecer uma relação entre a "racionalidade económica", os prazeres da riqueza e as suas circunstâncias[151]. Em primeiro lugar porque eles são um dos prazeres

---

[151] Teremos oportunidade de voltar implicitamente a esta questão quando compararmos, a propósito da Ética, o Adam Smith dos "sentimentos morais" e o da "riqueza das nações".

simples, mas, utilizando a terminologia do autor, os prazeres existentes são complexos. Além disso os prazeres da riqueza remetem para outro tipo de prazeres. Em segundo lugar, muitos dos prazeres espontaneamente associados à racionalidade económica têm muito a ver com os prazeres dos sentidos. Estes assumem uma particular proeminência na teoria do consumidor, que serve de base ao objecto científico da economia. Em terceiro lugar, porque falar em prazer da riqueza exige falar em prazer da posse e o conceito de propriedade é algo que está subjacente à Economia[O3], mas que nunca é explicitado e, por isso mesmo, assume-se como um conceito secundário. Em quarto lugar, porque Becker, e outros, dão atenção ao altruísmo que me parece ter mais a ver com os prazeres da amizade ou os prazeres da benevolência. Em quinto lugar porque ao adoptar-se uma definição formalista de Economia tende-se a generalizar o objecto da Economia a todas as decisões do indivíduo e da sociedade. Quais são os prazeres e as dores directamente relacionadas com a utilização do tempo escasso? Não sei responder e duvido que tal possa ser feito a partir do texto do Bentham.

Conclusão

– Em síntese, Bentham é muito melhor do que o pintam os livros de Economia. A complexidade do comportamento humano que ele reflecte não suporta o conceito de racionalidade económica. Há que limpar das nossas cabeças o conceito simplista de utilidade e admitir que a "racionalidade económica" pode ser o que for a "utilidade".

Racionalidade instrumental

Colocação do problema

– Dissemos que a racionalidade económica considera exclusivamente a racionalidade instrumental. Admitimos que é uma limitação, pelo que poderemos começar por expôr quais são as outras possibilidades. De seguida convinha fazer uma reflexão crítica sobre essa característica, ou tipo, de racionalidade, explicitando as suas vantagens e desvantagens. Finalmente, avanço já, talvez seja oportuno considerarmos duas perguntas:

(1) É possível a Economia melhorar a utilização da racionalidade instrumental? (2) É viável a Economia ter em consideração os outros tipos de racionalidade?

– Sigamos, pois essa metodologia. Se ao longo do debate referenciarmos outras questões a tratar acrescentaremos.

Tipos de racionalidade

– Apesar de já termos explicitado o que se pretende designar por racionalidade instrumental, fazendo algumas citações que, provavelmente, são mais explicativas do que tudo que poderíamos dizer, Boudon (1998) esclarece-nos sobre a generalização da sua utilização:

> "quando os economistas, os teóricos dos jogos ou outras categorias de especialistas evocam a noção de racionalidade, definem-na geralmente como uma adequação entre meios e fins. Por outras palavras, na prática das ciências sociais e humanas, a racionalidade hoje designa correntemente a *racionalidade instrumental* (que também se pode designar, segundo Weber, por teleológica. (...) Este uso das ciências sociais é reforçado pelas acepções correntes da palavra *racionalidade*. Na linguagem corrente, racionalidade é geralmente utilizada no sentido de *racionalidade instrumental*. Quando a imprensa fala sobre o «regresso à irracionalidade» designa por tal práticas não objectivamente adaptadas aos fins perseguidos." (21)[152]

– E quais são as alternativas?

– Provavelmente há várias possibilidades, mas talvez possamos classificar tendo em atenção qual é o objectivo a atingir. Como vimos, a racionalidade instrumental tem como referência a eficácia. Não faz qualquer valoração sobre a veracidade do objectivo a atingir ou sobre as alternativas de objectivos possíveis. Ora a história da humanidade mostra inequivocamente que a racionalidade também visa interpretar o mundo: "O «racionalismo» (...)

---

[152] Embora ainda se estivesse no início da explicitação destes conceitos, a referência à imprensa fez com que se citassem vários exemplos dos meios de informação portuguesa. Quando o jornalista está a entrevistar um economista que tem uma leitura diferente do "instituído" limita-se sistematicamente em insistir sobre a forma de atingir os objectivos, sendo incapaz de perceber que tal não pode ser desligado das opções previamente assumidas.

RACIONALIDADE

pode designar, em primeiro lugar, a atitude do pensador «que procura uma representação sistemática do mundo com a ajuda de conceitos cada vez mais precisos e abstractos" (Boudon 1998, 24). É o que o autor designa, como primeira alternativa, por *racionalidade cognitiva*. Depois, os homens na sua análise, e acção, assumem determinados valores. Esta opção pelos valores, influenciados pela ciência, pela religião, pela ética, pela cultura, pela filosofia e outro tipo de produções intelectuais, envolvem sentimentos, razão e fé. Envolve, pois uma racionalidade individual, que não é de ajustamento de meios e fins mas de opção pelos fins e, eventualmente pelos meios. É nesta linha que (Boudon 1998, 29) fala de *racionalidade axiológica*: "A «racionalidade axiológica» designa a aplicação da racionalidade cognitiva (...) ao prescritivo e, mais genericamente ao avaliativo", à opção entre valores. Essa opção pode ser fundamentada por cada um de forma consciente ou "metaconsciente", «intuitiva» ou explícita, assente "num sistema de razões, numa «teoria» que nós apercebemos como uma força"(29). Antes de dar espaço às vossas questões, um apontamento final: a racionalidade axiológica não se opõe à racionalidade instrumental, nem reciprocamente. As duas completam-se. A racionalidade cognitiva permite a racionalização dos valores e a opção entre estes cria o campo de aplicação da racionalidade instrumental[153].

– Podes dar um exemplo?

– Começo por transcrever dois exemplos retirados do artigo que tenho estado a citar.

(1) "Se protesto contra a desigualdade de salários entre duas pessoas, minha acção visa um fim (contribuir para o fim desse estado chocante). Releva da «racionalidade instrumental». Mas a minha acção é fundada num julgamento de valor («a desigualdade em questão é ilegítima»). Eu aderi a ele porque é a consequência de um sistema de razões. Minha adesão resulta da «racionalidade axiológica». As duas formas de racionalidade são, pois, simultaneamente distintas e complementares" (Boudon 1998, 29/30).

---

[153] Esta interligação de tipos de racionalidade aparecerá novamente quando abordarmos a Ética. Sen é um grande defensor desta ideia: a ética não põe em causa a racionalidade instrumental, completa-a e melhora-a.

(2) Pegando em A. Smith, Boudon explicita a existência de uma "teoria da Justiça" subjacente a várias das suas análises e só tendo em conta essa opção é viável entender o resultado a que se chega.

– Há um exemplo adicional que resulta da minha experiência docente. Um grupo de estudantes propôs-se estudar a fraude nas autarquias. Não analisou como é que as pessoas e as instituições se comportam (poder-se-á dizer que tal não é do foro do economista) e admitiu que todo e qualquer está disponível para fazer uma fraude. Trata-se apenas da comparação entre a utilidade (prazer) de obter uma vantagem monetária adicional e a desutilidade (dor) de poder ser condenado. Nunca lhe passou pela cabeça que há valores morais, religiosos, de respeito pelo próximo, etc. que são prévios a essa opção limitada de dinheiro *versus* castigo. Para esses estudantes, todos com altas classificações e promissores futuros economistas, os valores não faziam parte das equações dos economistas. A racionalidade dos agentes, e deles próprios, reduziu-se à racionalidade instrumental.

– Podemos passar às perguntas que formulámos, mas antes dois apontamentos, para ligarmos este assunto a temas anteriormente tratados. 1) É curioso constatar que na terminologia de Bentham quer a racionalidade axiológica como a instrumental pode ser englobada no conceito de utilidade. No entanto, não é isso que acontece com a utilização que a Economia faz dele. 2) Creio que a importância, quase diria a inevitabilidade, da racionalidade axiológica poderia ser retirada do que observámos a propósito da Antropologia. Em cada momento nós temos que fazer opções de hierarquização dos diferentes contextos em que nos integramos, a que correspondem opções por valores.

Racionalidade instrumental e Economia

– Em termos abstractos podemos falar, como temos feito, em racionalidade instrumental, mas "pode-se racionalizar (...) a vida segundo pontos de vista muito diferentes e em função de objectivos muito diferentes. O «racionalismo» é um conceito histórico que contém em si um mundo de oposições" (Weber in Raulet 2004, 83/4). Aliás este comentário não é mais que uma consequência da nossa anterior constatação da pluralidade de racionalidades.

RACIONALIDADE

– A primeira pergunta (é possivel a Economia melhorar a utilização da racionalidade instrumental?) tem uma resposta diferente conforme o paradigma da Economia que tomemos como referência. Se nos centrarmos no paradigma O2, da gestão dos recursos escassos, a pergunta nem faz sentido. Com efeito a própria definição de Economia enquanto ciência é o apelo à exclusividade da racionalidade instrumental na modelagem do objecto científico da Economia. Não há alternativa senão utilizar esse tipo de racionalidade. Ao questionar-se a validade dessa racionalidade instrumental está-se automática e implicitamente a criticar a própria concepção epistemológica de Economia.

–É bom não perdermos de vista que esse paradigma é uma realidade histórica.

– Exactamente. Pegando na forma como a pergunta foi formulada, para o paradigma O2, e acrescentaria desde já para não perdermos mais tempo, também para o O3, a Economia não pode prescindir da racionalidade instrumental. Contudo arriscar-me-ia a tecer dois comentários a este propósito. Primeiro, quando falamos em racionalidade instrumental em Economia relacionamos espontaneamente com maximização da utilidade, mas admito que tal não seja inevitável. É de admitir vários tipos de optimização alternativa: podemos ter uma "optimização da utilidade suficiente" definida segundo um qualquer critério[154]. Segundo. Em alguns dos autores que analisamos, integrantes do paradigma O3, a importância da racionalidade instrumental pode ser bem maior que no paradigma anterior, por estranho que pareça. Como dissemos, a Economia[O2] é a ciência da aplicação da racionalidade instrumental, mas esse paradigma não é formalmente incompatível com a adopção anterior de diversas opções axiológicas. É-o historicamente, mas não o é logicamente. Em contrapartida, quando se considera que os homens têm racionalidades muito diversas, como diversas são as opções de cada um, a racionalidade instrumental (da maximização da utilidade, do lucro, da minimização da desutilidade, dos custos) é sempre presente como referência. Referência que ora é uma forma de ler a diversidade de situações concretas, ora é uma normatividade, enquanto espelho de uma racionalidade plena. Por outras palavras, se os homens combinam as racionalidades instrumental e axiológica só é válida a racionalidade ins-

---

[154] Decidiu-se abordar posteriormente, ainda na crítica à racionalidade económica, o conceito de optimização. Por isso dispensamo-nos de referir uma parte dos debates havidos a este propósito.

trumental no modelo explicativo do capitalismo. Os desvios em relação a ela são "erros" ou "expressão da diversidade".

– Nunca tinha pensado no assunto, mas faz sentido. Em O2, numa leitura benevolente e mais subordinada à lógica do que à história, a racionalidade, seja de que tipo for, não é um ponto de partida para a análise, mas um ponto de chegada. A importância, por exemplo da racionalidade axiológica *versus* racionalidade instrumental será totalmente diferente se estivermos a considerar uma sociedade em que todos os actos individuais e colectivos são moldados por princípios religiosos ou se o ganho máximo norteia os comportamentos. No paradigma seguinte o resultado é mais castrador da realidade.

– Em síntese, em Economia[O2] é logicamente possível englobar a racionalidade axiológica como fase prévia da definição dos objectivos e da escolha dos meios para os atingir, e é possível conceber diferentes racionalidades instrumentais para a mesma combinação de fins e meios. Contudo, esta possibilidade lógica nada tem a ver com a história da Economia e com a evolução que este paradigma teve. Em Economia[O3], pelas razões que se apresentaram, estamos no reino pleno da racionalidade forjada pelo capitalismo vitorioso que sonha com o fim da história, onde a maximização do lucro das empresas dominantes é a referência que se "impõe", independentemente das vontades e dos actos concretos[155].

Racionalidade limitada

Introdução

– A produção científica capaz de demonstrar que os homens não se motivam e agem como é pressuposto é muito vasta e provém de várias disciplinas. Obviamente da Psicologia, nomeadamente da Psicologia Económica, da própria Economia, preocupação central da Economia Comportamental, da Biologia, da Antropologia, de que já tecemos algumas considerações, da trama interdisciplinar que podemos designar por Neurociências.

---

[155] Na sequência deste debate houve várias intervenções sobre a introdução da ética, tema "quente" na Economia contemporânea. Considerou-se que tal assunto, como outros correlacionados exigiam um debate específico, depois de concluirmos a crítica da racionalidade económica.

RACIONALIDADE

Se não tivermos cuidado arriscamo-nos a passar muitas das nossas reuniões a apresentar argumentos. Temos de ser bastantes sintéticos.

– Sugiro que comecemos por analisar os argumentos de Simon, provavelmente o autor que escancarou as portas para um trabalho sistemático sobre esta matéria.

– Posso começar por referir algumas das conclusões de Simon, mas antes transmito-vos algumas sensações ao ler alguns (apenas alguns tal a vastidão da sua produção) dos seus trabalhos. Tendo estudado várias matérias e abordado temáticas da Psicologia, da Sociologia, da Inteligência Artificial, da Pedagogia e, obviamente, da Economia revela ao tratar de qualquer tema uma grande cultura e uma espontânea adopção da interdisciplinaridade, provavelmente porque em todos os seus trabalhos se sente palpitar no discurso científico uma leitura filosófica. Feita esta referência ao seu perfil vou basear-me num único trabalho (Simon 1989)[156], porque ele resume o essencial da sua obra no assunto que nos ocupa.

O Olimpo

– Todas as variantes de racionalidade defendidas pelos autores referidos como defensores do paradigma O3 – têm um núcleo comum que frequentemente é designado por Teoria da Escolha Racional. Simon chama-lhe Utilidade Subjectiva Esperada (USE)[157] e caracteriza-a da seguinte forma, o que não é novidade para nós:

"as quatro componentes do modelo USE: uma função de utilidade, um conjunto exaustivo de estratégias alternativas, uma distribuição de probabilidade de futuros acontecimentos associados a cada estratégia e uma política de maximização da utilidade esperada." (Simon 1989, 23)

---

[156] Apesar de nos termos centrado neste trabalho, pelas razões apontadas, muitas outras, escritas individualmente ou em co-autoria merecem uma referência especial: (Simon 1955, [1959], [1972], [1976], 1997). Se estes são os mais incisivos em relação à matéria a abordar, outros também se revelam quase indispensáveis: (Simon 1952, 1987, [2005], Simon e Cilliers 2005).

[157] Tentámos ter acesso à versão inglesa deste livro mas não conseguimos. Mais precisamente, só conseguiríamos comprando-o. Consideramos que não se justificava só para o objectivo de ver esta designação em inglês.

A Teoria da Escolha Racional permite, segundo os seus autores uma teoria global que se aplica a todos os comportamentos humanos, assentes sempre no comportamento individual, e, se perde em algum realismo, inevitável na construção científica, ganha em generalidade com a abstracção.

– Apesar de termos pegado num pequeno número de autores defensores destas posições, embora bastante representativos, verificamos a existência de grande diversidade de posições.

> "Trata-se de uma etiqueta que junta investigadores pouco ligados entre si mas que participam de um programa de investigação comum. Estes investigadores partilham um conjunto de postulados e a crença de que a modelização formal é um instrumento poderoso que permite aos investigadores em ciências sociais revelar aspectos da vida social, que nos escapariam se se utilizassem outros instrumentos de análise." (Laitin 2002, 156)

Contudo aqui temos de pegar no que é essencial, o que é comum. Segundo Niosi (2002) a Teoria da Escolha Racional é uma variante do Individualismo Metodológico (IM) pelo que há três princípios caracterizadores deste, e outros tantos específicos daquela. Típicos do Individualismo Metodológico:

> "P1. Postulado do individualismo: todo o fenómeno social resulta da combinação de acções individuais. P2. Postulado da compreensão: o cientista procura compreender o sentido que as acções têm para o actor. P3. Postulado da racionalidade: o agente realiza acções porque elas têm sentido para ele, qualquer que seja a sua consciência do alcance dessas acções." (79/80)

Típicos da Teoria da Escolha Racional:

> "P4. Postulado consequencialista: para o actor o sentido da acção reside nas consequências das suas acções. P5. Postulado do egoísmo: Só as acções que beneficiem o actor lhe interessam verdadeiramente. P6. Postulado do cálculo custo-benefício: toda a acção comporta um custo e um benefício. Os actores escolhem as acções que maximizam a diferença entre eles." (Niosi 2002)

– Como nos diz Foka-Kavalieraki e N. Hatzis (2011)

"A Teoria da Escolha Racional tanto é positiva como normativa. É positiva porque, até um certo grau, é expectável observar, descrever, explicar e, mais importante, prever as escolhas que as pessoas fazem nos mercados económicos e noutros ambientes que envolvam escolha. É normativa (prescritiva) porque simultaneamente sugere um conjunto de comportamentos ideais e normas de comportamento que melhor conduzem à obtenção dos objectivos individuais." (9)

– Para compreendermos os pressupostos desta teoria, que pressupõe um determinado tempo de racionalidade, peguemos num pequeno exemplo. Com uma determinada quantidade de dinheiro um consumidor resolve ir fazer compras a um supermercado numa grande superfície. Esta é uma hipótese simplificadora porque antes de decidir tal necessita de comparar todas as possibilidades de utilização do dinheiro. Mas enfim, simplifiquemos. Vamos admitir que um supermercado tem 10000 produtos diferentes. Antes de adquirir um produto tem de comparar a sua utilidade com cada um dos restantes produtos. Tem que considerar 49.995.000 combinações. Se não tem informação sobre cada produto é uma questão de percorrer o supermercado e analisar cada produto. Contudo, tal não basta. Um produto pode futuramente ter diversas aplicações e a cada uma corresponderá uma determinada utilidade. Um peixe que seja comprado pode ter utilidades diferentes (tanto para o próprio como para o seu agregado familiar, se englobarmos o altruísmo) e é muito diferente cozê-lo, assá-lo, fazer de caril ou utilizar num arroz. Se admitirmos que para cada produto há três utilizações alternativas os dez mil produtos dão lugar a 30.000 utilidades futuras. Assim as combinações que temos que analisar para decidir o que comprar exigem considerar 449.985.000 combinações de duas utilizações futuras dos produtos. Dito isto, numa leitura simplificada, maximizar a função utilidade faria com que todos morressem de inanição antes de fazer qualquer aquisição. E, claro está, estamos a pressupor que a transitividade da utilidade funciona na perfeição.

– Dito dessa forma, qualquer pessoa dirá, até por experiência própria, que não é assim, nem deveria ser assim. Contudo há que encontrar os argumentos certos.

RACIONALIDADE, ÉTICA E ECONOMIA

– Não é, pois de estranhar, que Simon, depois de uma análise cuidada chegue à conclusão que "Os seres humanos não dispõem nem dos factos, nem da estrutura consistente de valores, nem do poder de raciocínio que seria necessário para aplicar os princípios da teoria da Utilidade Subjectiva Esperada, nem mesmo nestas situações relativamente simples" (Simon 1989, 27). Na melhor das hipóteses só os deuses estariam em condições de aplicar tais regras de raciocínio, pelo que, muitas vezes essa "racionalidade plena" da Teoria da Escolha Racional é designada de racionalidade olímpica.

Racionalidade Comportamental e Intuitiva

– Os homens concentram a atenção apenas sobre alguns aspectos da vida pessoal, presente e futura e sobre alguns dos aspectos dos objectos de escolha. As escolham fazem-se com base numa racionalidade limitada. Em cada momento cada um de nós só concentra a atenção em algumas situações e "a concentração da atenção é uma das principais funções dos processos a que chamamos emoções (..) [são elas] que garantem aos problemas mais prementes a prioridade da sua resolução" (Simon 1989, 31/2). Também as alternativas consideradas se concentram nas viáveis ou nas que já são nossas conhecidas, o que remete para os hábitos. Conhecido o meio em que nos encontramos habilitamos "o organismo a manter um modelo muito simples do universo relevante para as suas decisões gerais e a possuir um raciocínio de senso comum sobre o modelo" (33). Também a transitividade da utilidade não resiste à experimentação: "Se *A* for apresentada antes de *B*, *A* pode afigurar-se desejável, ou pelo menos satisfatória; mas se *B* for apresentada antes de *A*, *B* parecerá desejável e será escolhida antes de *A* ser sequer considerada" (34)[158]. A racionalidade humana é limitada.

– As considerações que referiste remetem para a nossa capacidade de investigação, de perceber as situações e tomar decisões. Mas além disso há muitos processos decisórios que nem passam por tal. Com base nos conhecimentos possuídos, a intuição orienta muitas da nossas decisões,

---

[158] Além disso uma coisa é a transitividade em cada indivíduo em diferentes tempos, outra coisa é a transitividade quando se agregam os comportamentos: "As preferências individuais podem ser não contraditórias ou, mais exactamente, transitivas (se prefiro *A* a *B* e *B* a *C* também prefiro *A* a *C*) sem que as preferências colectivas o sejam" (Boudon 1990, 92)

RACIONALIDADE

"o reconhecimento instantâneo de padrões familiares" (Simon 1989, 40). Pensamos com o corpo e estes fornecem-nos automaticamente uma série de orientações, em que as emoções têm uma função central[159].

– Enfim, a racionalidade humana é limitada, bastante diferente da postulada pelo "modelo olímpico". O "modelo comportamental, estabelece que a racionalidade humana é muito limitada, muito cerceada pela situação e pelos poderes de computação do homem" (Simon 1989, 47) e é com essas limitações que os homens têm de sobreviver num mundo complexo. Utilizando para tal, de uma forma intensa, a intuição, que é "uma componente da teoria comportamental (...) o pensamento humano é frequentemente [conduzido] pela emoção e foca a questão da sua função na concentração da atenção humana em problemas específicos e em ocasiões também específicas" (Simon 1989, 47).

– Parece inquestionável que a nossa racionalidade é limitada. Por outras palavras a nossa racionalidade é o resultado de uma longa evolução histórica em que as limitações, em cada momento, existem e condicionam o ir mais além. É muito diferente do modelo postulado pela Teoria da Escolha Racional. Além disso, nunca podemos esquecer que o homem pensa com o corpo (a dualidade corpo *versus* alma está ultrapassada e o cérebro é uma parte do corpo e é em conjunto que dão as respostas necessárias para a manutenção da vida) e que há muitos processos espontâneos psicossomáticos.

Racionalidade como adaptação evolutiva

– Simon reserva para um ponto seguinte a racionalidade como adaptação evolutiva, o que remete directamente para as teorias de Darwin e seus posteriores desenvolvimentos. Uma das justificações para esta abordagem, a que dá um grande enfoque, é "alguns economistas, terem defendido não ser relevante o conhecimento da maneira *como* as pessoas tomam decisões" (Simon 1989, 50). Admito que esteja a pensar nas Teorias da Preferência Revelada, a que já fizemos alusão. Além disso, como as teorias pragmáticas defendem que se vê a validade de uma teoria pela capacidade de

---

[159] Aqui derivou-se para a obra em português de António Damásio. Dispensamo-nos de transcrever esses diálogos, remetendo essencialmente para (Damásio 1996, 2010). O que esses trabalhos mostram é que as considerações que referimos de Simon assentam em bases científicas das Neurociências bastante sólidas.

previsão, pode-se deduzir que "apenas aqueles que logram a maximização conseguem prosperar; os outros desaparecem de cena" (51) a "sobrevivência" das empresas pode surgir como uma comprovação das teorias da racionalidade. Se esta perspectiva da racionalidade pode ser importante, e raramente abordada, também receio não ter capacidade para expor com detalhe esta matéria tais são os conhecimentos que exige, de Biologia e da Teoria da Evolução.

– Provavelmente qualquer um de nós estaria nas mesmas circunstâncias. A leitura pode ser simples mas a explicitação completa do percurso não. Transmite-nos apenas alguns ensinamentos sobre a racionalidade que te pareçam úteis para a nossa análise crítica.

– Assim farei, de forma telegráfica.

1. A "imagem da história da evolução [é] muito diferente da ingénua "luta pela sobrevivência»" (Simon 1989, 60). Vários factores, nomeadamente externos, influenciam a evolução. Simultaneamente, ocupação por algumas espécies de nichos desocupados pode permitir a sua sobrevivência sem ser pela "luta".

2. Contrariamente ao que acontece com a evolução biológica das espécies, a herança cultural assume características diferentes: "os traços adquiridos podem (...) ser transmitidos" (Simon 1989, 71).

3. Considerando um modelo em que há no comportamento das espécies egoísmo e altruísmo (nomeadamente o altruísmo fraco, em que o individuo se sacrifica a curto prazo pelos outros, mas a mais longo prazo também beneficia da situação criada) não é, inevitável, como sempre é apresentado aos economistas, a vitória dos egoístas:

"Os altruístas (...) podem ter uma aptidão mais elevada que os egoístas em grupos com um maior número de egoístas. (...) É fácil mostrar rigorosamente que, se se verifica uma variação suficientemente grande na proporção de altruístas entre os diferentes grupos característicos, a aptidão média dos altruístas excederá a dos egoístas, implicando que o gene altruísta irá ocupar o lugar do egoísta nessa população." (Simon 1989, 74/5)

Esta possibilidade é reforçada pela capacidade dos indivíduos reconhecerem os semelhantes com quem já estiveram relacionados e escolher os parceiros do altruísmo.

RACIONALIDADE

– Sendo essa uma conclusão alicerçada cientificamente é de lastimar a espontaneidade com que os economistas admitem como um facto ficções que lhe foram transmitidas. É certo que Mandeville (1670-1733) e outros viveram antes da teoria darwiniana, mas não tínhamos a obrigação de repensar esses mitos?

– Dificilmente porque esses mitos, metáforas e quiçá algumas formulações científicas com o saber de então serviram apenas para construir o objecto científico, a realidade metamorfoseada a ser estudada. É para o objecto científico que olham e é com ele, em circuito fechado (obviamente estou a referir-me aos objectos científicos em que o materialismo, o sistemático olhar para a realidade concreta, está ausente!) que trabalham. A coerência é o mais importante para a reprodução do modelo.

– Amigos, deixem-me continuar para não perder o fio à meada.

4. "Os *mais adaptados* sobreviverão, mas nada nos leva a supor que sejam *os melhor adaptados* em qualquer sentido absoluto, ou, até, que possamos definir o que entendemos por adaptação máxima" (Simon 1989, 85). Esta é uma afirmação que nos poderá ser útil para pensarmos sobre o conceito de maximização.

5. Finalmente uma constatação que favorece a posição da racionalidade limitada. "Se compararmos a teoria evolutiva com os três modelos de racionalidade humana que descrevemos (...) observamos que se assemelha muito mais ao modelo comportamental" (Simon 1989, 89/90).

Instituições

– De entre conclusões a que o autor chega reteria apenas uma, começando por recordar o que dissemos sobre a racionalidade axiológica: da importância dos valores e de como a escolha destes condiciona fortemente as situações em que nos encontramos e a racionalidade instrumental que utilizaremos. Simon salienta a importância dos valores, o facto de serem "contagiosos" e se propagarem no tecido social, a dificuldade do conhecimento humano em lidar com a totalidade dos valores e o ambiente de incerteza que a própria racionalidade limitada impõe. É neste quadro complexo que recorda que "as instituições proporcionam-nos um meio estável, que produz, pelo menos, uma pequena quantidade de racionalidade possível. (...) O nosso

RACIONALIDADE, ÉTICA E ECONOMIA

meio institucional, tal como o nosso meio natural, envolve-nos num modelo de acontecimentos seguro e inteligível" (Simon 1989, 95).
– O que nos remete para os paradigmas institucionalistas[160].

Conhecimentos endógenos

– Voltando um pouco atrás. Foi também no sentido de ampliar o conceito de racionalidade (aplicada a actividades económicas) e com a preocupação em observar e interpretar a realidade que Hirschman (1986) cria o conceito de "racionalidade oculta". Quando esteve a trabalhar na Colômbia, a partir de 1952, como especialista em desenvolvimento económico, verificou que entre os especialistas internacionais no terreno, em que ele se integrava, e as populações locais existiam diferentes concepções:

> "*Meu* instinto me dizia que eu devia tentar compreender melhor os esquemas de acção *deles*, em vez de supor desde o início que eles poderiam ser "desenvolvidos" unicamente através da importação de um conjunto de técnicas que absolutamente não conheciam. (...) No ambiente particular em que operavam, poderiam muito bem ter descoberto por ensaio e erro alguns astuciosos princípios de acção, dos quais eles mesmos tinham pouca consciência, princípios que *pareciam* perversos às pessoas de fora, mas que, de facto, haviam-se revelado inteiramente eficazes. (...) Fundamentalmente, bem mais do que a ideia de crescimento não equilibrado, essa busca de *racionalidades ocultas* possíveis é que iria dar a unidade subjacente ao meu trabalho." (87/8)

– Podemos englobar a "racionalidade" oculta como uma outra designação da racionalidade limitada. Creio que foi nesse sentido que trouxeste para o debate este conceito, de um economista que sempre foi, e como tal se manifestou, heterodoxo. Contudo creio que o texto que leste chama a atenção para dois assuntos diferentes:

1. Hirschman era um economista na promoção da política económica visando o desenvolvimento económico. Como tal, para além das propostas de intervenção pensada pelos economistas haveria que

---

[160] O debate evoluiu para a troca de impressões sobre as teses lucidamente apresentadas por Simon e sobre o institucionalismo, tendo sido frequentemente referidos Hodgson (1994) e Veblen ([1899]).

ter em conta a sua eficácia. A sua experiência mostrou que não basta propor, financiar, impor técnicas, acções, políticas. Elas têm de ser assimiladas pelas populações a que se dirige (partindo-se da hipótese simplificadora que elas consideram vantajoso o desenvolvimento económico que lhes é proposto). E para que tal aconteça não pode "surgir de fora", como algo que lhes é estranho. Daí a importância da sua compreensão da racionalidade oculta das populações locais.

2. A racionalidade oculta é uma leitura da existência de conhecimentos endógenos das populações.

– Esses são um conhecimento novo para mim. Podem-me esclarecer?

– Cada comunidade tem a sua práxis, marcada pela sua maneira de estar no mundo, a sua forma de ser e conhecer. É ao conjunto de conhecimentos que lhes estão associados que habitualmente se designa por conhecimentos endógenos. São conhecimento corrente e tácito[161]. É um tipo de conhecimento universal, mas sempre diferente em cada comunidade.

– A importância do conhecimento endógeno é ressaltada sempre que as ideias feitas dos economistas chocam com a realidade das sociedades. O desenvolvimento económico é quase sempre o veículo do choque entre o concebido pela Economia e a dinâmica das sociedades. No tempo do autor que referiste, o conflito entre a ideia da Economia de que o subdesenvolvimento era algo do passado rapidamente superável e a realidade da sua persistência tinha como arena principal a América Latina. Hoje é África.

– Como agravante das ideias feitas pelo europeu sobre aquele continente: "primitivo" ou "selvagem", "sem história", "sem cultura". Haveria muito a dizer sobre os conhecimentos endógenos, mas suspeito que tal ultrapassaria o âmbito da crítica à racionalidade da Economia[O3][162].

---

[161] Este conceito não é trivial, embora tenha assumido alguma importância na Gestão. Veja-se o trabalho em que esse conceito é explicitado e fundamentado: Polanyi (2009).

[162] Alguns apontamentos temáticos e bibliográficos dos debates contemporâneos sobre os conhecimentos endógenos em África. Para o seu reconhecimento foi fundamental mostrar cientificamente que África tem uma história, quiçá mais antiga que a europeia. Sobre tal ver as obras de Cheikh Anta Diop, a que já fizemos alusão anteriormente. Para o seu reconhecimento universal muito contribuiu a UNESCO com os seus oito volumes de *Histoire Générale d'Afrique*. Numa abordagem que nos interessa mais directamente ver Kajibanga (2008) e Hountondji (1997, 2009).

Individualismo metodológico

– Se anteriormente já tínhamos formulado a necessidade de uma reflexão crítica sobre esta temática, tal foi reforçado pelo debate que temos vindo a fazer. Durante a apresentação dos argumentos críticos à racionalidade olímpica chamaste a atenção de que a Teoria da Escolha Racional, actualmente a variante típica do paradigma O3, é um sub-ramo do individualismo metodológico. Assim sendo há que fazer a apreciação crítica deste para completarmos a apresentação dos argumentos que se contrapõem ao comportamento olímpico.

Metodologia do debate

– A vastidão deste tema exige algum cuidado na sequência da conversa. Creio que a primeira questão a analisarmos é se podemos mesmo designar dessa forma as correntes do pensamento económico que temos estado a analisar. Se concluirmos que sim, há que fazer um sobrevoo, insisto sobrevoo rápido, sobre as relações indivíduo-sociedade. Creio que desta abordagem não podemos tirar conclusões definitivas, mas devemos de seguida responder à pergunta seguinte: independentemente da relação indivíduo *versus* sociedade não são os indivíduos que decidem e agem e, por isso, deveremos centrar a nossa atenção quase em exclusividade sobre eles?

– Parece-me adequada a tua proposta de ordem de trabalhos. Apenas com uma ressalva: a última questão que colocaste deve ser abordada em dois planos, o das tomadas de decisão em geral, e das económicas, em particular. Por isso lanço a todos nós, incluindo a mim, um apelo para o debate sobre cada um dos pontos. Parece-me que na apreciação crítica que temos vindo a fazer já aparecem muitos argumentos sobre o que agora tratamos. Por exemplo, das análises de Simon podemos tirar expressamente, várias apreciações sobre a consideração exclusiva do indivíduo. Evitemos repeti--las. Ganhemos tempo poupando a repetição de argumentos.

Racionalidade e individualismo

– Será que é legítimo aplicar aos diversos defensores da Economia[O3] o epiteto de individualismo? Recordo, que quando apresentámos os autores protótipo encontrámos, por um lado, posições diferenciadas e, por outro, algumas suas afirmações explícitas desmontando a crítica do individualismo.

– Numa primeira apreciação convém precisar do que estamos a falar. É frequente associar ao individualismo metodológico uma posição solipsista. Para não haver equívocos devemos começar por quebrar esta ligação, que alguns de nós formulamos na enunciação do problema. Quando se identifica o paradigma O3 com o individualismo metodológico estamos a querer dizer que eles consideram que se deve partir dos indivíduos para explicar os fenómenos sociais. Numa posição mais radical, assumida por muitos autores contemporâneos, não é possível uma explicação científica do social se ela não tiver esse ponto de partida. Daí o predomínio da fundamentação microeconómica da macroeconomia, isto é, esta, apesar de explicar o social, só pode ser válida se se considerar que o social não é mais que a junção dos indivíduos, num espaço simples, isto é, não complexo (embora hoje a teoria dos jogos permita introduzir alguma complexidade controlada, na medida em que as interacções entre os indivíduos estão também consideradas). O individualismo metodológico não nega o social embora considere que este só é explicável através do indivíduo. O solipsismo é diferente. É uma concepção filosófica, utilizada na Gnosiologia, na Metafísica e na Moral, segundo a qual não é possível cada um de nós ir além de si e das suas experiências. Para o "idealismo individualístico (solipsismo)", "a única realidade [é] a do próprio eu. (...) O solipsista reduz toda a realidade à do seu eu" (Carosi 1963, Vol I, 131).

– Do que disseste podemos tirar duas conclusões. Primeiro, que os autores que nos servem de referência defendem o individualismo metodológico. Podem reconhecer que há a influência da sociedade, até podem reconhecer que tal acarreta afastamento do que é correcto, mas tomam sempre como ponto de partida o indivíduo, mesmo quando consideram o altruísmo. O indivíduo é a referência da observação e da análise, quer seja na constatação da realidade quer seja na formulação do comportamento considerado racionalmente adequado. Segundo, que ao serem cientistas não podem ser idealistas, e muito menos idealistas solipsistas: é a filosofia espontânea do cientista de que fala Althusser (1974).

Indivíduo versus *Sociedade*

– Este foi um tema aflorado na primeira parte dos nossos trabalhos, mas permitam-me que faça uma observação inicial sobre o assunto, pegando num livro que teve grande influência na minha juventude e num debate económico que me ocupou durante bastante tempo, sobretudo depois de ler um artigo de alguma forma relacionado. Começo por me referir ao ensaio de Plekhanov (1963) intitulado "O papel do indivíduo na História". Impressionou-me porque contrariava os meus conhecimentos e a forma como tinha sido ensinado. Por exemplo, a história de Portugal era a lista dos reis e das obras realizadas. Parecia que se não fossem os reis nada daquilo tinha acontecido. A sua tese fundamental é que os homens intervêm e influenciam a sociedade, mas é a evolução global desta que determina em grande parte o que os grandes homens faziam:

> "por mais indubitável que fosse a acção das particularidades individuais, não é menos certo que tal acção só se podia produzir nas *condições sociais* indicadas. (...) Assim, pois, os indivíduos, graças a determinadas particularidades de seu carácter, podem influir nos destinos da sociedade. Por vezes a sua influência pode ser considerável, mas, tanto a própria possibilidade desta influência como suas proporções, são determinadas pela organização da sociedade, pela correlação das forças que nela atuam." (Plekhanov 1963, 96/7)

No final do trabalho teoriza estas análises, assentes no materialismo histórico, considerando em relação a qualquer acontecimento histórico três tipos de causas: *causa geral*, relacionada directamente com o desenvolvimento das forças produtivas e sua articulação com as relações de produção; *causas particulares*, a situação histórica específica em que o acontecimento se desenvolve; finalmente as *causas singulares*, "isto é, pela ação das particularidades individuais dos homens públicos e por outras "casualidades" graças às quais os acontecimentos adquirem, afinal, seu aspecto particular" (109/10). Depois desta precisão conclui:

> "As causas *singulares* não podem produzir mudanças radicais na ação das causas *gerais* e *particulares*, que, por outro lado, condicionam a orientação e os limites da influência das causas singulares. Mas, não obstante, é indubitável que a História assumiria outro aspecto se as causas singulares que a influenciam fossem substituídas por outras causas da mesma ordem. O grande homem é

grande (...) porque é dotado de particularidades que o tornam o indivíduo mais capaz de servir às grandes necessidades sociais de sua época, surgidas sob a influência de causas gerais e particulares." (Plekhanov 1963)

– Antes de avançar para a segunda situação, que consequências tiras desse texto?

– De uma forma muito breve, e acrescentando a minha razoável concordância com as afirmações do autor, que mais importante do que analisar quem influencia, ou determina, é-o sabermos como se influenciam mutuamente. Mesmo deixando de lado as instituições de todo o tipo, podemos dizer que há uma relação recíproca complexa entre o indivíduo e a sociedade. E acrescento aqui a complexidade na relação biunívoca para percebermos como uma pequena variação nas causas iniciais (e essas pequenas variações podem resultar de quaisquer dos três tipos de causa) pode gerar evoluções irreversíveis, "bifurcações".

– Continua.

– O segundo trabalho, escutado numa conferência em que também participei, é bastante posterior: Gomes (1983). Mais do que os dados e as metodologias utilizadas marcou-me a problemática da relação entre estrutura e conjuntura. É a reposição da problemática do livro anteriormente referido aplicado à economia[163]. Muitas foram as problemáticas ao longo dos anos, em que me questionei, lendo autores que defendiam uma posição ou a outra, se eram as estruturas que determinavam as conjunturas ou se eram as conjunturas que determinavam as estruturas[164]. Voltei a defrontar-me com o mesmo problema quando fiz a leitura de Gayraud (2011), que me despertou a necessidade de relacionar os ciclos económicos com os ciclos criminológicos, sem pôr em causa as concepções estritamente económicas que tinha (Pimenta e Afonso 2012, 2014).

---

[163] Mais rigorosamente aplicado à economia e à Economia.

[164] Dispensamo-nos de referir aqui os pormenores do debate que se seguiu a esta afirmação. Com efeito, tal está intimamente relacionado com as formas de cálculo e com os modelos matemáticos a adoptar. Se adoptar a primeira posição (são as estruturas que determinam as conjunturas) e estiver a fazer, por exemplo, uma análise histórica, é a partir da evolução de longo prazo de um conjunto de variáveis (ex. PIB, investimento privado) que se encontram as situações "anormais" a que chamamos ciclos e fases dos ciclos. Se optarmos pela segunda concepção (são as conjunturas que determinam a estrutura) as variáveis escolhidas são outras (variações ou taxas de variação, por exemplo) e a dinâmica de longo prazo não é determinada à priori.

– Apresentados os dois casos, que conclusões é que retiramos?

– Já referimos algumas há pouco: relação biunívoca, complexidade, possibilidade das causas singulares conduzirem a situações irreversíveis, e diferentes, do rumo anterior. Além disso, creio que cada uma das posições alternativas é mais ou menos aplicável conforme o horizonte temporal de referência. Podemos dizer, de uma forma grosseira, que numa análise de curto prazo predomina a posição "são as conjunturas que determinam as estruturas", enquanto numa lógica de longo prazo tenderemos a privilegiar a posição alternativa.

– Recordemos os muitos ensinamentos que já anteriormente retirámos: a Antropologia revela-nos que cada indivíduo é parte de um todo e que mesmo nas suas decisões individuais está sempre a hierarquizar e relativizar as partes da sua vivência, os contextos culturais em que se insere. O indivíduo é sempre parte de um todo. A racionalidade axiológica reforçou estas posições explicitando que antes de uma escolha e acção económica há, mesmo que seja inconsciente, uma escolha de valores. O próprio Bentham, tão referenciado pelos economistas da escolha racional, confirma essa mesma posição. Finalmente esse enquadramento do indivíduo também ressalta das teorias da racionalidade limitada, numa leitura quer sincrónica como diacrónica, de curto ou longo prazo.

– Em todos nós há uma relação profunda com a história e a sociedade, que tem como primeiro intermediário a família, mas que abarca a humanidade. Como diz Léon Bourgeois, desde criança e mesmo depois de assumir a sua independência "ele não dará um passo ou um gesto, ele não procurará a satisfação de uma necessidade, ele não exercerá nenhuma das suas faculdades, sem mergulhar no imenso reservatório das utilidades acumuladas pela humanidade" (in Pech 2011, 169). Para além desta dependência, a opção pela solidariedade, ou não, também é uma decisão individual que pressupõe esse elo de ligação com a sociedade.

– Formulo a hipótese que uma análise social centrada no indivíduo tende a privilegiar o curto prazo.

– Um apontamento antes de terminarmos. A incrustação do social no indivíduo manifesta-se também biologicamente: "O homem é igualmente um «outro para si», (...) Dito de outra maneira, os seus neurónios funcionam exactamente como um espelho do outro. Poder-se-ia multiplicar os dados sobre esta característica de espelho do nosso córtex pré-frontal que comporta julgamentos sobre os outros, que partilha com os outros gestos e atitudes, mas também, provavelmente, representações do mundo." (Picq, Serres, e Vincent 2003, 19/20).

O Estado existe

– A economia decorre numa sociedade organizada, politicamente organizada. O Estado é uma realidade que não pode ser ultrapassada. Tão inexoravelmente existente que até as tendências neoliberais de redução do Estado, e de uma privatização e empresarização da sociedade, passa por decisões políticas. A moral pode não ser sentida embora exista, pode ser ou não cumprida, mas muitíssimos aspectos da vida em sociedade estão juridicamente regulados e a lei tem que ser cumprida. Todo o nosso quotidiano está sobredeterminado politicamente. O individualismo metodológico parece ignorar este contexto.

– Posso estar a ser influenciado sentimentalmente, fugindo à frieza que a ciência exige, mas, diria, mais que ignorarem-no combatem-no. A Teoria da Escolha Racional, alicerçada sobre o individualismo metodológico, tem dinamizado a campanha de desregulação e de redução do Estado ao seu mínimo[165]. As pessoas comportam-se de determinada maneira, muito diversificada, não podendo deixar de ter em conta a legislação e as decisões políticas, mas o referencial, da racionalidade instrumental e individualista, mostra sistematicamente como os comportamentos humanos são inadequados, porque não optimizam a utilidade. Se o Estado não existisse, dizem eles, estar-se-ia mais próximo da optimização.

---

[165] Neste ponto derivou-se espontaneamente para uma temática que foge do nosso objectivo. Por isso não transcrevemos esses diálogos, referindo-se apenas aqui o epicentro do debate: o capitalismo actual, globalizado – no sentido atribuído por Pimenta (2004) – tende, por um lado, a reduzir ao mínimo o Estado, mas, por outro lado, a transferência de rendimentos que o capital fictício exige, incluindo pela sobrecarga fiscal da população e pela dívida pública, impõe a continuação reforçada do Estado, que tem que manter formas políticas de legitimação mínima junto das populações que dizem representar. Nega-se o Estado para que ele continue a ser a sustentação política do poder existente, essencialmente do capital financeiro, o garante da "livre circulação" dos capitais. Este conflito entre o parecer e o ser resolve-se pela opacidade do mundo real, via meios de informação, via democracia formal com tendências ditatoriais, via expansão da ideologia destilada pela Teoria da Escolha Racional e pela dependência crescente dos "mercados" financeiros.

– Mas o Estado existe, influencia sensivelmente a actividade económica, e não considerá-lo é ignorar uma vertente fundamental da sociedade contemporânea. O Estado é uma negação objectiva do individualismo metodológico.

Divisão social do trabalho

– Temos falado da sociedade em geral, embora com os olhos postos na economia. Analisemos mais pormenorizadamente esta. Será que centrar a análise no indivíduo é um modelo realista? Será que é um processo de abstracção adequado para reflectir a realidade-em-si?

– Para responder às tuas perguntas deixa-me utilizar um termo de comparação. Estava a imaginar-me historiador a desejar estudar o que se passou na Batalha de Aljubarrota e vamos admitir, para simplificar o nosso exemplo, que, fosse qual fosse a metodologia de estudo adoptada, eu encontraria a informação necessária para o fazer. Se adoptasse o individualismo metodológico diria que na batalha participaram homens e foi cada um deles que lutou, cada um deles que tomou decisões, cada um deles que encontrou a melhor maneira de se defender e de atacar. Foi cada um deles que lutou pela continuação da sua vida, sendo esta a sua necessidade a satisfazer, tendo como contrapartida a desutilidade de estar ali afastado da sua família e do seu trabalho habitual, utilizando a força e pondo em risco a sua vida. Perante estes dados e eventualmente muitos outros que podiam influenciar a utilidade e desutilidade de cada combatente (continuar a viver no que considerava ser a sua prática, receber com a pilhagem um «prémio de produtividade», etc.) e a sua produtividade, optaria por dois caminhos possíveis: (a) admitiria que cada combatente saberia e teria a capacidade de maximizar a sua utilidade; (b) admitiria que o comportamento de cada combatente era diferente, cada um comportava-se de forma diferente mas, perante essa posição diversificada, tomaria como referência o que teria sido possível fazer se cada um tivesse um comportamento óptimo. A pergunta que vos coloco é se este historiador seria bem sucedido, se a análise histórica dessa batalha teria sido bem relatada e se traria informações úteis para a compreensão do nosso mundo.

– É perigoso concebermos cenários hipotéticos, mas como provavelmente é isso que fazem muitos autores da "racionalidade económica", todos nós, creio, temos de dizer que seria uma análise inglória. Não teria em conta a época histórica que se vivia, a estratégia da batalha diluía-se, as especificidades do terreno desvaneciam-se no comportamento de cada combatente, as relações hierárquicas e a diferente capacidade de tomada de decisão não seria tida em conta. Uma realidade muito complexa, em que até o acidental teria de ser tido em conta[166], não era directamente considerada e não estava contida nas motivações individuais.

– A comparação dá que pensar. Também na actividade social que a Economia designa como económica há uma divisão social de trabalho, que aliás está bem patente em Adam Smith[167], há a propriedade dos bens (incluindo todo o tipo de bens, nomeadamente da natureza, da força de trabalho e dos meios de produção) que exprime as relações de poder, há

---

[166] A este propósito foi recordada a imagem muitas vezes citada para mostrar como um qualquer fenómeno acidental pode conduzir a situações radicalmente diferentes, exemplificadora do realismo da teoria do caos. Como dizia a canção popular
"Por um prego, perdeu-se a ferradura;
Por uma ferradura perdeu-se o cavalo;
Por um cavalo, perdeu-se o cavaleiro;
Por um cavaleiro, perdeu-se a batalha;
Por uma batalha, perdeu-se o reino!". (Gleick 1989, 49)
Bastava que o prego fosse da ferradura do cavalo do Rei.

[167] Se um livro está bem escrito há uma forte probabilidade das suas primeiras páginas alertarem para o que de mais importante é tratado. Ora o título do Capítulo I da *Riqueza das Nações* é "Da divisão do trabalho", apesar de, segundo a nota do tradutor da edição referida, essa expressão não ser corrente na sua época, pondo mesmo em causa a possibilidade de ter sido usado alguma vez antes dele. (Smith 1981b, 77).
"O maior acréscimo dos poderes produtivos do trabalho e grande parte da perícia, destreza e bom senso com que ele é em grande parte dirigido, ou aplicado, parecem ter sido os efeitos da divisão do trabalho. (...) O grande aumento da quantidade de trabalho que, em consequência da divisão do trabalho, o mesmo número de pessoas é capaz de executar, deve-se a três circunstâncias: primeiro, o aumento da destreza de cada um dos trabalhadores; segundo, a possibilidade de poupar o tempo que habitualmente se perdia ao passar de uma tarefa a outra; e, finalmente, a invenção de um grande número de máquinas que facilitam e reduzem o trabalho, e tornam um só homem capaz de realizar o trabalho de muitos." (Smith 1981b, 77/83)
Bastaria olhar para a história da humanidade para analisar a evolução da divisão social do trabalho, mas o que é importante aqui referir é a sua relevância estratégica na obra de quem é considerado frequentemente, o fundador da Economia. É certo que a sua justificação para esta divisão social do trabalho é desadequada, mas isso não permite esquecer a sua importância: "A divisão do trabalho tem a sua origem na propensão da natureza humana para a troca" (93).

RACIONALIDADE, ÉTICA E ECONOMIA

múltiplas instituições, há um Estado que toma decisões, sempre com um certo grau de coercitividade. Enfim há um mundo imenso e fundamental para compreender as situações, que deveria ser tido em conta no modelo e não o é.

– Creio que esse abandono da relação entre a divisão social do trabalho, a que se poderia acrescentar noutro plano de análise a divisão técnica das actividades, e a propriedade permite conceber um ambiente de homogeneidade e pacificação nas relações sociais, que não existe. Não existe na economia, não existe na sociedade, como poderíamos analisar a propósito do Estado. Quando se lê um autor como Becker até parece que "somos todos filhos de Deus": como todos os nossos actos (seja aplicar um milhão de euros na compra de acções, casar ou comprar pão para o almoço) são um acto de racionalidade; como todos nós temos capital (seja fábricas, investimentos em bolsa ou conjunto de aptidões e conhecimentos) todos somos, de alguma forma, beneficiadores e construtores do capitalismo. A homogeneidade acompanha o individualismo metodológico.

Centros de decisão

– Tinha uma pergunta para fazer, mas perdeu todo o sentido depois das conclusões a que aqui chegámos. Passo, vamos em frente.

– Mesmo que concluamos, como dizes, que já está respondida ou que é mal colocada, é preferível expressá-la para que possamos tomar conhecimento dela.

– Quando inflectimos para a divisão social do trabalho já antevia a conclusão de que a acção de cada um na economia faz parte de um todo. Até admitiria podermos concluir que o que se passa com cada agente económico só adquire significado, só pode ser explicado cientificamente, partindo do todo para a parte. Não seria difícil encontrar exemplos demonstrativos de tal[168]. Contudo ficava-me uma dúvida: não será que a partir do momento

---

[168] Esta intervenção foi interrompida, resultado da inclusão dos exemplos que foram apresentados, os quais geraram um longo debate, ora filosófico ora económico, sobre a relação do todo com a parte num sistema simples ou complexo. No campo estritamente económico encaminhou-se para um tema que já tinha sido aflorado no início dos nossos diálogos, a teoria do valor. Gerou-se uma acesa troca de opiniões sobre a conveniência de realizarmos mais uma ronda destes nossos debates, depois de concluirmos a da racionalidade, sobre a teoria do valor. Apesar do

RACIONALIDADE

em se adoptou a definição de Economia apresentada por Robbins ter-se-ia que adoptar a decisão de escolha como centro de análise e não será que a partir desse momento seria inevitável tombar no individualismo porque é o homem a única entidade que toma decisões?

– A tua pergunta compreende duas etapas. Concordo com a primeira: a definição formalista de Economia trouxe como consequência inevitável colocar a tomada de decisão (económica, entenda-se, se nos é permitido este pleonasmo) no centro da análise. E foi essa a evolução. Contudo já a segunda parte não é susceptível de aceitação. A definição formalista surge no quadro de uma aceitação da Economia utilitarista e por isso a análise da tomada de decisão faz-se no quadro do individualismo. Contudo não há uma obrigatoriedade lógica nessa sequência.

– Quanto à segunda parte, tu próprio reconhecerás que não tem uma resposta afirmativa. O indivíduo toma decisões, as instituições, que têm uma autonomia relativa em relação aos indivíduos que as constituem, tomam decisões, frequentemente expressando a correlação de forças dentro de ela e a pluralidade de opções dos seus elementos. O Estado toma decisões. Os organismos internacionais, é bom não o esquecer, tomam decisões. As decisões estão condicionadas pelos usos e costumes, pela hierarquia de valores e sua mutabilidade, pela estrutura da sociedade no seu conjunto. Cada centro decisório está condicionado pelos restantes e influencia os outros. A pertença de um indivíduo a uma instituição pode significar uma opção racional do indivíduo, mas tal não invalida esta multiplicidade de centros decisórios. Assumir como único centro decisório o indivíduo é uma simplificação que afasta a Economia da realidade-em-si, corresponde ao conhecimento corrente de uma sociedade em que o individualismo se tende a impor.

– Tens razão e certamente estás a pensar nos países capitalistas desenvolvidos. O individualismo metodológico impôs-se pela Economia a todo o mundo, mas existem muitas regiões do nosso planeta onde a economia assume uma maior influência das instituições, em que o peso da tradição e de algumas instituições é poderoso.

reconhecido prazer de nos encontrarmos e do fervilhar dos raciocínios novos para cada um de nós, optou-se por manter o plano inicial e não se entrar nesse tema. Todos reconheceram que ele é essencial e tem sido subestimado com a crescente imposição do utilitarismo, mas é um debate demasiado exigente para o incluirmos neste texto.

– Creio que as conclusões estão tiradas. Podemos passar à análise de outra crítica.

Complexidade

– Eu sei que vou levantar um problema que é difícil e que exigiria estudos aturados, longos debates entre nós. Por isso peço que sejamos relativamente sintéticos e nos centremos na Economia[O3]. Estou a falar da complexidade. Se colocado de uma forma abrangente a sua análise exigiria considerar todos os paradigmas da Economia e não apenas os que estão ligados à problemática da racionalidade. Contudo, vou partir de um exemplo que se centra na Economia[O3]. Quando um economista pensa num mercado quase espontaneamente lhe surge a imagem das curvas de oferta e procura e um ponto de intercepção que é um atractor simples e único, correspondente ao equilíbrio. Como demonstraste nas tuas provas de agregação (Pimenta 1995c) a procura – o mesmo se poderia dizer para a oferta mas não a trataste – é muito mais que a curva da procura. Se repegarmos nos autores que admitem que os indivíduos têm diversos comportamentos ("preferências reveladas") que tendem para a racionalidade, ou têm-na como referência, há que se analisar teoricamente dois problemas: (a) como se faz a passagem de um qualquer ponto do espaço para a curva da procura; (b) como na curva da procura se tende para o equilíbrio.

– Não estou a entender bem!

– Por outras palavras, a situação normal é cada consumidor estar fora da curva da procura, pelo que para se chegar ao ponto de equilíbrio é necessário que, sequencialmente ou em simultâneo, atinja uma situação de racionalidade expressa pela curva da procura. Este duplo movimento (de fora da curva para esta e a obtenção do equilíbrio) pode introduzir a complexidade.

"Quando estava a aprender, na escola, as curvas da oferta e da procura, perguntei ao meu professor: «donde é que vêm essas curvas? Foram inventadas, baseadas em dados, ou representam uma teoria?». A melhor resposta que obtive, pelo menos aquela de que me lembro, foi que representavam a teoria do equilíbrio económico. O mercado, afirmaram-me, estabelece um equilíbrio, e o ponto em que as curvas da oferta e da procura se interceptam determina o preço. Esta afirmação, por muito razoável que pareça, é um disparate chapado. (...) O sistema económico, a ser alguma coisa, é um sistema afastado do equilíbrio, tal como o sistema evolucionário e a resposta imunológica." (Pagels 1990, 182)

É certo que esta posição é susceptível de vários comentários, mas não é por acaso que o "teorema da teia de aranha" é uma das vias de domesticação e inclusão da complexidade na Economia neoclássica. Mas a argumentação assume outra consistência se atendermos a algumas evidências científicas. Por exemplo, o processo económico, decorre no tempo. A procura não é instantânea, como muitas vezes se representa. É um processo temporal e como toda a decisão individual ou colectiva comporta informação e esta é irreversível. Na sociedade, nomeadamente na economia, o tempo é único, linear. Essa irreversibilidade pode exigir que o modelo da oferta e da procura seja apresentado num espaço topológico diferente do plano bidimensional, podendo mesmo conter rupturas. Os modelos de equilíbrio parcial e a consideração de cada mercado *per si*, o tratamento das elasticidades cruzadas com a cláusula *cæteris paribus* evitam o tratamento do equilíbrio do preço de mercado num espaço pelo menos tridimensional, onde podem surgir as evoluções temporais caóticas.

"De uma forma geral os economistas mostram (em certas condições) que uma economia de livre troca conduzirá a um equilíbrio óptimo para os produtores de diversos bens económicos. Mas o preconizado é, de facto, a criação de um sistema económico complexo obtido acoplando diversas economias locais. E isso, como vimos, arrisca-se a dar lugar a uma evolução temporal complicada, caótica, em vez de um equilíbrio agradável. (Tecnicamente, os economistas admitem que um «equilíbrio» seja um estado dependente do tempo, mas não que tenha um futuro imprevisível)." (Ruelle 1991, 112/3)

– Guedes (1999) chega a prognosticar o desaparecimento do pensamento económico neoclássico face ao ascenso das teorias da complexidade, mas, como afirmou Samuelson, todas essas teorizações caiem por terra enquanto o seu livro for o principal manual de aprendizagem inicial da Economia no ensino superior. Aliás, as próprias correntes neoclássicas têm sabido integrar problemáticas da complexidade enquanto problemas técnico-formais sem pôr em causa os fundamentos do seu paradigma. De qualquer forma estou de acordo que é essencialmente nestes paradigmas que o afastamento é mais peremptório. Fizeste bem em chamar a atenção para isso na continuidade da nossa leitura crítica. No paradigma O1 a preocupação em captar a realidade-em-si, de enriquecer sistematicamente o objecto científico com a releitura da realidade, faz com que se caminhe do abstracto para o concreto e este é sempre complexo. A sequência temática na obra de Ricardo (1983 [1817]) e de Marx (1969 [I – 1867]) é eloquente a este respeito.

– Reteria, desta troca de ideias, que os consumidores situam-se fora da curva da procura, podendo-se generalizar esta constatação a muitas outras situações. Se a curva da procura representa a situação óptima e os agentes económicos não são completamente racionais, mesmo que tendam para tal, não há leitura alternativa, mesmo respeitando as regras do modelo.

– Antes de terminarmos estas apreciações apenas uma reflexão complementar. Já referimos que em todos nós coexistem as determinações sociais (hábitos, opções das instituições, legislação, etc.) e o livre-arbítrio individual. Este é reconhecido pela Teoria da Escolha Racional, mas aquele é rejeitado, ou bastante subestimado. Daí muitas das observações que fizemos anteriormente. Como se pode articular essas duas vertentes? A tendência é extremarem-se as posições e ora privilegiar-se o determinismo ora eleger o livre-arbítrio. Já falámos sobre isso com profusão de elementos. Ora as teorias do caos (parte da teoria da complexidade) permite articular rigorosamente as duas vertentes.

"«Foi a mesma coisa que nos atraiu a todos: a noção de que se poderia ter determinismo e, simultaneamente, imprevisibilidade», declarou Farmer. «A ideia de que muitos dos nossos sistemas clássicos deterministas que todos nós estudáramos podiam criar algo aleatório era espantosa. Fomos levados a tentar compreender o que estava por detrás disto». (...) «Do ponto de vista filosófico, aquilo que mais me marcou foi considerar estas ideias como forma operacional de definir o livre-arbítrio, de uma maneira que permitia reconciliar livre-arbítrio com determinismo. O sistema é determinista mas não se consegue dizer o que é que se vai fazer a seguir»." (Gleick 1989, 312/3)

RACIONALIDADE

HÁ MAIS A DIZER

RESUMO:
Aspectos positivos da Economia[O3]: coerência discursiva, matematização, elegância. Impacto das concepções teóricas sobre a leitura da realidade. A "economia real" enquanto construção. Inevitabilidade da ética na vida humana. Relações de Economia[O3] com conhecimento corrente e ideologia.

– Creio que sobrevoámos sobre algumas das apreciações críticas que vários economistas, psicólogos, sociólogos e filósofos têm feito às teorias da escolha racional, mas poderíamos continuar a chamar à colação questões adicionais, até porque umas críticas se interligam com outras, levantam novas problemáticas. Sabemos que não podemos esgotar o que haveria a dizer sobre o assunto; temos consciência que muito do que aqui debatemos, e concluímos ser indispensável, aconselha-nos a prudência de não prolongarmos demasiado estes nossos debates. Contudo, antes de caminharmos para a síntese, aproveitando o potencial de leituras e reflexões que tenham feito desde o nosso último debate, será de relançarmos o debate sobre outras críticas que porventura tenham ficado por fazer e que considerem relevantes.

– A crítica a uma teoria, como já referimos insistentemente quando da crítica da Economia, na primeira parte do nosso debate, passa por salientar os aspectos positivos e negativos relevantes para a construção de uma nova maneira de abordar o problema, mas desde que começámos a referir a Teoria da Escolha Racional, nas suas diferentes variantes, só temos feito críticas negativas.

Aspectos positivos

– Creio que ao longo da apresentação dos diversos autores que são englobáveis no epiteto geral de Teoria da Escolha Racional esses aspectos positivos ficaram perfeitamente explicitados. Contudo podemos retomar, Creio que a primeira qualidade é a sua coerência lógica. Os conceitos encaixam-se entre si, formando uma trama dificilmente desmontável. E quando se encontra uma brecha interna, por exemplo. a existência de comportamentos não-lógicos ou falta de informação, ela é rapidamente colmatada, seja pela introdução de uma nova hipótese (ex. informação imperfeita)

329

seja pela reformulação da teoria (a racionalidade como contraponto dos comportamentos erráticos), como encontramos em Hayek e em muitos outros autores. Essa coerência interna, coadjuvada pela capacidade de integração domesticada de qualquer elemento que lhe seja adverso, torna-a uma fortaleza quase intransponível. Não é por acaso que a imensidão de provas da racionalidade limitada não rompeu decididamente as hipóteses irrealistas, o *cæteris paribus* ou a normatividade de referência.

– Provavelmente a fronteira entre "o positivo e o negativo" de uma teoria é uma quimera. Um mesmo aspecto pode ser olhado pelos seus defensores como uma vantagem, muitas vezes assumida espontaneamente, sem qualquer reflexão, e pelos paradigmas alternativos, como um erro ou uma insuficiência. Desculpem este intróito mas pareceu-me importante para se entender as qualidades que os seus defensores possam argumentar. Uma delas é a aparente simplicidade conceptual. Os conceitos aparentam tal simplicidade que não carecem de ser analisados: todos sabem o que é ser racional, todos sabem o que é utilidade, todos sabem o que é preço. O símbolo das palavras sobrepõe-se aos seus significados científicos. Apresenta-se como uma leitura fenomenológica, sem que haja nada por detrás a ser relevado, como um prolongamento do quotidiano. Outra vantagem é prestar-se facilmente à matematização, de uma forma genérica, à construção de modelos formais. Facilmente o economista se liberta da "complicação da realidade" e concentra os seus esforços no hipotético comportamento racional.

– Essa facilidade de formalização traz um outro requisito aos modelos, a sua elegância. Atrever-me-ia a dizer, embora seja uma afirmação suficientemente dura para poder ser proferida sem provas, como faço aqui, que essa facilidade de formalização e a correspondente elegância são as principais justificações para duas dinâmicas complementares: por um lado a aplicação da Teoria da Escolha Racional a outras ciências além da Economia e a posição assumida na Economia[O3].

Construção da informação

– Neste segundo grupo de debates concentramos a nossa atenção no terceiro paradigma da Economia, e é aí que devemos continuar, mas o que agora vou referir abrange todos eles: A Economia é, genericamente, interpretação da realidade e, porque o é, transforma a nossa própria leitura da realidade[169]. Frequentemente admitimos que há uma informação sobre a realidade e que é sobre aquela que se constrói a descrição e a interpretação. Eu próprio tenho muitas vezes a tendência para raciocinar dessa forma apesar de saber que o objecto da Economia é uma realidade-para-si, um objecto construído. O senso comum deixa-nos sempre o lastro: tendemos a considerar que os nossos sentidos são capazes de ler a realidade-em-si e que a tecnicidade de construção da informação é independente das teorias subjacentes. E, na realidade, não é assim. E se pensarmos um pouco rapidamente descobrimo-lo. Nos países socialistas que tinham como referência o marxismo a contabilidade nacional distinguia claramente o que eram actividades produtivas e improdutivas e mesmo a contabilidade nacional de alguns países capitalistas tinham em atenção essa distinção em sectores de constatação evidente (Lauzel 1973). Era sempre um problema candente (Delaunay 1971). Hoje a contabilidade nacional considera tudo o que é útil, real ou fictício (estimado). O mesmo se poderá dizer da contabilidade das empresas. Esta "sob a aparência de uma técnica – mais ou menos complexa e esotérica na apreciação dos profanos – a contabilidade é, de facto, um conjunto de construções sociais, historicamente datadas e geradoras de efeitos económicos" (Capron (Org.) *et al.* 2005, 6). Assim, por exemplo, a lógica de curto prazo da corrente que temos estado a analisar, a menor preocupação com o funcionamento estrutural da empresa e a relevância dada às "operações instantâneas" nos mercados financeiros, faz com que a informação contabilística hoje vise mais "gerir racionalmente" a carteira de títulos do que controlar a gestão e analisar as características das empresas (Colasse 2012, 28). Tudo isto também é visível na informação transmitida pelos média. Se se perguntar a alguém qual é o problema central da economia, ninguém responderá que é o planeamento do desenvolvimento, ninguém se lembrará de dizer que são os estudos que faltam sobre a dinâmica global, provavelmente poucos falarão na balança comercial ou nas dívidas do sector privado, mas em todos virá de imediato a imagem do Orçamento Geral de Estado.

– Tens razão em recordar esta circularidade entre a informação e as teorias; estas se autojustificam na informação que elas mesmo geraram. Contudo, essa não é uma crítica específica à Teoria da Escolha Racional.

---

[169] Agradecemos ao colega e amigo Manuel Castelo Branco o enunciado desta problemática.

– Sim, o problema é geral. É típico de todos os paradigmas da Economia. Admito, contudo que a Economia[O3] amplifica esta situação por um simples facto, que tenciono abordar mais adiante: a destruição do corte epistemológico.

Economia real

– A linguagem utilizada influencia o que designaste pela destruição do corte epistemológico, o qual assumo como fundamental no processo de construção de um pensamento crítico, do conhecimento científico. A Economia joga muito com essa destruição sub-reptícia de fronteiras. Vou dar-vos mais um exemplo. Já concluímos que a Economia é uma ciência que desponta e consolida-se com a revolução industrial. Toda a actividade social que merece a sua atenção processa-se numa sociedade em que a moeda[170] é uma realidade social. Essa é a *realidade*. E porque assim é, Keynes chamou a atenção para haver formas de funcionamento da economia que não é conforme aos pressupostos da teoria neoclássica, suporte da chamada lei de Say (da impossibilidade de crises). A síntese neoclássica, chamou-lhe "ilusão monetária". Se olharmos para a realidade-em-si esta é a realidade. Mas tal nunca poderia ser englobado num comportamento racional. Uma "ilusão" pode fazer parte da racionalidade humana mas nunca poderá fazer da olímpica. Então a realidade não pode ser as transacções em moeda mas

---

[170] Este termo levantou um extenso debate que nos dispensamos agora de analisar. No entanto, porque ele apareceu associado a uma destruição do corte epistemológico, convém elucidar algumas questões. Porque "moeda" é uma palavra utilizada por todos, seja na vida quotidiana seja no trabalho científico, corremos o risco do leitor assumir o que estamos a debater e a transcrever com um sentido diferente do que falámos. Por moeda podemos estar a designar duas coisas diferentes: a relação que se estabelece entre cidadãos no processo de troca (moeda-relação); o instrumento que serve de suporte a essa relação social (moeda-forma). A tendência do conhecimento corrente é considerar exclusivamente este último. Ambas são importantes. A moeda-forma tem de assumir um conjunto de características que viabilize a relação entre os homens. A diversidade de formas que assume (notas e moedas nacionais e supranacionais, depósitos à ordem, entre outras) faz com que a relação social mundializada passe pela convertibilidade recíproca entre todas as moedas-forma. Em termos paradigmáticos assumimos uma noção de moeda que se aproxima da leitura marxista do "equivalente geral" e que é apresentado, embora não considere a especificidade da moeda-crédito, essa forma de moeda, por Brunhoff (1973), ([sd]).

o que está conceptualmente na base delas, a troca de bens. A realidade deixa simbolicamente de ser a moeda ("economia monetária") para os bens ("economia real"). Reparem, não estou a fazer uma apreciação económica destes conceitos, o que exigiria uma profunda análise do equivalente geral, da moeda e do keynesianismo, mas tão somente a apreciar a manipulação conceptual e simbólica.

– Por palavras simples, a Teoria da Escolha Racional distingue entre "economia monetária" e "economia real". A primeira pode ser a referência dos homens, mas, porque pode haver "ilusão monetária" a racionalidade tem que ser encontrada na "economia real". Porque todos nós tendemos a assumir "real" como "realidade", como o "que existe de facto", o que é "factual", o "que contém a verdade"[171], assumirmos pacificamente a dicotomia construída (economia monetária *versus* economia real) e a superioridade lógica das análises na "economia real". E é óbvio que seria possível encontrar outra terminologia (ex. "economia *versus* economia deflacionada, economia monetária *versus* economia desmoneratizada) e que a "economia real" é sempre uma construção a partir da economia efectivamente existente.

– O que dizes chama-me a atenção para a importância da interdisciplinaridade da Economia com duas ciências sociais habitualmente ignoradas pelos economistas: a Linguística e a Semiótica. Contudo tal abordagem foge aos nossos propósitos[172].

– Avancemos, pois, quer porque o debate assim exige, quer porque já somos merecedores de um intervalo para falarmos de outras coisas e ouvirmos boa música.

---

[171] Retirado do dicionário Priberam.

[172] À margem do debate, os presentes não resistiram a fazer uma incursão por essas áreas, que passou por vários itens: (1) o que estuda a Linguística; (2) O que estuda a Semiótica, ou Semiologia; (3) Quais as possibilidades da Economia se articular interdisciplinarmente com elas; (4) Que paradigmas da Economia poderão ser mais propícios a essa interdisciplinaridade. Também se tratou de um exemplo em torno do termo "inflação": (a) primeiro significava "inchaço" (inflação na barriga significava gravidez) e foi com esse significado que apareceu na linguagem da Economia, exigindo-lhe, posteriormente, precisão de que inchaço se tratava (inflação de títulos, inflação de moeda, inflação de preços); (b) a partir de uma época recente (anos 80/90 do século passado) passou a ser utilizada sem qualquer especificação para designar "aumento de preços"; (c) recentemente o termo "crise" tendeu a ser demasiado chocante e a ser substituído por "bolha" ou "deflação", o contrário de "inflação".

Ética: vivência e sobrevivência

– Já sabemos que a racionalidade instrumental ignora a racionalidade axiológica e, dessa forma, a ética não é considerada, ou não é devidamente considerada. Apesar de sabermos que não há sociedade humana sem um compromisso de relacionamento entre os seus elementos, em que a ética é relevante. Mas esta pode ser uma leitura simplista. A racionalidade instrumental pode ser antiética, na medida em que pode pôr em causa condições condignas de vida para uma parte da população ou mesmo a destruição da espécie humana. Por outras palavras a Teoria da Escolha Racional não é apenas aética; também é antiética. E pode sê-lo quer pelo próprio funcionamento da economia, agravando as desigualdades, ou pelos nefastos impactos ambientais.

– Creio que este é um ponto suficientemente importante para o tratarmos mais pormenorizadamente num ponto autónomo, embora reconhecendo que não o poderemos abordar com a extensão que ele mereceria. Se estiverem de acordo, reservamos para mais tarde marcarmos uma conversa sobre o assunto, passando agora a outras eventuais apreciações críticas ao racionalismo.

Colagem epistemológica

– O ponto que tinha na agenda para aqui lembrar, já foi referido anteriormente. Aceitando que fazer ciência não é apenas descrever, mas também explicar, aceitando que fazer ciência é descobrir o novo e este nunca pode ser inicialmente evidente, o corte epistemológico[173] assume-se como uma dimensão imprescindível de fazer, e ser, ciência. Um corte com o conhecimento corrente. Ora, como já constatámos, a Teoria da Escolha Racional joga muitas vezes com o recurso ao conhecimento corrente para tratar assuntos que estão para além dele. Essa é uma limitação da sua cientificidade.

– A ausência dessa ruptura retira o significado às palavras que utilizamos ou, melhor, dá-lhes um sentido incorreto: "se usarmos a linguagem de uma forma não reflexiva, permaneceremos completamente inconscientes"

---

[173] Sobre este assunto consultar Bachelard (1976). Abordado em muitos livros de muitos autores, sugere-se Pimenta (2013a).

de muitas situações e problemas e "o problema desta abençoada ignorância é que (...) iteramos vários pressupostos normativos dos quais nem sequer temos consciência" (Borradori 2004, 36), como chama a atenção Derrida.

– Se tu próprio reconheces que essa temática já foi referida, embora não de uma forma sistemática, o que seria impossível neste debate, creio que podemos avançar, esperando que de seguida possamos sistematizar tudo o que dissemos até agora sobre a Economia[O3].

– Não sem antes descansarmos. Propondo que só retomemos o debate daqui a uns dias. Perante tantas conclusões, precisamos de algum tempo de "amadurecimento" das ideias para realizarmos uma adequada sistematização.

– Essa reflexão lenta e persistente entre os conhecimentos adquiridos, esse deixar o subconsciente (e talvez o inconsciente) concatenar e hierarquizar ideias, é fundamental para que os nossos conhecimentos, compreendidos e aceites, integrem de forma definitiva (com a relatividade que este conceito tem) a nossa maneira de pensar. Não é pensarmos como os outros, é pensarmos com os outros.

SÍNTESE

RESUMO:
Resumo do caminho percorrido no debate. Unidade e diversidade da Teoria da Escolha Racional. O comportamento humano é diferente do pressuposto por esta teoria. Escapes à falseabilidade. O dito e não dito, a positividade e o discurso ideológico. Primado do racional ou do irracional? Capacidade transformadora da Economia[O3]. Sua cientificidade. A utilidade na raiz da racionalidade.

A caminhada

– Tantas foram as pistas de trabalho lançadas, as análises e fundamentações realizadas, as dúvidas e as observações críticas, que convém de uma forma muito sintética relembrar o caminho percorrido. Quando das nossas lucubrações sobre a Economia, que nos permitiram encarar as problemáticas levantadas pela nossa ciência de uma forma diferente, resultou inequivocamente que era impreciso e, quiçá, errado, falar da Economia em geral, tão diferentes são os paradigmas que a segmentam, Quando queremos analisar um problema temos de ter em conta essa realidade primeira. Não o fazer seria atribuir ao paradigma dominante uma universalidade que não tem. Por isso, para abordarmos a problemática da "racionalidade económica" tivemos que responder a duas perguntas: (1) o que é a "racionalidade económica" enquanto parte integrante da razão humana; (2) é um tema inerente à Economia ou a alguns dos seus paradigmas.

– Quanto à primeira pergunta respondemos de forma limitada, mas suficiente, perante a impossibilidade de tratarmos a "razão humana" de uma forma total. Por muitos que fossem os nossos conhecimentos de muitas ciências e de filosofia, nunca teríamos condições de analisar exaustivamente o problema. Contudo, mesmo com essa análise incompleta concluímos de uma forma concludente duas coisas. Primeiro, que a "racionalidade económica" pode ser interpretada como a aplicação da razão ao objecto de estudo da Economia. Contudo, na maior parte dos casos, os economistas nem têm a preocupação prévia de esmiuçar a razão. Podemos dizer que para os economistas a razão tem razões que a razão desconhece. Basta uma leitura simplista: o homem é racional. Segundo, que a forma como é entendida a racionalidade económica depende do objecto da Economia. Por outras palavras, depende da realidade-para-si que é construída pelos economistas, reflexo, mais ou menos distante e consciente da realidade-em-si.

– E esse segundo aspecto remete directamente para a segunda questão que levantei. A temática da "racionalidade económica" é irrelevante para o primeiro paradigma (O1) da Economia.

– Não utilizaria a expressão "não é relevante". Diria antes que essa realidade é tida em conta na medida em que faz parte da realidade-em-si, mas que não se autonomiza, não se torna conceito da Economia.

– Estou de acordo.

– Em fases sucessivas fomos percebendo três coisas. Primeiro, essa problemática obtém notoriedade científica, até política, quando da hegemonia do terceiro paradigma. Segundo, a aplicabilidade do conceito à construção científica já surge frequentemente no segundo paradigma. Tal não seria de estranhar após a análise que fizemos, na primeira parte dos nossos debates, sobre a evolução do segundo para o terceiro paradigma, sobretudo depois de se ter desvanecido o entendimento de que o segundo objecto da Economia era uma forma diferente de designar o primeiro. Finalmente, ressaltou claramente que o utilitarismo, mesmo anterior ao surgimento explícito do segundo objeto de estudo, forneceu as raízes históricas para o desabrochar da centralidade da racionalidade económica.

A teoria a criticar

– Nesta caminhada aprendi, com grande proveito, que não podemos colocar no mesmo saco todas a teorias que tratam de uma forma específica e fundamental a racionalidade. Será legítimo abrangê-las todas na designação de Teoria da Escolha Racional, mas esta possui diversos matizes. Para uns a escolha racional é inerente à natureza humana e é um conceito construído abstractamente para conseguir ultrapassar o reconhecido livre-arbítrio. Outros reconhecem que este livre-arbítrio existe, deve ser tido em conta, mas tal não põe em causa a escolha racional. Para uns a Economia só se deve ocupar da escolha lógica. Para outros a diversidade de comportamentos e opções tendem (por meio de uma mão ultra invisível) para a plena racionalidade. Para outros ainda a Economia deve ocupar-se essencialmente da escolha racional, defendendo que, se os "agentes económicos" se afastam desse padrão é porque não tiveram a lucidez bastante para atingir o melhor resultado, cabendo à ciência mostrar como é.

– Nas apreciações críticas que formulámos tivemos em conta essa diversidade de posições, tomando como referência os autores que oportunamente estudámos mais em pormenor (Menger, Marshall, Pareto, Hayek, Lucas e Becker), mas nesta síntese podemos tomar exclusivamente o que é comum, a importância da racionalidade económica que existiria se os homens, enquanto agentes económicos, procurassem a maximização da sua utilidade.

Conclusões das críticas

– Do percurso que fizemos é fácil tirar peremptoriamente uma conclusão: os agentes económicos, ainda menos todos os agentes económicos, não se comportam como a Economia[O3] pressupõe. É inequívoco, que histórica, geográfica e socialmente, há uma pluralidade de possíveis comportamentos racionais. A Filosofia, a História, a Sociologia e a Antropologia mostram inequivocamente que não podemos falar em racionalidade mas em racionalidades.

– Considerando de uma forma genérica estas posições e a posição de Popper, as teorias da escolha racional deveriam ser postas de lado. Contudo não é isso que acontece. Parece que em vez disso ganham força: ampliam a análise e as situações a que se aplicam, reforça-se o monolitismo teórico na opinião pública e nos programas científicos, domesticam as teorias adversas, comandam a política económica[174].

– Se há alguma relação entre razão e racionalidade económica, não podemos assumir exclusivamente uma racionalidade instrumental. Articulando-se com a constatação anterior, é inequívoco que o homem tem valores donde se conclui duas coisas. Primeiro, antes, ou simultaneamente, com a definição dos objectivos a atingir, há que optar (nem que seja espontaneamente, como acontece em muitas das nossas actividades) os valores que lhe servem de referência. A "racionalidade instrumental" articula-se, o que não é considerado pela Economia, com a "racionalidade axiológica". Em segundo lugar, a Economia aplica a sua racionalidade à utilidade, mas também concluímos que a sua interpretação do que se pode entender por utilidade é de um simplismo atroz.

– A este propósito recordaria, mais uma vez uma posição de Boudon (2010). Seja X um comportamento social e $\{S\}$ um sistema de razões coerentes explicativas desse comportamento adoptado pela ciência social que interpreta X. $\{S\}$ é considerada a racionalidade subjacente a X se não existir qualquer outro sistema de razões coerentes $\{S'\}$ que explique X de forma mais completa e fundamentada. (Boudon 2010, 22/3). Provavelmente esta posição tem uma tendência idealista, considera a leitura entre diversas

---

[174] Esta intervenção deu lugar a um longo debate que nos dispensamos de reproduzir, limitando-nos, porque pode ser interessante, a referir neste apontamento alguns aspectos. A primeira parte foi relembrar que já tínhamos constatado que a correlação de forças institucional dos diversos paradigmas reflecte essencialmente a correlação de forças social dos grupos sociais que privilegiam cada uma delas. Em complemento chamou-se à atenção que na sociedade as ciências, enquanto realidades epistemológicas, se transfiguram em disciplinas, realidades sociais institucionalizadas. Referiu-se a influência da Economia na forma de funcionamento da sociedade, seja porque todo o conhecimento (e ideologia) é transformadora dos homens, seja porque a economia assume um lugar destacado no discurso político, seja ainda porque a Política Económica é uma arma poderosa de reprodução das forças sociais vigentes. Finalmente fez-se um sobrevoo sobre a sociologia das instituições universitárias (Katouzian 1982, 151/5, Millmow 2010), dada a importância destas na consolidação das disciplinas, incluindo da Economia

RACIONALIDADE

ciências e não entre diversos paradigmas de diversas ciências, mas também apresenta aspectos interessantes. Uma ciência, um paradigma de uma ciência, que não aceite analisar cientificamente *{S}* e *{S'}* perde o seu estatuto de cientificidade. Uma teoria alternativa não se pode limitar a dizer que *{S}* está errado, tem que apresentar um sistema alternativo coerente e a fundamentação factual do seu maior rigor. Finalmente, *{S'}* pode não ser a aplicação de um modelo à análise de *X*, mas o resultado de uma observação antropológica em que o observador externo (que gerou *{S}*) é substituído pelo próprio actuante.

– Continuemos. Quanto ao debate entre "racionalidade olímpica", pressuposta pela Teoria da Escolha Racional, e a "racionalidade limitada" é insofismável a inadequação daquela à realidade social. A quantidade de argumentos, provenientes de outras ciências (da Biologia à Antropologia, das Neurociências à Economia Comportamental, da Psicologia à Sociologia) é de tal forma concludente que é impossível admitir uma racionalidade plena, como acontece. Seria a própria negação do homem. Se perante tal profusão de argumentos a teoria hoje dominante continua a considerar uma racionalidade dos deuses só há duas justificações possíveis: uma epistemológica, outra ideológica. Quanto à epistemológica já concluímos pela sua inadequação quando estudámos, na primeira parte, a posição de Friedman[175]. Só resta, pois a ideológica, estreitamente associada à normatividade: seja assim ou não seja na realidade, deveria ser assim para que os homens e a sociedade funcionassem como deve ser (entenda-se, reproduza e consolide a actual correlação de forças social). A ciência – numa acepção que não a associa ao confronto com a realidade – é superior ao pensamento corrente e tem a obrigação de ensinar como os homens devem proceder. Há práticas que o confirmam. É o caso da acção dos "designers económicos" e dos "arquitectos económicos"[176].

---

[175] Este aspecto chama a atenção, mais uma vez, que a crítica da Economia[O3] tem de processar-se a dois níveis: (a) confronto dos pressupostos com a realidade (crítica ontológica); (b) apreciação da validade da aplicação de pressupostos e lógicas de comportamento que contrariam a realidade (crítica epistemológica). O debate entre nós, que não transcrevemos, revelou que o segundo nível é frequentemente esquecido.

[176] Estas intervenções são a outra face da Economia Comportamental, mostrando que esta não é uma mera continuidade da Psicologia Económica. Por um lado reconhece que os agentes económicos não se comportam racionalmente, isto é, como os modelos postulam, mas, simultaneamente reconhecem que isso é uma desvantagem para os próprios, que, dessa forma não

– Quando do debate entre racionalidade plena *versus* racionalidade limitada já constatámos que há uma leitura simplista do comportamento humano, não entrando em conta com a complexidade presente na sociedade, nas instituições e no indivíduo. Esta limitação ficou mais patente quando se criticou o individualismo metodológico. Não é possível considerar o indivíduo sem considerar as instituições e a sociedade. Não é apenas o indivíduo que decide, sobre aspectos da actividade económica, mas uma panóplia de centros de decisão. Além disso, ignorar os condicionalismos sociais, os hábitos e a correlação de forças existente é transferir a olimpicidade da racionalidade para a acção: não só tem de raciocinar como os deuses como também tem de ter a capacidade de fazer o que decidiu fazer.

– Parece-me oportuno relembrar as observações que apresentei sobre o conceito de optimização. A maximização da utilidade não é a única possibilidade de optimização, assim como o não é a própria maximização. Mais, todo o processo de maximização ou optimização, só existe assente numa informação que, também ela é construída e moldada pelo que se quer ver. Há que analisar as situações, os contextos e o comportamento efectivo dos homens.

Ideologia da escolha racional

– Como é que um autor da Teoria da Escolha Racional concilia olhar para a realidade, reconhecendo que cada homem, individual ou institucionalmente considerado, tem as suas idiossincrasias e, simultaneamente assumir um comportamento racional que efectivamente não existe? Esta é a primeira interrogação que nos deve preocupar, apesar de já termos vislumbrado algo quando nos referimos mais detalhadamente a Friedman.

– Sugiro que comecemos por analisar um livro de divulgação da Economia. Creio que aí tudo aparecerá sem artifícios técnicos. É um autor defensor de uma posição próxima de Becker: (Neves 1993). A sua introdução é um misto de grande lucidez – considerando que o "económico" é um objecto

---

maximizam a sua utilidade. Assim, é possível desenhar e arquitectar formas de funcionamento dos mercados susceptíveis de conduzir as pessoas a actuarem próximo da situação considerada óptima. Ver, por exemplo (Neves (Org) e Caldas (Org) 2010, Cap. 7).

científico e que a realidade [em si] é una (13) – e de ambiguidades – confundindo Economia Política com Política Económica, considerando aquela "uma técnica, uma arte, que resulta da mistura da ciência com uma doutrina, uma visão dogmática e particular do mundo" (19)[177]. O que nos interessa é considerar que "A Economia trata dos propósitos e desejos humanos, das alternativas possíveis e estuda a forma como esses desejos se reflectem na decisão sobre essas alternativas" (15) afirmando de seguida, de forma categórica que "enquanto ciência, a Economia dedica-se estritamente ao conhecimento e compreensão da realidade" (19). A Economia, ciência, corresponde ao que é. Categoricamente.

– Como é que se passa desse peremptório "é" para o estudo da racionalidade que não existe mas deveria existir?

– Logo ao começar a apresentar o que é a Economia formula dois postulados[178] ou "«hipóteses-base»": a racionalidade e o equilíbrio (Neves 1993, 23). Está consumado um duplo facto: (1) a objectividade da ciência corre o risco de se desmoronar com estes postulados; (2) simultaneamente os adversários podem discutir como quiserem a "racionalidade" porque o edifício teórico não se desmorona, mesmo com pés de barro. É uma verdade acima dos homens, uma razão que a racionalidade não conhece, e para ser economista há que aceitá-la. Qualquer contestação remete o aprendiz de economista para a "Economia Política", onde pode haver boas intenções mas não há ciência, logo realismo. "No fundo, a racionalidade é a própria natureza da escolha. Escolher significa seleccionar a melhor alternativa" (29). A noção de "equilíbrio" é a passagem da racionalidade do indivíduo para a sociedade: "quando confrontadas entre si, as decisões de vários agentes se combinem da melhor maneira possível" (31). Depois é substituir o "é" pelo "deve ser" ao longo do texto: "de forma a definir qual deve

---

[177] Como já explicámos, todos nós adoptamos como designações semelhantes "Economia Política", "Ciência Económica" ou "Economia". São nomes que ao longo da história foram dados à nossa ciência. Dito isto houve um debate sobre esta posição de Neves porque ela só pode revelar duas coisas: uma, talvez a mais provável, é considerar que os autores fundadores da Economia pertencem à pré-história da ciência e só os paradigmas da "escassez" e da "escolha racional" são verdadeiramente científicos; outra, uma carga ideológica em todo o seu pensamento, mesmo no que pretende ser científico.

[178] Com a seguinte explicação no dicionário Priberam: "O que se considera como facto reconhecido, como axioma, como verdade indemonstrável, mas certa e necessária"; "Princípio que, não tão evidente como o axioma, se admite todavia sem discussão".

ser a alternativa" (35), "o agente deve escolher a alternativa com maior benefício líquido" (39), "deve consumir uma quantidade de cada um dos bens disponíveis de forma a que o benefício marginal da última unidade do recurso gasto em cada um deles seja igual em todos eles" (41), "essa transferência deve ser feita" (42). E assim sucessivamente[179].

– Entretanto peguei num livro da minha biblioteca, ainda de introdução à Economia para que não se camufle as ideias com grandes formulações matemáticas e tecnicidades. Tem a vantagem de se apresentar categoricamente como um defensor da economia positiva: Lipsey (1986). Para além do título da obra é clara a defesa da posição positivista:

> "O sucesso da ciência moderna se baseia parcialmente na *capacidade dos cientistas de separar* seus pontos de vista sobre *o que acontece* dos seus pontos de vista sobre *o que gostariam que acontecesse*" (4),

tendo o cuidado expresso, e rigoroso, de mostrar a inadequação da consideração da complexidade:

> "Quando tentamos analisar o vosso mundo e aplicar os nossos modelos ordeiros a ele, precisamos da ajuda dos especialistas em probabilidade – os estatísticos – porém ainda não verificamos que necessitamos do conselho de peritos no comportamento de sistemas em estados de caos total." (11)

---

[179] A referência a uma outra afirmação do mesmo autor noutro livro ocupou alguma atenção, embora não acrescente nada de novo. Contudo não queremos deixar de o referir aqui: "Um outro postulado importante, que se pode notar da aplicação destes postulados ao nosso exemplo e que pode esclarecer algumas confusões frequentes, tem a ver com a valorização moral das atitudes. Foi afirmado que a racionalidade implicava que cada pessoa no autocarro queria sair o mais rapidamente do autocarro [note-se que na concepção à Becker tudo é estudado pela Economia!]. Mas isso não quer dizer que elas têm de se mostrar egoístas, atropelando as crianças ou deixando de dar passagem às senhoras de idade. Uma pessoa pode ser delicada e, ao mesmo tempo, ao escolher a porta de saída do autocarro, procurar a que lhe está mais perto [máxima utilidade, racionalidade]. A utilização do princípio da racionalidade ou da maximização do bem-estar não implica necessariamente comportamentos éticos [sic]." (Neves 2008, 20). O debate centrou-se em três aspectos: desadequação do título do ponto (valor ético *das* [itálico nosso] leis económicas; diferença entre a acção de cada um e o postulado pela racionalidade; a relação entre a ética e a economia que, em princípio está sugerido que seja tratado posteriormente.

RACIONALIDADE

Chama ainda a atenção para a importância da abstracção: "Uma teoria bem elaborada abstrai da realidade de modo útil; uma teoria mal elaborada não o faz" (13). O que acontece depois? Aproveitemos a procura e oferta para ilustrar, dada a importância desses modelos e o generalizado conhecimento sobre as suas regras![180] Introduzindo o *cæteris paribus* considera o mercado de cada bem como um objecto de estudo. Expressa o que explica sobre a procura através de uma função, o que lhe permite apresentar uma "curva da procura" contínua, que já contem em si uma racionalidade ou plena ou normativa (basta lembrarmo-nos que uma curva tem infinitos pontos que, como desejo, são expressos instantaneamente). Por "milagre" as curvas da procura e da oferta de um bem têm uma localização no espaço possível da relação preço-quantidade que garante a intercepção e em que as elasticidades da procura e da oferta são as que permitem a convergência dinâmica para um único ponto. As "famílias" e as "empresas" situam-se desde início nas curvas da procura e da oferta, isto é, nunca estão fora delas, nunca fogem à racionalidade. Para terminar esta caminhada o autor faz o que é habitual: apresenta o "mercado de concorrência perfeita" como o modelo de referência. Reconhecendo que há muitos tipos de mercado aquele é a referência, mais que não seja porque é o inicial.

– Por palavras simples: explica-se muita coisa, porque o positivismo exige olhar para a realidade, mas vai-se, por meio do *cæteris paribus*, admitindo a "veracidade" da racionalidade.

– Sim, é isso, e dessa forma estamos mergulhados na racionalidade plena. Algumas passagens mais realistas do autor não evitam esta tendência, deixando-se ao conhecimento corrente a infiltração nas malhas da imprecisão. A este propósito é interessante referir as considerações do autor em torno do conceito de "lei", a propósito da oferta e da procura. "A noção de uma lei natural, como algo que se prova ser verdadeiro de uma vez por todas é um conceito do século dezoito e do início do século dezanove" (Lipsey 1986, 105). Apreciação correcta. Então como se deve

---

[180] Vamos apenas considerar o que é relevante para a apreciação do nosso tema, o que é necessariamente uma simplificação. Por isso mesmo deixamos aqui uma nota ressaltando os grandes cuidados revelados pelo autor. A título exemplificativo salientemos alguns aspectos: tem o cuidado de explicitar que a quantidade procurada "é uma quantidade desejada", que a procura de um bem depende do que acontece no conjunto da economia, utilizando o *cæteris paribus* que explica, tem o cuidado de, com muita frequência, chamar a atenção disso.

entender a lei da oferta e procura? "Como ocorre com todas as teorias, as implicações [sic] da teoria da procura e da oferta podem ser apreciadas de dois modos muito distintos. Primeiro elas constituem deduções lógicas de um conjunto de pressuposições sobre comportamentos. (...) Segundo, as implicações são predições sobre eventos do mundo real" (105). Se forem respeitados estes dois princípios a lei funciona, como é óbvio. E se não acontecer? Algo falhou nesse processo e há que corrigir as deduções na passagem da teoria para a prática (o que nos levaria, do ponto de vista filosófico para o pragmatismo) mas a lei continua a funcionar: "Se qualquer uma das pressuposições da nossa teoria da determinação do preço não for empiricamente correcta para [um qualquer caso] (...) a declaração poderá ser empiricamente falsa mesmo que seja, como é, uma implicação lógica correcta da teoria do comportamento do mercado" (106). E, logo a seguir, o trabalho do economista está salientado: "A tarefa dos economistas é a de desenvolver implicações correctas em ambos os sentidos – no sentido de que decorrem logicamente das pressuposições das teorias e no sentido de que não são contraditadas pela evidência do mundo real" (Lipsey 1986).

– Permite-me que te interrompa para apresentar de forma esquemática o que agora disseste. Temos (1) um modelo; (2) uma dedução da realidade a partir do modelo; (3) a realidade. Se (2) = (3) então (1) é verdadeiro (V) e (2) também. Se (2) ≠ (3) há três possibilidades: H1: (1) V e (2) F; H2: (1) F e (2) V ou H3: (1) F e (2) F. Destas três hipóteses apenas é considerada a primeira. Este é o primeiro problema. Analisemos a duas hipóteses restantes. H3 é inverificável porque a dedução é a primeira a ser analisada e se ela é falsa deve-se começar por corrigir esse aspecto, não fazendo sentido questionar a falsidade do modelo. Finalmente, quanto a H2 há que dizer o seguinte: o autor não coloca sequer essa hipótese, mesmo que o *cæteris paribus* pudesse constituir uma barreira intransponível, como já analisamos. Alguns autores, quando (2) é falso falam em "falha de mercado". Se o modelo e a realidade não se ajustam pode ser esta que está errada. Logo a necessidade de a corrigir.

– O que dizes está correcto, mas é de chamar a atenção para algo que me causa certa perplexidade: a lei não está no modelo mas fora dele. Está na aplicação do modelo. Ora uma lei científica está no modelo e não na sua aplicação. Esta obviamente que implica uma correcta descodificação dos conceitos abstractos, uma adequação dos indicadores seleccionados aos conceitos teóricos, mas não é aí que reside a lei científica. Essa leitura dita pragmática preserva sempre o modelo.

– Permitam-me que acrescente uma referência ao conhecimento corrente: se o modelo é racional e se se foi irracional na sua aplicação prática, o que há a corrigir? O que é racional ou o que é irracional? Quem seria o cidadão economista que gostaria de ter o epíteto de irracional?

– É inequívoco que a importância atribuída à racionalidade plena não é uma aproximação à realidade-em-si, mas uma abstracção que constitui o quadro de referência para a análise. Já referimos sobejamente que este tipo de abstracção é inadequado, encerrando-se à possibilidade de crítica. "Teorias sociais e políticas não podem simplesmente presumir que os agentes humanos são "modelizados" pela Teoria da Escolha Racional, em completa neutralidade relativamente a suposições psicológicas e filosóficas quanto à motivação para agir, às relações entre normatividade e desejos, emoções e sentimentos morais" (Miguens 2004, 193). Ora é essa inviolabilidade à crítica apesar da grande panóplia de provas substanciais do seu isolamento em relação à realidade-em-si que nos permite colocar a questão: a Teoria da Escolha Racional é ideologia?

– Nada a opor que respondamos a essa pergunta, mas percamos, ou ganhemos, algum tempo, precisando o que entendemos por ideologia, tantos são os significados que lhe são atribuídos. Sabiam que esse termo nasce como análise das sensações e das ideias e é na boca de Napoleão que ele passa a ter um significado pejorativo (Abbagnano 1998, 531/2)? Sabiam que muitas vezes se tende a associar o conceito de ideologia à apreciação marxista das "teorias burguesas"? Precisemos, pois um pouco o conceito, com o cuidado de sermos breves.

– Receio bem que não estejamos em condições de o fazer, tais são os conhecimentos de Linguística, nomeadamente de Semântica (Pinto 1978). Mas podemos ter alguns cuidados, por um lado estando atentos à diferença entre ideologia e manifestação ideológica (Pinto 1978) e concentrando a atenção sobre esta. O que gostaria de salientar desde já, baseado no que disseram sobre a forma como a transmissão da Teoria da Escolha Racional é feita para os estudantes de Economia e o público em geral, é que da análise do que é dito e, sobretudo, do que não é dito, se deduz a existência de lacunas lógicas de dois tipos: omissões inconscientes (a «ideologia é constitutivamente inconsciente de si própria» (Fuchs e Pêcheux em Pinto 1978, 96)) e omissões de natureza pré-consciente e consciente. Podemos ter dessa forma uma aproximação conceptual de ideologia nas palavras de Demo: "a ideologia se aproxima da postura de alguém que dá primazia no processo de conhecimento apenas ao que interessa" (Demo 1981, 94). O que me parece importante aqui salientar é a coexistência de um dito com um não-dito, que há sempre uma normatividade implícita, que essa normatividade tem uma grande capacidade reprodutiva alicerçada em algumas ideias, construídas espontaneamente, profundamente enraizadas: o homem distingue-se dos outros animais pela racionalidade, a racionalidade é bom enquanto a irracionalidade é mau. Creio que podemos concluir que a Teoria da Escolha Racional tem relevantes manifestações ideológicas, seja pela Economia, e a sua difusão por outras ciências sociais, seja pela Política Económica. Seria grave subestimá-las.

– A Teoria da Escolha Racional é profundamente transformadora da sociedade. Considerarão alguns favoravelmente, a generalização da "racionalidade económica", considerarão outros negativamente, o aproveitamento da "racionalidade económica" por quem tem, com mais informação, possibilidades de aproveitar. O crescimento económico é desigual, a "racionalidade económica" aumenta essas desigualdades nacionais e internacionais. A subordinação do Estado às "leis do mercado" torna a economia menos humana.

– O que aconselha que ainda tenhamos tempo de analisar a questão da ética em Economia.

– Para terminarmos este ponto e permitir a passagem para a cientificidade, recordava uma frase de Robinson (1978): "Para conhecer o que os economistas observaram como cientistas é necessário separar o que é válido na sua descrição do sistema da propaganda que fazem consciente ou inconscientemente, da sua ideologia. A melhor forma de separar as ideias científicas da ideologia é manter esta em repouso nas suas cabeças e ver como as ideias então se apresentam. Se elas se desintegram com a ideologia elas não têm uma validade própria. Se elas ainda fazem sentido enquanto descrição da realidade então há algo a aprendermos, gostemos ou não da ideologia." (71).

Falta de cientificidade

– Finalmente, depois de tudo o apresentado e debatido, afirmada e reafirmada a sua normatividade, é legítimo perguntar: o paradigma

O3 da Economia corresponde ao conhecimento crítico designado por ciência?

– Essa pergunta parece directamente dirigida a mim, na medida em que dediquei algum espaço no meu último livro à delimitação da ciência e às suas principais características. Vou abstrair-me de retomar os prolegómenos da problemática e da justificação dos critérios seleccionados para caracterizar uma qualquer ciência[181].

1. Uma ciência tem de ser logicamente coerente e possuir uma metodologia própria. Não creio que haja que colocar qualquer tipo de dúvida ao cumprimento desta característica. Podemos questionar as características dessa coerência e a lógica subjacente aos raciocínios, mas ela é efectivamente possuidora de uma metodologia. Mais, é possível estabelecer laços estreitos entre a sua coerência interna e a utilização da Matemática como linguagem apropriada para a abordagem das suas problemáticas.

2. Qualquer enunciado de uma ciência tem de ser partilhado por todos, isto é, observando os mesmos factos, inserindo-se no mesmo paradigma e utilizando a mesma metodologia, qualquer pessoa poderá chegar aos mesmos resultados. Também nos parece inquestionável que também cumpre este requisito da ciência,

3. A referência de uma ciência é a realidade-em-si, particularmente se estivermos a tratar de ciências da natureza ou sociais. Essa objectividade significa revelar novos aspectos da realidade-em-si e incorporá-los no objecto científico e rejeitar os juízos de valor. Aqui as dúvidas avolumam-se, bastando recordar as críticas que lhe fizemos anteriormente. Dúvidas se se preocupa com a explicação da realidade e desconfiança pela frequente utilização de juízos de valor, implícitos ou explícitos. No entanto quando abordamos o tema fomos obrigados a relativizar este elemento explicativo. Dissemos então que a objectividade é um factor de ruptura com o conhecimento espontâneo, aspecto indispensável quando se faz ciência, mas que não era obrigatoriamente componente de todo o conhecimento crítico. Por isso também aqui podemos dar-lhe o benefício da dúvida, embora continuemos com grande desconfiança.

---

[181] Ver Pimenta (2013a, 23-67).

4. Finalmente, a verificabilidade e a falseabilidade é um traço imprescindível. O progresso científico assenta na prova da falseabilidade de uma teoria. Parece-me inequívoco que Economia[O3], na sua formulação da Teoria da Escolha Racional, não preenche este requisito. As críticas internas são de pequena monta e as externas chocam sempre contra o simplismo dos argumentos da normatividade.

– Esta teoria seria o "fim da história" do pensamento económico, da mesma forma que o capitalismo desenvolvido também o seria. E fechado no seu casulo pode crescer indefinidamente, utilizar técnicas cada vez mais refinadas, incorporar formalmente argumentos dos seus adversários. Esta constatação está de acordo com o que referimos sobre a sua natureza ideológica.

– Creio que estamos de acordo mas isso coloca um novo problema epistemológico: a possibilidade de uma mesma ciência, neste caso a Economia, ter paradigmas científicos e outros que o não são. Como é possível falar de uma ciência em que uma parte de si não o é? Não será que há uma relação lógica entre o não ser ciência e a sua afirmação enquanto disciplina socialmente aceite?

– Caros amigos, reconhecendo a pertinência de todos os argumentos apresentados, consideraria que não devíamos caminhar por aí. Mostrar que a Teoria da Escolha Racional está desajustada, errada, inadequada é um debate útil, com as dificuldades inerentes à hetero-afirmação. Afirmar que Economia[O3] não é científica, mesmo que verdadeiro, dificilmente obteria qualquer audição.

Racionalidade como conceito derivado

– Para não sermos embalados pela especificidade da leitura da Economia, escutemos a voz do filósofo:

"A *Teoria da Decisão* é uma teoria abstracta da escolha racional, em cujo núcleo está a seguinte ideia: há agentes, estes necessitam deliberar, isto é, a partir de crenças e preferências necessitam de avaliar cursos de acção em termos de consequências, nomeadamente em circunstâncias que não podem ser totalmente controladas e previstas. Um agente racional será o agente que, tendo em consideração a utilidade (a utilidade é uma unidade de «desejabilidade») dos estados do mundo que podem ser consequência das suas acções e a probabilidade da obtenção desses estados, age de modo a maximizar a utilidade esperada (utilidade esperada – utilidade do resultado X probabilidade da ocorrência deste)." (Miguens 2004, n. 3, pag. 20)

– E com as expectativas racionais a incerteza da probabilidade dilui-se.

– É verdade, mas o que aqui é importante é mostrar que a racionalidade tem como seu núcleo central a utilidade. A racionalidade económica é um certo tratamento normativo da utilidade, positiva (prazer) ou negativa (dor). Como vimos ao analisarmos Bentham, pode ser um conceito suficientemente flexível e abrangente para tudo caber nele.

– Esperemos não demorar muito na sua análise.

– É justo que depois desta dura jornada de trabalho também cuidemos da nossa utilidade: acabarmos por aqui, convivermos ao som de uma boa música e com algumas cervejinhas para nos entretermos. Já trabalhámos bastante!

RESÍDUOS

RESUMO:
Algumas considerações sobre conceitos correlacionados: utilidade, "homem económico". Assuntos para possíveis lucubrações futuras.

Utilidade

– Com o segundo paradigma da Economia a utilidade desponta como critério fundamental de cientificidade. A *utilização* de recursos escassos com aplicações alternativas. Segundo paradigma que foi despontando e estruturando-se desde o aparecimento das correntes utilitaristas. A Teoria da Escolha Racional é o seu prolongamento: ser racional é utilizar a utilidade de forma eficiente. Há a pressuposição de um comportamento racionalmente correcto na sua avaliação e utilização; uma coerência lógica da ordenação das utilidades; a maximização da utilidade e o conceito de custo de oportunidade; uma actuação dirigida à obtenção deliberada de certos fins medidos em utilidade, ou custo *versus* benefício; o atomismo do raciocínio lógico. Enfim, podemos transpor o conceito de racionalidade para o conceito de utilidade. Ser racional, positiva ou normativamente, é usufruir da maior utilidade possível.

– O conceito de utilidade serve para tudo. E serve tanto mais quanto é um conceito de utilização corrente, o que permite a qualquer pessoa, mesmo que não saiba nada de Economia, considerar que sabe tudo sobre ela. Também neste aspecto manifesto a minha simpatia pelo rigor de Pareto:

> "A palavra utilidade é levada a significar, em Economia Política, outra coisa do que pode significar em linguagem corrente. É assim que a morfina não é útil, no sentido comum da palavra, pois ela é nociva ao morfinômano; ao contrário, é útil economicamente, pois satisfaz uma de suas necessidades, mesmo sendo esta malsã. Embora os antigos economistas já tivessem feito menção desse equívoco, esqueciam-no ainda por vezes. É também indispensável não empregar a mesma palavra para indicar coisas também diferentes. Propusemos, em nosso Cours, designar utilidade econômica pela palavra ofelimidade, que outros autores adotaram depois." (Pareto 1988, III-30)

Apesar da preocupação do autor ser epistemologicamente correcta a opção generalizada foi pela utilidade, primeiro cardinal e depois ordinal, marginal para valer-se da "lei da utilidade marginal" e evitar a dificuldade da quantificação. Comecemos aqui por uma apreciação geral do que é o utilitarismo na modernidade e que formas tem assumido. Para tal recorremos a trabalhos de filosofia nesta área, por três razões:

a) Está fora do nosso propósito uma análise histórica do conceito de utilidade; é certo que considerámos com algum pormenor Bentham, mas muitos autores foram ignorados e, nesse caso não o deveriam ser: Pascal (1623-1622, cientista e filósofo), Bernoulli (1654-1705, matemático), James Mill (1773-1836, historiador e filósofo), Stuart Mill (1806-1873, filósofo e economista) e muitos outros mais recentes, incluindo contemporâneos.

b) Pretendemos captar o seu significado de uma forma mais abrangente do que a feita pela Economia.

c) Não é nossa intenção fazer a história do utilitarismo e dos seus fundamentos científicos, o que sairia do nosso propósito; não nos esqueçamos que o nosso escopo fundamental é reflectir sobre a racionalidade.

RACIONALIDADE

E nessa leitura mais ampla o que constatamos é que o conceito utilidade pode ser entendido de múltiplas formas, diríamos mesmo, de quase todas as formas que desejarmos. Utilidade pode ser prazer, pode ser desejo, até felicidade, mas também pode ser preferência. Pode ser vivenciada (*a posteriori*) ou não passar de uma simples esperança (*a priori*). Pode ser referida à quantidade, mas também à qualidade. Manifesta-se nos actos ou nos raciocínios que a antecedem. Refere-se ao comportamento individual mas também se pode aplicar ao pensamento de grupos. Pode reduzir-se à racionalidade instrumental mas também pode envolver a racionalidade axiológica, como tivemos oportunidade de referir, por exemplo, a partir de Bentham. Registe-se as seguintes afirmações de um dos autores que temos utilizado, depois de ter chamado a atenção para os valores éticos e outros:

"o que inspira o utilitarismo é um espírito analítico da mais fina espécie e nunca a vontade de reduzir tudo à economia. E também não se pretendia reduzir a economia à afectividade. A verdade é que precisamos construir, sem preconceitos, cada valor na sua estrutura própria. Uma das características desta estrutura é a sua possibilidade de ser articulada com outras; a construção deve ter em conta o facto de um valor nunca ser puro. Todos os valores são combinações. Nenhum, seja epistemológico, ético ou estético, pode existir sem estar ligado, nomeadamente pelas ligações da concorrência, com outros valores." (Cléro 2002, 21)

Para não estranharmos este texto recorde-se que o utilitarismo e o primado da utilidade em Economia surge como parte de um debate sobre a teoria do valor, e o termo "valor" é ambíguo: para o economista "criar valor" significa criar rendimento; para outras ciências, e para o conhecimento corrente, "ter valor" é apresentar um conjunto de características que lhe permite ser socialmente reconhecido[182]. Por isso mesmo o artigo

---

[182] Já anteriormente tendemos a falar da teoria do valor mas aqui pretendemos salientar a diversidade de significados, acarretando sempre uma dimensão quantitativa (ex. valor de uma operação matemática, valor de um bem económico) e qualitativa (ex. valor filosófico da verdade, valor da vida). Pode ser o resultado de um "frio" raciocínio lógico ou fazer-se acompanhar de emoções fortes. Segundo Abbagnano (1998, "valor") a sua utilização filosófica, inicia-se com os estóicos e desde então, assume expressão frequente no discurso do conhecimento corrente:

citado começa por afirmar categoricamente que "o utilitarismo não é um economismo".

– Do que disseste retiraria a ideia principal, que já tínhamos constatado com Bentham, de que a utilidade em Economia é uma leitura simplista, mesmo simplória, da utilidade, enquanto conceito aplicável numa imensa diversidade de situações, reafirmando a conveniência de utilizar uma terminologia que diferencie o que é diferente. Ofelimidade seria uma hipótese, como já tivemos oportunidade de referir. Para a Economia[O3] a utilidade está no colete de forças da racionalidade instrumental a criar rendimento ou riqueza, a criar menos custos ou mais benefícios aplicável às mais diversas situações da vida. A Teoria da Escolha Racional em Becker aplica a Economia ao estudo de todos os aspectos da sociedade mas fá-lo com o conceito restrito, simplista, de utilidade, com "economismo".

– O confronto entre o "utilitarismo filosófico" e o "utilitarismo económico" mostra que o centro do ataque de correntes heterodoxas pode não ser o conceito de utilidade mas uma certa forma de utilização desse conceito. O "utilitarismo filosófico", independentemente de qualquer apreciação crítica sobre a sua coerência interna e sua capacidade explicativa da realidade, revela-se como uma leitura da complexidade, de combate à leitura simples, à consideração simultânea de diversas dimensões da utilidade e suas relações. Na utilidade confrontam-se o homem e o grupo. Tendo em conta estes aspectos, e forte possibilidade de ambiguidades, a utilização de uma lógica bivalente assente no princípio da não-contradição pode ser uma leitura simplória. A hipótese da transitividade da utilidade é a expressão desta leitura desajustada.

– Creio que poderemos ficar por aqui, se não queremos correr o risco de mergulharmos numa nova temática, sempre a espreitar, na teoria do valor. No âmbito da nossa análise o muito que ainda poderíamos dizer sobre a utilidade seria a repetição do que já dissemos sobre a racionalidade.

"De que valem todos os actos e pensamentos dos homens no decurso dos séculos face a um único instante de amor?" Friedrich Hölderin (...) "salvo se formos cretinos, morremos sempre na incerteza do nosso próprio valor e o da nossa obra" Gustave Flaubert (in Montreynaud, 1991, "acção" "valor")

Homo economicus

– A história da evolução científica passa inexoravelmente pela especialização. Cada ciência ocupou-se de uma parte da realidade, mais precisamente tomou como referência apenas alguns aspectos da realidade e, alicerçada numa determinada metodologia, construiu o seu objecto de estudo. Se podemos considerar que, directa ou indirectamente o homem está no centro das problemáticas científicas (da Biologia à Psicologia, da Astronomia à Antropologia, da Economia à Sociologia), não o encontramos na sua plenitude em nenhuma delas. E como não há ciência do concreto, a abstracção é uma componente fundamental na construção do objecto científico e no seu estudo. É certo que eu posso fazer uma análise económica mais ou menos próxima do concreto, isto é, a minha realidade construída pode relacionar-se mais ou menos intensamente com a totalidade da realidade-em-si, mas a abstracção, com determinadas regras, é inevitável. Enquanto os paradigmas das ciências sociais mais holistas tendem a ter como referência o homem, os outros tendem a construir um "homem específico" com um conjunto de atributos específicos, aqueles que interessam para a sua ciência e para o seu paradigma. E assim temos, utilizando o latim para lhe dar credibilidade, o homem social, o homem político, o homem geográfico, etc. O homem económico é uma dessas simplificações.

– Na lógica do que disseste o homem económico poderia ser encarado como um protótipo do que é fundamental: o representante do agente económico que existe, o que se pode considerar um comportamento médio, o símbolo do comportamento ideal. Contudo, segundo Persky (1995) o termo não nasce como uma construção teórica, mas como uma forma simplista de crítica. Segundo aquele autor o termo aparece em 1888 como uma forma de crítica, inadequada, a John Stuart Mill (222). Nós próprios procedemos de forma semelhante quando constatamos a dificuldade de Marshall em aplicar o princípio da continuidade. Simplistamente dissemos que ele teve que passar a utilizar o homem económico (...) apesar de tal não corresponder à construção de algo similar por aquele ilustre economista.

– Se podemos generalizar o que dizes concluímos que o homem económico, mais que uma construção teórica é uma formulação simplista de crítica. Daí que muitas das fotografias do homem económico sejam caricatas. Contudo uma caricatura que não deixa de captar algumas debilidades das construções teóricas. Uma imagem típica é a comparação do homem económico com o Robinson Crusoe[183]. Porquê? Porque os marginalistas defensores do individualismo metodológico consideram que a economia funciona sem ser em sociedade, consideram que as trocas se fazem fora da sociedade? Diria, é obvio, que não! Contudo retrata algumas vertentes dessas correntes: a inexistência de decisões axiológicas, a consideração exclusiva da utilidade, muitos exemplos dados pelos marginalistas que nada têm a ver com o viver em sociedade.

– Permitam-me que, depois de vos ouvir, retire algumas conclusões. Epistemologicamente o conceito de "homem económico" só se presta a equívocos e, também por isso, nada traz de válido para a Economia. Dito isto há que lastimar a importância pedagógica que frequentemente lhe é atribuída. Como caricatura de uma teoria a sua utilização deve ser rejeitada por quem quer saber alguma coisa de Economia. Quando eventualmente adoptado por um paradigma ou autor o seu significado depende das características da teoria que defende. Não há um "homem económico", mas vários. Por exemplo, é muito frequente criticar-se o homem económico, por ser um modelo que admite que o homem é estritamente racional, sem qualquer sentimento, estritamente orientado a um fim, pleno de capacidades de cálculo e egoísta. Para muitas situações esta crítica é perfeitamente correcta, mas alguns autores e algumas escolas do pensamento económico já não têm essa visão tão restritiva do homem económico.

Perguntas sem resposta expressa

– Ficaram perguntas por responder?

– Muitas. Por vezes enunciámos as questões a que teríamos que responder, mas acabámos por só analisar algumas. Talvez porque ao fazê-lo percorríamos caminhos que também continham respostas implícitas às outras, talvez porque nos apercebíamos da impossibilidade de tratarmos com a mesma minúcia todas as temáticas. Contudo prefiro olhar para o que avançámos. Sinto que aprendi muito, aprofundando vários autores – e cada

---

[183] Valemo-nos da Wikipédia para reproduzir em poucas linhas esta personagem: "Robinson Crusoe é um romance escrito por Daniel Defoe e publicado originalmente em 1719 no Reino Unido. Epistolar, confessional e didáctico em seu tom, a obra é a autobiografia fictícia do personagem-título, um náufrago que passou 28 anos em uma remota ilha tropical próxima a Trinidad, encontrando canibais, cativos e revoltosos antes de ser resgatado".

um deles é um mundo de estudo –, reflectindo sobre problemáticas que nunca tinha pensado, encontrando em conjunto respostas que à partida nem sequer admitiria. Gosto quando ao descobrir o novo, ao investigar, chego a resultados que mostram que eu estava enganado, mal fundamentado e sobre os quais era insabedor. Por isso vos agradeço a organização destes debates e o caminho trilhado em conjunto.

– Faço minhas as tuas palavras. Já tenho saudades do que ainda não acabou.

– Há um tema que propositadamente remetemos para um futuro incerto e que se me revela importante. Relembrá-lo não significa alterar a nossa decisão anterior, mas somente recordá-lo. A nossa preocupação era a racionalidade. Muito provavelmente alguns de nós admitíamos que ao estudá-la percorreríamos os diversos paradigmas da Economia. Contudo os factos mostraram que aquela só se assume como conceito fundamental, como problema, nos dois últimos paradigmas, especialmente com o terceiro. Tudo bem. Finalmente apercebemo-nos que discutir a racionalidade poderia ser, de uma certa forma, discutir a utilidade, tal como ela é apresentada pela Economia. Então fica uma pergunta no ar: a utilidade é um conceito ausente no primeiro paradigma? É uma pergunta legítima, porque se assim for, alguma coisa está errado nesse paradigma: é legítimo admitir que a utilidade seja um conceito relevante para toda a Economia. E qual seria a resposta?

– Provavelmente sabes tanto a resposta, a primeira resposta, quanto eu. A utilidade está presente em Adam Smith, em Ricardo, em Marx, está presente no primeiro paradigma, está presente em muitos outros autores difíceis de encaixar numa "escola" mas de uma forma totalmente diferente. Está presente na leitura utilitarista da Economia[O1].

– Admito que sim. É essa forma diferente que fica por analisar, o que só poderia ser feito debatendo o conceito de valor em Economia. "Valor" é um termo estranho, que só por si mereceria uma investigação, mas estava a referir-me ao confronto entre teoria do valor-trabalho e teoria do valor-utilidade. Quer numa quer noutra a utilidade está presente mas com significados diferentes, com importâncias relativas diferente na explicação da realidade. Nos autores contemporâneos a teoria do valor é um tema esquecido, muitas vezes ignorado, mas acontecer tal é uma forma velada de privilegiar, de introduzir sub-repticiamente, uma das teorias em confronto.

– Têm razão no interesse do tema, mas se nos metêssemos por aí prolongaríamos estes nossos encontros por mais uns longos meses. Não está posto de lado, mas fora dos planos actuais. Podemos considerar que o nosso tema da racionalidade está concluído. Diria, bem concluído.

– Recordo-vos, contudo, que ainda temos uma última conversa marcada. Sobre a inclusão da Ética na Economia, admitindo que ela já está presente na economia. Poderíamos passar sem ela e continuaríamos a sentir-nos com o trabalho realizado, mas como é hoje uma preocupação presente em muitos economistas resolvemos abordá-lo.

– Sinto saudades de uma cachimbada, de ler um bom romance, de matar a cabeça com a poesia, de assistir a um bom teatro. Tenho que confessar que os últimos tempos foram duros, tantos foram os assuntos a estudar, a bibliografia a ler. Acabemos, pois, com o maravilhoso sentimento de que aprendemos.

– Obrigado a todos pelo empenhamento revelado.

Ética e Economia

INTRODUÇÃO

RESUMO:
Conceitos de "ética" e "moral". O tema no âmbito da racionalidade. Relembrando Bentham sobre o assunto. A Ética na ciência e na actividade do economista. Questões problemáticas a analisar.

Conceitos

– Aqui estamos mais uma vez, com o conforto da amizade consolidada nesta já longa reflexão colectiva, e a ânsia de trocarmos ideias e aprendermos. A temática que estamos agora a abordar tem sido matéria vasta. Está fora do nosso propósito fazer uma análise extensiva deste assunto. Não assumamos este ponto como um tema em si, mas antes como um complemento à leitura crítica da racionalidade, a qual se transformou numa observância do terceiro paradigma enunciado por nós, logo da Teoria da Escolha Racional.

– Estou de acordo com a tua recomendação embora considere muito difícil não fazermos incursões em temáticas mais amplas. O que é proibitivo, pela sua amplitude e a nossa ignorância, é tratarmos da Ética com algum desenvolvimento digno de nota. Se a Economia, com suas raízes disciplinares científicas no século XVIII, nos exigiu tanto tempo (primeira parte do nosso debate), o que nos aconteceria com a Ética, com suas raízes filosóficas estruturadas, na nossa cultura europeia, no século V a.c.? Como a Ética foi uma temática bastante subestimada por mim, mesmo nos tempos de estudante de filosofia, fiz um breve apanhado do seu significado, assim como de Moral, mas, por favor, não assumam como tema de debate:

- Definições de livros generalistas, tais como manuais, enciclopédias ou dicionários.

Aavv (2003, 1135):

ÉTICA. "1. Parte da filosofia que estuda os fins práticos do homem, isto é, as condições individuais e colectivas da vida boa. 2. Doutrina específica determinando o conteúdo desta bondade, assim como o conteúdo normativo das regras que permitem a sua realização. 3. Consciência das regras e dos valores que orientam a prática de um determinado grupo (ética dos negócios, do direito, do jornalismo, etc.)." (1135)

MORAL. "1. Conjunto mais ou menos organizado de normas e valores a que o indivíduo submete livremente as suas acções, obrigando-se a respeitá-las reconhecidas objectivas e universais (...). 2. Reflexão a montante para fundamentar os valores e as normas na noção geral de bem (...) e avalizando a avaliação das condições de aplicação. Actualmente ética e moral são frequentemente diferenciadas (por vezes colocadas em oposição) embora esta distinção não esteja clarificada." (1992)

Dortier (2006):

ÉTICA / MORAL. "A moral envolve, mais do que a ética, a ideia de uma certa transcendência e de uma certa abstracção de um dever universal. A moral de Emanuel Kant é talvez o melhor modelo: o homem deve agir por dever e não por inclinação (...). A ética, pelo contrário, caracterizar-se-ia por uma certa imanência, pela vontade de guiar a conduta humana para uma vida feliz (...). Baruch Spinoza (...) ilustra muito bem este ponto de vista. A conduta do homem não deve, segundo ele, ser ditada por leis morais que ditariam o bem e às quais os homens se deveriam submeter por dever." (178)

Abbagnano (1998):

ÉTICA. "Em geral, ciência da conduta. Existem duas concepções fundamentais dessa ciência: 1ª a que a considera como ciência do *fim* para o qual a conduta dos homens deve ser orientada e dos *meios* para atingir tal *fim*, deduzindo tanto os fins como os meios da *natureza* do homem; 2ª a que a considera como a ciência do *móvel* da conduta humana e procura determinar tal móvel com vistas a dirigir ou disciplinar essa conduta." (380)

MORAL. "O mesmo que ética" (682).

Vilhena (1956):

"Na sua acepção genérica, MORAL (...) designa o conjunto de regras de conduta. (...) Na sua acepção genérica, ÉTICA designa a reflexão sobre a experiência moral, a reflexão, sistemática ou não, sobre o que respeita às regras morais." (570/1)

Ribeiro e Silva (1963):

"A MORAL (...) também chamada de ÉTICA, define-se etimologicamente a *ciência dos costumes*. Esta definição, porém, não é rigorosa, porque a moral não é uma ciência positiva que descreva apenas os costumes; não tem por objecto propor o modo como os homens vivem, mas regula-os e dirige-os, expondo o modo como *os homens devem viver: é a ciência dos costumes tais como devem ser.* (...) Definiremos, pois, a moral como sendo *a ciência que estabelece as leis ideais da actividade livre do homem, às quais deve conformar as suas acções, para poder viver conforme a sua natureza e atingir o seu fim último.* (459/60)

Infopédia:

ÉTICA. "1. FILOSOFIA disciplina que procura determinar a finalidade da vida humana e os meios de a alcançar, preconizando juízos de valor que permitem distinguir entre o bem e o mal. 2. princípios morais por que um indivíduo rege a sua conduta pessoal ou profissional; código deontológico. 3. moral. 4. ciência da moral."

MORAL. "1. conjunto dos costumes e opiniões de um indivíduo ou de um grupo social respeitantes a comportamento. 2. conjunto de normas de conduta consideradas mais ou menos absoluta e universalmente válidas. 3. FILOSOFIA domínio da filosofia que se ocupa dos problemas relativos à conduta do homem na sua vida pessoal e na sua vida social. 4. teoria, geralmente considerada normativa, do dever e do bem. 5. tratado sobre o bem e o mal. 6. sistema particular de ética (estóica, cristã, kantiana, existencial, etc.)."

Lalande (1972):

ÉTICA. "Ciência que tem por objecto o julgamento de apreciação aplicável à distinção do bem e do mal. (...) há aqui (...) conceitos distintos (...): 1º A *Moral* isto é o conjunto de prescrições admitidas numa determinada época e sociedade, o esforço para se conformar a essas prescrições, a exortação para as seguir. (...) 3ª A ciência que tem por objecto imediato os *julgamentos* de apreciação sobre os actos qualificados bons ou maus. É o que nós propomos chamar de *Ética*." (305/6)

MORAL. "A. (*uma* moral) Conjunto das regras de conduta admitidas numa época ou por um grupo de homens. (...) B. (*a* Moral) Conjunto de regras de conduta assumidas como incondicionalmente válidas. (...) C. Teoria fundamentada do bem e do mal, *Ética.* (...) D. Conduta conforme à moral." (654/5)

Rosental (Coord) e Iudin (Coord) (1972):

ÉTICA, sem adjectivos associados, não consta.

MORAL. "Forma de consciência social, em que se reflectem e fixam as qualidades éticas da realidade social (bem, bondade, justiça, etc.). A moral constitui um conjunto de regras, de normas de convivência e de conduta humana que determinam as obrigações dos homens, as suas relações entre si e com a sociedade."

- Assunção da Ética em trabalhos de Economia

Kerstenetzky in Kerstenetzky (Orgs.) e Neves (Orgs.) (2012):

«ÉTICA» é uma categoria filosófica particularmente carregada de significados. A definição que adoptarei neste ensaio é Ética como o estudo da conduta humana relativa à concepção de uma vida boa. (55)

Silva (2007):

"Aqui definimos ÉTICA de forma abrangente como um ramo da axiologia que pretende compreender a natureza da moralidade, distinguindo entre o certo e o errado, o bem e o mal, a virtude e a não virtude, o justo e o injusto.

Nossa definição de ética pressupõe um sistema de princípios e valores compartilhados por uma comunidade simples, composta por poucos indivíduos, ou complexa, composta por muitas pessoas. Esse sistema de princípios, que é a base para as crenças e valores compartilhados, separa e define o certo e o errado (...) essa definição de ética pressupõe que existam valores que são compartilhados por diversas comunidades e que alguns deles independem do curso da história e da geografia. Outros valores, contudo, mudam com o passar do tempo e variam de comunidade para comunidade. (...) pode também ser vista como um conjunto de preceitos que norteiam o que deveria ser uma boa vida, uma vida bem vivida: neste caso, a ética se aproxima da estética. (...) [também] se aproxima da lógica pois envolve o estudo sistemático (...) da moralidade dos atos e das suas consequências. *Grosso modo*, podemos dividir o estudo da ética em ética aplicada, ética normativa, metaética e psicologia moral." (2)

Delimitação da análise

– Depois deste inventário, embora bastante limitado, de significados de Ética e Moral fiquei cheio de dúvidas se a designação genérica que demos a este nosso debate está correcto. No entanto não me vou meter por aí. Mas creio que é necessário confirmar que a nossa reflexão é sobre a inclusão, ou não, da Ética na Economia, nos diversos paradigmas da Economia, essencialmente no terceiro. Está fora do nosso propósito equacionarmos como se pode introduzir a ética, ou a moral, na actividade económica, por exemplo, estudar o impacto da globalização económica sobre a moral global ou de uma determinada comunidade, as implicações da ética empresarial sobre os negócios, a cultura ética como atenuador do risco de fraude, etc. Aliás, se caminhássemos por esses terrenos rapidamente atingiríamos outros continentes epistemológicos, como é o caso, por exemplo, da Economia Ambiental ou a Economia da Felicidade, ou ainda a Responsabilidade Social da Empresa ou a Gestão de Fraude. Em poucas palavras, a nossa referência é a Economia, a ciência, e não a economia, o objecto científico, e muito menos a sociedade de que aquele é uma construção. Eu sei que estas fronteiras não são fáceis de estabelecer, mas, como disseste, o nosso debate neste ponto é limitado, é um mero apêndice ao que tratámos sobre a racionalidade.

– É imprescindível que ao mesmo tempo que ainda fixamos ideias sobre o que abordar, saibamos claramente o que é objecto do nosso trabalho, como elucidaste.

– Só reflectimos sobre a Ética porque uma das crítica mais veementes à Economia[O3] foi a de não considerar a racionalidade axiológica. E dentro da adopção dos valores a Ética é uma referência frequente, talvez porque se admita existir uma degenerescência das relações éticas. Porque a moral está em profunda transformação nas práticas colectivas.

– Temos de ter cuidado se queremos chegar a alguma referência conclusiva neste debate.

Ainda Bentham

– Talvez uma forma de fugirmos a estas derivações é voltarmos a assumir como referência o trabalho de Bentham, até porque ele nos trouxe surpresas: considerado um dos inspiradores do utilitarismo e da Economia[O3] acaba por considerar a ética como uma referência humana.

– Como fui eu que o estudei mais detalhadamente posso começar. Parece-me uma boa sugestão. Como sabem, o ponto de partida de Bentham, sistematicamente referido, é a utilidade e a dor individual. Contudo apercebe-se que nessa avaliação subjectiva o indivíduo entra em conta com múltiplos factores, reconhecendo nomeadamente que está numa sociedade. Utilizando a terminologia de Becker, o indivíduo tem altruísmo, um altruísmo que não engloba apenas o agregado familiar e as pessoas próximas, mas que pode incluir todos os indivíduos da sociedade. Vejamos mais especificamente alguns aspectos eventualmente relacionados com a ética, ou com a moral. Para atenuar a minha interferência no que o autor pretendia dizer, vou seguir a ordem do próprio livro.

1. "Os diversos sistemas que foram concebidos tomando como referência a norma do bem e do mal [norma moral, como especifica em nota] podem ser remetidos para o princípio da simpatia e da antipatia" (Bentham 2011, 42) e "por princípio de simpatia e de antipatia eu entendo o princípio que aprova ou desaprova certas acções, não porque elas tendam a aumentar ou a diminuir a felicidade de quem tem o interesse, mas simplesmente porque alguém está disposto a aprovar ou a desaprovar" (38/9) em resultado da moral vigente.

2. Ao considerar a punição admite a sanção moral como uma das possibilidades. (53).

3. Na sua tipificação dos prazeres (e das dores) considera alguns que se aproximam da influência da moral; são os casos do "prazer da amizade", do "prazer da piedade", do "prazer da benevolência" – "estes também podem ser designados os prazeres da boa vontade, os prazeres da compaixão ou os prazeres dos sentimentos benevolentes ou sociáveis" (64) – e ainda o "prazer da malevolência" (Cap. V).

4. Nos factores que influenciam a sensibilidade ao prazer ou à dor encontra-se, entre outras correlacionadas, a "sensibilidade moral", uma das que lhe suscita a necessidade de precisar um pouco mais: "pode-se dizer que qualquer um tem esta ou aquela *predisposição moral* ou que tem uma predisposição moral em favor desta ou daquela acção, que ele considera como estando entre aquelas cuja execução é ditada pela sanção moral." (78).

ÉTICA E ECONOMIA

Creio que estas considerações são suficientes. Quando o economista fala em utilidade quase que só está a considerar a motivação pecuniária e, contudo, há uma influência das normas morais. Também é ao nível da posse e valor dos bens e do dinheiro que a norma optimizada é construída.

– O terreno de Bentham é o do interesse próprio. O seu reconhecimento, por diversas vias, de algo que todos nós sabemos, de que em cada sociedade há um ou vários códigos de ética que regulam as relações entre os seus elementos, serve para mostrar a visão simplista e incompleta de muitos dos economistas que se reivindicam seguidores de Bentham, mas não me parece que seja um bom suporte para a temática de ética. As relações entre os homens só são viáveis porque cada um acciona comportamentos que sabe, mesmo que não reflicta sobre o assunto e seja uma emanação do seu inconsciente ou subconsciente, que são aceites pelos outros. É o resultado de emoções que aprendemos com a experiência, que nos permite agir em tempo útil[184]. Se encararmos a moralidade, as suas práticas sociais, como um contrato social (em que eu abdico de uma parte da minha liberdade, da minha utilidade, em troca de qualquer contrapartida, por exemplo segurança) estamos a considerar um processo lógico inverso ao processo histórico da sociedade e do indivíduo, O comportamento ético está para além do prazer individual. Contra tal podemos contrapor diversas observações (Furrow 2007):

1. "O facto de que uma acção nos dá satisfação não implica que a busca de tal satisfação seja o motivo primário" (20). Se a falseabilidade de um teoria fosse possível pela sua não aplicação em várias situações, seria fácil demonstrar que sentimentos como empatia, simpatia, compaixão, honra, amizade, amores romântico e familiar, colaboração no exercício da profissão, ou outros, podem negar esta lógica do interesse próprio.

2. "Além do mais, como poderia alguém consistentemente advogar o egoísmo ético? Fazer isto seria advogar que os outros também ajam de acordo com os seus próprios interesses, que frequentemente

---

[184] É algo semelhante ao que acontece, e analisámos, em relação à necessidade lógica de comparar os preços de cada mercadoria com o seu custo de oportunidade. Se se procedesse assim nunca se compraria nada e morreríamos.

conflituam com os seus. Consequentemente, se eles levarem o seu conselho a sério, você estaria advogando contra seus interesses, o que violaria o princípio básico do egoísmo. Portanto, para evitar a violação dos seus próprios interesses, um egoísta deve advogar o egoísmo para si próprio e para todos os outros que compartilham os seus interesses numa dada situação, mas advogar o altruísmo[185] para os demais" (23).

3. O egoísmo nas relações entre as pessoas gera da parte de terceiros uma quebra da confiança "que pode minar qualquer iniciativa que requeira cooperação" (25).

Enfim, o autor, conclui que "o agir moralmente é bem mais explicado pela necessidade de sermos cooperadores confiáveis" (28).

– Estás a colocar a questão da moralidade (inclinando-me para os defensores de que a Ética é o estudo filosófico da moral) nas relações sociais, mas creio que também se deve colocar na própria relação da vida com a ética. Robinson (1964) utiliza as gralhas para exemplificar o problema. Deixem-me ler-vos a seguinte passagem:

"a necessidade biológica da moralidade surgiu porque, para a espécie sobreviver, cada animal precisa de, por um lado, algum egoísmo [a procurar comida, por exemplo] (entendendo o egoísmo do individual à família). Por outro lado, a vida social é impossível, a menos que a luta pelo interesse próprio seja mitigada pela compaixão e respeito pelos demais. Uma sociedade de egoístas não-mitigados estaria condenada logo à destruição (...) Existe um conflito entre as tendências contrárias, cada uma das quais é necessária à existência, e deve haver um conjunto de regras que as concilie a todas. Além disso, deve existir algum mecanismo que obrigue o indivíduo a seguir essas regras, quando elas entram em conflito com os seus desejos imediatos." (I.2)

– Creio que podemos concluir que o prazer e a dor, alicerçado numa postura individual, quiçá contratual, não fornece uma adequada leitura da realidade. A prática da ética, os códigos éticos que permitem a vivência colectiva, exige o primado das relações entre os homens. É na relação que

---

[185] Para o autor o altruísmo é a negação do egoísmo. Recordemos que para Becker aquele mesmo tema designa um egoísmo de base mais ampla.

ÉTICA E ECONOMIA

experimentamos e aprendemos o bem e o mal, que adquirimos hábitos a aceitar e a aplicar, que conhecemos a aceitabilidade que os nossos actos têm. Além disso, como salienta o autor que referiste, viver é construir hoje o futuro e este é impreciso e incerto[186]. "A autonomia relacional requer uma concepção de acção moral que explique não somente os atos morais dirigidos aos outros que nos são familiares, mas também atos morais dirigidos a desconhecidos" (41).

Impondo um método

– Já avançámos em alguns cuidados a ter. Já fizemos um sobrevoo sobre a obra fundamental de Bentham, que aliás se revelou mais útil do que seria de esperar, mas sugeria que, para não nos perdermos, nos centrássemos num vector de questões problemáticas. Tenho a confessar-vos que foram tantas as pistas abertas nas leituras feitas que me sinto um pouco perdido. Sobretudo porque não vamos, como disseste muito bem, nem fazer uma análise da ética (enquanto comportamento das pessoas e enquanto análise filosófica sobre aquele), nem estudar todas as relações da ética, seja com a economia (a interinfluência da moral e das actividades económicas), seja com a Economia (como é que esta ciência considera a Ética). Decidimos, insisto neste ponto já referido, falarmos um pouco sobre a Ética porque na crítica ao terceiro paradigma da Economia concluímos que ele não considera os valores. Por isso devemos concentrarmo-nos sobre a Economia[O3].

– Dois apontamentos. Primeiro, Sen (2010, 2012) insiste frequentemente que a Economia (na verdade ele não faz uma distinção rigorosa entre economia e Economia) tem a ganhar com a consideração da Ética e que esta também poderia aproveitar com o pragmatismo e as técnicas da Economia. A influência possível da Economia sobre a Ética deve ser de imediato afastada do nosso horizonte de trabalho. Aliás nem é da influência que estamos a falar mas da possibilidade e viabilidade da Economia[O3] ter em conta a moral e a ética. Segundo, apesar de

---

[186] A vida desenvolve-se simultaneamente, num tempo circular e um tempo de projecto em que o futuro orienta a acção presente. Hoje, nas suas relações sociais, a dimensão dominante do tempo social é este. Para um pouco mais de esclarecimentos, e eventual bibliografia, consultar (Pimenta 2013a, "o projecto é uma nova atitude").

RACIONALIDADE, ÉTICA E ECONOMIA

racionalidade e ética ser a justificação de estarmos aqui a conversar e nos devermos concentrar sobre o paradigma terceiro, não seria bom que encerrássemos este nosso debate sem antes vermos se a Economia[O1] comporta a ética.

– Estando de acordo com o que disseram vou fechar mais uma porta que nos pode tentar: a nossa atenção centra-se na Economia e não na Política Económica. Mais precisamente não se centra na acção de transformação da realidade. Preocupações como as expressas por Mercier (2003) a propósito das empresas (integrar os projectos individuais no projecto colectivo da empresa) também não merecem a nossa atenção.

– Obviamente, que nós estamos a trabalhar esta temática porque consideramos que a moral está presente no comportamento humano e que, por isso mesmo, seria estranho que uma ciência que estuda esse comportamento não a considerasse. Consideramos, como hipótese de trabalho, susceptível de uma demonstração fácil. Não é um axioma mas uma simples hipótese para nos impedir de metermo-nos em áreas que não são as nossas.

– Estou totalmente de acordo contigo. Como diz Hirsch (in Hirschman 1986, 127): "Os valores pessoais elementares, tais como a honestidade, boa-fé, confiança, contenção e obrigação, são todos insumos necessários a uma sociedade contratual eficaz (bem como agradável)". Temos que estudar a relação da Economia com a Ética, e não esta *per si*. Apenas como achega para a complexidade do que colocamos como hipótese, recordo, ainda na linha de Hirschman (1986) que no economista podemos considerar três camadas (não é essa a terminologia adoptada pelo autor) de ética. Enquanto a pessoa tem uma ética, que depende do seu enquadramento social e da sua história de vida; enquanto economista no exercício da sua profissão tem, explicita ou implicitamente, um código deontológico; enquanto formado em Economia que lhe transmitiu uma certa lógica para equacionar os problemas. É da articulação destas três camadas que resultam os comportamentos mais diversos: "bom número de nós é moralista *sem saber*" (131); outros aceitam a liberdade de fazer tudo "enquanto se ativer às regras da justiça" (129) e ainda há os que "Na trilha de Mandeville e de sua reabilitação do luxo, muitos economistas construíram uma reputação exaltando as funções de eficiência económica de atividades ilegais ou desprezíveis; contrabando, mercado negro ou até mesmo corrupção no seio do governo" (124).

– Em síntese, para não nos perdermos, temos três grandes questões problemáticas, sendo a última uma adenda à nossa preocupação fundamental

- Possibilidade da Economia[O3] considerar a ética / moral;
- Validade dos rumos adoptados pela Economia[O3] nessa consideração da ética;
- Como é que a Economia[O1] considera a ética.

POSSIBILIDADE DE CONSIDERAR A ÉTICA

RESUMO:
Como a Economia encara a Ética. Possíveis caminhos de abordagem. O que dizem algumas referências sobre a temática: pré-história da Economia (Aristóteles); fundação da Economia (Adam Smith). A Economia e a Crematística em Aristóteles. Dualidade ou continuidade em Adam Smith: *Teoria dos Sentimentos Morais* e *Riqueza das Nações*. Normatividade da Ética e Economia e o conceito de "justiça". Posição de Rawls.

Considerações gerais

– Antes de abordarmos de uma forma mais detalhada este caminho, convém trocarmos algumas ideias gerais e decompormos o nosso propósito em vários pontos.

– Avançando desde já nesse percurso, transmito-vos a arguta análise de Cardoso (1995). Considerando a Economia no seu conjunto, isto é, não tendo as preocupações paradigmáticas que nós tivemos, admite que há duas posturas alternativas; os que consideram que a "eficiência é ética" e os que insistem que a "ética é eficiente". Por outras palavras, nossas: os que admitem que o aumento da eficiência é a via de garantir o máximo bem-estar para a sociedade e para cada um dos indivíduos e os que consideram que esse bem-estar pode ser ampliado pela consideração da ética. É esta última posição que nos interessa, considerando como exemplo relevante dessa posição, Sen: "a ciência económica, tal como se tem vindo a desenvolver, pode ser tornada mais produtiva se se der uma maior e mais explicita atenção às considerações éticas que dão forma ao comportamento e ao julgamento humanos" (Cardoso 1995, 152). Acentua a importância de Sen mas recorda, na mesma linha Aristóteles, São Tomás de Aquino, Luís de Molina, Quesnay, Adam Smith, Ricardo, J.S. Mill, Marx, Walras e Marshall.

– É uma leitura possível, mas segundo a nossa análise, muitos desses vultos não são cultores da Economia e outros são-no, mas do primeiro paradigma. É certo que vários desses autores construirão os seus sistemas teóricos convencidos que tal permitiria melhorar a sociedade, acabar com a exploração do homem pelo homem, combater a pobreza, etc. mas tal não é justificação para entrarmos nesses terrenos. Aliás, não conheço, o que não quer dizer que não exista, nenhum economista que tivesse justificado o seu labor para piorar o bem-estar, para agravar as desigualdades sociais, para aumentar a pobreza. Para cada sistema teórico há que criar uma capa simbólica susceptível de garantir aceitação social.

– Estou parcialmente de acordo com o que dizes, mas não é momento para avançarmos com tais considerações. Contudo dois apontamentos para o que temos a fazer: a) quando um autor, como por exemplo Sen, está a defender a sua tese de que a ética também é eficiente, estrutura argumentos susceptíveis de quebrar a lógica dos seus adversários contemporâneos; b) nesse combate procura "ter as costas quentes" chamando a atenção para autores incondicionalmente aceites pelos seus adversários e, daí, a importância das referências históricas. Daí eu propor que, no nosso trabalho de resposta à primeira questão problemática que lançámos, consideremos duas etapas: a análise de algumas raízes históricas (centrar-me-ia em Aristóteles, pilar da nossa civilização, e em Adam Smith, pai dos economistas); o exame dos argumentos justificativos da vantagem da consideração da ética.

– Acrescento a esses dois pontos um intermédio. Como já concluímos, a Economia[O3] é normativa sob a capa da positividade e tal exige-lhe ter um referencial normativo para as suas propostas. A argumentação económica é orientada, se assim podemos dizer, pelo objectivo de concretização de uma teoria da Justiça. Tal é, por exemplo, bem patente no título de uma das obras fundamentais de Sen sobre a ética ("A Ideia de Justiça").

– Avancemos, pois nos quatro pontos enunciados. Talvez fosse útil, com as ideias mais assentes, aproveitarmos o resto da tarde para convívio e dividirmos trabalho entre nós para cada um tratar dos pontos referidos. E não vos quero assustar com a dimensão da bibliografia e a sua natureza controversa.

Posição de Aristóteles

– Falemos então de Aristóteles, mas sem grandes delongas e restringindo-nos ao que estamos a tratar. Recordo-vos que já anteriormente fizemos algumas referências a este assunto.

– Alguns autores (ex: Blaug 1990a) não consideram Aristóteles como pertencendo à história do pensamento económico. Para ele o início encontra-se no mercantilismo. É uma posição fácil de justificar. A Economia trata de assuntos da vida dos homens e porque sempre houve produção, a troca de produtos cresceu com a divisão social do trabalho, a evolução tecnológica e formas da organização da sociedade. É sempre possível ir a antigos autores encontrar referências a esses assuntos. Contudo a sua referência a estes assuntos ainda não tem características de um pensar cientificamente. Nos Mercantilistas começamos a encontrar análises mais rigorosas, mais organizadas e sistematizadas, sobre problemas, que hoje designaríamos de económicos: o comércio, a moeda e o seu valor, os preços e a sua dinâmica, etc. Ainda não é uma ciência estruturada mas já encontramos contributos vários. Na mesma linha se encontra Sicard (2006), que provavelmente utilizaremos quando falarmos de Adam Smith. Para alguns outros autores, é possível encontrar no génio de Aristóteles a antevisão do que eles consideram, ser no seu tempo, os problemas centrais da teoria económica. Assim, por exemplo, Roll (1950b) considera que ele faz o estudo analítico e objectivo de algumas temáticas da Economia actual, como seja a "teoria sistémica do *valor*" (44). E outros, como Karataev *et al.* (1964) até consideram encontrar na sua obra elementos mais analíticos. Finalmente há outros que consideram que pode ter interesse recordar a posição filosófica e política de alguns autores antigos, mas expressam claramente que eles estão, temporal e conceptualmente, muito longe do nascimento da Economia (Denis [sd]).

– Então a primeira coisa que devemos analisar é se é legítimo ir a Aristóteles retirar ensinamentos sobre a Ética na Economia.

– Talvez, mas deveríamos começar por ver como é que alguns autores o fazem. Infelizmente não me posso basear nas obras originais de Aristóteles, mas seguindo a interpretação de vários autores, alguns citados a propósito das considerações anteriores e Caldas (Neves (Org) e Caldas (Org) 2010, 45/56), podemos resumir a argumentação nos seguintes pontos. (1) Aristóteles tratava os "assuntos económicos" em dois núcleos diferentes: a Economia (*Oikonomiké*), a «administração da casa», que tratava o "uso da riqueza com vista à realização da Vida Boa na *polis*" (46) e a Crematística que trata da aquisição de riqueza. A primeira tem como objectivo a vida boa enquanto para a segunda a riqueza é um fim em si. (2) Os assuntos tratados hoje pela Economia estão na linha da Crematística e esqueceram a preocupação pela "vida boa", vertente que deve ser recuperada: "Os contributos mais relevantes de Aristóteles são *a conceptualização de uma economia distinta da crematística* e *a percepção de que a expansão da crematística violenta limites «naturais»*, ou seja, é social e ambientalmente insustentável" (Neves (Org) e Caldas (Org) 2010, 55). (3) consequentemente dever-se-ia distinguir a Economia Política da Engenharia Económica: A primeira seria "o conhecimento acerca do *uso* e *provisão* da riqueza com vista à realização da Vida Boa"; a segunda seria o "Conhecimento acerca da *aquisição* de riqueza". Haveria matérias comuns aos dois conjuntos de conhecimentos, mas a Economia Política mantinha essa dimensão social da "vida boa".

– Soa bem, mas essa análise surge-me descontextualizada e epistemologicamente dúbia. Descontextualizada porque se esquece que na sociedade ateniense – esclavagista e assim defendida por Aristóteles – há três classes em presença; utilizando a terminologia actual: os nobres, os agricultores e os artesãos. Desenvolve-se "a propriedade individual do solo, o comércio, o uso da moeda" (Denis [sd], 15), e o comércio tende a desestruturar as estruturas sociais vigentes até então.

– Logo as posições de Aristóteles não são apenas analíticas mas também de tomada de posição nesse "conflito":

> "Não somente as classes comerciais ascendentes entraram em conflito com a aristocracia latifundiária [que tinha o poder político], como o aumento da dependência da agricultura dos mercados externos e o crescente aumento da importância da moeda, conduziram ao empobrecimento e à gradual escravização dos camponeses livres." (Roll 1950b, 32)

– Sim, mas o mais importante para mim é o facto de a "economia" aristotélica ser mais uma proposta de organização da sociedade, em que o normativo está presente, mais que uma análise objectiva da economia. O "é" mistura-se indissoluvelmente com o "deve ser", o que, aliás, é natural. As referências aos temas económicos aparecem em duas obras: *Política* e *Ética*, de forte conteúdo normativo. Ambas são de Filosofia e visam a obtenção da felicidade. A primeira visa a felicidade da *polis*, a segunda a felicidade humana.

– Foi bom conhecermos as preocupações éticas em Economia radicadas em Aristóteles mas nada mais que isso. Creio que podemos avançar.

Posição de Adam Smith

– Quando a teoria do valor era o núcleo duro da Economia (O1) Ricardo era a referência mais frequente. Não é por acaso que ele qualifica a sua obra fundamental como de Economia Política e o conceito inicial, a partir do qual deduz todos os outros e as leis, é o valor. Entre os mercantilistas e os fisiocratas há autores que foram extremamente importantes, mas ainda não há uma ciência estruturada, embora já existam importantes contributos científicos. Adam Smith escreveu uma obra fundadora, mas seria abusivo classificá-lo de economista, designação que já assentava bem em Ricardo. Contudo hoje, com a relevância do conceito de utilidade, há um retorno a Adam Smith e não apenas à Riqueza das Nações (Smith 1981a, [1776]-a), mas também à Teoria dos Sentimentos Morais (Smith 2005 [6th ed. – 1790]).

– Talvez não seja bem como dizes. Há quem defenda (Smith 1981a, Prefácio: 18/9) que houve forte possibilidade de o Autor querer designar o seu livro de "Economia Política", e que só não o fez por razões acidentais: a edição, no mesmo editor, de um livro anterior de James Steuart com esse nome.

– Das tuas palavras poder-se-ia deduzir que no teu tempo, e até às últimas décadas, tivesse havido uma subestimação de Adam Smith, o que não é verdade. Por exemplo, se pegarmos nos apontamentos de Marx (1974) constatamos a importância que ele dá a Smith, que está na base de algumas teorias decisivas. O que podemos considerar é que ele, não excluindo o seu estudo, considera Ricardo o seu orientador intelectual, dando passos decisivos em direcção à teoria do valor-trabalho.

– Deixem essas considerações pessoais e centremo-nos no que nos preocupa: como é que Adam Smith encara a ética, mais precisamente, como encara a moral na actividade económica e como analisa a ética na Economia. Tradicionalmente, a Economia referia-se a Adam Smith pela sua *Riqueza das Nações* e houve a assunção de que os homens nos negócios eram frios e calculistas, capazes de espontaneamente transformar vícios privados em virtudes públicas, na senda de Mandeville (2011 [1732]). Era o suporte ideal para uma certa concepção do *homo economicus* e da teoria da utilidade marginal. Quando as questões da ética se começaram a colocar mais intensamente (o que frequentemente reflecte a falta de ética nas actividades económicas[187]) houve a recuperação do seu anterior livro dos *Sentimentos Morais*. Os autores que defendem a ética nos negócios procuram fazer uma releitura de Adam Smith, trazendo-o para uma área propícia para a evocação de argumentos de autoridade. Uma coisa é dizer que a inclusão da ética na Economia faz-se contra Adam Smith, outra invocar o seu nome em defesa das teses conducentes a uma ética na Economia.

– E que concluímos. Há continuidade ou ruptura entre o Adam Smith que escreveu a primeira versão de "A Teoria dos Sentimentos Morais", publicada em 1759 e o que publicou a primeira edição de "Inquérito sobre a Natureza e as Causas da Riqueza das Nações", cuja primeira edição foi publicada em 1776?

– Há factos da vida de Adam Smith, nomeadamente cronológicos, que podem ser interessantes para respondermos a essa questão. Em primeiro lugar não nos podemos esquecer que o autor escreveu sobre Astronomia, Física antiga e História da Lógica e da Metafísica antigas (cujos escritos foram publicados postumamente em "Ensaios sobre Assuntos Filosóficos") e sobre Artes, sobretudo poesia. É um autor multifacetado, frequentemente interligado com o ensino (Ross 1999). Podemos dizer que Smith tinha em vista uma "ciência total do homem" (Sicard 2006, 57), embora não o tenha conseguido e o reconheça ao destruir alguns textos antes de morrer. Em segundo lugar entre as duas obras de referência não há dezassete anos de diferença, por duas razões factuais; 1) Smith foi muito influenciado pelo seu mestre Hutcheson (1694-1746) e este, ao tratar as suas teses sobre Ética engloba problemáticas económicas, pelo que Smith, ao escrever o seu primeiro trabalho não ignorava algumas dessas problemáticas; 2)

---

[187] Esta alusão foi objecto de uma troca de opiniões que não reproduzimos por ser marginal. Referiu-se a análise de Berzosa (2013) que analisa essa problemática e que conclui que a importância deste tema resulta de que a "teoria económica do pensamento principal [leia-se teoria da Escolha Racional] se tem retraído sobre si mesma, o que resultou em uma abordagem económica muito estreita e abandonou as preocupações sociais que tiveram certos economistas ao longo da história, mesmo entre os clássicos e neoclássicos." (283)

Segundo alguns autores a "preparação [da Riqueza das Nações] estendeu-se pelo menos ao longo de vinte e sete anos, de 1749 a 1776" (Introdução do Editor in Smith 1981/3 [1776], 65)[188] e "pelo menos desde 1759 que existia uma primeira versão do que mais tarde viria a ser a *Riqueza das Nações*, consubstanciada na parte das lições de Smith sobre «Jurisprudência», que ele denominava «Polícia, Receitas e Armas»" (idem 19).

– Por estas informações parece podermos concluir que há uma continuidade...

– Nos autores que trataram desse assunto encontramos três posições diferentes. Para Sicard (2006) há uma continuidade entre as duas obras, isto é, as ideias expressas ao tratar dos "sentimentos morais" continuam presentes na "riqueza das nações" apesar da especificidade temática deste segundo livro. Para ele o homem é sempre tratado como naturalmente social e esta vida em sociedade exige a presença de sentimentos de relação entre os homens, nomeadamente a simpatia. Nos dois trabalhos considera-se que o homem actua sempre espontaneamente, sem calculismos prévios; há a preocupação de analisar o que a realidade é e não a de propor uma transcendência do que deve ser, optando por esta postura tanto nos sentimentos morais como na actividade económica.Isto é, as duas obras completam-se numa ciência total do homem. O que pode haver é diferentes ângulos de focagem da mesma situação: na primeira obra salienta a simpatia como cimento entre os homens e nas actividades económicas continuam a comportar-se dessa forma porque o enriquecimento é simultaneamente uma forma de ser reconhecido na sociedade e de promover o bem-estar global, a riqueza das nações. Afirma mesmo que não há qualquer razão para se pôr de lado uma das suas teses ao tratar dos sentimentos morais: "a refutação da ideia de uma corrupção intrínseca da natureza humana, porque há uma auto-regulação espontânea. Por exemplo, o indivíduo é levado a autolimitar o egoísmo, considerando que um excesso deste sentimento faria perder a simpatia dos seus semelhantes" (Sicard 2006, 74).

– Não vamos analisar, pelo menos para já, cada uma das posições, mas reforçaria dois aspectos, simultaneamente contraditórios nos assuntos invocados por este autor: (1) é um facto incontestável que o ponto de

---

[188] O primeiro volume desta obra de Smith foi traduzido por Teodora Cardoso e Luís Cristóvão de Aguiar. Depois do Prefácio assinado por Hermes dos Santos, há uma "Introdução do Editor", das pág. 11 a 67, que não está assinada.

partida do seu escrito económico é a divisão social do trabalho, logo a sociedade e o indivíduo, o que parece reforçar a ideia de continuidade e que, em princípio desautorizaria os utilitaristas centrarem-se apenas no indivíduo. (2) "para os economistas não-marxistas, desde Adam Smith, a sociedade era como que um *nome* – o nome dado a um certo colectivo de indivíduos. Realidade, somente os *indivíduos* a tinham." (Nunes 1970, 238).

– Em sentido oposto se coloca o autor da "Introdução do editor" da edição portuguesa:

> "Se tivermos em mente as críticas de Smith a Hutcheson e a Mandeville [ironizando a propósito das ideias deste] em capítulos adjacentes dos *Moral Sentiments*, e nos recordarmos, além disso, de que, quase de certeza, ele tomou conhecimento da *Fable of the Bees* durante o período em que frequentava as lições de Hutcheson, ou pouco depois, torna-se-nos quase impossível deixar de suspeitar de que foi Mandeville que primeiro o levou a compreender que «não é da bondade do homem do talho, do cervejeiro, ou do padeiro que podemos esperar o nosso jantar, mas da consideração em que eles têm os seus próprios interesses» (...) Adam Smith podia ter feito seus os versos de Mandeville." (Introdução do Editor in Smith 1981/3 [1776], 63)

Por outras palavras, o que era ridicularizado na primeira obra é plenamente aceite na segunda.

– Podemos ainda considerar uma postura intermédia, baseada na sua vida (Ross 1999). Havia, da parte de Smith, razões para continuar a teoria dos sentimentos morais em trabalhos posteriores e tendência para dar importância aos "vícios privados". No primeiro grupo está a proeminência da simpatia na formação dos sentimentos morais, que nunca pode ser vista como um vício, a natureza intrinsecamente sociável do homem, a recusa da adopção da utilidade como suporte das regras morais, o reconhecimento da natureza nefasta do egoísmo na vida social. A sua sensibilidade às desigualdades e às injustiças é grande: afirma "aquelas leis de justiça, que mantêm a presente desigualdade entre a humanidade são originalmente invenções dos astutos e dos poderosos para manter ou adquirir uma superioridade artificial e injusta sobre o resto de seus semelhantes" (Smith in Ross 1999, 237/8). Foi muito activo no combate à escravatura. No segundo grupo encontramos a sua divergência com Hutcheson sobre o amor-próprio, considerando-o como "um admirável princípio de acção" (idem, 252), e a atenção atribuída ao conceito de utilidade de Hume.

– Que posição adoptarmos?

– Creio que a questão está mal colocada. Nós não temos que optar porque este é um terreno que não é o nosso, como creio que teremos oportunidade de concluir. A conclusão apenas será importante para cultores do paradigma O3 que defendem ou combatem a inclusão da ética e, por isso, já vimos o suficiente. Aliás temos que reconhecer que não podemos ir mais longe. Todos nós estudamos a "Riqueza das Nações" mas só tu é que leste os "Sentimentos Morais". Mas nem tu nem nós os lemos com a preocupação de comparar, integrar um no outro.

– As palavras fortes dos "Sentimentos Morais" são «nature» (605; 0,89; "natural, naturally, nature, natured, natures")[189], «though» (403; 0,60), «feel» (363; 0,54; "feel, feeling, feelings, feels"), «person» (349, 0,52; "person, personal, persons"). «passions» (338; 0,50; "passion, passionate, passionately, passions"), «virtue» (335; 0,50; "virtue, virtues"), «sentiments» (329; 0,49; "sentiment, sentimental, sentiments"), «conduct» (290; 0,43; "conduct, conducted, conducts"), «affections» (286; 0,42; «affect, affectation, affected, affectedly, affecting, affection, affections, affects"), «actions» (264; 0,39; "action, actions"). As palavras fortes da "Riqueza das Nações" são «country» (1822; 1,04; "countries, country"), «price» (1324; 0,76; "price, prices"), «labours» (1175; 0,67; "labour, laboured, labourer, labourers, labourers', labouring, labours"), «trading» (1122; 0,64; "trade, traded, trades, trading"), «producing» (1102; 0,63; "produc, produce, produced, producer, producers, produces, producing"), «employment» (1075; 0,62; "employ, employed, employer, employers, employes, employing, employment, employments, employs"), «lands» (907; 0,52; "land, landed, lands"), «value» (836; 0,48; "value, valued, values, valuing"), «people» (781; 0,45; "people, peopled"), «capital» (771; 0,44; "capital, capitals, capitation"). A palavra «sympathy», que os diversos autores consideram uma palavra-chave nas preocupações do autor no primeiro livro referido,

---

[189] Contagem de palavras após ter eliminado do ficheiro de texto tudo o que não era do livro. Utilização do programa NVivo 11. Para cada uma das dez principais palavras com significado temático indica-se a frequência, a percentagem da frequência do conjunto de todas as palavras com quatro ou mais letras e quais as palavras consideradas nessa frequência, caso exista mais alguma além da considerada.

apresenta-se na 51ª posição com uma frequência de 178 e está ausente das mil palavras mais usadas na "Riqueza das Nações".

– Que pretendes demonstrar com esses dados?

– Demonstrar, nada. Apenas chamar a atenção para algumas quantificações que podem ter algum interesse. Constato o que já era evidente: cada um dos livros tem as suas preocupações próprias e a não referência das temáticas do primeiro no segundo não pode significar que elas estejam ausentes. O facto da pessoa ter como primeiro objectivo o seu próprio interesse, não significa que não continue a utilizar a simpatia, os sentimentos mais cordiais com os restantes. Também considerei curioso que nem numa nem na outra obra as palavras "selfishness" (ou "egoism" ou "self-love") tenham 30 presenças na primeira obra e apenas 3 na segunda.

– Creio que já focamos o problema e as leituras alternativas.[190]

Teorias da Justiça

– Antes de fazermos um muito rápido sobrevoo pelas teorias da Justiça, creio que se justificam algumas palavras explicativas do papel desempenhado por elas nos autores que querem englobar a ética na Economia. Quando um autor defende uma determinada ética, sente a necessidade de a justificar. Em ciência não basta um "eu acho que...". Tem que procurar bases sólidas para as suas posições e para tal recorrem aos conceitos de Justiça emanados da Filosofia Política.

– Além de que alguns economistas aparecem a defender posições éticas da Economia muito influenciados pelo conhecimento e estudo dessas obras, como é o caso de Sen em relação a John Rawls.

– Creio que também pode resultar da dificuldade em encontrar soluções para alguns problemas. O que é preferível, atenuar a desigualdade ou aumentar a desigualdade com aumento do rendimento de todos? O que é preferível, optar por criar mais valor acrescentado ou pela distribuição diferente do que existe? O conceito de "exploração do homem pelo homem" é um problema relevante? Uma proposta económica é aceitável se reduzir as liberdades? Quando falamos em liberdades estamos a encará-las do ponto de vista formal (consagrado na lei e que não corresponde às

---

[190] Quando referirmos a posições de Sen perceberemos melhor a importância da posição de Adam Smith. Não porque o tome como referência, mas pela necessidade de travar uma batalha pela Ética contra os que, não a considerando, se consideram como continuadores daquele autor.

práticas sociais) ou material (consagrado na lei e com correspondência na possibilidade de todas as pessoas as usufruírem)? Quais são as referências centrais a considerar: a utilidade, o bem-estar, a satisfação das necessidades básicas do ser humano, a possibilidade de participação, a liberdade? Estes são apenas alguns poucos problemas a que é preciso dar resposta. Não nos esqueçamos que para a Economia o óptimo está há muito estabelecido: a sociedade é uma soma de indivíduos em interacção e a maximização económica corresponde ao óptimo de Pareto: situação de "equilíbrio" em que não é possível aumentar a utilidade de um dos agentes sem que diminua a utilidade de qualquer outro agente.

– Enfim, a normatividade da Economia[O3] exige que se encontre uma referência que lhe sirva de suporte. E essa é o que genericamente podemos designar por Teoria da Justiça.

– Creio que já compreendemos o papel desempenhado pela Filosofia Política para a eventual inclusão da Ética na Economia. Podemos passar à apresentação de algumas das teorias da Filosofia Política?

– Essa é uma grande dificuldade. Em primeiro lugar porque nenhum de nós estudou Filosofia Política e, sendo de admitir que há várias teorias da Justiça, poucas são aquelas que conhecemos. Creio que podemos admitir que há tantas variedades de teorias da Justiça quantos os cruzamentos resultantes de três vectores: as correntes da Filosofia, nomeadamente as que tratam a Ética, as opções políticas e os paradigmas da Economia, quiçá utilizando critérios diferentes dos que usamos. Do que analisámos podemos aplicar aqui o que Wright (2003, 181) afirma: "Todos os argumentos por nós analisados são falhos, de uma forma ou de outra".

– E quais analisaram?

– Apenas alguns bem comportados, do ponto de vista da ordem vigente numa mundialização de hegemonia da língua inglesa e política dos EUA. John Rawls[191], particularmente importante pela ancoragem que Sen faz na sua obra, Robert Nozick[192] recordado por Wright (2003, 138 e seg.), Joseph Cropsey[193] recordado por Alvey (2011), Michael Walzer[194], recordado por

---

[191] Nascido em 1921 e falecido em 2002. Americano, foi professor da Universidade de Harvard.

[192] Nascido em 1938 e falecido em 2002. Americano, foi professor da Universidade de Harvard

[193] Nascido em 1919 e falecido em 2012. Americano, foi professor da Universidade de Chicago

[194] Nascido em 1935. Americano e professor emérito do Instituto de Estudos Avançados em Pinceton

Maréchal (2002). Tendo tomado contacto com eles por interposto autor, não tenho capacidade para apresentar as suas posições detalhadas, mas não andarei longe da verdade se sobre eles concluir, o seguinte:

a) Um dos elos comuns a todos eles é a consagração da liberdade como categoria indispensável à vida humana;

b) utilizando uma terminologia corrente da política, Walzer é, provavelmente, o que se situa mais à esquerda – "nenhum bem social (por exemplo, nascimento, riqueza fundiária, educação) seria susceptível de servir de meio de dominação"; não devem ser nem comprados ou vendidos os seres humanos, o poder e a influência política (...) a justiça penal (...) a liberdade de expressão, de imprensa, de religião (...)" (Maréchal 2002, 157/61) – e o que se situa mais à direita é Nozick – "tentativa de fornecer uma justificativa moral de uma forma extrema de mercado livre" (Wright 2003, 184);

c) são a expressão das preocupações de uma sociedade específica, mesmo que alguns dos seus princípios possam ter uma expressão mais ampla.

– Que vazio intelectual em todos os restantes países do mundo apesar das questões éticas dizerem respeito a toda a humanidade.

– Que vazio intelectual de um mundo que só consegue conhecer professores dos EUA!

– A este propósito não resisto a ler as belas palavras de Eduardo Lourenço na mudança de milénio:

"Quando (...) parecia que íamos entrar, de olhos bem abertos, naquele espaço que desde Platão designamos como da plena claridade, por oposição às aparências, descobrimos que o novo tempo, este nosso, é precisamente o da caverna. De uma caverna perpetuamente iluminada, mais fascinante que todos os céus supostos, o dos deuses ou o da razão. (...) Com o fim de um tempo como História, e memória dentro, é o sujeito cultural dele que desaparece. Quer dizer, a Europa. Neste fim do milénio e começo de outro, o «espírito do mundo chama-se América, que só tem três séculos de vivida memória ritualizada." (Prefácio in Schwanitz 2012)

– Sendo impossível, por nossas limitações e desvio da temática que nos ocupa, as posições detalhadas de cada um deles e encontrar outras referências moldados por outras culturas e preocupações, sugeria que apenas fizéssemos uma referência mais detalhada a John Rawls. Quem trabalhou sobre Sen?

– Posso avançar com algumas linhas gerais. Felizmente que Rawls (1985, 33/39) faz uma síntese da sua teoria. O seu ponto de partida, hipotético, é a teoria do contrato social, na linha de Locke, Rousseau e Kant, o que lhe permite tomar como base da sua análise os princípios "que seriam aceites por pessoas livres e racionais, colocadas numa situação inicial de igualdade e interessadas em prosseguir os seus próprios objectivos, para definir os termos fundamentais da sua associação". O "contrato" sugere pluralidade de lógicas individuais, mas um acordo "com princípios aceitáveis por todas as partes". É porque nesse estádio inicial todos partiam de uma situação de igualdade que ele designa a sua teoria como "da justiça como equidade". É daí que resultam os "direitos e deveres básicos e a divisão dos benefícios da vida em sociedade", que constituem "a carta fundamental da sociedade".

– A teoria do contrato social é, desde logo, uma aproximação à Economia[O3]. Primeiro, porque é um normativo racional hipotético que serve de referência ao que "deve ser". Em segundo lugar porque estabelece uma ponte entre a vida em sociedade, fundada em direitos e deveres, e os seus próprios objectivos.

– Talvez. Mas o autor reconhece que o viver em sociedade, mais que não seja pelo nascimento, implica desigualdade nas "perspectivas de vida". É certo que fala em objectivos próprios, como não podia deixar de ser, mas afirma categoricamente "que o princípio da utilidade é incompatível com a concepção de uma cooperação social entre iguais destinada a assegurar benefícios mútuos", pois aquele está associado às desigualdades económicas e sociais. Se há uma ponte entre as suas concepções e a desse paradigma da Economia é pela via da racionalidade: "o conceito da racionalidade deve ser interpretado (...) de acordo com [o] (...) corrente na teoria económica"; "a teoria da justiça é uma parte, talvez a mais importante, da Teoria da Escolha Racional".

– Percebo, partindo da validade da Teoria da Escolha Racional, procura integrar nela a teoria da justiça, ficando apenas em aberto analisar se tal também é possível nos assuntos de Economia.

– É o que Sen (2010, 2012) procura fazer. Para tal toma como referência as ideias de seu mestre Rawls, mas sente a necessidade de ir para além dele. Primeiro salienta algumas ideias centrais daquele. Lembrando a importância da equidade, posicionando-a no comportamento individual: "há-de ser sempre a pretensão de evitar qualquer parcialidade nas nossas valorações, levando também em devida conta os interesses e as preocupações dos demais" (Sen 2010, 99). Como referimos há inicialmente um "estádio contratual" e depois uma vivência em sociedade que exige, para a efectivação da justiça, uma prática institucional e política, constituindo o "estádio legislativo".

– Apesar da sua admiração por Rawls ele reconhece as limitações daquela análise:

> "A minha pessoal inclinação consiste em pensar que a teoria original de Rawls trouxe uma contribuição enorme para nos fazer compreender os vários aspectos da ideia de justiça, e mesmo que essa teoria deva ser abandonada – e diria que há fortes razões que depõem a favor disso –, muito restaria ainda das iluminações proporcionadas pela [sua] contribuição." (Sen 2010, 105)

Ele coloca três dificuldades, e questões a resolver:

"A inelutável relevância dos comportamentos reais
(...) se a justiça do que acontece numa sociedade depende de uma combinação de feições institucionais e características comportamentais reais, junto com outras influências que determinam as realizações sociais, será que nos é possível proceder à identificação de quais sejam as instituições "justas" para uma sociedade sem as tornar contingentemente dependentes dos comportamentos efectivos (...)?" (Sen 2010, 115/7)

"Alternativas à perspectiva contratualista
(...) na posição original que «contrato social» estaria em condições de ser aceite por todos de modo unânime?" (Sen 2010, 118)

"Relevância das perspectivas globais
como passar de um contrato que é limitativo do "envolvimento de mais participantes", aplicado a uma "comunidade política", "povo" ou "estado-nação" para a comunidade mundial?"

– O que Sen considera ser mais importante nesta teoria da Justiça?
– Ele vai chamando a atenção para vários aspectos: a natureza prioritária da liberdade, os "bens primários" (essenciais à equidade englobam

ÉTICA E ECONOMIA

"direitos, liberdades e oportunidades, rendimentos e riqueza, e as bases sociais para o respeito de si mesmo" (107)), a importância central da equidade, a objectividade da razão prática, a existência de um sentido de justiça em todas as pessoas, o sentido amplo dado à equidade, a importância atribuída à extirpação da pobreza enquanto privação de bens primários, a liberdade enquanto real oportunidade para as pessoas "fazerem o que lhes aprouver com as suas vidas".

– Embora superficialmente já falámos alguma coisa sobre Justiça, e não nos podemos alongar para além do estritamente necessário para os nossos objectivos. Já constatamos que há vários entendimentos do que é Justiça e esta pode ter diferentes configurações intelectuais e operativas. Será muita provocação perguntar qual a sua importância no comportamento humano, nomeadamente quando mergulhamos desde a crise de 2008, pelo menos, numa degenerescência das relações éticas?

– Uma provocação que nos daria para debater aspectos importantes da sociedade, mas que também nos afastaria definitivamente do eixo de trabalho que definimos. Por isso prefiro responder com Roetti (2003, 52):

"Porque devemos ser justos? A resposta a esta pergunta é, em sentido hipotético, relativamente fácil de fundamentar. Se fossemos generalizadamente injustos, se cada um não recebesse habitualmente "o seu", reinaria um sentimento de injustiça nos homens, e consequentemente, seria impossível garantir uma convivência pacífica estável."

Sei que esta posição deixa muitos problemas em aberto, mas é uma justificação. Creio que o autor também tem consciência das suas limitações quando recorda Schopenhauer: "Pregar a moral é fácil, encontrá-la é difícil".

– Creio que podemos avançar[195]. É certo que a propósito destes temas poderíamos fazer uma maior incursão e referir outros autores, como por exemplo Marx ou Marshall, Pareto ou Keynes, mas tal extravasar-nos-ia do objectivo de nos centrarmos no último paradigma da Economia.

---

[195] Aqui e ali encontrámos algumas referências a outros "sistemas de justiça" ou outras "referências do bem", mas não têm os impactos dos autores aqui citados. Refira-se a base assumida por Bazin (2006): para ele o ponto de partida é a perspectiva de Ricoeur, filósofo, a ideia de "si mesmo como um outro". Refira-se o artigo de Wharton (2011) dedicado a John Ruskin, escritor e crítico de arte que fez incursões pela Economia.

VALIDADE DA ECONOMIA[O3] ASSUMIR A ÉTICA

RESUMO:
Aplicação da Ética à Economia. Um tema com história. O que dizem algumas referências sobre a temática: história recente (Sen). Argumentação de Sen: Economia ganha consistência e Ética alcança operacionalidade. Ilustração com o "dilema do prisioneiro". O altruísmo como via de intrusão da Ética. As propostas e a realidade.

– Creio que estamos em condições de analisar em que medida este paradigma da Economia comporta a possibilidade de englobar a ética/moral.

Ética económica?

– Já anteriormente adoptamos um entendimento da fronteira entre ética e moral. A qual das duas te estás a referir? Creio que agora estamos numa fase em que uma palavra pode modificar bastante as reflexões que possamos fazer.

– Tens razão. Basta o facto da Economia[O3] distinguir a maneira como as pessoas se comportam e como se deveriam comportar, para percebermos que não estamos a relacionar a economia e a moral, mas a Economia e a Ética.

– Ainda bem que esta diferença essencial foi relembrada. Ao ler Silva (2007), apesar de ser um trabalho interessante e esclarecedor, constatei alguma confusão nesse sentido. Começando por lembrar que nas questões éticas podemos atender aos fins ou aos meios e que frequentemente há a possibilidade de uma tensão entre uns e outros, avança depois para uma definição de "ética económica":

> "A ética econômica aborda como podemos analisar, no sentido de ser bom ou mal, correcto ou incorrecto, justo ou injusto, vários ordenamentos econômicos alternativos (*status quo*). Ela envolve a valoração e o ordenamento dos meios (instituições formais e informais) e a valoração e a ordenação dos fins (resultados das acções dos agentes que se deparam com incentivos criados pelas instituições) em termos de eficiência e justiça." (24)

Se na primeira parte é muito claro que se posiciona na normatividade, logo na relação entre Economia e Ética, na segunda, ao falar em "acções dos agentes" parece passar para uma relação entre a economia e a moral.

– Não é novo para nós. Essas confusões são bastante frequentes e dramáticas. São muitos os textos que lemos em que o ontológico e o epistemológico se confundem, parecendo constituir uma mesma entidade.

– Para evitarmos estes conflitos, sugiro que não falemos em ética económica e assumamos explicitamente que o nosso tema é "a aplicação da Ética à Economia". Já na passagem da "racionalidade em Economia" para a "racionalidade económica" constatamos o perigo dessas adjectivações. Aliás, é por nos situarmos no campo do normativo que referimos brevemente as teorias da Justiça.

– Eu sei que vou repetir assuntos que já abordámos, mas porque o tempo passa e a memória é fraca, convém recordar que esta análise normativa não é apenas epistemológica. É operativa, porque a Economia influencia a Política Económica e porque é difusora de ideologia que conduz os homens a transformarem a realidade. É por esses impactos que Blomfield (2012) parafraseia Haavelmo (prémio Nobel): "Será que devemos esperar menos dos economistas, se o seu trabalho é ser a base da política económica da qual dependem o bem-estar económico geral de milhares de milhões de pessoas?" (43).

Orto-negação

– A inclusão da Ética na Economia normativa é um trabalho de longas décadas. Segundo Zamagni (1995, Preface) um dos primeiros grandes passos foi a organização em 1972 de uma conferência sob a égide de Phelps, depois publicada com o título *Altruismo, Moralidade e Teoria Económica*. Desde então muitos têm sido os trabalhos nesse sentido, assumindo Sen um papel destacado. Embora haja implicitamente múltiplos cruzamentos da Economia, nomeadamente do paradigma que estamos a analisar, essencialmente com a Psicologia e a Filosofia, incluindo a Filosofia Política, como vimos a propósito das teorias da Justiça, os caminhos da crítica à racionalidade exige uma argumentação muito subtil e uma crítica interna muito cuidadosa, não trivial. Isto significa, em termos práticos do nosso debate, que temos uma imensidade de temáticas e contributos a apresentar se quisermos ser exaustivos, o que transcende as nossas preocupações.

– Sugiro que não percamos de vista as nossas preocupações e o que nos propusemos fazer: ver em que medida é que a introdução da Ética permitiria superar as críticas anteriormente feitas a este paradigma da Economia.

– Temos de ter cuidado. A tentação de nos perdermos pela vasta bibliografia existente sobre o assunto é grande.

– De uma coisa podemos ter a certeza. Enquanto na crítica feita à Economia[O3] utilizámos tanto a hetero-afirmação como a orto-negação, na nossa temática actual é esta última que deve ser privilegiada. Estamos a analisar em que medida aquele paradigma é capaz de englobar a Ética apesar do seu desprezo pela racionalidade axiológica. Passa essencialmente pela sua crítica interna e pela capacidade de rompermos o seu monolitismo teórico, com argumentos integráveis na sua lógica.

– Também será a única forma possível de convencer um economista deste paradigma a abrir as portas à Ética.

– Por isso sugeria que seguíssemos o seguinte caminho: primeiro analisássemos a argumentação fundamentadora da introdução da Ética, o que podemos fazer desde já, depois concentrássemos um pouco mais de atenção à via da sua introdução, o altruísmo.

– Creio que é uma boa sugestão desde que incluas no fim uma apreciação global sobre esses trabalhos. Vamos então a isso. Creio que o Sen (2012) é o nosso melhor guia.

1. Primeiro, "a escolha racional tem de exigir pelo menos alguma coisa sobre a correspondência entre aquilo que se tenta alcançar e como se tenta alcançá-lo" (30/1). Não interessa apenas o que se tenta alcançar mas também como se tenta alcançar. Mais, se não tivermos em conta este aspecto "um conceito puramente «instrumental» pode ser bastante inadequado" (31).

2. Segundo, a procura do interesse próprio não significa obrigatoriamente que se procure unicamente o próprio interesse. "O egoísmo universal pode ser *efectivamente* falso, mas o egoísmo universal como requisito da *racionalidade* é claramente absurdo" (33).

3. Terceiro, quase como dedução da constatação anterior,

"vale a pena observar – com o risco de afirmar o óbvio – que negar que as pessoas se comportam sempre de uma forma interessada não é o mesmo que

ÉTICA E ECONOMIA

dizer que *agem* sempre de forma egoísta (...) a verdadeira questão é se existe uma pluralidade de motivações ou se é *apenas* o interesse pessoal que move os seres humanos" (36).

– Sen tem razão, mas essa consideração é uma bola fora do cesto. Vimos que muitos autores da Economia[O3], Hayek e seus continuadores, reconhecem que as pessoas têm "racionalidades" diferentes (a realidade-em-si), mas tal não invalida, antes pressupõe, que se considere como "racionalidade" de referência (a realidade-para-si construída da Economia, o seu elo ideológico de transformação da realidade, inevitavelmente ao serviço de uns e ignorando, ou se opondo, a outros).

– Talvez tenhas razão, mas o realismo destas propostas podem ajudar a modificar a normatividade. Esta continua a sê-lo mas mais dirigida à realidade-em-si, Sugeria que continuássemos a intenção de acompanharmos Sen.

– Continuando

4. Quarto, como as pessoas vivem em sociedade, e a confiança é um dos elos da consistência dos grupos a que cada um pertence, "a mistura de comportamento egoísta e altruísta é uma das características mais importantes da lealdade de grupo" (37). Esta afirmação é sustentada em Adam Smith, o dos sentimentos morais.

5. Quinto, o indivíduo pode "perseguir outros objectivos *que não* o bem-estar pessoal" (68) e manifestar respeito pelos outros.

6. Sexto, utiliza este instrumental para concluir que "o estado social é [frequentemente] descrito como óptimo de Pareto se e só se a utilidade de uma pessoa não puder ser aumentada sem se reduzir a utilidade de outra pessoa" (47), mas tal é uma "caixa arbitrariamente estreita" (45).

7. Sétimo, atribuindo a «bens» um significado amplo, o que está conforme com a teoria de Rawls que "inclui entre os seus bens primários coisas como «direitos», liberdades e oportunidades" (Sen 2010, 107), considera inadequada a abordagem exclusivamente utilitarista, onde "todos os bens diversos são reduzidos numa magnitude descritiva homogénea (como deve ser a utilidade)" (76).

8. Oitavo, da conjugação de todos os aspectos anteriormente referidos, da impossibilidade de reduzir a avaliação de todas as situações à escala

homogénea da utilidade, deduz-se a possibilidade de assunção de opções incompletamente fundamentadas: "face a um conflito irredutível de princípios convincentes, pode admitir a superioridade de uma alternativa sobre outra e o contrário" (80).

– Enfim, há muitas vias para os agentes económicos tomarem decisões fora da racionalidade pressuposta: a responsabilidade social do consumidor, a interferência da paixão na razão, a comparação das acções dos outros. Não é nada que já não soubéssemos. O que aqui há de novo é a exploração desta via para a introdução do razoável e do ético pelo altruísmo (Bazin 2006). Como afirma (Silva 2007, 89),

"assim como as instituições podem levar uma economia a operar com maior ou menor eficiência, as instituições auto-impostas, os valores, as regras que nós mesmos utilizamos para limitar nosso espaço de escolha e acção movida pelo auto-interesse têm influência sobre a alocação de recursos económicos escassos: não podemos falar em eficiência desconsiderando o papel da ética, ou seja, a economia é essencialmente uma ciência normativa."

– Se me permitem, terminaria os argumentos de Sen.

9. Nono, é preciso ter em conta que a valoração da acção pode ser diferente da valoração dos resultados da acção:

"Afirmar que a ação x deve ser escolhida em detrimento da ação y não é o mesmo que dizer que o estado de coisas resultante da ação x, incluindo a realização da ação x, é superior ao estado de coisas resultante da ação y, incluindo a realização da ação y." (89)

– Também por isso dedica muita atenção à Teoria dos Jogos, pois "a cooperação parece emergir nestes jogos" (97). E no que a estes se refere o "dilema do prisioneiro" é frequentemente referido como importante.

– Aproveitei enquanto trocavam ideias sobre questões colaterais para recordar o "dilema do prisioneiro", na sua versão original, a acreditar na Wikipédia: "Dois suspeitos, A e B, são presos pela polícia. A polícia tem provas insuficientes para os condenar, mas, separando os prisioneiros, oferece a ambos o mesmo acordo: se um dos prisioneiros, confessando, testemunhar contra o outro e esse outro permanecer em silêncio, o que confessou sai livre enquanto o cúmplice silencioso cumpre 10 anos de sentença. Se ambos ficarem em silêncio, a polícia só pode condená-los a 6 meses de cadeia cada um. Se ambos traírem o comparsa, cada um leva 5 anos de cadeia. Cada prisioneiro faz a sua decisão sem saber que decisão o outro vai tomar, e nenhum tem a certeza da decisão do outro. A questão que o dilema propõe é: o que vai acontecer? Como o prisioneiro vai reagir?".

– E "o interessante nesse equilíbrio, tal como aparece no dilema do prisioneiro, é que cada um, buscando maximizar seus fins privados, movidos somente pelo auto-interesse, adopta uma estratégia cujo resultado final não é o melhor possível para ambos. E isso é absolutamente racional" (Silva 2007, 16). A consideração exclusiva do seu próprio interesse poderá dar a liberdade, 6 meses, ou 5 anos de prisão, em que a primeira opção é a mais interessante. Se houver entre ambos uma solidariedade acordada e confiança mútua a melhor solução garantida para ambos é uma pena de 6 meses para cada um.

– Enfim há razões suficientes para se poder considerar, mesmo em termos normativos, uma racionalidade que englobe a Ética e a porta de entrada é pelo altruísmo.

– É verdade, mas antes de sairmos de Sen, se assim se pode falar na medida em que também ele considera o altruísmo, gostaria de referir uma sua afirmação: "A importância da abordagem ética enfraqueceu substancialmente com o desenvolvimento da economia moderna. A metodologia da chamada «economia positiva»" (Sen 2012, 24/25). Creio que este é um equívoco de base. Não é pelo positivismo que se afastou a Ética da Economia, se admitirmos que por aquele nos referimos a uma metodologia que, embora com limitações interpretativas, olha para a realidade. O afastamento da Ética faz-se ou pelo idealismo (a "realidade" é a construída) ou pelo pragmatismo (admitindo que todos são tendencialmente racionais é mais operacional assumir a racionalidade plena do que a diversidade dos comportamentos individuais de pessoas e instituições).

– Não repisemos, embora a propósito da Ética, questões que já abordámos antes sobejamente.

Altruísmo

– Caros amigos, mais um título que nos obriga a ser cautelosos na forma de abordar, tanto há a dizer sobre ele, apesar de ser frequentemente um conceito esquecido nos manuais pedagógicos de Economia. Um título cujo significado na Economia contemporânea convém recordar: "actualmente invocar o altruísmo reenvia fundamentalmente para o estudo dos comportamentos, e não para o estudo das motivações (...). Na ciência económica o altruísmo define-se pela internalização positiva do bem-estar dos outros na função de utilidade de uma pessoa" (Bazin 2006, 161).

– Aceito as tuas precauções, mas não sem antes recordar, na sequência do que disse no final do ponto anterior, que o conceito de altruísmo foi, segundo reza Abbagnano (1998, Altruísmo) um conceito criado por Comte, em oposição a egoísmo, significando "viver para os outros". Comte que é o fundador do positivismo. O seu ao seu dono: são as doutrinas centradas no individualismo, expressas magnificamente no discurso de Nietzsche[196], que vão hostilizar e desprezar a moral do altruísmo.

– Este é um tema que daria, para longas abordagens, como demonstra, se necessário o fosse, Zamagni (1995) que reúne textos para responder a seis perguntas: "como explicar a emergência do comportamento altruísta em diferentes contextos da interacção social"? Quais as "variedades do altruísmo"? Qual é a actual relevância do altruísmo numa sociedade de mercado"? o altruísmo num mercado marcado por imperfeições várias contribui para a sua eficiência? Como integrar a motivação altruística com os modelos evolucionistas? Devemos "desenhar instituições para encorajar as motivações altruístas"? E muito, mesmo muito, se escreveu desde essa data até hoje[197]. Contudo não creio que devamos tratar especificamente do altruísmo. Ele interessa-nos porque é, segundo vários autores que defendem a Ética na Economia, a porta de entrada da Ética na Economia[O3]. Tudo o mais transcende os nossos objectivos.

– Assim sendo, creio que está tudo dito e podemos passar a uma visão de conjunto sobre esta interligação, que segundo Sen e outros autores, melhoraria a Economia (e a actividade económica) e também aportaria

---

[196] Filósofo alemão, nascido em 1844 e falecido em 1900. Recordemos um dos seus livros mais conhecidos: *Assim falou Zaratustra*.

[197] Uma pesquisa na *b-on* em Economia, desde 1995 até hoje (Fev. 2016), encontrou 1734 artigos em que a palavra "Altruism" consta do título.

ÉTICA E ECONOMIA

progressos à Ética, que aproveitaria a operacionalidade e o pragmatismo da Economia.

Balanço económico e epistemológico

– Creio que o balanço é simples de fazer. Podemos concluir que o terceiro paradigma da Economia pode não ser tão hermético como deduzimos ao fazermos a sua apresentação e crítica. Pode conter além da racionalidade instrumental a consideração de valores vários, orientadores dos comportamentos humanos. A racionalidade pode envolver o reconhecimento da importância dos outros no comportamento individual, os grandes problemas da humanidade, desde a justiça à qualidade do ambiente. Como diz Letiche (in Sen 2012, 11)

"De um modo substancialmente inovador, mostra os contributos que a economia do equilíbrio geral pode dar para o estudo da filosofia moral; os contributos que a filosofia moral e a economia do bem-estar podem dar à economia contemporânea e os danos que a utilização incorreta do princípio do comportamento individual por interesse pessoal [centrando-se em exclusividade nesse princípio, reduzindo-o ao egoísmo; desprezando o bem-estar do grupo] causou na qualidade da análise económica (...) a riqueza das considerações éticas na avaliação da economia do bem-estar tem influência directa no comportamento pessoal."

– Totalmente de acordo, mas sempre no contexto normativo. A leitura, se assim podemos designar, deste paradigma não é sobre a realidade mas sobre o como os homens devem actuar para o sucesso da actividade económica. Para uns reduzida à racionalidade instrumental, para outros podendo comportar também a racionalidade axiológica. É certo que ao lermos autores como Sen percebemos que a Economia[O3] pode ser mais humana do que considerámos na sua versão mais descarnada, e isso é uma vertente importante a ter em conta, um combate social e político a enaltecer. Contudo as raízes epistemológicas continuam a ser as mesmas: a passagem da descrição ou interpretação da realidade para uma imposição normativa do que a realidade deve ser.

– Mais, a normatividade passa a ser dupla: tal como na ausência da reflexão ética o positivismo da teoria é meramente aparente, simbólico;

a introdução da Ética remete para uma reflexão primeira do que deve ser considerado ético, quer assuma a forma organizada de uma teoria da Justiça quer considerações mais espontâneas assumidas pelo conhecimento corrente. Por outras palavras, exige a prévia consideração do que devemos incluir no altruísmo.

– Em síntese, todos os esforços de introdução da Ética na Economia são louváveis, na Economia e na Filosofia Política, atenua algumas das críticas que formulamos anteriormente, mas não resolve as principais dificuldades do terceiro paradigma da Economia.

– Há uma dimensão que não analisamos: será possível uma moral assente na racionalidade individual com elevado grau de autonomia em relação à sociedade? Utilizando a terminologia de Thoron (2016) como é que a empatia cognitiva se articula com a empatia emocional? Em que medida é que pode haver uma Ética que se exprima nas relações sociais assente no individualismo metodológico? Sei bem que talvez não se justifique entrarmos pela resposta a esta questão mas fica aqui o alerta para uma possível análise a quem aprouver.

– E provavelmente também há outras que ficaram por colocar.

Poder, altruísmo e moral

– Não basta ser possível introduzir a Ética, é necessário que quem pode determinar ou influenciar os efectivos comportamentos sociais tenha uma moral concordante com uma teoria da Justiça que, pelo menos, considere tanto o bem-estar colectivo como o seu interesse individual. Tenha essa concepção e a pratique.

– A história recente do capitalismo não é abonatória dessa possibilidade. Desde a lógica das grandes empresas internacionais aos mercados financeiros de apropriação de renda, da captura do Estado pelas elites financeiras à propagação da fraude, quase tudo nos mostra que a sociedade tem mais capacidade para impor a racionalidade instrumental que a racionalidade altruísta. A Ética (seleccionada) só se converte em prática se houver uma correlação de forças social, essencialmente económica, que o permita.

– Se olharmos para a sociedade contemporânea, onde exactamente tem imperado a Economia[O3], o que encontramos é uma situação radicalmente diferente das boas intenções de Justiça susceptíveis de entrar pela porta do altruísmo. Todos nós já abordámos estes assuntos em diversas intervenções públicas, mas é pouco relevante retomarmos o tema.

– Vivemos numa sociedade em que as desigualdades sociais têm aumentado e assumem proporções assustadoras (ver, por exemplo, OXFAM (2016), Stiglitz (2013)), em que a fraude e a economia não registada campeiam (ver, por exemplo, Teixeira (Ed.) *et al.* (2016), Teixeira (Ed.) *et al.* (2014)), em que o crime organizado transnacional se mescla com os negócios legítimos (ver, por exemplo, Gayraud (2011), Napoleoni (2009), em que as questões ambientais assumem-se proporções catastróficas (ver, por exemplo, Giddens (2012), Sachs (2015))[198], em que...

– A listagem pode ser imensa. Basta pegar nos relatórios anuais de "desenvolvimento humano" do Programa das Nações Unidas para o Desenvolvimento (PNUD / UNDP), olhar para a realidade e secundarizar as "boas intenções" raramente atingíveis, para nos apercebermos da grave situação moral da nossa contemporaneidade. O regozijo do poder é a tristeza de grandes comunidades. Uma coisa é certa: o altruísmo dos donos económico-políticos da contemporaneidade é muito distinto do altruísmo ético que estivemos a analisar. Por outras palavras, a sua apreciação de Justiça está nos antípodas dos valores que Sen e outros autores têm, persistente e laboriosamente, defendido.

– Provavelmente os interesses e conceitos não são apenas distintos, são antagónicos e auto-reprodutores.

– Antes de terminarmos este ponto queria referir um artigo que li recentemente e que dá conta da forma como as empresas influenciam a sociedade, para além das múltiplas maneiras que todos os nós conhecemos: da actividade produtiva à criação de emprego, da dívida dos países à relevância dos mercados no funcionamento das democracias, da imprescindibilidade à sobrevivência das populações ao desenvolvimento social, das manipulações financeiras em paraísos fiscais às empresas de notação financeira, da formação que transmite à dignidade humana pelo trabalho, do prestígio perante as "massas" às malhas de conflitos de interesse, da garantia do consumo desejado à reprodução do sistema social capitalista, da empresarização do Estado à corrupção, etc. etc.

– Desculpa interromper-te mas, por vezes as formas de influência são bem mais subtis. Os políticos raramente são representativos das populações

---

[198] Agradecemos a Cristina Chaves e a Manuel Castelo Branco as sugestões bibliográficas.

e o seu contacto com as elites económicas absorvem o domínio destas. Como diz Arriaga (2015) "Fechados em salas de reuniões, durante horas a fio com membros do sector empresarial, os nossos representantes eleitos começarão, com o passar do tempo, a sentir que pertencem àquilo a que poderemos chamar a «elite político-económica»" (33).

– A tua interrupção até dá força ao que ia referir. Garric e Léglise (2008) numa disciplina bem diferente da Economia coloca uma pergunta: "O discurso patronal é um discurso económico?" Nós julgaríamos saber a resposta. Contudo as suas conclusões são surpreendentes:

> "Finalmente, nós admitimos que esses textos [com discursos patronais] participam discursivamente na construção da economia. Não são económicos pelas temáticas abordadas, assim como o não são pelo apelo que fazem a argumentos de autoridade considerando-se peritos da disciplina económica. São-no pela ideologia que os sustenta e que eles difundem, nomeadamente através de intervenções mediáticas, são económicos na medida em que constroem a economia pelo discurso sobre os seus próprios actos, erigindo assim a ordem económica como a ordem das coisas. Esses textos contribuem, pois, simultaneamente a mostrar uma «realidade económica» e a construir activamente a economia que eles pressupõem." (83)

– As entidades patronais constroem economia pelo próprio discurso ideológico. Também por essa via difundem tranquilamente a sua Ética.

ECONOMIA[O1] E MORAL

RESUMO:
A problemática Ética expressa-se de forma bastante diferente na Economia[O1]. Aí trata-se da moral.

– Nada há a acrescentar ao que já referimos sobre o assunto. Não o abordámos explicitamente, mas já dissemos que há várias formas das pessoas agirem e analisarem as relações de produção, de troca e de rendimento. As nossas incursões pela Antropologia Económica mostraram a diversidade de formas de ser e estar nas, e das, sociedades. Mesmo para as sociedades capitalistas contemporâneas há diferentes formas de funcionamento da economia (Boyer 1998), quiçá uniformizadas pela hegemonia político--económica dos EUA, como também o demonstram os indicadores de Hofstede (2004). Caracterizando-se esse paradigma por ter um objecto científico moldado pela realidade-em-si, a Economia reflecte o comportamento humano, o qual também é indissoluvelmente configurado pela moral vigente.

– Segundo Alvey (2011) vários estudos empíricos mostram que há entre os cidadãos uma lógica de cooperação que não é reflectida pela Economia, em nenhum dos seus paradigmas. A Economia ao fazer generalizações acaba por funcionar como ideologia. Segundo ele, para a moral ser efectivamente considerada impõe-se remover alguns dogmas da metodologia positivista, atender que a dicotomia entre "facto" *versus* "valor" é enganosa, a diversidade humana deve ser retida seriamente e que o altruísmo (em sentido sociológico) e o espírito colectivo devem ser olhados com atenção.

– Creio que o autor está a pensar sobretudo no paradigma actual pois refere-se que tal acontece muito a partir da ruptura que foi a adopção da definição de Robbins. Mas, mesmo que tenha em mente todos os paradigmas da Economia, tem alguma razão pois não faltam, como já dissemos, generalizações que parecem dar às leis da Economia uma universalidade que não têm, pois exprimem uma realidade de determinadas sociedades, culturas ou economias.

– Gostaria de pegar na referência aos factos e aos valores. A Economia[O1] observa a realidade-em-si. Sem dúvida que o faz através de um vasto conjunto de mediações, mas o essencial da sua característica é pretender descrever e interpretar a realidade-em-si. Se assim é, reflecte o comportamento das pessoas ao tratar da produção, repartição e troca, em todas as suas facetas, incluindo as éticas. Assim, por exemplo, ao estudar a economia da Idade Média, Castro (1964/70, 1975) utiliza uma estrutura conceptual diferente da que utilizaria se estivesse a estudar o capitalismo. Ao estudar-se a economia de uma região, de uma dada comunidade, tem de se ter em conta as suas características e não do todo social em que ela se insere. Ao analisar essas realidades a Economia expressa os factos que são observados. É uma leitura crítica que reflecte a observação da realidade, Essa leitura pode ser de vários tipos. Se for uma leitura positivista limita-se a descrever, procede a uma análise fenomenológica, mas se for uma atitude materialista e racionalista procura as relações causais, faz uma análise metafenomenológica.

– Portanto, na tua opinião, o autor tem razão em alertar para certas leituras positivistas que levam a debilidades explicativas, mesmo que se adopte a Economia[O1].

– Tens razão, mas não era aí que me cria focar. Vamos admitir que estamos numa leitura da actividade económica de acordo com esse paradigma e que optamos por uma leitura explicativa causal racionalista. Nesse caso dos modelos elaborados não resultam juízos de valor, mas podem conduzir a eles, embora estes sejam objectivados. Estou a reparar pelas vossas caras que estou a ser pouco explícito. Creio que um exemplo vale mais que mil explicações. Peguemos numa leitura simplificada de Marx. Ele analisa as relações de produção capitalistas e diferencia-as de anteriores pela propriedade privada dos meios de produção por alguns (designados num modelo simplificado de apenas duas classes, como capitalistas), e a obrigatoriedade dos restantes (proletários), em muito maior número, venderem a sua força de trabalho para sobreviverem. Desta relação nasce a mais-valia, apropriada pelos capitalistas sob as formas de lucros, rendas e juros. Ao analisar as leis fundamentais do capitalismo, mantendo-se sempre na objectividade, conclui que tal conduz à pauperização relativa do proletariado. Se for provado que um aumento das desigualdades económicas provoca maior instabilidade social, menor desenvolvimento económico, a análise objectiva conduz a um juízo de valor, ele próprio positivo: para ampliar o desenvolvimento é necessário combater a pauperização relativa.

– O que conduz à Política Económica, fora do nosso âmbito de análise. Quem defender a vantagem de um menor desenvolvimento económico opta por deixar tudo na mesma, quem defender as vantagens de um maior crescimento e desenvolvimento optará pela adopção de instrumentos apropriados. Estes podem ir de políticas de rendimentos para atenuar as diferenças à eliminação da propriedade privada dos meios de produção, Mais do que perante opções diversas de Política Económica estamos perante opções da Política.

– Sim, mas voltemos aos factos e aos valores para relembrarmos algumas ideias centrais que nos são expostas por Katouzian (1982, 169/192). Como ele diz há

"classes distintas de enunciados normativos e (...) *só uma delas contém explicitamente questões relativas às opiniões de caracter pessoal. Quando digo que uma distribuição mais igualitária do rendimento é moralmente superior, posso estar a expressar a minha opinião pessoal e mais nada; mas quando digo que uma distribuição mais igualitária do rendimento incrementa a eficiência económica, ou reduz os conflitos sociais, ou mitiga os riscos para a saúde pública..., então (*quaisquer que possam ser minhas motivações reais*) o meu enunciado está aberto à crítica e, pelo menos em princípio, os factos reais podem provar que é falso. Proponho chamar ao primeiro grupo de enunciados *juízos morais* ou *enunciados éticos*; e ao segundo grupo *juízos políticos* ou *enunciados prescritivos*" (175/6). "Sucede que as proposições de algumas disciplinas científicas são tipicamente prescritivas por natureza – e *não* descritivas. A Medicina é uma delas; a Economia a outra" (177). "*A Economia é essencialmente uma ciência prescritiva, mas isto não significa nem que a economia seja uma disciplina intrinsecamente não científica nem que as teorias económicas sejam, em si mesmas «questões opináveis».*" (180/1)

– Creio que podemos sintetizar este breve debate nas seguintes posições. Primeiro, neste paradigma não se coloca o problema da relação da Economia com Ética porque a leitura científica da actividade económica integra o comportamento das pessoas, individuais e colectivas, esse facto social total que comporta as opções morais e respectivas acções. Segundo, esta apreciação geral exige uma vigilância epistemológica permanente para que não haja, da parte de alguns autores e correntes, distorções em relação a essa referida leitura da realidade. Terceiro, essa objectividade não impede a normatividade, via enunciados prescritivos, cuja aplicação exige a transposição da Economia para a Política, frequentemente a Política Económica.

Conclusões

RESUMO:
Um resumo muitíssimo breve. Possíveis temáticas a abordar futuramente.

– A principal conclusão é que este trabalho durou mais de quatro anos e todos nós aceitámos com entusiasmo e tenacidade o desafio. De início admitíamos que fosse um trabalho curto, pois todos nós já tínhamos pensado no problema, embora nem todos estivéssemos de acordo quanto às conclusões. Depois surgiram questões em que nunca tínhamos pensado, impusemos a todos nós muitas e muitas leituras nunca antes feitas ou desejadas. Nem sempre o percurso foi fácil.

– Se o tivesse sido não tínhamos investigado. Para fazer investigação é preciso coragem!

– É verdade. E também não foram poucas as vezes que tivemos que adiar reuniões ora porque alguns de nós não tínhamos tido tempo de ler tudo o que desejávamos, ora porque, tendo-o lido estávamos desorientados e precisávamos algum tempo de actuação do subconsciente para encontrarmos o fio condutor da diversidade de posições.

– Apesar dos erros e das formulações mais controversas que as nossas gravações possam revelar, creio que estamos todos de parabéns. Merecemos uma saúde e foi especialmente para esta ocasião que guardei este *Vintage*.

– Merecerá a pena fazer a síntese do que ficou dito?

– Não creio, embora não resista a apresentar algumas linhas gerais.

1. Primeiro, não é adequado tratar de qualquer assunto da Economia sem termos presente que há vários paradigmas e que cada um deles tem o seu objecto científico, a sua metodologia e a sua lógica interna.
2. Segundo, se é legítimo dizer que a Economia é uma ciência social, o paradigma contemporâneo dominante, assente na racionalidade, não preenche a regra da falseabilidade e é dominantemente normativo.
3. Terceiro, a racionalidade pressuposta pela Teoria da Escolha Racional é irrealista e inconsistente, apenas sobrevivendo porque é um suporte subtil da normatividade, representada como discurso positivo.
4. Quarto, o conceito de racionalidade é derivado de um outro, a utilidade.
5. A Ética só é um problema da Economia no actual paradigma dominante e ela só pode ser introduzida por via da normatividade.

– Apesar destes quatro anos, muitos problemas ficaram por tratar. Há dois que sinto particular amargura em não os ter abordado. Sobre o primeiro falámos de quando em vez com persistência. Estou-me a referir à teoria do valor. O segundo só nas entrelinhas surgiu: sendo a sociedade uma realidade complexa, como é que a Economia pode comportar a complexidade.

– Quanto ao primeiro tema talvez todos nós tenhamos idade e conhecimentos para ainda tratarmos, Quanto à segunda tenho a certeza de que, pelo menos eu, já não o conseguirei fazer. A Teoria da Complexidade ainda é insuficiente e fragmentada, o conceito de complexidade difuso, exige conhecimentos matemáticos que não possuo e técnicas novas.

– Sejamos práticos. Acabámos os debates com a sensação de dever cumprido. As gravações têm centenas de horas. Creio que estamos todos de acordo que devemos aproveitar estes materiais para fazer um livro, o que exige passar a escrito tudo, suprimir aspectos secundários, aqui e além remetidos para notas de fim de página, acertar a bibliografia (que já fomos organizando) e fazer a revisão final. Como fazê-lo?

– Que vamos publicar um livro sob a forma de diálogo, sem o nome dos intervenientes, é algo que já decidimos e que não temos razão para o pormos em causa. Quanto à organização do trabalho, guardemos para mais tarde, Agora festejemos!

CONCLUSÕES

– À nossa saúde! Votos de que o futuro livro possa ser útil! Votos de que tenhamos contribuído para um maior rigor científico da Economia!

– Terminemos com a voz de um grande poeta, que, em alguma medida nos retrata:

> Na terra negra da vida,
> Pousio do desespero,
> É que o Poeta semeia
> Poemas de confiança.
> O Poeta é uma criança
> Que devaneia.
>
> Mas todo o semeador
> Semeia contra o presente.
> Semeia como vidente
> A seara do futuro,
> Sem saber se o chão é duro
> E lhe recebe a semente.[199]

---

[199] Torga (sd, "Canção do semeador", p. 93).

Poslúdio

Com as experiências de vida de décadas, entre o combate de rua e a reflexão de gabinete, entre a participação cívica, mesmo quando esta parecia uma miragem perigosa, e a pedagogia do ensino, entre o discurso inflamado nos calores da luta e a serenidade da troca de ideias visando um esclarecimento mútuo, assinar um livro é um acto de paternidade, feito mais com amor do que com ponderação.

Este livro é parte desse comportamento e, como acontece com cada um, tem singularidades. Como os restantes, com maior ou menor tecnicidade, tivemos a preocupação de apresentar as nossas posições, fundamentadas numa análise que reputamos de científica. Caminhamos aos ombros dos que nos antecederam, gostamos de recordá-lo frequentemente, mas com a preocupação de elaborarmos um discurso próprio e lançar algumas poeiras de novas problemáticas. Mas a conversa com o jornalista, o mesmo com quem estivemos no Prelúdio, certamente que tenderia a centrar-se nas idiossincrasias plasmadas neste livro.

A leitura que fez entre as nossas conversas, certamente proporcionará uma troca de ideias mais profícua. Envolto nestas lucubrações, olhando as espirais de fumo que se erguiam do cachimbo, mitos de uma tranquilidade intelectual que não conseguia construir, tive dificuldade em despertar para o telemóvel que anunciava a sua presença junto à porta. Fui abri-la, sabendo que o início da entrevista ia ser difícil: ia definitivamente constatar que lhe tínhamos mentido.

Entrado na sala, de imediato interrogou-se pelo facto de estarmos sozinhos. Tinha-lhe prometido que, desta vez, a entrevista, se assim quisermos designar, seria com todos os participantes nas reuniões de trabalho.

P: Não tínhamos combinado que estariam todos os efectivos autores presentes? Tiveram receio que eu não cumprisse a minha palavra de manter o anonimato dos restantes?

R: Nada disso. Se não tivesse confiança em si não estaríamos aqui sentados. Que lhe posso servir? É porque estou grato pelo seu trabalho que senti a necessidade de lhe pedir esta conversa.

P: Não estou a entender!

R: Esclareço-o de imediato para podermos superar este dramatismo no nosso encontro. Prometi-lhe que esta conversa seria com os vários autores do estudo realizado e estou a cumprir a promessa. Não houve reuniões de debate, não houve a troca de ideias. Tudo isso foi uma mentira para evitar obvias interrogações sobre a redacção do livro ser feita sobre a forma de diálogo plural, com um caminho cheio de encruzilhadas. Eu sou o único autor do livro, o único que, concebeu, leu, interrogou, escreveu e reescreveu as páginas deste trabalho. Para lhe ser franco, nem tinha a certeza que esta verdade ficasse escondida sob a aparência de diálogo. Só o percebi quando os meus críticos privilegiados – as pessoas a quem enviei o trabalho para o criticarem, antes da última revisão final – não perceberam que só havia um único autor.

No email em que lhes enviei dizia: "Durante três anos um grupo de economistas reuniu-se para debater o conceito de "racionalidade económica". Desde o início havia a possibilidade da sua publicação ficando eu encarregue de dar a revisão final ao texto, sempre com base nos debates havidos. Esse trabalho está feito. Contudo, antes de dar à estampa, é nossa vontade recolher opiniões diversas". Foram unânimes em admitir que o texto era o resultado de um debate colectivo. Um deles afirmou "claro que, já o sabíamos, o trabalho de reflexão conjunta é sempre potencialmente mais rico e enriquecedor relativamente às ideias que explora do que o trabalho individual" e outro mostrou-se indignado pelos restantes autores pretenderem manter-se no anonimato.

Concluído o simulacro, não havia razões para manter tal falsidade. Por isso, não o posso manter erradamente informado, não me sentiria bem com o facto de muitos leitores caírem no mesmo logro. Por isso aqui estou dando a cara e afirmando categoricamente que não houve qualquer debate, não houve a passagem do discurso oral à escrita, tão-somente decidi dar essa forma a este livro escrito ao longo de quatro anos.

POSLÚDIO

P: Volto a colocar uma pergunta que já consta do Prelúdio, agora exclusivamente dirigido a si: como lhe surgiu a proposta de um livro em diálogo?

R: A resposta que então lhe dei é verdadeira, apenas incompleta. Porque temos a tendência de encontrar uma justificação lógica para tudo que nos acontece, olhamos para o passado. De facto aí encontro algumas das razões apresentadas: as provas de agregação, a influência formal de Platão. Creio que poderíamos exibir outros prolegómenos: a minha juvenil paixão pela leitura de peças de teatro; uma vida de professor em que apenas retenho como imagens os estudantes que souberam pensar pelas suas cabeças e colocarem-me perguntas difíceis, daquelas cuja resposta pode preencher uma vida. Contudo, muito provavelmente, a razão principal não se radica aí. Para lhe explicar vou comparar a escrita do meu livro anterior, sobre a Interdisciplinaridade, que reflecte uma situação típica, com a deste.

Quando comecei a escrever sobre a interdisciplinaridade sabia que a minha investigação estava, nessa fase, integralmente constituída. Tinha operado com múltiplas equipas interdisciplinares, sempre adorei os debates interparadigmáticos, há vários anos que estudava academicamente o problema e me tinha enriquecido com com uma vasta bibliografia e as trocas de ideias em cursos e seminários. Tinha chefiado uma linha de investigação sobre essa problemática (de que tinha resultado um livro com as actas de uma conferência). Fui construindo convicções (cientificamente fundamentadas, admito) sobre os diversos subtemas. Sempre que me surgiam dúvidas ou insabedorias, que procurava superar, os resultados atingidos completavam e confirmavam os saberes anteriormente construídos. Resultado, quando resolvi escrever o livro já o tinha pormenorizadamente redigido na minha cabeça. Sabia como começar, que tratar, que sequência seguir, que ensinamentos práticos retirar, que conclusões obter. O difícil estava feito, escrever era coisa de pouca monta. Por isso comecei a escrevê-lo na mesma altura que este, já o editei em 2013 e este ainda está nos acabamentos.

Quando resolvi escrever sobre o que é hoje a Economia nada se passava como era habitual. Tinha razão, quando na primeira conversa afirmou que tinha encontrado vários trabalhos meu sobre a racionalidade, mas este não era o tema que especificamente me preocupava, embora soubesse que o tinha de analisar (porque todo o discurso económico contemporâneo gira em torno da racionalidade plena). Além disso se os juntasse todos tinha uma manta de retalhos e até poderia encontrar, em questões de pormenor, diferentes respostas à mesma pergunta. Ao longo de décadas fui recolhendo leituras sobre a racionalidade mas umas pareciam-me apologéticas, outras dogmáticas e pouco convincentes para quem tivesse opinião diferente, outras ainda muito carentes de cientificidade. Umas leituras eram de Economia, outras de Filosofia ou Epistemologia, outras de Psicologia ou Antropologia, outras de Lógica, outras ainda de Biologia. Nem sempre colavam entre si. Os equívocos que ao longo de anos tinha encontrado em estudantes no final da licenciatura de Economia (embora esta já não seja o que era antes da malfadada reforma de Bolonha) colocavam o imperativo científico e social de abordar o assunto, de deixar a minha posição sobre o problema, mas ainda não havia nenhum resquício na minha cabeça da sua sequência. Precisava de aproveitar a escrita do livro para transformar a "manta de retalhos" numa peça aceitável.

P: Aceitável?

R: Pretendo dessa forma expressar vários aspectos: os meus argumentos tinham de ser cientificamente fundamentados; mais do que dizer "é assim porque" pretendia transmitir que há várias formas de encarar o problema, que ele é complexo e exige uma impiedosa releitura crítica, mas que até prova convincente em contrário "admitimos que seja assim". Por outro lado, sabia que tratar da racionalidade exigia todo um caminho prévio percorrido e transmitido: falamos em Economia, mas o que é isso? O que é ciência?

Pôr em causa uma leitura contemporânea da Economia (que no livro designo por Economia[O3]) exige pôr em causa uma multiplicidade de conceitos, de argumentos. Em vez de lançar as minhas certezas, sem mais, preocupou-me despertar no leitor dúvidas que, pelo seu próprio raciocínio, pudesse conduzir a aquelas.

Por todas estas razões, e talvez outras que o Freud descobriria, decidi avançar para um livro em forma de diálogo.

P: Considera que a experiência resultou?

R: Sem falsas modéstias, admito que sim. E digo-o convictamente porque a própria redacção do livro foi um deslumbrante percurso de novas problemáticas, de novos caminhos, de conclusões que muitas vezes me pareceram surpreendentes. Tentei que o diálogo fosse controverso, imaginativo, pouco respeitador das regras, sistematicamente heterodoxo.

P: Para si o caminho para a verdade tem de ser heterodoxo. A ortodoxia é um perigo para a troca de ideias e a verdade.

POSLÚDIO

R: Admito que a sua interpretação esteja certa. Aliás faço referência a esse problema.

P: Falou da sua experiência. Vou agora utilizar a minha, fazendo uma observação: é um livro difícil de ler. O que tem a dizer sobre a minha constatação?

R: De uma forma directa diria que talvez tenha razão. Os motivos de tal facto são essencialmente dois.

Em primeiro lugar, é impossível fazer a crítica da Economia sem se terem conhecimentos dessa ciência. É um livro que exige ao leitor conhecimentos prévios (ou disponibilidade para os ir adquirindo). Foi escrito a pensar nos economistas, nos estudantes de mestrado e doutoramento, em todos os interessados em fazer incursões arrojadas por novas áreas do saber. Apesar disso admito que qualquer leitor poderá retirar informações úteis para a compreensão da realidade e sobretudo para um combate político-social mais fundamentado quando se confronta com práticas contemporâneas, assentes na Economia[O3], resumidas no chamado "consenso de Washington". Um consenso dos poderosos do mundo contemporâneo. Está ao alcance de muitos leitores mas exige-lhes um esforço maior.

Admito, contudo, que a razão principal não seja essa. Tem a ver com a diferente concepção pedagógica sobre a atitude do professor. Ele não deve ser o simplificador da realidade, mas o que constrói caminhos para a descoberta da verdade através de um trabalho aturado entre professor e estudante. Há muitos anos que sou influenciado pela maneira de conceber o ensino plasmado nas obras de Bachelard, filósofo a quem muito devo (Correia e Pimenta 2000). Para este autor o erro tem um espaço insubstituível no processo de aprendizagem (já referirei mais alguma coisa sobre o assunto). A imaginação interrogativa das "verdades feitas" e das primeiras leituras tem uma importância insubstituível no momento decisivo de fazer ciência, no corte epistemológico, o corte com as aparências. A realidade que pretendemos interpretar, aquilo que fomos designando por realidade-em-si, é complexa; é fundamental transmitir a capacidade de a observar e isso não se coaduna com a simplificação do mundo, com a apresentação de verdades feitas. Fazer ciência é um trabalho árduo e exigente. Não é possível educar se não se ensinar a cada um saber percorrer o seu próprio trajecto, que envolve inevitavelmente superar o erro.

Por outras palavras, admito que a ruptura com as teorias contemporâneas da Economia seja acompanhada com uma inevitável ruptura com as práticas pedagógicas dominantes. Numa fase histórica em que se escrevem livros para "aprender Economia em 24 horas" ou "enriquecer numa semana" pegar num livro que, mais do que certezas, transmite dúvidas, embora aquelas só existam e perdurem até ao momento de serem postas em causa, exige ao leitor uma postura diferente.

Eis algumas pistas explicativas dessa "dificuldade".

P: Está mais preocupado em conduzir ao erro do que à verdade (estou a utilizar essa palavra no sentido que normalmente lhe é atribuído)?

R: Já ia falar do erro. Não me tinha esquecido. De uma forma muito directa afirmo-lhe que o nosso objectivo é conduzir à verdade, mas o erro faz parte do caminho para a alcançar. Como lhe disse, a única diferença em relação à prática habitual é que não "transmito a verdade", não uso o "argumento de autoridade". Transmito o caminho que permite a cada um dos leitores chegar a essa verdade. Por outras palavras, quando o leitor se defronta com as constatações que eu considero ser a verdade, já tem em sua posse muitos elementos que lhe permitem aceitar, pôr em dúvida ou rejeitar aquela. Creio que Bachelard resume esta situação numa bela frase:

> "«O problema do erro pareceu-nos ser prévio ao problema da verdade, ou melhor, a solução possível do problema da verdade é o afastamento de erros cada vez mais finos»." (Bachelard em Parinaud 1996, 48)

No nosso trabalho anteriormente referido tentamos sintetizar o papel do erro na aprendizagem:

> "Aprender a aprender tem a ver com a reflexão que alunos e professores façam do erro, detectando a fonte donde brotou, as suas causas e o processo do seu surgimento. Leva a uma (re)construção do real. Exige uma relação dialogante (aluno/professor). Exige a observação do percurso do pensar que levou ao erro.
>
> Não se aprende combatendo o erro, mas sim procurando a problemática da sua ocorrência, concluindo por certezas mesmo que estas sejam "certezas negativas"[200].

---

[200] Parafraseando Morin (1994, 152).

POSLÚDIO

Se é inequívoco que os conhecimentos científicos aceites numa época histórica tanto resultam de uma aproximação à realidade como da aceitação pela comunidade científica (com as suas instituições, ideologias, crenças e filosofias), uma *pedagogia do não* vai além da transmissão e assimilação de conhecimentos. É um contributo à própria construção científica, é um grito de liberdade, é a compreensão do futuro." (Correia e Pimenta 2000, 45)

P: Para terminar, agradeço a amabilidade de ter superado a anterior mentira e deixo-lhe uma questão final: como resumiria o conteúdo do livro. No Prelúdio fugiu à resposta dizendo-se incapaz e considerando inadequado fornecer essa pista ao leitor logo nas primeiras páginas. Agora poderá dar uma resposta mais decisiva?

R: Antes de responder à sua solicitação tenho que chamar a atenção para a inevitável diferença entre o resumo que eu poça fazer e a que resulta da leitura do livro, tal é a complexidade das temática, a divergência de posições que ressalta dos debates e a imensidão de questões que ficaram por responder.

Dito isto, esquematizando por pontos e seguindo um pouco a sequência do livro:

1. É impossível uma leitura crítica de uma ciência sem se ter desde o início ideias claras sobre um vasto conjunto de questões epistemológicas. Por outras palavras, falar de Economia é aplicar a esta ciência um conjunto de ideias filosóficas e epistemológicas. Assim sendo, ou começa-se por explicitar esse enquadramento filosófico ou ele é encoberto. Neste último caso a infecundidade da crítica é muito grande: sob a mesma palavra cada um pode estar a designar realidades radicalmente diferentes; as opções espontâneas resvalam para o conhecimento corrente, para a filosofia espontânea e inconsistente, para a ideologia. Tivemos o cuidado de construir essas fundações da análise a realizar.

2. Distinguindo Economia (ciência) e economia (realidade) – aspecto crucial em todas as circunstâncias e maior ainda quando o português usa o mesmo termo com significados diferentes e as instituições de ensino tendem frequentemente a confundi-las – houve que analisar a relação dialéctica entre os dois conceitos, entre as duas realidades. Sendo a economia uma certa leitura (construída pela Economia) da

sociedade, a interdisciplinaridade é uma vertente fundamental da crítica da Economia.

3. Fala-se simplificadamente em Economia mas esta ciência, como muitas outras, é composta por distintos paradigmas. Estas diferenças são construídas historicamente, mas muitas continuam a coexistir em cada momento histórico. Esta é uma das origens, não a única, das diferenças entre os economistas. O diálogo entre paradigmas existe, limitado, e sem possibilidades objectivas de uma junção plena, mas há que garantir o conhecimento das alternativas existentes e da interparadigmaticidade.

4. São muitos os critérios de classificação dos diferentes paradigmas da Economia. Considerámos como central a que assenta sobre o objecto científico. Consideramos três diferentes objectos: (1) a produção, repartição e troca; (2) a gestão dos recursos escassos; (3) a escolha racional. Deles resultam três paradigmas diferentes, apesar das ligações entre alguns desses objectos e das ambiguidades de vários autores: Economia[O1], Economia[O2] e Economia[O3]. É sobre esta última que concentraremos a nossa atenção, já que o nosso objectivo sempre foi estudar a utilização do conceito de "racionalidade" pela Economia.

5. Porque o conceito de "racionalidade" é suficientemente difuso e ambiguo, profundamente associado à identificação ideológica do Homem como o "animal racional", começamos por uma incursão genérica sobre o tema, dando-se um significado mais preciso do que se pode entender por "racionalidade económica": a norma considerada "racional" que a Economia projecta na leitura do comportamento dos homens.

6. Procedemos seguidamente a uma dissecação do conceito de racionalidade na Economia[O3], tendo-se constatado previamente que, apesar da diversidade de posições entre os autores deste paradigma, há o reconhecimento unânime, frequentemente implícito ou ambiguo, de que os homens não raciocinam como é pressuposto pela ciência. A Economia[O3] é normativa, sendo essa normatividade justificada por diferentes formas.

7. Na análise pormenorizada da racionalidade em Economia[O3] examinámos as diferenças entre a realidade dos comportamentos humanos e os pressupostos científicos, explicitando muitas dessas diferenças,

revelando a falsidade de muitas das justificações (quando as apresentam, porque há muitas facetas que são encobertas). Concluímos também que o conceito de racionalidade é uma derivação do conceito de utilidade. Todas estas constatações fundamentam a conclusão de que a Economia[O3] não analisa o que é a realidade, mas o que esta deveria ser para se atingir o equilibro e a optimização.

8. Poderíamos ter ficado por aí. Contudo o discurso ético está na moda. Esta poderia dar a ilusão que há na Economia[O3] uma Ética implícita canalizada pelo belo conceito de altruísmo. Mais, enquanto a propósito do paradigma O3 são frequentes as referências éticas, o mesmo não se passava nas abordagem do paradigma O1. Por isso resolvemos tratar explicitamente do assunto. Revelou-se quanto as aparências iludem. Reforçou-se a ideia de normatividade quando o paradigma em análise pretende expressar uma axiologia.

Eis em poucas palavras uma resposta, a minha, à sua pergunta.

P: A sua resposta coloca-me uma pergunta adicional. No início do livro diz que a Economia é uma ciência. Depois desdobra essa Economia em diversos paradigmas e acaba por concluir que a Economia hoje como se apresenta, não obedece às normas da cientificidade. Mas depois coloca uma questão: há "a possibilidade de uma mesma ciência, neste caso a Economia, ter paradigmas científicos e outros que o não são? Como é possível falar de uma ciência em que uma parte de si não o é?" E não dá resposta. Há ambiguidade, talvez timidez?

R: Tem razão, parcialmente, no que afirma. A problematização a realizar nos debates (peço desculpa por continuar a utilizar esta formulação) e a sequência dos temas estava, à partida, muito dependente da Economia ser conhecimento filosófico, científico ou corrente, de ser uma ideologia ou uma religião. Por isso, logo no início, tínhamos de ter uma posição genérica sobre o problema. Daí o capítulo inicial *A Economia é uma ciência?*. De uma forma genérica, e provavelmente adoptando implicitamente uma definição de Economia mais concordante com o nosso entendimento, concluímos, com justificações, que era ciência. Só depois disso é que vamos considerar a existência de diversos paradigmas e vamos fazer a crítica detalhada ao terceiro. De facto recolhemos um vasto conjunto de informações que nos permitem, eventualmente, concluir que a actual versão dominante, mas não única, de Economia não é ciência. Digo eventualmente porque a resposta definitiva depende do entendimento do que é ciência. Mas continuamos a considerar que tem a ver com as características que apresentamos no início (e as opções estão assumidas). Se se privilegiasse "a capacidade de prever", adoptando implicitamente uma certa noção de previsão, "a elegância do modelo", etc. as conclusões seriam diferentes. Por tudo isto tem alguma razão.

Se começasse por dizer que o actual paradigma da Economia não era científico estava, como diz o ditado popular, "a pôr o carro à frente dos bois", pois ainda não tínhamos estudado a divisão paradigmática nem a racionalidade. Começar por dizer que uns paradigmas eram científicos, e outros não, pareceria uma afirmação ideológica, não fundamentada. Como foi apresentado é uma conclusão que cada um pode confirmar ou infirmar.

Além disso há a dificuldade efectiva de responder à pergunta que teve a amabilidade de lembrar. Provavelmente em várias situações, e não apenas na Economia, não faz sentido falar na disciplina sem identificar, desde logo, os seus paradigmas.

P: Foi-me útil esta conversa e perdoo-lhe ter-me iludido anteriormente.

Bibliografia

Aavv. 2003. *Grand Dictionaire de la Philosophie (ed. electrónica)*. Paris: Larousse.

Abbagnano, Nicola. 1998. *Dicionário de Filosofia*. 2 ed. 1 vols. São Paulo: Martins Fontes.

Academia de Ciências da URSS. 1969. *Manual de Economia Política*. México: Grijalbo.

Adan, José Pérez. 1997. *Socioeconomía*. Madrid: Trotta.

Affergan, Françis. 2007. "L'anthropologie cognitive existe-t-elle?" *L'Homme* no. 184 (4):85-105.

Alchourrón, Carlos E., José M. Méndez, e Raúl (Ed.) Orayen. 1995. *Lógica*. 1 ed. Madrid: Trotta.

Almodovar, António, e M. Fátima Brandão. 1990. "Racionalidade Disciplinar da Economia: Algumas Reflexões." *Estudos Econômicos* (20/Esp):119/134.

Althusser, Louis. 1974. *Filosofia e Filosofia Espontânea dos Cientistas*. Lisboa: Editorial Presenca.

Altuna, P. Raul Ruiz. 1993. *Cultura Tradicional Banto*. 2 ed. Luanda: Secretariado Arquidiocesano de Pastoral.

Alvey, James E. 2011. "Ethics and Economics, Today and in the Past." *Journal of Philosophical Economics* no. 5 (1):5-34. doi: http://www.jpe.ro.

Andler, Daniel, Anne Fagot-Largeault, e Bertrand Saint-Sernin. 2002. *Philosophie des Sciences I & II*. 1 ed. Paris: Gallimard.

Angelis, Massimo de. 2004. "S'opposer au fétichisme par la reconquête de nos puissances. Mouvement du Forum social, marchés capitalistes et alter-politique." *Revue internationale des sciences sociales* no. 182 (4):655-669. doi: 10.3917/riss.182.0655.

Arizpe (Coord.), Lourdes. 1996. *The Cultural Dimensions of Global Change*. Paris: UNESCO. Original edition, 1996.

Arriaga, Manuel. 2015. *Reinventar a Denocracia*. Lisboa: Manuscrito.

Bachelard, Gaston. 1976. *Filosofia do Novo Espírito Científico – A Filosofia do Não*. 2 ed. Lisboa: Editorial Presenca.

Bachelard, Gaston. 1984. *A Filosofia do Não – Filosofia do Novo Espirito Científico*. 3 ed. Lisboa: Editorial Presenca.

Bachelard, Gaston. 1999. *Le Nouvel Esprit Scientifique*. 6 ed. Paris: PUF. Original edition, 1934.

Bachelard, Gaston. 2001. *La Dialectique de la Durée*. 3 ed. Paris: PUF. Original edition, 1950.

Balme, Richard. 2002. "Au-delà du choix rationnel : des sciences sociales plus politiques ?" *Sociologie et sociétés* no. 34 (1):101-112.

Bancal, Jean. 1974. *L'Économie de Sociologues – Objet et Projet de la Sociologie Économique*. 1 ed. Paris: PUF. Original edition, 1974.

Barre, Raymond. 1965 [1955]. *Économie Politique*. Paris: PUF.

Bartoli, Henri. 1991. *L'Économie multidimensionnelle*. Paris: Economica.

Baslé, Maurice, e al. 1988. *Histoire des Pensées Économiques – Les Contemporains*. Paris: Sirey.

Bazin, Damien. 2006. *L'éthique économique, Cursus Économie*. Paris: Armand Colin.

Becker, Gary S. 1971. *Teoría Económica*. México: Fondo de Cultura Económica.

Becker, Gary S. 1993. "The Economic Way of Looking at Behavior." *The Journal of Political Economy* no. 101 (3):385/409.

Benassy, J. P., R. Boyer, R. M. Gelpi, A. Lipietz, J. Mistral, J. Munoz, e C. Ominami. 1977. *Approches de l'inflation: l'exemple français*. Paris: CEPREMAP – CORDES.

Bentham, Jeremy. 2011. *Introduction aux principes de morale et de législation*. Paris: Vrin.

Bentham, Jeremy. [1823]. *An Introduction to the Principles of Morals and Legislation*. Indianapolis: Liberty Fund, Inc.

Berzosa, Carlos. 2013. "La dificil relacion entre etica y economia. (The Difficult Relationship between Ethics and Economics. With English summary.)." *Revista de Economia Mundial* (35):271-284. doi: http://sem-wes.org/revista/.

Bessa, Daniel. 1978. "A Economia Política em Debate – A Propósito de um Artigo de A. Rebelo de Sousa – Conceito de Economia Política." *Praxis* (3):38294.

Bettelheim, Charles. 1966. *Problèmes Théoriques et Pratiques de la Planification*. Paris: Maspero.

Bitbol, Michel. 2001. "Jean-Louis Destouches: théories de la prévision et individualité." *Philosophia Scientiae* (5):1-30.

Blaug, Mark. 1990a. *História do Pensamento Económico (I)*. Lisboa: Circulo de Leitores.

Blaug, Mark. 1990b. *História do Pensamento Económico (II)*. Lisboa: Circulo de Leitores.

Blomfield, Megan. 2012. "Ethics in Economics: Lessons from Human Subjects Research." *Erasmus Journal for Philosophy and Economics* no. 5 (1):24-44. doi: http://ejpe.org/archive/.

BIBLIOGRAFIA

Bohm-Bawerk, Eugen von. 1988. *Teoria Positiva do Capital (Vol. I & II)*. 2 ed. São Paulo: Nova Cultural.

Bonvin, Jean-Michel. 2005. "Sortir de l'homo oeconomicus : la voie anthropologique d'Amartya Sen." *Finance & Bien Commun* no. 22 (2):73-79. doi: 10.3917/fbc.022.0073.

Borradori, Giovanna. 2004. *Filosofia em Tempo de Terror. Diálogos com Jurgen Habermas e Jacques Derrida*. Porto: Campo das Letras.

Bouchon-Meunier, Bernadette. 1999. *La Logique Floue*. 3 ed, *Que Sais-je?* Paris: PUF. Original edition, 1993.

Boudon, Raymond. 1990. *O Lugar da Desordem*. 1 ed. Lisboa: Gradiva.

Boudon, Raymond. 1998. "La Rationalité Axiologique." In *La rationalité des Valeurs*, edited by Sylvie Mesure, 13/57. Paris: Presse Uninersitaire de France.

Boudon, Raymond. 2002a. "La troisième voie." *Sociologie et sociétés* no. 34 (1):147-153.

Boudon, Raymond. 2002b. "Théorie du choix rationnel ou individualisme méthodo-logique ?" *Sociologie et sociétés* no. 34 (1):9-34.

Boudon, Raymond. 2006. "Bonne et mauvaise abstraction." *L'Année sociologique* no. 56 (2):263-284. doi: 10.3917/anso.062.0263.

Boudon, Raymond. 2009. "Raison et Rationalité." In *La Rationalité*, 9/28. Paris: PUF.

Boudon, Raymond. 2010. "La rationalité ordinaire : colonne vertébrale des sciences sociales." *L'Année sociologique* no. 60 (1):19-40. doi: 10.3917/anso.101.0019.

Bourdieu, Pierre. 2006. *As estruturas sociais da economia, Campo das ciências 20*. Porto: Campo das Letras.

Boyer, Robert. 1998. *Le Politique a l'ère de la Mondialisation et de la Finance: Le Point sur Quelques Recherches Régulationnistes*. Paris: CEPREMAP.

Boyer, Robert. 2003. "L'anthropologie économique de Pierre Bourdieu." *Actes de la recherche en sciences sociales* no. 150 (5):65-78. doi: 10.3917/arss.150.0065.

Boyer, Robert, e Yves Saillard. 2002. *Théorie de la régulation, l'état des savoirs*. Paris: La Découverte.

Brain, David. 1990. "From the History of Science to the Sociology of the Normal." *Contemporary Sociology* no. 19 (6):902-906.

Branquinho, João, e Desidério Murcho. 2001. *Enciclopédia de Termos Lógico-Filosóficos*. Lisboa: Gradiva.

Brémond, Janine, e Alain Gélédan. 1988. *Dicionário das Teorias e Mecanismos Económicos*. 1 ed. Lisboa: Livros Horizonte. Original edition, 1984.

Broussolle, Damien. 2005. Le statut de la loi de la demande : la theorie economique peut-elle echapper a l'indetermination ? In « Y a-t-il des lois en economie ». Lille.

Brunhoff, Suzanne. 1973. *La Monnaie chez Marx*. 2 ed. Paris: Editions Sociales.

Brunhoff, Suzanne. 1974. *Política Monetária. Uma Tentativa de Interpretação Marxista*. 1 ed. Lisboa: Assírio e Alvim.

Brunhoff, Suzanne. 1976. *État et Capital. Recherches sur la Politique Économique*. Paris: Maspero.

Brunhoff, Suzanne de. [sd]. *A Moeda em Marx. Teoria marxista da moeda*. Porto: Rés.

Brytting, Tomas, Richard Minogue, e Veronica Morino. 2011. *The anatomy of fraud and corruption*. Surrey: Gower.

Bulle, Emmanuelle. 2005. "Les Modèles Formels et Explication en Sciences Sociales." *L'année sociologique* no. 55:19/34.

Busino, Giovanni. 2003. "La preuve dans les Sciences Sociales." *La preuve dans les sciences sociales* no. XLI (128):11-61.

Busino, Giovanni. 2005. "Recherches préparatoires à une histoire de l'épistémologie des sciences humaines." *Revue européenne des sciences sociales* no. XLIII (132): 83-162.

Busino, Giovanni. 2006. "À propos du groupe d'étude « Raison et rationalités »." *Revue européenne des sciences sociales* no. XLIV (1):149-151.

Caldas, José Castro. 2010. "Economia e Crematística dois mil anos depois." In *A Economia sem muros*, 45/56. Coimbra: Almedina.

Campbell, John L. 2002a. "Clarification et réponse aux critiques." *Sociologie et sociétés* no. 34 (1):169-173.

Campbell, John L. 2002b. "Pour convaincre les sceptiques : à propos des idées et des critiques de la théorie du choix rationnel." *Sociologie et sociétés* no. 34 (1):35-50.

Cantillon, Richard. 2011. *Essai sur la nature du commerce en général*: Institut Coppet.

Caplan, Bryan. 1999. "The Logic of Collective Belief." *Independent Institute Working Paper* (4):33.

Capron (Org.), Michael, Ève Chiapello, Bernard Colasse, Marc Mangenot, e Jacques Richard. 2005. *Les normes comptables internationales, instruments du capitalisme financier*. Paris: La Découvert.

Caraça, Bento Jesus. 1970. *Conferências e Outros Escritos*. Lisboa: Minerva.

Cardoso, José Luís. 1995. "Economia, Ética e Política na História do Pensamento Económico." In *Ensaios de Homenagem a Francisco Pereira de Moura*, 151/60. Lisboa: Instituto Superior de Economia.

Carosi, Paulo. 1963. *Curso de Filosofia*. São Paulo: Edições Paulistas.

Carqueja, Bento. 1927. *Economia Política – Tomo I: Noções Gerais – História*. 2 ed. Porto: O Comércio do Porto.

Carqueja, Bento. [1927/sd]. *Economia Política*. 5 vols. Porto: Comércio do Porto.

Carrier (Org.), James G. 2005. *A Handbook of Economic Anthropology*. Cheltenham: Edward Elgar.

Cartwright, Nancy. 2002. "In Favor of Laws that Are Not «Ceteris Paribus»; After All." *Erkenntnis* no. 57 (3):425-439. doi: 10.1023/a:1021550815652.

Castro, Alex Sandro Rodrigues de. 2014. *Economia comportamental: caracterização e comentários críticos*, Instituto de Economia, Universidade Estadual de Campinas, Campinas.

Castro, Armando. 1964/70. *A Evolução Económica de Portugal dos Séculos XII a XV.* Lisboa: Portugália Editora.

Castro, Armando. 1975. *A Evolução Económica de Portugal dos Séculos XII a XV (10), Revista Internacional.*

Castro, Armando. 1982. *Teoria do Conhecimento Científico.* Vol. IV. Porto: Limiar.

Chanteau, Jean-Pierre. 2003. "La dimension socio-cognitive des institutions et de la rationalité : éléments pour une approche holindividualiste." *Annuels*:45-89.

Chaserant, Camille, Victoire Girard, e Antoine Pietri. 2016. "L'expansion du choix rationnel en sciences sociales : signe de vigueur ou marque de faiblesse ?. À propos de R. Wittek, T. A. B. Snijders, V. Nee (eds.), The Handbook of Rational Choice Social Research." *Revue française de sociologie* no. 57 (1):131-146. doi: 10.3917/rfs.571.0131.

Cléro, Jean-Pierre. 2002. "L'utilitarisme contemporain, une théorie générale des valeurs." *Cités* no. 10 (2):17-36. doi: 10.3917/cite.010.0017.

Colasse, Bernard. 2012. *Les fondements de la comptabilité.* Paris: La Découvert.

Correia, M. Fernanda, e Carlos Pimenta. 2000. "Notas para a Inventariação dos Contributos de Bachelard para a Pedagogia." *Vértice – nova série* (95):40/47.

Costa, Jorge, Luís Fazenda, Cecília Honório, Francisco Louçã, e Fernando Rosas. 2010. *Os Donos de Portugal. Cem Anos de Poder Económico (1910-2010).* 5ª ed. Porto: Afrontamento.

Costa, Newton C. A. 1997. *Logiques Classiques et non Classiques.* Paris: Masson.

Cournot, Augustin. 1838. *Recherches aur les Principes Mathématiques de la Théorie des Richesses.* Paris: Chez L. Hachette.

Cozic, Mikael. 2010. *Philosophie de l'économie.* Paris: IHPST.

Cunhal, Álvaro. 1964. *Rumo à Vitória: as Tarefas do Partido na Revolução Democrática e Nacional.* Lisboa: Edições Avante. Original edition, 1964.

Damásio, António. 1996. *O Erro de Descartes: Emoção, Razão e Cérebro Humano.* 16 ed. Lisboa: Publicações Europa-América. Original edition, 1995.

Damásio, António. 2010. *O Livro da Consciência. A Construção do Cérebro Consciente.* Lisboa: Circulo de Leitores.

Dauphiné, André. 2003. *Les Théories de la Complexité chez les Géographes.* 1 ed. Paris: Anthropos.

Delaunay, Jean-Claude. 1971. *Essai Marxiste sur la Comptabilité Nationale.* Paris: Editions Sociales.

Demo, Pedro. 1981. *Metodologia Cientifica em Ciências Sociais.* São Paulo: Editora Atlas.

Denis, Henri. [sd]. *História do Pensamento Económico*. Lisboa: Livros Horizonte.

Descartes, Renato. 1961. *Discurso do Método e Tratado das Paixões da Alma*. 4 ed. Lisboa: Sá da Costa. Original edition, 1944.

Diop, Cheikh Anta. 1982. *L'Unité Culturelle de l'Afrique Noire*. Paris: Presence Africaine.

Dortier, Jean-François (Coord.). 2006. *Dicionário das Ciências Humanas*. Lisboa: Climepsi Editores.

Dostaler, Gilles. 1978. *Valeur et Prix. Histoire d'un Débat*. Paris: Maspero.

Earman, John, Clark Glymour, e Sandra Mitchell. 2002. "Editorial." *Erkenntnis* no. 57 (3):277-280. doi: 10.1023/a:1021536426130.

Earman, John, e John Roberts. 1999. "Ceteris Paribus, there is no problem of provisos." *Synthese* (118):439-478.

Earman, John, John Roberts, e Sheldon Smith. 2002. "*Ceteris Paribus* Post." *Erkenntnis* no. 57 (3):281-301. doi: 10.1023/a:1021526110200.

Elgin, Mehmet, e Elliott Sober. 2002. "Cartwright On Explanation And Idealization." *Erkenntnis* no. 57 (3):441-450. doi: 10.1023/a:1021502932490.

Esteves, António Joaquim. 2004. "Troca de Saberes no campo das ciências sociais." In *Interdisciplinaridade, Humanismo e Universidade*, 59/92. Porto: Campo das Letras.

Eulália, Francisco de. 2016. *Canto Longo & Outros Poemas*. Porto: Modo de Ler.

Fernández, Emmánuel Lizcano. 2004. "As matemáticas da tribo européia: um estudo de caso." In *Etnomatemática, Currículuo e Formação de Professores*, edited by Gelsa Knijnik, Fernanda Wanderer e Cláudio José de Oliveira, 124/138. Santa Cruz do Sul: EDUNISC.

Fernández Pinto, Manuela. 2016. "Economics Imperialism in Social Epistemology." *Philosophy of the Social Sciences* no. 46 (5):443-472. doi: 10.1177/0048393115625325.

Feyerabend, Paul. 1988. *Contra o Método*. Lisboa: Relógio d'água. Original edition, 1975.

Feyerabend, Paul. 1991. *Diálogo sobre o Método*. 1 ed. Lisboa: Editorial Presenca.

Finuras, Paulo. 2013. *O Dilema da Confiança. Teorias, estudos e interpretações*. Lisboa: Edições Sílabo.

Foka-Kavalieraki, Yulie, e Aristides N. Hatzis. 2011. "Rational After All: Toward an Improved Theory of Rationality in Economics." *Revue de philosophie économique* no. 12 (1):3-51.

Fonseca, Eduardo G. 1989. "Comportamento Individual: Alternativas ao Homem Economico." *Novos Estudos*:151/77.

Francesco, Guala, e Salanti Andrea. 2001. "Theory, experiments, and explanation in economics." *Revue internationale de philosophie* (217):327-349.

Friedman, Milton. 1953. "The Methodology of Positive Economics." In *Essays in Positive Economics*, 3/43. Chicago: The University of Chicago Press.

BIBLIOGRAFIA

Friedman, Milton. 1979. *Economically Speacking: Milton Friedman – Why Economists Disagree*. Erie, Pensylvania: Studio Facilities.

Furrow, Dwight. 2007. *Ética: conceitos-chave em filosofia*. Porto Alegre: Artmed.

Galves, Carlos. 1991. *Manual de Economia Política Atual*. 12 ed. Rio de Janeiro: Forense Universitária.

Garric, Nathalie e Isabelle Léglise. 2008. "Le discours patronal, un exemple de discours économique ?" *Mots. Les langages du politique*, no. 86 (1):67-83.

Gayraud, Jean-François. 2011. *La Grande Fraude. Crime, Subprimes et Crises Financières*. Paris: Odile Jacob.

Gerdes, Paulus. 2007. *Etnomatemática. Reflexões sobre a Matemática e a Diversidade Cultural*. 1 ed. Porto: Edições Húmus.

Giddens, Anthony. 2012. "A política da mudança climática." In. Rio de Janeiro: Zahar.

Gil, José. 2005. *Portugal Hoje. O Medo de Existir*. 7ª Reimpressão ed. 1 vols. Lisboa: Relógio d'Água.

Gillet, Roland, e Ariane Szafarz. 2004. "Marchés financiers et anticipations rationnelles." *Reflets et perspectives de la vie économique* no. XLIII (2):7-17. doi: 10.3917/rpve.432.0007.

Gleick, James. 1989. *Caos, a Construção de uma Nova Ciência*. 1 ed. Lisboa: Gradiva.

Glymour, Clark. 2002. "A Semantics and Methodology for *Ceteris Paribus* Hypotheses." *Erkenntnis* no. 57 (3):395-405. doi: 10.1023/a:1021538530673.

Godelier, Maurice. 1974. *Un Domaine Contesté: l'Anthropologie Économique*. Paris: Mouton.

Godelier, Maurice. sd [1969]. *Racionalidade e Irracionalidade na Economia*. Rio de Janeiro: Tempo Brasileiro.

Godinho, Vitorino Magalhães. 1965. *Introdução às Ciências Sociais*. Lisboa: AEISCEF.

Gomes, J.Maia. 1983. "Flutuações e Crescimento Conjunturais. Ensaio de delimitação para ..." In *I Volume – Evolução Recente e Perspectivas de Transformação da Economia ...* 261/295. Lisboa: Instituto Superior de Economia.

Gonçalves, A Custódio. 1997. *Questões de Antropologia Social e Cultural*. 2 ed. Porto: Afrontamento.

Guedes, Francisco Corrêa. 1999. *Economia e Complexidade. As Metamorfoses da Ciência. A Crítica da Razão Económica*. Coimbra: Almedina.

Guesnerie, Roger. 2011. "Rationalité économique et anticipations rationnelles." *Idées économiques et sociales* no. 165 (3):7-14. doi: 10.3917/idee.165.0007.

Hammond, J. D. 1991. "Alfred Marshall's Methodology." *Methodus* (37989):95/101.

Hawking, Stephen W. 1988. *Uma Breve História do Tempo. Da Grande Explosão aos Buracos Negros*. Lisboa: Circulo de Leitores.

Hayek, F. A. 1937. "Economics and Knowledge." *Economica – New Series* no. 4 (13):33-54.

Hayek, F. A. 1948. *Individualism and Economic Order*. Chicago: University of Chicago Press.

Hayek, Friedrich. 1953. *Scientisme et Sciences Sociales*. Paris: Librairie Plon.

Hayek, Friedrich. 2007. *Essais de Philosophie, de Science Politique et d'Économie*. Paris: Les Belles Lettres. Original edition, Studies in Philosophy, politics and economics.

Heidegger, Martin. 2008. *A Origem da Obra de Arte*. Lisboa: Edições 70.

Hirschman, Albert O. 1986. *A Economia como Ciência Moral e Politica*. São Paulo: Editora Brasiliense.

Hodgson, Geoffrey M. 1994. *Economia e Instituições – Manifesto por uma Economia Institucionalista Moderna*. Oeiras: Celta.

Hofstede, Geert, e Gert Jan Hofstede. 2004. *Cultures and Organizations: Software of the Mind*. New York: McGraw-Hill U.S.A.

Hountondji, Paulin J. 1997. *Endogenows Knowledge. Research Trails*. Edited by Codesria Book Series. 1 vols. Dakar: CODESRIA.

Hountondji, Paulin J. 2007. *La rationalité, une ou plurielle?, Livres du CODESRIA*. Dakar: Codesria.

Hountondji, Paulin J. 2009. *L'Ancien et le Nouveau. La Production du Savoir dans l'Afrique d'Aujourd'hui*. Porto-Novo (Benin): Centre africain des hautes études.

Hume, David. 1983. *Escritos Sobre Economia*. São Paulo: Nova Cultura.

Husserl, Edmund. 1986. *A Ideia da Fenomenologia*. Lisboa: Edições 70.

Jevons, W. Stanley. 1988 [1871]. *A Teoria da Economia Política*. 3 ed. São Paulo: Nova Cultural.

Jevons, William Stanley. [1871]. "The Theory of Political Economy." In. http://www.econlib.org/library/YPDBooks/Jevons/jvnPE.html.

Jichuang, Hu. 2009. *A Concise History of Chinese Economic Thought*. 1 vols. Beijing: Foreign Language Press.

Júnior, Caio Prado. 1963. *Dialética do Conhecimento*. 4 ed. São Paulo: Editora Brasiliense.

Kajibanga, Víctor. 2008. "Saberes endógenos, ciências sociais e desafios dos países africanos." *Revista Angolana de Sociologia* (2).

Kant, Immanuel. 1985. *Crítica da Razão Pura*. Lisboa: Fundação Calouste Gulbenkian.

Karataev, Ryndina, Stepanov, e [av]. 1964. *História de las Doctrinas Economicas*. 2 vols. México: Grijalbo.

Katouzian, Homa. 1982. *Ideologia y Metodo en Economia*. Madrid: Editorial Gredos. Original edition, 1980.

Kerstenetzky (Orgs.), Celia Lessa, e Vítor Neves (Orgs.). 2012. *Economia e Interdisciplinaridade(s)*. Edited by Série Conhecimento e Instituições. Coimbra: Almedina.

Kistler, Max. 2006. "Lois, exceptions et dispositions." In *Les dispositions en philosophie et en sciences Sociales*, edited by Max Kistler, 175-194. Paris: CNRS Editions.

Knoke, David, e Song Yang. 2008. *Social Network Analysis*. Los Angeles: Sage.

Krugman, Paul, e Robin Wells. 2007. *Introdução à Economia*. Rio de Janeiro: Elsevier.

Laitin, David D. 2002. "Réponse aux commentaires pour le numéro sur le choix rationnel." *Sociologie et sociétés* no. 34 (1):155-163.

Lalande, André. 1972. *Vocabulaire technique et critique de la philosophie*. Paris: Presse Uninersitaire de France.

Lange, Marc. 2002. "Who's Afraid of *Ceteris-Paribus* Laws? Or: How I Learned to Stop Worrying and Love Them." *Erkenntnis* no. 57 (3):407-423. doi: 10.1023/a:1021546731582.

Lange, Oskar. 1963. *Moderna Economia Política. Problemas gerais*. Rio de Janeiro: Editora Fundo de Cultura. Original edition, 1962.

Lauzel, Pierre. 1973. *Le Plan Comptable Français*. 3 ed. Paris: PUF. Original edition, 1965.

Law, John. sd. *Money and Trade Considered* Original edition, 1705.

Lawson, Tony. 1997. *Economics and reality, Economics as social theory*. London: Routledge.

Laxness, Halldór. 2010. *Os peixes também sabem cantar.* Cavalo de Ferro.

Legueux, Maurice. 1991. Philosophie Économique. In *Encyclopedie Philosophique Universelle*. Paris: Presse Uninersitaire de France.

Lenormand, Marc, e Anthony Manicki. 2007. "La critique philosophique en action : Marx critique de Hegel dans l'Introduction générale à la critique de l'économie politique(1857)." *Tracés. Revue de Sciences humaines* no. 2007 (13):51-71.

Lévi-Strauss, Claude. 2011. *L'Antropologie face aux problèmes du Monde Moderne*. Paris: Édition du Seuil.

Lipietz, Alain. 1983. *Le Monde Enchanté. De la Valeur à l'Envol Inflationniste*. 1 ed. Paris: Maspero. Original edition, 1983.

Lipsey, Richard G. 1986. *Introdução à economia positiva*. São Paulo: Martins Fontes.

Lizcano, Emmánuel. 2006. *Metáforas que nos piensan. Sobre ciencia, democracia y otras poderosas ficciones*: Ediciones Bajo Cero.

Locke, John. 1989. *The second treatise of civil government and a letter concering toleration*. Oxford: Blackwell.

Locke, John. sd. *Further considerations concerning raising the value of money*.

Louçã, Francisco, e José Castro Caldas. 2009. *Economia(s)*. Porto: Afrontamento.

Lucas, Robert E. 1972. "Expectations and the neutrality of money." *Journal of Economic Theory* no. 4 (2):103-124. doi: http://dx.doi.org/10.1016/0022-0531(72)90142-1.

Lucas, Robert E. 1995. "Monetary Neutrality." In *Nobel Neutrality*, 246/265. Singapore: Editor Torsten Persson, World Scientific Publishing Co.

Lyotard, Jean-François. 1986. *A Fenomenologia*. Lisboa: Edições 70. Original edition, 1954.

Machado, José Pedro. 1981. *Grande Dicionário da Língua Portuguesa*. 2 ed. Lisboa: Amigos do Livro.

Maki (Ed), Uskali. 2009. *The Methodology of Positive Economics. Reflections on the Milton Friedman Legacy*. Cambridge: Cambridge University Press.

Malthus, Thomas Robert. [1826]. "An Essay on the Principle of Population." In. http://www.econlib.org/library/Malthus/malPlong.html.

Mandeville, Bernard. 2011 [1732]. *The Fable of the Bees or Private Vices, Publick Benefits, Vol. 1*. Indiana: Liberty Fund, Inc.

Mankiw, N. Gregory. 2007. *Essentials of economics*. Ohio: Thomson.

Maréchal, Jean-Paul. 2002. "L'ethique economique de Michael Walzer." *Ecologie & politique* no. 26 (3):149-166. doi: 10.3917/ecopo.026.0149.

Marshall, Alfred. 1988a. *Princípios de Economia*. 2 Vol. vols. São Paulo: Nova Cultural.

Marshall, Alfred. 1988b. *Princípios de Economia (I)*. São Paulo: Nova Cultural.

Marshall, Alfred. 1990. *Principles of Economics*. 8 ed. Londres: Macmillan. Original edition, 1890.

Marshall, Alfred. [1920]. "Principles of Economics." In. http://www.econlib.org/library/Marshall/marP.html.

Martínez, Soares. 1995 [1971]. *Economia Política*. 6 ed. Coimbra: Almedina.

Marx, e Engels. 1983. *Obras Escolhidas (II)*. Lisboa: Editorial Avante.

Marx, Carlos. 1968. *Trabajo Asalariado y Capital*. Madrid: Ricardo Aguilera.

Marx, K., e F. Engels. 1975. *Manifesto do Partido Comunista*. Lisboa: Edições Avante.

Marx, Karl. 1969. *Le Capital*. 8 vol. vols. Paris: Editions Sociales.

Marx, Karl. 1969 [I – 1867]. *Le Capital*. 8 Vol. vols. Paris: Editions Sociales.

Marx, Karl. 1974. *Théories sur la Plus-Value*. 3 vols. Paris: Editions Sociales.

Marx, Karl. [1906]. "Das Kapital I." In. http://www.econlib.org/library/YPDBooks/Marx/mrxCpA.html.

Marx, Karl, e Engels. 1982. *Obras Escolhidas*. Lisboa: Editorial Avante.

Mayer, Thomas. 1993. "Friedman's Methodology of Positive Economics: a Soft Reading." *Economic Inquiry* no. XXXI:213/23.

Mayer, Thomas. 1997. "The Rhetoric of Friedman's Quantity Theory Manifesto." *Journal of Economic Methodology* (38021):199/220.

Ménard, Claude. 2005. "Du « Comme si... » au « Peut-être... ». De Milton Friedman à la Nouvelle Économie Institutionnelle." *Revue d'Histoire des Sciences Humaines* no. 2005 (12):163-172.

Menger, Carl. 1988 [1871]. *Principios de Economia Politica*. 3 ed. São Paulo: Nova Cultura.

Menger, Carl. 2011 [1883]. *Recherches sur la méthode dans les sciences sociales et en économie politique en particulier, EHESS translations 2*. Paris: EHESS.

Mercier, Samuel. 2003. *A Ética nas Empresas*. Porto: Afrontamento.

Mercklé, Pierre. 2011. *Sociologie des réseaux sociaux, Collection Repères*. Paris: La Découverte.

Miguens, Sofia. 2004. *Racionalidade*. Edited by Campo da Filosofia. 1 ed. 1 vols. Porto: Campo das Letras.

Milando, João. 2005. *Cooperação sem Desenvolvimento*. Lisboa: ICS.

Mill, John Stuart. 1988a. *Princípios de Economia Política*. 3 ed. 3 vols. São Paulo: Nova Cultural.

Mill, John Stuart. 1988b. *Princípios de Economia Política – vol I*. 3 ed. São Paulo: Nova Cultural.

Mill, John Stuart. [1909]. "Principles of Political Economy with some of their Applications to Social Philosophy." In. http://www.econlib.org/library/Mill/mlP.html.

Millmow, Alex. 2010. "The Changing Sociology of the Australian Academic Economics Profession*." *Economic Papers: A journal of applied economics and policy, 2010, Vol.29(1), pp.87-95* no. 29 (1):87-95. doi: 10.1111/j.1759-3441.2010.00052.x.

Mingat, A., Pierre Salmon, e Alain Wolfelsperger. 1985. *Méthodologie Economique*. 1 ed. Paris: PUF. Original edition, 1985.

Mises, Ludwig von. 1981 [1912]. "The Theory of Money and Credit." In. http://www.econlib.org/library/Mises/msT.html.

Mises, Ludwig von. 1986. *La accion humana tratado de economia*. 4ª ed ed. Madrid: Union Editorial.

Mises, Ludwing von. 1978. *Epistemological Problems of Economics*. 3 ed. New York: New York University Press.

Mitchell, Sandra. 2002. "*Ceteris Paribus* — An Inadequate Representation For Biological Contingency." *Erkenntnis* no. 57 (3):329-350. doi: 10.1023/a:1021530311109.

Mochón, Francisco. 1989. *Economia. Teoria y Politica*. 1 ed. Madrid: McGraw-Hill. Original edition, 1989.

Mochon, Francisco, e Roberto L. Troster. 1994. *Introdução à Economia*. Rio de Janeiro: Makron Books.

Mongin, Philippe. 2003. "L'axiomatisation et les théories économiques." *Revue économique* no. 54 (1):99-138.

Mongin, Philippe. 2004. "«L'axiomatisation et les théories économiques». Réponses aux critiques." *Revue économique* no. 55 (1):143-147. doi: 10.3917/reco.551.0143.

Montchrétien, Antoyne de. 1615. *Traicté de l'oeconomie politique*: BnF Gallica.

Monteiro, Cristiano Fonseca, e Marcelo Sampaio Carneiro. 2012. "Velhos e novos desafios para a sociologia econômica no século XXI." *Caderno CRH* no. 25:385-390.

Montreynaud, Florence. 1991. *Dicionário de Citações*. Lisboa: Editorial Inquérito.

Moreira, Daniel Augusto. 2002. *O Método Fenomenológico na Pesquisa*. 1 ed. 1 vols. São Paulo: Pioneira Thomson.

Moreira, José Manuel Lopes da Silva. 1992. *Filosofia e Metodologia da Economia em F.A. Hayek. Ou a redescoberta de um caminho "terceiro" para a compreensão e melhoria da ordem alargada da interacção humana*, Facultat de Filosofia e Letras (Sección de Filosofia), Universidad Pontificia Comillas, Madrid.

Morin, Edgar. 1994. *As Grandes Questões do Nosso Tempo*. Lisboa: Editorial Notícias.

Morishima, Michio. 1977. *Marx's Economics. A Dual Theory of Value and Growth*. Cambridge: Cambridge University Press.

Morris, Desmond. 1967. *O Macaco Nu*. Lisboa: Publicações Europa-América. Original edition, 1967.

Moura, Francisco Pereira de. 1962. *Problemas Fundamentais da Economia*. 2 ed. Lisboa: Clássica Editora. Original edition, 1962.

Moura, Francisco Pereira de. 1964. *Lições de Economia*. Lisboa: Livraria Clássica Editora.

Mun, Thomas. 1895. *Englands Treasure by Forraign Trade*. New York: Macmillan and Cº.

Musgrave, Alan. 1981. "'Unreal assumptions' in economic theory: the f-twist untwisted." *Kyklos* no. 34 (3):377.

Muth, John F. 1961. "Rational Expectations and the Theory of Price Movements." *Econometrica* no. 29 (3):315-335. doi: 10.2307/1909635.

Napoleoni, Loretta. 2009. *O Lado Obscuro da Economia*. Lisboa: Presença.

Negru, Ioana. 2013. "Revisiting the Concept of Schools of Thought in Economics: The Example of the Austrian School." *American Journal of Economics and Sociology* no. 72 (4):983-1008. doi: http://onlinelibrary.wiley.com/journal/10.1111/%28I SSN%291536-7150/issues.

Neto, Margarida Sobral. 2016. Instituições e dinâmicas económicas e sociais: novas perspetivas teóricas e metodológicas. In *XXXVI Encontro da APHES: Qualidade e quantificação em História*. FEP, Porto.

Neves (Org.), Victor, e José Castro Caldas (Org). 2010. *Economia sem Muros*. Edited by Conhecimento e Instituições. Coimbra: Almedina.

Neves, João César. 1993. *O que é Economia*. Lisboa: Difusão Cultural.

Neves, João Luís César das. 2008. *Princípios de economia política*. 3ª ed ed. Lisboa: Verbo.

Niosi, Jorge. 2002. "La théorie du choix rationnel : un commentaire." *Sociologie et sociétés* no. 34 (1):79-86.

Nogaro, Bertrand. 1951 [1950]. *Curso de Economia Política*. 2 vols. Lisboa: Edições Cosmos. Original edition, Cours d'Économie Politique.

Nunes, A. Sedas. 1970. *Questões Preliminares sobre as Ciências Sociais*. 8 ed. Lisboa: Editorial Presenca.

Oliveira, José Avelino Meira de. 2000. *Didáctica da Economia. Apresentação e Ilustração de um Modelo Didáctico*, Faculdade de Economia, Universidade do Porto, Porto.

OXFAM. 2016. "Une économie au service de 1%." *Node d'Information d'OXFAM* (210).

Pagels, Heinz R. 1990. *Os Sonhos da Razão – O Computador e a Ascensão das Ciências da Complexidade*. 1 ed. Lisboa: Gradiva. Original edition, 1988.

Pareto, Vilfredo. 1968. *Traité de sociologie générale, Travaux de droit, d'économie, de sociologie et de sciences politiques 65*. Genève: Droz.

Pareto, Vilfredo. 1987. *Marxisme et economie pure*. 2Âª rev ed, *Travaux de droit, d'économie, de sciences politiques, de sociologie et d'anthropologie 52*. Genève: Droz.

Pareto, Vilfredo. 1988. *Manual de Economia Política*. 2 vols. São Paulo: Nova Cultural.

Parinaud, André. 1996. *Gaston Bachelard*. Paris: Flammarion.

Passeron, Jean-Claude. 2004. Pareto: l'économie dans la sociologie". 12, http://www.uqac.ca/jmt-sociologue/.

Pech, Thierry. 2011. *Le Temps des Riches. Anatomie d'une sécession*. Paris: Seuil.

Pereira (Org.), Orlindo G. 1980. *Psicologia Económica: Disciplina do Futuro. Psicologia por Antologia I*. Lisboa: Universidade Nova de Lisboa. Original edition, 1980.

Persky, Joseph. 1995. "The Ethology of Homo Economicus." *Journal of Economic Perspectives* no. 9 (2):221-231. doi: http://www.aeaweb.org/jep/.

Petty, William. 1983. *Obras Económicas*. São Paulo: Nova Cultura.

Piaget (Coord.), Jean. 1967. *Logique et Connaissance Scientifique*. Paris: Gallimard.

Picq, Pascal, Michel Serres, e Jean-Didier Vincent. 2003. *Qu'est-ce que l'Humain ?* 1 ed. Dijon: Pommier.

Pimenta (Coor.), Carlos. 2004. *Interdisciplinaridade, Humanismo, Universidade*. 1 ed. 1 vols. Vol. 1, *Campo das Ciências*. Porto: Campo das Letras.

Pimenta, Carlos. 1979. "Força de Trabalho e Trabalho." *Revista Técnica do Trabalho* (2):113/158.

Pimenta, Carlos. 1985. *Contributos para a Caracterização e Explicação da Inflação em Portugal*. Vol. Doutoramento, *ISEG*. Lisboa: UTL.

Pimenta, Carlos. 1990. "Economia Política e Racionalidades." *Estudos Económicos* (20/Esp):39/58.

Pimenta, Carlos. 1995a. "Ciência e Pedagogia. Racionalidade e Imaginação Hoje." In *Ensaios de Homenagem a Francisco Pereira de Moura*, 91/114. Lisboa: Instituto Superior de Economia.

Pimenta, Carlos. 1995b. "Economia, Dialéctica e caos." *Investigação. Trabalhos em Curso*. (56):16.

Pimenta, Carlos. 1995c. *Lição Síntese*, FEP, Universidade do Porto, Porto.

Pimenta, Carlos. 1996. "O Pluralismo Teórico nas Ciências Sociais. Uma batalha necessária." *Diagonal* (1):20/33.

Pimenta, Carlos. 1998. "Heterodoxias e o Conceito de Procura." *Boletim de Ciências Economicas*:18629.

RACIONALIDADE, ÉTICA E ECONOMIA

Pimenta, Carlos. 1999. "Em busca da racionalidade perdida." *Africana Studia*: 27/4.

Pimenta, Carlos. 2004. *Globalização: Produção, Capital Fictício e Redistribuição, Ideias – Economia*. Lisboa: Campo da Comunicação.

Pimenta, Carlos. 2007. Apontamentos Heterodoxos sobre Globalização e Desenvolvimento em África. In *Desafios para a Investigação Social e Económica em Moçambique*. Maputo: IESE.

Pimenta, Carlos. 2008. "Embuste do Desenvolvimento." *Africana Studia* no. 10 (2007):89-154.

Pimenta, Carlos. 2010. "Facetas da Heterodoxia: da Orto-negação à Hetero-Afirmação. Espaços de Diálogo e de Reconstrução." In *Economia sem Muros*, 59/74. Coimbra: Almedina.

Pimenta, Carlos. 2013a. *Interdisciplinaridade nas Ciências Sociais (Manual)*. 1ª ed. V. Nova de Famalicão: Húmus.

Pimenta, Carlos. 2013b. "Uma leitura epistemológica da teoria do valor." In *I Congresso Internacional Marx em Maio 2012 – Perspectivas para o Século XXI*. Lisboa: Grupo de Estudos Marxistas.

Pimenta, Carlos, e Óscar Afonso. 2012. "Notes on the epistemology of fraud." In *Working Papers – OBEGEF*: Edições Humus & OBEGEF. http://www.gestaodefraude.eu.

Pimenta, Carlos, e Óscar Afonso. 2014. "Notes on the Epistemology of Fraud." In *Interdisciplinary Insights on Fraud*, edited by Aurora A. C. Teixeira, António Maia, José António Moreira e Carlos Pimenta, 8/32. Cambridge: Cambridge Scholars Publishing.

Pinto, José Madureira. 1978. *Ideologias: Inventário Crítico de um Conceito*. Lisboa: Editorial Presenca.

Platão. 1961. "Fedon." In *Diaologos II – Fedon, Sofista e Politico*, 73/170. Rio de Janeiro: Editora Globo.

Plekhanov, G. 1963. *A Concepção Materialista da História*. Rio de Janeiro: Vitória.

Polanyi, Karl. 2000. *A Grande Transformação. As Origens da Nossa Época*. 10 ed. São Paulo: Campus. Original edition, 1944.

Polanyi, Michael. 2009. *The Tacit Dimension*. 1 vols. Chicago & London: The University of Chicago Press.

Poulantzas, Nicos. 1977. *Poder Político e as Classes Sociais*. Lisboa: Dinalivro.

Priberam. 2008-2013. Dicionário Priberam da Língua Portuguesa [em linha]. Priberam Informática S.A.

Quental, Antero de. 1987. "Causas da Decadência dos Povos Peninsulares." In *Textos Doutrinários e Correspondência*, 175/219. Lisboa: Circulo de Leitores.

Quesnay, François. 1978 [1758]. *Quadro Económico*. 2 ed. Lisboa: Fundação Calouste Gulbenkian.

Rappaport, Steven. 1986. "What is really wrong with Milton Friedamn's Methodology of Economcs." *Reason Papers* (11):33/62.

Rappaport, Steven. 1996. "Abstraction and Unrealistic Assumptions in Economics." *Journal of Economic Methodology* (Vol. 3 nº 2):215/237.

Raulet, Gérard. 2004. "Rationalisation et pluralité des rationalités." *Archives de sciences sociales des religions* no. 127 (3):5-5.

Rawls, John. 1985. *Uma teoria da justiça*. 2ª. ed ed, *Fundamentos 1*. Lisboa: Editorial Presença.

Reigado, F. Marques. 1983. *Introdução ao Planeamento. Teorias e Técnicas*. Lisboa: Publicações Dom Quixote.

Reiss, Julian. 2010. "Review of The methodology of positive economics: reflections on the Milton Friedman legacy." *Erasmus Journal for Philosophy and Economics* no. 3 (2):103-110.

Ribeiro, J. Binifácio, e José da Silva. 1963. "Compêndio de Filosofia." *Revista Internacional*:588.

Ricardo, David. 1983 [1817]. *Princípios de Economia Política e de Tributação*. 3 ed. Lisboa: Fundação Calouste Gulbenkian.

Ricardo, David. [1817]. "On the Principles of Political Economy and Taxation." In. http://www.econlib.org/library/Ricardo/ricPCover.html.

Riemen, Rob. 2012. *O Eterno Retorno do Fascismo*. Lisboa: Bizâncio. Original edition, De eeuwige terugkeer van het fascisme.

Rist, Gilbert. 1996. *Le Développement. Histoire d'une Croyance Occidentale*. 1 ed. Paris: Presses de Sciences Po. Original edition, 1996.

Robbins, Lionel. 1945. *An Essay on the Nature and Significance of Economic Science*. Londres: Macmillan and Co. Limited.

Robinson, Joan. 1964. *Filosofia Econômica*. Rio de Janeiro: Zahar.

Robinson, Joan. 1978. *Contributions to Modern Economics*. Oxford: Basil Blackwell.

Roetti, Jorge Alfredo. 2003. "¿Es posible una Economia normativa? ." *Energeia* no. 2 (1-2):46-60.

Roland, Gérard. 1985. *La Valeur d'Usage chez Karl Marx*. Bruxelas: Editions de l'Université de Bruxelles.

Roll, Erich. 1950a. *Panorama da Ciência Económica: História do Pensamento Económico*. Lisboa: Edições Cosmos.

Roll, Erich. 1950b. *Panorama da Ciência Económica: História do Pensamento Económico*. Lisboa: Edições Cosmos.

Rosental (Coord), M. M., e P. F. Iudin (Coord). 1972. *Dicionário Filosófico*. 4 vol. vols. Lisboa: Estampa.

Ross, Ian Simpson. 1999. *Adam Smith. Uma Biografia*. Rio de Janeiro: Editora Record.

Rossetti, José P. 1985. *Introdução à Economia*. 11 ed. São Paulo: Editora Atlas. Original edition, 1969.

Rousseau, Jean-Jacques. 2001. "Du Contrat Social ou Principes du Droit Politique." In: Mozambook. www.mozambook.net.

Ruelle, David. 1991. *Hasard et Chaos*. Paris: Éditionsd Odile Jacob.

Sachs, Jeffery D. 2015. *The age of sustainable development*. New York: Columbia University Press.

Sagan, Carl, e Ann Druyan. 1996. *Sombras de Antepassados Esquecidos*. Lisboa: Gradiva.

Samuelson, Paul A., e William D. Nordhaus. 1988 [1985]. *Economia*. 12 ed. Lisboa: McGraw-Hill.

Say, Jean-Baptiste. 1966. *Traité d'Economie Politique*. Osnabruck: Otto Zeller.

Say, Jean-Baptiste. sd. [1803]. "Traité d'Économie Politique." In.

Scheurmann, Erich. 1991. *O Papalagui*. Lisboa: Antígona.

Schneider, Erich. 1962/5. *Introdução à Teoria Económica*. 4 vols. Rio de Janeiro: Editora Fundo de Cultura. Original edition, Einführung in die Wirtschaftstheorie.

Schurz, Gerhard. 2002. "*Ceteris Paribus* Laws: Classification and Deconstruction." *Erkenntnis* no. 57 (3):351-372. doi: 10.1023/a:1021582327947.

Schwanitz, Dietrich. 2012. *Cultura – Tudo o Que é Preciso Saber*. Lisboa: D. Quixote.

Scott (ed.), John, e Peter J. Carrington (ed.). 2011. *The SAGE handbook of social network analysis*. Los Angeles: SAGE.

Scott, John. 2004. *Social network analysis <<a>> handbook*. 2nd ed ed. London: SAGE.

Sen, Amartya. 2010. *A Ideia de Justiça*. Coimbra: Almedina.

Sen, Amartya. 2012. *Sobre Ética e Política*. Coimbra: Almedina.

Senghor, Léopold Sédar. 2006. "Pour une Relecture Africaine de Marx e d'Engels." *Ethiopiques* (Spécial centenaire. Contributions de Léopold Sédar Senghor à la revue):9.

Sève, Lucien. 1981. *Marxisme et Theorie de la Personalité*. 5 ed. Paris: Editions Sociales.

Sicard, Jean François. 2006. "Economie et philosophie chez Adam Smith." *Sens public (Revue web)* (2006/12):79.

Silva, Augusto Santos. 1988. *Entre a Razão e o Sentido: Durkeim, Weber e a Teoria das Ciências Sociais*. 1 ed. Porto: Afrontamento.

Silva, Marcos Fernandes Gonçalves da. 2007. *Ética e economia impactos na política, no direito e nas organizações*. Rio de Janeiro: Campus.

Simmel, Georg. 1981. *Sociologie et Épistémologie, Sociologies*. Paris: Presses Universitaires de France.

Simon, Herbert A. 1952. "On The Definition of the Causal Relation." *Cowles Foundation Paper* no. XLIX (16):517/28.

BIBLIOGRAFIA

Simon, Herbert A. 1955. "A Behavioral Model of Rational Choice." *Cowles Foundation Paper* no. LXIX:99/118.

Simon, Herbert A. [1959]. "Theories of decision-making in economics and behavioral science." In *Cognitive Economics – Vol I*, 257/287. London: Elgar.

Simon, Herbert A. [1972]. "Theories of bounded rationality." In *Cognitive Economics – Vol I*, edited by Massimo Egidi e Salvatore Rizzello, 288/303. London: Elgar.

Simon, Herbert A. [1976]. "From substantive to procedural rationality." In *Cognitive Economics – Vol I*, edited by Massimo Egidi e Salvatore Rizzello, 304/323. London: Elgar.

Simon, Herbert A. 1987. *Models of man social and rational mathematical essays on rational human behavior in a social setting*. New York: Garland.

Simon, Herbert A. 1989. *A Razão nas Coisas Humanas*. Lisboa: Gradiva. Original edition, 1983.

Simon, Herbert A. 1997. *Models of Bounded Rationality*. Cambridge, Mass: MIT Press.

Simon, Herbert A. [2005]. "Darwinism, altruism and economics." In *Darwinism and Economics*, edited by Geoffrey M. Hodgson, 189/217. London: Elgar.

Simon, Herbert A., e Paul Cilliers. 2005. "The architecture of complexity." *Emergence: Complexity & Organization* no. 7 (3/4):138-154.

Sine, Babacar. 1983. *Le Marxisme devant les sociétés africaines contemporaines*. Paris: Présence Africaine.

Smith, Adam. 1981a. *Riqueza das Nações*. 2 vols. Lisboa: Fundação Calouste Gulbenkian.

Smith, Adam. 1981b. *Riqueza das Nações – Vol I*. Lisboa: Fundação Calouste Gulbenkian.

Smith, Adam. 1981/3 [1776]. *Riqueza das Nações (I & II)*. Lisboa: Fundação Calouste Gulbenkian.

Smith, Adam. 1983. *Riqueza das Nações – Vol II*. Lisboa: Fundação Calouste Gulbenkian.

Smith, Adam. 2005 [6th ed. – 1790]. *Thr Theory of Moral Sentiments*. São Paulo: Metalibri.

Smith, Adam. [1776]-a. An Inquiry into the Nature and Causes of the Wealth of Nations. Feedbooks.

Smith, Adam. [1776]-b. "An Inquiry into the Nature and Causes of the Wealth of Nations." In. http://en.wikisource.org/wiki/The_Wealth_of_Nations.

Spohn, Wolfgang. 2002. "Laws, *Ceteris Paribus* Conditions, and the Dynamics of Belief." *Erkenntnis* no. 57 (3):373-394. doi: 10.1023/a:1021534428856.

Sraffa, Piero. 1977. *Produção de mercadorias por meio de mercadorias, Biblioteca de ciências sociais*. Rio de Janeiro: Zahar Editores.

Steiner, Philippe. 2011. "De l'ancienne à la nouvelle sociologie économique." In *La Sociologie Économique*, 9/29. Paris: La Découvert.

Stiglitz, Joseph E. 2004. *Globalização, A Grande Desilusão*. 3ª Revista ed. 1 vols. Lisboa: Terramar.

Stiglitz, Joseph E. 2013. *O Preço da Desigualdade*. Lisboa: Bertrand.

Sweezy, Paul M. 1967. *Teoria do Desenvolvimento Capitalista. Princípios de Economia Política Marxista*. 2 ed. Rio de Janeiro: Zahar.

Teixeira (Ed.), Aurora A. C., António Mais (Ed.), José António Moreira (Ed.), e Carlos Pimenta (Ed.). 2014. *Interdisciplinary Insights on Fraud*. Newcastle: Cambridge Scholars Publishing.

Teixeira (Ed.), Aurora A. C., Carlos Pimenta (Ed.), António Maia (Ed.), e José António Moreira (Ed.). 2016. *Corruption, Economic Growth and Globalization*. London / Nrw York: Routledge.

Thom, René, Giulio Giorello, e Simona Morini. 1995. *Paraboles et catastrophes entretiens sur les mathématiques, la science et la philosophie, Champs*. Paris: Flammarion.

Thoron, Sylvie. 2016. "Morality Beyond Social Preferences: Smithian Sympathy, Social Neuroscience and the Nature of Social Consciousness." *OEconomia: History, Methodology, Philosophy* no. 6 (2):235-264.

Tinbergen, J. 1972. *Introdução à Teoria da Política Econômica*. Rio de Janeiro: Forense Universitária. Original edition, 1952.

Titiev, Mischa. 2012. *Introdução à Antropologia Cultural*. 11ª ed. 1 vols. Lisboa: Fundação Calouste Gulbenkian

Torga, Miguel. sd. *Antologia, Poética*. Coimbra: Coimbra Editora.

UNESCO. 2012. *World Social Science Repport 2010. Knowlwdge Divides*. Paris: UNESCO.

Vanderlint, J. 1914. *Money Answers All Things*: Lord Baltimore Press.

Vasconcelos, Joana Salém. 2010. "Karl Marx – da crítica da Filosofia do Direito à Crítica da Economia Política." *Mouro* (2):55/96.

Veblen, Thorstein. [1899]. *The Theory of the Leisure Class: An Economic Study of Institutions*. Indianapolis,: Liberty Fund, Inc.

Vilhena, V. Magalhães. 1956. *Pequeno Manual de Filosofia*. 2 ed. Lisboa: Sá da Costa.

Vinuesa, José María. 2000. *La Tolerancia, Contribución Crítica para su Definición*. 1 ed. Madrid: Laberinto.

Walras, L. 1874. *Éléments d'economie politique pure: ou, Theorie de la richesse sociale*: L. Corbaz & cie.

Walras, Léon. 1988. *Compendio dos Elementos de Economia Política Pura*. São Paulo: Nova Cultural.

Weber, Max. [1930]. "Protestantism and the Spirit of Capitalism." In: American Studies @ The University of Virginia. http://xroads.virginia.edu/~HYPER/WEBER/cover.html.

Wharton, Annabel. 2011. "John Ruskin: Ethics in Economics." *History of Political Economy* no. 43 (2):309-314. doi: http://hope.dukejournals.org/content/by/year.

Wiredu, Kwasi. 2006. *A Companion to African Philosophy*. 1 vols. Victória (Austrália): Blackwell Publishing.

Woodward, James. 2002. "There is No Such Thing as a *Ceteris Paribus* Law." *Erkenntnis* no. 57 (3):303-328. doi: 10.1023/a:1021578127039.

Wright, John. 2003. *The Ethics of Economic Rationalism*. Sydney, N.S.W.: UNSW Press.

Zalta (Ed.), Edward N. 2011. Stantford Encyclopedia of Philosophy. edited by Edward N Zalta: Stanford University.

Zamagni, Stefano. 1995. *The economics of altruism, An Elgar reference collection*. Aldershot, England ; Brookfield, Vt., USA: E. Elgar.

Zelizer, Viviana A. 2007. "Pasts and Futures of Economic Sociology." *American Behavioral Scientist* no. 50 (8):1056-1069. doi: 10.1177/0002764207299353.

Zouboulakis, Michel S. 1995. "Le débat sur le réalisme des hypothèses dans les années 1870." *Revue économique* no. 46 (3):973-981.

Índice

PREFÁCIO	7
PRELÚDIO	11
AGRADECIMENTOS	17
ABREVIATURAS	19
INTRODUÇÃO	21
Saudação	21
Organização do trabalho	23
As sequências e o ensino	28
Matérias a tratar	31
Ligação ao quotidiano	35
O erro ou a ambiguidade	36
Exemplos de erros	38
Outras dificuldades	46
Imaginação e erro	49
SOBREVOO SOBRE O SIGNIFICADO DE "ECONOMIA"	53
Questões terminológicas	53
Sua importância	53
Economia *versus* economia	58
Ontologia da economia	61
Algumas conclusões	67
Economia Política, Economia, Ciência Económica	71

Economia Política *versus* Política Económica	76
A Economia é uma ciência?	81
Cientificidade e verdade	82
Cientificidade, elementos constitutivos	87
Cientificidade: conhecimento corrente	95
Especificidades da cientificidade da Economia	101
Realismo/irrealismo das hipóteses	103
Condição *cæteris paribus* (I)	116
Condição *cæteris paribus* (II)	130
Apontamentos adicionais	135
Paradigmas científicos da Economia	139
Significado de paradigma	139
Classificação epistemológica	143
Classificações sociológicas	156
Conclusões	162
IMPORTÂNCIA DA CRÍTICA DA ECONOMIA POLÍTICA	163
Ciência de uma tribo europeia	164
Diversidade de paradigmas e crítica	174
Pluralismo teórico	176
Ortodoxia *versus* heterodoxia	178
Macroeconomia *versus* Microeconomia	188
Crítica entre paradigmas	191
Interparadigmaticidade	200
Crítica da crítica	207
Próximo passo	210
Leituras a fazer	212
INTERMEZZO	215
Rever o passado	216
Insistir no futuro	217
Economia Comportamental 1	217
Economia Comportamental 2	220
Continuemos	220
RACIONALIDADE	221
Preparação dos temas	221
Primeiras considerações	221

Leitura de alguns fundadores da Economia	225
Da Escola Austríaca para a actualidade	228
Novas questões	230
Racionalidade da tribo europeia	230
Questões que ficam	233
Da razão à racionalidade económica	235
Introdução	235
Razão	237
Razão colectiva	240
Ser racional & racionalidade	246
Racionalidade económica	247
Racionalidade económica	250
O que eles dizem	250
Carl Menger	250
Alfred Marshall	253
Vilfredo Pareto	255
Friedrich Hayek	258
Lucas	261
Gary Becker	264
Uma síntese	268
Crítica da racionalidade económica	271
Dúvidas	272
Primeira dúvida: singular ou plural?	272
Segunda dúvida: sem valores	274
Terceira dúvida: são homens	275
Quarta dúvida: individualismo	276
Quinta dúvida: optimização	277
Singularidade ou pluralidade da razão	278
Colocação do problema	278
Experiências	279
Antropologia	281
Antropologia Económica	290
Simultaneidade temporal	293
Hedonismo	295
Considerações prévias	295
Leitura de Bentham	296
Apreciação crítica	299

RACIONALIDADE, ÉTICA E ECONOMIA

Racionalidade económica?	299
Conclusão	301
Racionalidade instrumental	301
Colocação do problema	301
Tipos de racionalidade	302
Racionalidade instrumental e Economia	304
Racionalidade limitada	306
Introdução	306
O Olimpo	307
Racionalidade Comportamental e Intuitiva	310
Racionalidade como adaptação evolutiva	311
Instituições	313
Conhecimentos endógenos	314
Individualismo metodológico	316
Metodologia do debate	316
Racionalidade e individualismo	316
Indivíduo *versus* Sociedade	318
O Estado existe	321
Divisão social do trabalho	322
Centros de decisão	324
Complexidade	326
Há mais a dizer	329
Aspectos positivos	329
Construção da informação	330
Economia real	332
Ética: vivência e sobrevivência	334
Colagem epistemológica	334
Síntese	335
A caminhada	335
A teoria a criticar	337
Conclusões das críticas	337
Ideologia da escolha racional	340
Falta de cientificidade	346
Racionalidade como conceito derivado	348
Resíduos	349
Utilidade	349
Homo economicus	353
Perguntas sem resposta expressa	354

ÍNDICE

ÉTICA E ECONOMIA	357
Introdução	357
Conceitos	357
Delimitação da análise	361
Ainda Bentham	361
Impondo um método	365
Possibilidade de considerar a Ética	367
Considerações gerais	367
Posição de Aristóteles	369
Posição de Adam Smith	371
Teorias da Justiça	376
Validade da Economia[O3] assumir a Ética	382
Ética económica?	382
Orto-negação	383
Altruísmo	388
Balanço económico e epistemológico	389
Poder, altruísmo e moral	390
Economia[O1] e Moral	392
CONCLUSÕES	397
POSLÚDIO	401
BIBLIOGRAFIA	411